D1753574

biblioteca rao

Jean Lopez
Olivier Wieviorka

MITURILE
CELUI DE-AL
DOILEA RĂZBOI MONDIAL

Ediția a II-a revăzută

Descrierea CIP a Bibliotecii Naționale a României
Miturile celui de-al Doilea Război Mondial / sub coord. lui Jean Lopez și a lui Olivier Wieviorka. – Ed. a 2-a, rev. – București: RAO Distribuție, 2018
Conține bibliografie
ISBN 978-606-006-146-5

I. Lopez, Jean (coord.)
II. Wieviorka, Olivier (coord.)

94

RAO Distribuție
Str. Bârgăului nr. 9-11, sector 1, București, România
www.raobooks.com
www.rao.ro

JEAN LOPEZ, OLIVIER WIEVIORKA
Les Mythes de la Seconde Guerre Mondiale
Copyright © Perrin, un département d'Édi8, 2015
Toate drepturile rezervate

Traducere din limba franceză:
Elena Arhire
prin GRAAL SOFT

© RAO Distribuție, 2016
Pentru versiunea în limba română

2019

Această carte, apărută în cadrul
Programului de sprijin pentru publicare „Nicolae Iorga",
a beneficiat de susținerea Ambasadei Franței în România

ISBN 978-606-006-146-5

Cuprins

Introducere 9

1. Britanicii îl susțineau în unanimitate pe Churchill înainte și în timpul celui de-al Doilea Război Mondial, de FRANÇOIS KERSAUDY 11

2. Înfrângerea din 1940 era inevitabilă de MAURICE VAÏSSE 29

3. Submarinele U-Boot ar fi putut întoarce soarta războiului de FRANÇOIS-EMMANUEL BRÉZET 41

4. Hitler a devansat un atac al lui Stalin de JEAN LOPEZ și LASHA OTKHMEZURI . . 49

5. Pearl Harbor, o victorie a japonezilor de PIERRE GRUMBERG 73

6. Rommel era un bun comandant de VINCENT ARBARÉTIER 83

7. Feroviarii, vârf de lance al Rezistenței franceze
   și actori de frunte ai Eliberării
   de SÉBASTIEN ALBERTELLI 93

8. Economia sovietică nu putea rivaliza cu
   potențialul industrial al Reichului
   de OLIVIER WIEVIORKA 102

9. Montgomery, un general supraapreciat
   de DANIEL FELDMANN și CÉDRIC MAS . . . 116

10. Waffen-SS: soldați de elită
    de JEAN-LUC LELEU 127

11. Al Doilea Război Mondial,
    o problemă exclusiv masculină
    de FABRICE VIRGILI 143

12. Armata italiană era slab pregătită
    de HUBERT HEYRIÈS 161

13. Pacificul, un teatru de luptă secundar
    de BENOIST BIHAN 179

14. Debarcarea din Provence,
    o operațiune inutilă
    de CLAIRE MIOT 193

15. Soldatul american nu știa să lupte
    de NICOLAS AUBIN 205

16. Corpul expediționar francez în Italia:
    un sacrificiu inutil
    de JULIE LE GAC 222

17. Bombardamentele aeriene
    au înfrânt Germania
    de PATRICK FACON 233

18. Piloții kamikaze au murit degeaba
    de PIERRE-FRANÇOIS SOUYRI 249

19. Franța a contribuit la victoria Aliaților
    de JEAN-FRANÇOIS MURACCIOLE 258

20. Armele miraculoase germane
    ar fi putut schimba totul
    de PIERRE GRUMBERG 278

21. Germania a pierdut războiul
    din cauza lui Hitler
    de BENOIST BIHAN 295

22. Japonia a capitulat din cauza Hiroshimei
    de BRUNO BIROLLI 309

23. Ialta sau împărțirea lumii între cele Trei Mari Puteri
    de GEORGES-HENRI SOUTOU,
    membru al Institutului 326

NOTE BIOGRAFICE ALE AUTORILOR 343

Introducere

Dacă al Doilea Război Mondial este din ce în ce mai cunoscut, grație cercetărilor sârguincioase ale istoricilor, nenumărate mituri rămân greu de demontat. Câte minți cultivate continuă să creadă că înfrângerea Franței în sumbrele zile ale anului 1940 era un dat al sorții, că Pearl Harbor a însemnat o victorie copleșitoare a Imperiului Japonez asupra Statelor Unite, că Rommel era un strateg subtil, că soldații americani nu știau să lupte, că Hitler n-a făcut decât să devanseze un atac al lui Stalin? Aceste câteva exemple – și lista e departe de a fi completă – compun un dicționar al ideilor luate de-a gata, care sunt totuși dezmințite de cele mai recente studii istoriografice.

Persistența acestor idei lipsite de o documentare corespunzătoare, chiar dacă nu sunt corecte, reflectă o problemă: în ciuda talentului lor, istoricii nu au reușit încă să aducă la cunoștința marelui public roadele muncii lor. De asemenea, problema confirmă că ravagiile propagandei din cel de-Al Doilea Război Mondial și-au exercitat efectele multă vreme după momentul înfrângerii forțelor reunite ale Axei. Căci imaginea „Vulpii deșertului" luptând cu onoare, și povestea unei economii naziste care îmbina puterea și eficiența sunt chestiuni provenite direct din laboratoarele doctorului Goebbels, devotatul ministru al Führerului, care s-a dedicat, pe tot parcursul anilor întunecați, fabricării unor laude aduse atât meritelor mareșalului Rommel, cât și talentelor doctorului Speer. Ulterior, marii lideri civili și militari ai Reichului, precum și conducătorii Japoniei, au evitat să risipească îndoielile și au preferat să prezinte războiul la care luaseră parte în cele mai agreabile culori, în loc să îl descrie respectând canoanele lucidității și veridicității. Astfel, niciunul dintre comandanții *Wehrmachtului* nu a recunoscut participarea trupelor sale la exterminarea evreilor din Europa, preferând să arunce crima pe umerii soldaților politici ai Führerului, organizația SS. Prin urmare, drumul spre adevăr a fost presărat cu dificultăți, lucru care explică de ce uneori a fost nevoie de un timp atât de lung pentru ca el să fie curățat.

Volumul de față își propune să restabilească unele fapte, revenind, pe parcursul a douăzeci și trei de capitole, asupra marilor mituri care, deși uneori au fost considerate drept adevăruri sfinte, nu sunt mai puțin eronate. Fără a dori să epuizeze toate problemele, lucrarea de față speră să le ofere cititorilor roadele celor mai recente cercetări. Punem pariu că rezultatele – adesea neașteptate – îi vor pasiona și, poate, îi vor surprinde. Acestea sunt, cel puțin, cele două dorințe pe care le exprimăm.

Jean LOPEZ și Olivier WIEVIORKA

1

Britanicii îl susțineau în unanimitate pe Churchill înainte și în timpul celui de-al Doilea Război Mondial

de François KERSAUDY

La apariția și perpetuarea acestui mit au contribuit mai mulți factori; pe de o parte, mișcările și guvernele aflate, în timpul războiului, în exil la Londra, adesea divizate și izolate, nu aveau cum să nu fie influențate de fațada unanimității pe care o afișau gazdele lor britanice; pe de altă parte, *Memoriile de război* ale lui Churchill însuși, ignorând deliberat dezacordurile și disensiunile din interiorul și din afara guvernului său, au întărit această impresie, consolidată și mai mult de trecerea timpului; în cele din urmă, grație încheierii victorioase a războiului, cei care criticaseră desfășurarea acestuia s-au abținut, în general, să o recunoască.

Înainte de toate, este necesar să stabilim cine era vizat și în ce perioadă. Căci atunci când vorbim despre „britanici", ne gândim imediat la opinia publică, dar aceasta include presa, Parlamentul, partidele, guvernul, Ministerul de Război și șefii de Stat-Major – și să nu-l uităm pe însuși monarhul. Faptul că Churchill a putut să conteze pe sprijinul constant și ferm al tuturor acestor actori, de la începutul și până la sfârșitul celui de-al Doilea Război Mondial, pare mult prea frumos ca să fie adevărat.

Oaia neagră din establishment

Între sfârșitul anului 1936 și începutul anului 1939, Winston Churchill este, fără îndoială, politicianul cel mai puțin popular din Marea Britanie – și, mai presus de orice, din interiorul propriului partid: din clipa în care părăsește *Shadow Cabinet* (Cabinetul din Umbră), la începutul anului 1931, după o divergență radicală pe tema Indiei, el devine „deputat conservator de opoziție". Însă cu partidul lui, dar și cu toate celelalte partide, a fost în dezacord și pe tema dezarmării, a politicii de apărare lacunare a guvernului, a pacifismului prim-ministrului Stanley Baldwin, apoi a politicii de împăciuire a succesorului lui, Neville Chamberlain. Convingerile sale, exprimate și în Parlament, intervențiile lui în favoarea reînarmării, sprijinul acordat regelui Eduard al VIII-lea și opoziția fermă față de acordurile de la München l-au izolat dramatic din punct de vedere politic, astfel încât la sfârșitul anului 1938 nu mai poate conta decât pe doisprezece aliați în Camera Comunelor – dintre care cei mai mulți, de exemplu Anthony Eden și Alfred Duff Cooper, nu își arătau sprijinul decât în mod foarte discret... De asemenea, faptul că politica lui Neville Chamberlain după München s-a bucurat de aprobarea guvernului, a partidelor, a presei aproape în unanimitate și a unei puternice majorități la nivelul opiniei publice britanice[1] explică, în mare parte, ostracizarea cu care se confruntă deputatul Churchill. Chiar în circumscripția lui din Epping, s-a format un puternic curent de lobby pentru a protesta împotriva atitudinii lui

---

[1] De la 52,8% în decembrie 1938 la 56,6% în aprilie 1939. (BIPO, Institutul Britanic al Opiniei Publice, 1938-1946, UK Data, Universitatea din Warwick, #53-57).

de opoziție față de acordurile de la München[1]. Faptul că regele George al VI-lea însuși a ținut să își exprime susținerea față de politica lui Neville Chamberlain nu a făcut decât să accentueze sentimentul de izolare al lui Churchill – fără să modifice, totuși, opoziția lui necondiționată cu privire la iluziile politicii de împăciuire și la incoerențele reînarmării.

Intrarea nemților în Praga, urmată de primele cerințe formulate împotriva Poloniei, deschid larg ochii Parlamentului, ai presei, ai intelectualilor și ai mediului de afaceri. Se conștientizează brusc faptul că războiul era inevitabil, că Anglia nu era pregătită și că Churchill repeta acest lucru de șase ani, în toate modurile posibile. Întrucât aveau, cu siguranță, să fie nevoiți să înfrunte o dictatură extrem de bine înarmată, se puteau lipsi, oare, de un războinic cu experiență cum era Churchill? Unii credeau că nu, iar discursurilor lui în Camera Comunelor li s-a dat mai multă ascultare, în vreme ce marile ziare naționale au început să ceară revenirea lui la guvernare: în aprilie, unul după altul, *Daily Telegraph*, *Evening Advertiser* și, respectiv, *Sunday Pictorial*; în mai, *News Chronicle*[2] și *Time and Tide*; în iulie, *Yorkshire Post*, *Observer*, *Sunday Graphic*, *Daily Mail*, *Evening Standard* și chiar *Manchester Guardian* îi cereau prim-ministrului Chamberlain să „facă loc patriotismului înaintea nemulțumirilor personale"[3].

De fapt, nu era vorba chiar de nemulțumiri personale – deși acestea abundau în sânul *establishment*-ului conservator. Adevărul

---

[1] M. Gilbert, *Winston S. Churchill*, Heinemann, Londra, 1976, vol. V, p. 1012.

[2] Pe 10 mai, *News Chronicle* a publicat un sondaj care arăta că 56% dintre cei intervievați își doreau includerea lui Churchill în guvern (26% erau împotrivă și 18% nu aveau nicio părere).

[3] *Manchester Guardian*, 3 iulie 1939. Sub presiunea Parlamentului și a anumitor miniștri, Chamberlain a fost nevoit să pună în aplicare trei măsuri pe care Churchill le preconizase cu doi ani înainte: recrutarea, numirea unui ministru al aprovizionării și începutul negocierilor cu URSS; dar totul a fost realizat cu o lipsă de entuziasm care a asigurat practic ineficiența lor.

este că Chamberlain se temea ca nu cumva deputatul de Epping să ajungă să îi domine rapid guvernul și, mai ales, considera, la fel ca miniștrii lui, Simon, Hoare și Halifax, că venirea la putere a lui Churchill ar fi fost un mesaj de război adresat Berlinului. Or, în ciuda norilor amenințători care se strângeau deasupra Europei, Chamberlain căuta încă pacea cu orice preț – exceptând pierderea funcției sale. Acesta este motivul pentru care emisarii lui sporesc, de-a lungul verii, gesturile conciliante față de Führer, în paralel făcând discret presiuni asupra polonezilor să negocieze cu Berlinul[1]. Dar încheierea pactului germano-sovietic din 23 august și invadarea Poloniei la 1 septembrie pun capăt brutal iluziilor oficiale: confruntat cu perspectiva unei fronde în sânul guvernului și a majorității parlamentare, Chamberlain nu are altă opțiune decât declararea războiului. Și pentru toată lumea, până și pentru cei mai implacabili adversari ai lui Churchill, înfruntarea unui conflict major era de neconceput în lipsa singurului politician care cunoștea războiul, nu se temea de el și știa să îl poarte. Atunci când începe Al Doilea Război Mondial, Winston Churchill este numit în funcția pe care o ocupase cu un sfert de veac înainte, aceea de Prim Lord al Amiralității.

Pentru Churchill, nu poate exista un „război ciudat": navele lui urmăresc fără milă *Kriegsmarine* (marina de război germană – n.red.), suferă pierderi semnificative, dar obțin o victorie răsunătoare împotriva cuirasatului *Graf Spee* la Rio de la Plata; activismul lui, precum și discursurile grandilocvente în Parlament și la BBC, produc un efect extraordinar asupra moralului simplilor cetățeni, militarilor, deputaților și chiar al miniștrilor. Intervențiile sale constante în treburile tuturor colegilor, precum și nenumăratele planuri de ofensivă pe care i le propune prim-ministrului, au, fără doar și poate, efectul revigorării unui guvern nu prea războinic, dar

---

[1] Pentru a nu pune în aplicare garanția oferită imprudent Poloniei în luna aprilie.

îl sperie și pe prim-ministru, care vrea să evite „provocarea Germaniei", sperând confuz ca războiul să se încheie fără a fi realmente nevoit să îl poarte... Cum și majoritatea miniștrilor sunt exasperați de intervențiile destul de incoerente ale Primului Lord în domeniile lor de competență[1], trebuie să recunoaștem că Churchill nu prea se bucură de popularitate în sânul guvernului. Cu siguranță, este mult mai popular în rândul englezilor, dar, în decembrie 1939, un sondaj arăta că 63,78% dintre britanici susțineau politica de expectativă a lui Neville Chamberlain – și că acesta din urmă era preferat ca prim-ministru de 51,69% dintre ei, contra doar 30,27% care se arătau în favoarea lui Churchill (iar 18% nu aveau nicio părere)[2].

Prim-ministru în mod implicit

Declanșarea operațiunilor militare active pe continent va schimba situația: după ce, la începutul lui aprilie, *Wehrmachtul* cucerește Norvegia printr-o operațiune-fulger, Corpul Expediționar britanic, slab pregătit, care încearcă să îi gonească, eșuează la Narvik și suferă o înfrângere teribilă la Trondheim. Ies astfel dur în relief strategia șovăitoare a liderilor britanici și lipsurile soldaților lor, fapt care creează un început de panică în rândul populației și al reprezentanților poporului. Cu toții văd apropiindu-se de Insulele Britanice spectrul hidos al înfrângerii, lucru care explică scăderea vertiginoasă a popularității lui Neville Chamberlain[3] și retorica înflăcărată a dezbaterilor din Camera Comunelor pe 7 și 8 mai 1940 – la

---

[1] Sau de incompetență, după caz.

[2] BIPO, din 1938 până în 1946, *op. cit.*, # 65, decembrie 1939.

[3] Doar 32,75% dintre persoanele întrebate în mai 1940 erau de acord cu politica lui Chamberlain, versus 59,78% care erau împotrivă. (BIPO, *op. cit.*, # 69, mai 1940).

încheierea cărora prim-ministrul va demisiona[1]. După opinia tuturor partidelor, lordul Halifax este considerat cel mai potrivit succesor, dar acesta refuză, iar funcția îi revine lui Winston Churchill – în mod implicit, într-o anumită măsură.

Accesul la puterea supremă al deputatului și Prim Lordului Churchill nu produce un entuziasm delirant în *establishment*-ul politic și administrativ britanic – după cum va mărturisi unul dintre secretarii lui Chamberlain, John Colville: „La nr. 10 [Downing Street], am sperat mult ca regele să facă apel la lordul Halifax; dar Churchill fusese ales și am privit cu oarecare reticență venirea acoliților lui Bracken, Lindemann și Desmond Morton[2]. [...] Țara ajunsese pe mâna unui aventurier, genial, desigur, și orator convingător, dar un ins ai cărui prieteni și partizani nu erau niște oameni cărora să le încredințăm frâiele afacerilor de stat în ceasul unei mari primejdii. Rareori venirea la putere a unui prim-ministru a stârnit atâtea îndoieli în cadrul *establishment*-ului și atâta convingere că îndoielile urmau să fie justificate"[3].

Ca mulți dintre colegii lui, John Colville își va recunoaște repede greșeala: după ce formează un guvern de coaliție în care este deopotrivă lider și ministru al apărării, Churchill își propune să transforme țara într-o fortăreață; energia lui este inepuizabilă, discursurile lui mobilizează țara, din Westminster și Whitehall până în cel mai mic cătun din Insulele Britanice; entuziasmul, îndemnurile,

---

[1] Nu s-a ajuns la minoritate pentru că 281 de deputați au votat pentru guvernul lui și doar 200 împotrivă. Dar între aceștia din urmă, 33 erau conservatori, în vreme ce 60 s-au abținut. În fața acestei sfidări evidente, Chamberlain a înțeles nevoia de a forma un guvern de coaliție pentru a continua războiul, dar laburiștii și liberalii au refuzat să facă parte din el atâta vreme cât Chamberlain se regăsea în fruntea lui.
[2] Lordul Halifax, deși era un moderat model, i-a numit chiar „gangsteri"...
[3] John Wheeler-Bennett (ed.), *Action This Day, Working with Churchill*, Macmillan, Londra, 1968, p. 49.

instrucțiunile lui sunt transmise constant secretarilor, miniștrilor, funcționarilor, diplomaților și șefilor Statului-Major. Chiar și atunci când armatele franceze și britanice sunt învinse crunt pe continent, la sfârșitul lui mai 1940, Churchill se prezintă drept garantul luptei disperate împotriva nazismului, indiferent de șansele de succes. Totuși, în guvernul lui există câteva personalități marcante, precum Chamberlain și Halifax, care se declară, mai mult sau mai puțin discret, în favoarea unor negocieri indirecte cu Hitler. Dar, în cadrul reuniunilor Cabinetului de Război, dintre 26 și 28 mai, aceștia sunt reduși la tăcere de abilitatea, elocvența și puterea de convingere a prim-ministrului[1].

Până la mijlocul lunii iunie 1940, succesul evacuării forțelor aliate de la Dunkerque, peripețiile Bătăliei din Franța, cooperarea sinceră și loială a miniștrilor laburiști[2] și răsunetul considerabil al discursurilor pronunțate de Churchill atât la BBC, cât și în Parlament, sfârșesc prin a pune capăt oricărei opoziții fățișe la adresa politicii sale. Cu toate acestea, nu se întâmplă la fel și cu opozițiile secrete, după cum consemnează ambasadorul Suediei, Björn Prytz, în seara de 17 iunie, într-o telegramă trimisă ministrului de externe, Günther: „În cadrul unei întrevederi de astăzi cu [Subsecretarul de Stat] Butler, acesta mi-a confirmat că [...] atitudinea oficială a Marii Britanii ar fi pentru moment ca războiul să continue, dar m-a asigurat că va fi luată în calcul și încheierea unei păci de compromis, în cazul în care s-ar ivi anumite posibilități de a obține condiții rezonabile. Stop. Nu vor permite niciunei persoane care ar dori să ia măsuri extreme să se interpună[3]. Stop. [...] În cadrul întrevederii,

---

[1] CAB 65/13, WM (40) 139, 151, 179, 180, 187; 26-27/5/1940 (Confidential Annex) ; WM (40) 145/1, 28/5/1940.

[2] Mai ales Attlee, Greenwood și Bevin; primii doi fuseseră incluși în Cabinetul de Război.

[3] Aluzie evidentă la Churchill însuși.

Butler a fost convocat de Halifax, care m-a asigurat că rațiunea, și nu bravada, avea să dicteze politica guvernului britanic[1]. [...] A mai adăugat că acest lucru nu trebuie interpretat drept o căutare a păcii cu orice preț. [...] Din întâlnirile mele cu alți lideri ai parlamentarilor, pare să reiasă că se așteaptă ca într-un viitor apropiat să se prezinte perspective de negociere. Stop. Eventual după 28 iunie. Stop. Halifax ar putea să îi urmeze lui Churchill"[2].

O opoziție în ambuscadă

Desigur, acest lucru nu se va întâmpla, iar Halifax va fi nevoit să facă *mea culpa* respingând personal propunerile de pace ale lui Hitler pe 22 iulie. În plus, încercările din Bătălia Angliei, curajul piloților aliați, discursurile strălucite ale lui Churchill și vizitele lui frecvente în zonele cu populație sinistrată îi vor propulsa popularitatea la cotele cele mai înalte[3]. Totuși, chiar după eșecul ofensivei aeriene germane și după primele semne ale faptului că dușmanii renunțaseră la planurile lor de debarcare, nu lipsesc indiciile unei opoziții surde față de Churchill în sânul *establishment*-ului; astfel, fostul lider liberal, Lloyd George, declara în toamnă: „Voi aștepta căderea lui Churchill" și, într-o scrisoare adresată ducelui de Bedford, preconiza: „negocieri de pace cu Germania după Bătălia Angliei"[4].

---

[1] Ambasadorul reproduce apoi spusele lui Halifax în versiunea originală din engleză: *„Common sense and not bravado would dictate the British government's policy"*.

[2] Chiffer-London-UD 723, 17/6. HP 39 A, Telegrammet Prytztil UD/Günther, 17/6/40. Reprodus în Wilhelm Carlgren, *Svensk Utrikespolitik 1939-1945*, Allmänna Förlaget, Stockholm, 1973, p. 194.

[3] 87,36 % pentru în luna iulie 1940... (BIPO, *op. cit.* # 71, iulie 1940).

[4] Colin Cross (ed.), *Life with Lloyd George*, Macmillan, Londra, 1975, p. 281; David Reynolds, *From World War to Cold War*, Oxford University Press, Oxford, 2006, p. 79.

Churchill știe din experiență că lumea politică este nemiloasă și că mulți alții, pe lângă Lloyd George, așteaptă primele dezastre militare pentru a-l destabiliza și a-l obliga să demisioneze.

Este adevărat că presa are o mare contribuție și, după eșecul de la Dakar, din septembrie[1], ea atacă vehement guvernul – după exemplul lui *Daily Mirror*, care denunță o „greșeală de calcul grosolană" și adaugă: „Odată cu Dakar, am atins cu siguranță abisurile imbecilității"[2]. Dar Churchill, conștient de influența presei asupra unei opinii publice care deține mult prea puține informații certe, își atacă imediat detractorii, declarând în Camera Comunelor, pe 8 octombrie: „Critica este adesea utilă atunci când este constructivă, riguroasă și bine informată. Dar tonul folosit de unele organe de presă – din fericire nu foarte numeroase – când evocă episodul din Dakar și alte chestiuni mult mai grave este atât de agresiv și de veninos că ar fi aproape indecent și dacă s-ar adresa dușmanului"[3].

Iată cum liniștește, pentru o vreme, înflăcărarea adversarilor – mai ales că, după moartea lui Chamberlain în noiembrie, Churchill îi urmează în funcția de șef al partidului conservator[4] –, dar bănuiește că prezența lui în funcția de prim-ministru depinde de succesul armatei britanice în diferitele teatre de război. Or, în primele luni ale anului 1941, victoriile sunt rare și înfrângerile numeroase – mai ales în Libia, Grecia și Creta, unde soldații Maiestății

---

[1] Între 23 și 25 septembrie 1940, o forță navală britanică comportând elemente franceze, sub conducerea generalului de Gaulle, încearcă să obțină ralierea Dakarului la Franța Liberă, dar se lovește de o rezistență încăpățânată a partizanilor Guvernului de la Vichy ai guvernatorului Boisson și trebuie, în cele din urmă, să se retragă, cu pierderi considerabile.

[2] *Daily Mirror*, 27 septembrie 1940. Există articole la fel de virulente și în *Times*, *Evening Standard*, *Daily Mail*, *New Statesman*, *Guardian* și *Observer*.

[3] Camera Comunelor, Dezbaterile parlamentare, vol. 365, col. 298-301, 8/10/1940.

[4] În vreme ce *„împăciuitorii" (appeasers)*, lordul Halifax și Samuel Hoare, sunt exilați la Washington și, respectiv, la Madrid.

Sale, slab instruiți și prost echipați, se văd constrânși la retrageri și evacuări umilitoare. Între lunile mai și iunie ale anului 1941, în Marea Britanie mulți se plâng de modul în care au fost dirijate operațiunile, lucru exprimat fără ocolișuri în presă, în cluburi și în ședințele agitate din Cameră. „La vremea aceea", își va aminti generalul Sir John Kennedy, „criticile împotriva lui Churchill erau acerbe și generale. Se susținea că, în mecanismul de comandă militară de război, exista ceva care nu funcționa. [...] Se vorbea despre improvizație și oportunism. Se spunea că [...], de la bun început, opiniile militarilor fuseseră părtinitoare și influențate de elocvența redutabilă a unui prim-ministru care era în același timp avocat, martor, procuror și judecător. Era criticat și felul lui de a trimite comandanților în funcție instrucțiuni personale, fără să se fi consultat înainte cu experții, dar și obiceiul lui de a-i obosi periculos de tare pe șefii Statului-Major"[1]. De asemenea, deputatul Henry „Chips" Channon, un palavragiu formidabil, scrie, la acel moment, în jurnalul său: „Criticile la adresa lui Churchill se intensifică din toate părțile. Popularitatea lui este în cădere liberă și mulți dintre dușmanii lui, reduși mult timp la tăcere, au căpătat din nou glas. A fost afectat serios de situația din Creta"[2].

Forța cuvântului

Victoria are nenumărați tați, dar înfrângerea este orfană... În Marea Britanie, totul depinde de Cameră; dacă ea punea guvernul în minoritate, Churchill era nevoit să demisioneze. Dar discursul pe care îl susține în fața deputaților, pe 10 iunie 1941, pare un adevărat tur de forță: „Pentru a putea emite o judecată rațională cu

---
[1] John Kennedy, *The Business of War*, Hutchinson, Londra 1957, pp. 114 și 115.
[2] Robert Rhodes James (ed.), *Chips, the Diaries of Sir Henry Channon*, Londres, Weidenfeld & Nicolson, 1967, p. 307.

privire la dispozitivul nostru aerian și cu privire la incapacitatea noastră ulterioară de a trimite suficiente avioane în apărarea Cretei, trebuie să se știe nu doar care era situația resurselor noastre, dar și care era situația în toate celelalte teatre de operațiuni care depindeau unele de altele și este inutil să pretindem a judeca toate aceste chestiuni fără a avea o cunoaștere exhaustivă a unor fapte care, în mod evident, nu pot fi făcute publice. [...] Aud că unii spun că nu ar trebui să luptăm niciodată fără un sprijin aerian adecvat. [...] Dar ce faci când nu dispui de el? Nu avem întotdeauna de ales între o soluție bună și una proastă; de foarte multe ori, trebuie să optăm între două rele. Și dacă nu poți avea sprijinul aerian dorit, vei abandona, unul după altul, sectoarele strategice importante? Alții mi-au spus că ar trebui să apărăm doar locurile despre care suntem siguri că vor rezista. Dar atunci, putem fi, oare, siguri de rezultatul luptei înainte ca ea să aibă loc? Și, în acest caz, dușmanul nu ar putea să purceadă fără luptă la un număr nelimitat de cuceriri? [...] Luptând cu încăpățânare pentru apărarea pozițiilor importante, chiar și în condiții defavorabile, nu facem decât să câștigăm timp; opunem o rezistență acerbă voinței inamicului. [...] Creta a fost un punct foarte important pe linia noastră de apărare; ea a fost ca fortul Douaumont la Verdun, în 1916, sau Kemmelberg, în 1918. Amândouă au fost cucerite de nemți, dar, în ambele cazuri, ei au pierdut bătălia și, de asemenea, campania și, în final, războiul. Dar sunteți siguri că rezultatul ar fi fost același dacă Aliații nu se luptau pentru Douaumont și Kemmelberg? Și pentru ce altceva ar fi luptat? Nu putem să ne gândim la aceste bătălii decât în raport cu ansamblul campaniei. [...] Dacă un guvern pe timp de război dă impresia că nu este capabil să obțină victoria finală, ce mai contează justificările sale? Trebuie să demisioneze – cu condiția, firește, de a fi siguri că se va găsi un altul în stare să facă lucrurile mai bine. [...] Dar dacă un guvern este obligat să privească în permanență peste umăr, de frică să nu fie înjunghiat pe la spate, atunci îi este imposibil să stea cu ochii pe inamic"[1].

A mai exprimat cineva vreodată mai bine constrângerile și dilemele pe care trebuie să le înfrunte strategul? Însă pentru moment, ultimele fraze sunt cele care produc cel mai mare efect asupra onorabililor deputați; căci, indiferent de mediocritatea rezultatelor obținute pe câmpul de luptă, nu există, evident, nimeni la Londra care să îl înlocuiască pe Winston Churchill în dublul său rol de prim-ministru și de ministru al apărării...

În realitate, Adolf Hitler însuși îi va veni în ajutor lui Churchill; pe 22 iunie 1941, în vreme ce *Wehrmachtul* și *Kriegsmarine* păreau să fie în avantaj atât în Mediterana, cât și în Atlantic, Führerul schimbă brusc strategia, iar trupele sale pătrund adânc în URSS. De la Gibraltar până la Alexandria, trecând prin Malta, Tobruk și Bagdad, armatele britanice văd slăbindu-se substanțial menghina forțelor Axei – în vreme ce un nou aliat tocmai s-a alăturat, împotriva voinței sale, coaliției contra nazismului. Pentru Churchill, este o întărire semnificativă, deși îi ridică noi probleme în politica internă: la ordinele Moscovei, comuniștii britanici vor lansa în presă, dar și în Parlament, o campanie neobosită care își propune să îl constrângă pe prim-ministru să deschidă un al doilea front în Europa de Vest; pentru a ușura mai ales sarcina armatelor sovietice, puse în dificultate de implacabila mașină de război a *Wehrmachtului*. Dar bineînțeles, Marea Britanie, care se luptă încă pentru supraviețuire, nu are mijloacele necesare pentru a trece la ofensivă în Europa...

Când, atacate în Pacific, Statele Unite intră în război, pe 8 decembrie 1941, Churchill înțelege imediat că aceasta este vestea salvării; în acest război mecanizat, nimic nu avea să reziste puterii industriei americane. Dar între sfârșitul anului 1941 și începutul

---
[1] Robert Rhodes James (ed.), *Winston S. Churchill, His Complete Speeches*, vol. VI, Londres, Chelsea House, 1974, pp. 6408-6423.

anului 1942, pentru Marea Britanie situația se agravează considerabil. În largul coastelor singaporeze își pierde singurele două cuirasate prezente în Extremul Orient, *Repulse* și *Prince of Wales*. Hong Kong este ocupat, la fel și cea mai mare parte din Malaiezia. În Mediterana, un crucișător și două cuirasate mari sunt scufundate, în vreme ce în Libia germanii repornesc ofensiva și se pregătesc să cucerească Benghazi. În sfârșit, în Atlantic, marina aliată suferă pierderi fără precedent[1].

Revenit din Statele Unite, prim-ministrul va fi iar nevoit să își apere guvernul în fața criticilor exprimate de parlamentarii înspăimântați de atâtea dezastre. Dezbaterile care încep pe 27 ianuarie 1942 trebuie să se încheie cu un vot de încredere, iar unii speră că acestea vor lua aceeași turnură precum cele care îi fuseseră fatale lui Chamberlain cu douăzeci de luni mai devreme. Dar după două zile de controverse aprinse, Churchill face dovada că a rămas un maestru al artei oratorice: „Sunt oameni care vorbesc și se poartă de parcă ar fi anticipat acest război și l-ar fi pregătit cu grijă, acumulând mari stocuri de armament. Nici vorbă de așa ceva. Vreme de doi ani și jumătate de lupte, abia dacă am reușit să ne menținem la suprafață. Când am fost chemat să devin prim-ministru, nu exista niciun alt candidat pentru această funcție. De atunci, fără îndoială, oferta s-a îmbunătățit întru câtva: în ciuda nepăsării rușinoase, a gestionării defectuoase, a incompetenței flagrante, a suficienței naive și a neglijenței administrative care ne sunt reproșate zilnic, începem să facem pași înainte. [...] Nu am avut niciodată mijloacele, și nici nu le vom putea avea vreodată, să luptăm concomitent împotriva Germaniei, Italiei și Japoniei, doar noi, de unii singuri. [...] Am încercat să explic situația în Cameră, în măsura permisă de considerentele ținând de siguranța publică. [...] Nu vreau să ofer nici scuze, nici portițe de scăpare, nici promisiuni, [...] dar, în același timp, îmi exprim încrederea, mai puternică decât oricând,

---

[1] 31 de nave doar în luna ianuarie a anului 1942.

într-un rezultat în acest conflict, care se va dovedi extrem de favorabil celei mai bune organizări a lumii viitoare"[1].

Ca dovadă a talentului său oratoric, cu toate că începe sesiunea în fața unei Camere ostile, Churchill sfârșește prin a obține 464 de voturi de încredere la *unu*. Căci onorabilii deputați au fost nevoiți să încuviințeze ceea ce ținea de evidență: dacă era dificil să reziste în fața forțelor Axei, era imposibil ca Churchill să fie schimbat în toiul luptei...

Totuși, mulți politicieni continuă să aspire la acest lucru: Lloyd George, deputatul laburist Aneurin Bevan, fostul ministru de război, Hore-Belisha, și fostul ministru, ambasadorul Stafford Cripps, marxist[2]. După înfrângerile de la Singapore, Rangoon (azi Yangon – n.red.) și Tobruk, în vreme ce prestigiul de comandant militar al lui Churchill atinge cel mai scăzut nivel și presa se dezlănțuie împotriva sa[3], aceștia cred că i se apropie sfârșitul. La 1 iulie 1942, în Camera Comunelor, deputatul conservator Sir John Wardlaw-Milne depune o moțiune de cenzură care exprimă „lipsa de încredere a Camerei față de conducerea centrală a războiului", după care îl acuză pe Churchill că a intervenit în mod nepotrivit în strategie. Propune, de la bun început, separarea funcției de prim-ministru de cea de ministru de război, precum și desemnarea unui generalisim. Dar pentru ocuparea acestei ultime poziții, Sir John îl propune pe ducele de Gloucester, un membru al familiei regale cât se putea de nepregătit pentru exercitarea unei asemenea funcții! Faptul provoacă o oarecare nehotărâre în cadrul adunării, care se accentuează vizibil atunci când fostul erou de la Zeebrugge, Sir Roger Keyes,

---

[1] Robert Rhodes James (ed.), *Winston S. Churchill, His complete Speeches*, vol. VI, *op. cit.*, p. 6559, 6573, 6578.

[2] De la revenirea din URSS, la începutul anului 1942, Cripps nu își ascunde ambiția de a-i lua locul lui Churchill.

[3] Mai ales *Daily Mirror, Manchester Guardian, Times, News Chronicle, New Statesman* și, bineînțeles, *Daily Worker*.

greșindu-și întru câtva ținta, își concentrează atacurile asupra Comitetului șefilor de Stat-Major, apoi declară, ca răspuns la o întrebare: „Plecarea prim-ministrului ar fi un dezastru deplorabil". În cursul dezbaterilor, care se prelungesc până la trei dimineața, lordul Winterton găsește argumente mai convingătoare, stigmatizând disensiunile interministeriale, deficiențele materiale și greșelile strategice. Este urmat a doua zi de deputatul laburist Aneurin Bevan, care subliniază într-un discurs veninos că „prim-ministrul câștigă toate dezbaterile și pierde toate bătăliile", dar se face de râs când propune să se încredințeze conducerea operațiunilor terestre unor generali cehi, polonezi sau francezi. Sir Hore-Belisha încheie prin amintirea numeroaselor înfrângeri din trecut și reproșându-i prim-ministrului lipsa de rațiune, dar și el face o greșeală fatală atunci când insistă asupra calității slabe a armelor aflate în dotarea britanicilor – care fuseseră concepute pe când el însuși era ministru de război...

De data aceasta, Churchill va vorbi ultimul și o va face, cu o tenacitate inegalabilă, timp de mai bine de două ore: „În timpul acestor lungi dezbateri care se încheie, [...] s-au folosit toate argumentele posibile pentru slăbirea încrederii în guvern, pentru a se dovedi că miniștrii sunt incompetenți și pentru a-i face să se îndoiască de sine, pentru a inspira în armată neîncrederea în autoritatea civilă, pentru ca muncitorii să își piardă încrederea în armele pe care se străduiesc să le producă, pentru a prezenta guvernul ca o colecție de nulități dominată de prim-ministru și pentru a compromite imaginea acestuia din urmă în propriii ochi și, dacă este posibil, în ochii națiunii". Urmează o apărare în toată regula a generalilor, miniștrilor, diplomaților, soldaților, strategiilor adoptate și calității materialelor de război, după care reia ofensiva: „Nu putem să ne așteptăm ca generalii să își asume riscuri fără să aibă certitudinea că sunt sprijiniți de un guvern puternic, fără să știe că nu trebuie să se uite peste umăr sau să se îngrijoreze de ce se întâmplă în spatele lor, fără să aibă sentimentul că își pot concentra toată atenția asupra inamicului. Și aș adăuga că nu ne putem aștepta ca un guvern să își asume riscuri fără să aibă certitudinea că este susținut de o majoritate solidă și loială. Pe timp de război, dacă vrei să fii bine servit, trebuie să oferi în schimb loialitate. [...] Datoria Camerei Comunelor este să susțină guvernul sau să îl schimbe. Dacă nu poate să îl schimbe, trebuie să îl susțină. Pe timp de război, nu există altă soluție. [...] Fiecare dintre voturile dumneavoastră va conta. Dacă numărul celor care ne-au atacat este redus la o cantitate neglijabilă, [...] atunci să nu vă înșelați, vom auzi uralele tuturor prietenilor Marii Britanii și ale tuturor slujitorilor credincioși ai cauzei noastre, în vreme ce dangătul disperării va răsuna în urechea tuturor tiranilor pe care încercăm să îi înlăturăm de la putere"[1].

Cum să reziști unei asemenea elocințe? În seara de 2 iulie, moțiunea de cenzură este respinsă cu 475 de voturi la 25. Va fi ultima tentativă de destabilizare politică a guvernului Churchill până la sfârșitul războiului. Pe vastul câmp de luptă al lumii, destinul îi va influența treptat cursul: Midway, El Alamein, Alger, Stalingrad, Tunis, debarcările din Sicilia, Normandia și de la Leyte vor fi tot atâtea etape marcante în redresarea Aliaților și în declinul forțelor Axei. Între toamna anului 1942 și primăvara anului 1945, Churchill, abil secondat – și ferm încadrat – de miniștrii, diplomații și șefii de Stat-Major[2], își vede poziția consolidată în țară, în vreme ce în străinătate ea slăbește treptat în sânul unei coaliții aliate, dominate de acum de americani și de sovietici. Dar în mai 1945, atunci când

---

[1] Robert Rhodes James (ed.), *Winston S. Churchill, His complete Speeches*, vol. VI, *op. cit.*, pp. 6645, 6656, 6657, 6659, 6661. La fel ca și cele două de dinainte, acest discurs al lui Churchill face parte dintre cele mai remarcabile discursuri ale sale, cele mai puțin cunoscute... și cele mai agresive la adresa opozanților săi.

[2] Aceștia au zădărnicit nenumărate aspirații strategice care ar fi putut avea consecințe catastrofale.

Germania este înfrântă, popularitatea lui Churchill în Marea Britanie atinge punctul culminant[1], poziția lui pare de neclintit și nimeni – nici măcar laburiștii[2] – nu se mai îndoiește că el îi va conduce pe conservatori la victorie în următoarele alegeri.

Dezavuare

Totuși în politică, la fel ca în război, cele mai neașteptate lucruri sunt și cele mai sigure. În vreme ce mulți miniștri, deputați, jurnaliști, sindicaliști, diplomați și militari i se opuseseră prim-ministrului Churchill în cele mai întunecate zile din timpul conflictului, opinia publică, în ansamblul ei, îi aprobase dintotdeauna acțiunile cu o majoritate confortabilă[3]. Or, tocmai acest sprijin puternic îi va fi retras în alegerile din iulie 1945. Multe motive convingătoare au fost propuse pentru a explica fenomenul[4], dar realitatea rămâne și generalul de Gaulle nu se va arăta surprins: „Pentru spiritele purtate de iluzii sentimentale, această dizgrație, impusă dintr-odată de națiunea britanică marelui om care a condus-o cu glorie spre salvare și victorie, ar putea să pară surprinzătoare. Cu toate acestea,

---

[1] 83% opinii în favoare. (BIPO, *op. cit.*, # 126, luna mai 1945.)

[2] Cu atât mai puțin Stalin, un expert în chestiuni electorale, care este convins că Churchill a făcut totul ca să falsifice consultarea ce urma să fie organizată...

[3] Conform sondajelor, popularitatea lui Churchill între luna mai a anului 1940 și luna mai a anului 1945 nu a coborât niciodată sub 78% – cu procentaje foarte ridicate după noiembrie 1942.

[4] Popularitatea atinsă de laburiști, grație acțiunilor lor în guvernul de coaliție; campania de o agresivitate inutilă dusă de conservatori și președintele lor – despre care se bănuia că voia să extindă războiul la unul cu URSS; atracția mai mare a programului laburist, care promitea case mai bune, servicii medicale gratuite și slujbe pentru toată lumea; în sfârșit, votul de protest al militarilor, care consideră că Partidul Conservator era vinovat că nu știuse cum să evite războiul și că îi mobilizase timp de șase ani atât de îndelungați.

nimic din ce s-a întâmplat nu a fost în afara firii lucrurilor omenești"[1]. De fapt, dacă popoarele acceptă cu reticență să se bazeze pe oamenii mari în timpul furtunilor mari, ele au tendința să se întoarcă împotriva lor la prima acalmie – iar în cazul lui Churchill, o fac chiar înainte de sfârșitul celui de-al Doilea Război Mondial. *Quod erat demonstrandum...*

BIBLIOGRAFIE SELECTIVĂ

Colville, John, *The Fringes of Power*, Hodder & Stoughton, Londra, 1985.

Gilbert, Martin, *Winston S. Churchill*, vol. VI și VII, Heinemann, Londra, 1983 și 1986.

Hastings, Max, *Finest Years*, HarperCollins, Londra, 2009.

James, Robert Rhodes (ed.), *Chips, the Diaries of Sir Henry Channon*, Weidenfeld & Nicolson, Londra, 1967; *Winston S. Churchill, His complete Speeches*, vol. VI, Chelsea House, Londra, 1974.

Kennedy, John, *The Business of War*, Hutchinson, Londra, 1957.

Manchester, William și Reid, Paul, *The Last Lion*, Little, Brown & Co, Boston, 2012.

---

[1] Charles de Gaulle, *Le Salut*, Plon, Paris 1959, pp. 203 și 204.

2

Înfrângerea din 1940 era inevitabilă

de Maurice VAÏSSE

Ar fi plictisitor să enumerăm ce s-a scris pentru a explica de ce înfrângerea era inevitabilă[1]. După 1940, o întreagă istoriografie a încercat să explice înfrângerea prin evoluția istorică a Franței în etapa interbelică. Iar analiza remarcabilă a lui Ladislas Mysyrowicz, *Autopsie d'une défaite* (Autopsia unei înfrângeri – n.red.), are subtitlul „originile prăbușirii militare franceze din 1940"[2] pentru a

---

[1] Pe tema istoriografiei înfrângerii, fac trimitere la două articole scrise de François Cochet: „La campagne de France; mai-juin 1940, ou le retour sur les circonstances d'une étrange victoire allemande", în Pierre Allorant, Noëlline Castagnez și Antoine Prost (dir.), *Le Moment 1940. Effondrement national et réalités locales*, L'Harmattan, Paris, 2012; și „Relire la défaite à l'aune de l'historiographie récente", în Yves Santamaria și Gilles Vergnon (dir.), *Mai-juin 1940, un trou noir mémoriel?*, Riveneuve, Paris, 2015. Subliniez importanța studiului lui Philippe Garraud, „Le rôle de la doctrine défensive dans la défaite de 1940", în *Guerres morales et conflits contemporains*, nr. 214, 2004. Cf. pe tema acestui articol: Olivier Wieviorka, „La défaite était-elle inéluctable?", în *L'Histoire*, aprilie 2010.

[2] Ladislas Mysyrowicz, *Autopsie d'une défaite*, L'Age d'Homme, Lausanne, 1973.

sublinia clar faptul că Franța s-a îndreptat spre înfrângere încă din 1919. Cei mai mulți istorici au tendința să analizeze unele evenimente prin prisma consecințelor lor. *Ante hoc, ergo propter hoc.* Pe scurt, ne putem întreba dacă istoricii înfrângerii nu au avut tendința să demonstreze că, înainte de confruntarea militară, Franța acumulase „bătălii pierdute în diplomație, demografie, economie, reînarmare: au fost multe înfrângeri înainte ca armele să tragă"[1]. În același timp, Jean-Baptiste Duroselle își construiește lucrarea insistând asupra cauzelor profunde care vor duce Franța pe „marginea prăpastiei": „Francezii au intrat în război pe 3 septembrie 1939 și, pentru acest popor pașnic, aceasta reprezintă deja o înfrângere morală. Va urma înfrângerea materială, peste mai puțin de nouă luni"[2]. Nici măcar mărturia lui Marc Bloch, *L'Etrange Défaite* (Strania înfrângere – n.red.)[3], care rămâne lucrarea cea mai lucidă în privința cauzelor catastrofei din 1940, nu scapă de concluzia că înfrângerea era inevitabilă, după cum explică Etienne Bloch, fiul lui, care consideră titlul „absurd... Atât în partea consacrată mărturiei, cât și în partea de reflecții, totul duce la concluzia că înfrângerea era previzibilă"[4]. Această lucrare este confirmată de cele mai recente studii istorice, chiar dacă, după cum vom vedea, trebuie reactualizată în ceea ce privește evaluarea corectă a cauzelor înfrângerii[5].

S-au folosit tot felul de argumente, dar putem să conturăm o tipologie: unele, factuale, sunt absolut convingătoare; altele sunt

---

[1] Henri Michel, *La Défaite de la France*, PUF, Paris, 1980.
[2] Jean-Baptiste Duroselle, *La Décadence, 1932-1939*, Imprimerie nationale, Paris, 1984; *L'Abîme, 1939-1944*, Imprimerie nationale, Paris, 1983.
[3] Marc Bloch, *L'Etrange Défaite*, Paris, Gallimard, coll. «Folio», 1990. Citatele sunt preluate din ediția publicată în 1946.
[4] Scrisoare a lui Etienne Bloch adresată revistei *L'Histoire* și publicată în nr. 236, din octombrie 1999.
[5] Cf. Maurice Vaïsse (dir.), *Mai-juin 1940. Défaite française, victoire allemande sous l'oeil des historiens étrangers*, Autrement, Paris, 2000; reedit., 2010.

pure polemici; în cele din urmă, merită să fie luate în discuție justificările strict militare. Mai întâi, argumentele factuale: inegalitatea demografică dintre Franța și Germania, 41 de milioane de locuitori față de 60 de milioane, dar 80 de milioane între granițele Germaniei Mari din 1940. Apoi, confruntarea dintre un regim totalitar, gata să facă orice pentru a învinge, și un regim democratic slab, *a fortiori* cel al celei de-a III-a Republicii, aflat în plină criză, cu guverne instabile, incapabile să ducă o politică pe termen lung. În cele din urmă, alt argument este adesea invocat cu pertinență: contradicția dintre o politică militară defensivă, simbolizată de Linia Maginot, și o politică externă dornică să oprească Germania nazistă prin acorduri cu statele Europei Centrale și de Est. Cum ar fi putut Franța să ajute aceste țări, fără o intervenție externă? Pare un lucru evident în cazul ceh din 1938 și în cazul polonez din 1939.

Alte argumente sunt mai controversate, în ambele sensuri. Pe de o parte, unii denunță guvernele Frontului Popular, acuzate că nu au dus o politică de reînarmare care să se ridice la nivelul cerut de necesitatea de a face față unui astfel de inamic, că au demobilizat efortul francez prin instituirea celor 40 de ore de lucru și naționalizarea uzinelor de armament. Pe scurt, dacă Franța a fost învinsă, s-a întâmplat pentru că Frontul Popular nu a echipat suficient armata franceză, din lipsă de patriotism și din convingere ideologică pacifistă. Pe de altă parte, este adusă în discuție trădarea categoriilor sociale avute care, din ură față de grupările de stânga și față de Frontul Popular, ar fi favorizat victoria Germaniei naziste, regim spre care înclinau. „Naziștii nu erau chiar atât de răi pe cât se încerca să se arate și, fără îndoială, am fi evitat mai multă suferință dacă le-am fi deschis larg porțile decât opunându-ne cu violență invaziei."[1] Activitatea comisiei de anchetă parlamentară și procesele de epurare au exclus existența unor comploturi ale extremei stângi sau ale extremei drepte cu rolul de a îndemna la defetism.

---
[1] Marc Bloch, *op. cit.*, p. 160.

Probabil că acești factori nu au fost decisivi, chiar dacă, într-adevăr, s-a observat o anumită dezorganizare în uzinele de război și o penurie în ceea ce privește anumite materiale.

În schimb, argumentele militare trebuie luate atent în considerare. Toți analiștii se alătură celor susținute de Marc Bloch (ca, de altfel, și comentariilor lui Charles de Gaulle), conform cărora cauzele imediate ale înfrângerii au fost de ordin tehnic și au ținut de carențele existente în doctrina militară și de deficiențele în domeniile pregătirii și echipamentului militar. Aceste argumente tind să arate că înfrângerea nu era inevitabilă. Ele au în vedere rolul luptătorilor, strategiile celor două țări beligerante și inferioritatea forțelor franceze în comparație cu forțele germane. Ele au făcut obiectul unei reevaluări, pornind de la publicarea cărții lui Karl-Heinz Frieser, care demonstra remarcabil că războiul-fulger *(Blitzkrieg)* era o invenție jurnalistică sau, mai curând, că strategia aceasta, care a avut atât de mult succes, nu fusese prevăzută și nici concepută ca atare[1].

Astfel, adesea a fost invocată lipsa de combativitate a soldaților francezi, care s-ar fi prăbușit fără să lupte sau chiar ar fi fugit din fața inamicului. Se poate să fi existat acte de disperare în rândurile infanteriștilor, confruntați, în paralel, cu blindatele și bombardierele germanilor *(Stuka)*, părăsiri ale posturilor, după cum subliniază Marc Bloch atunci când dă exemplu pompierii care au fugit din fața flăcărilor, urcați pe motopompa lor mobilă: „Totul putea la fel de bine să piară, acolo în incendiu, atâta vreme cât se țineau la distanță de jăraticul ce trebuia stins". Dar s-a constatat, de asemenea, că francezii au luptat bine în Belgia și, ca să apere teritoriul, pe Oise,

---

[1] Karl-Heinz Frieser, *Blitzkrieg-Legende, der Westfeldzug, 1940*, Oldenbourg, Munich, 1995. Invitându-l pe acest autor la un colocviu în 1997, în cadrul Centrului de Studii Istorice de Apărare, am considerat – alături de Laurent Henninger – că noutatea abordării era atât de importantă încât lucrarea merita să fie tradusă în franceză. Marie-Claude Brossollet, director al editurii Belin, a dorit să urmeze sugestiile noastre și cartea *Le Mythe de la guerre éclair. La campagne de l'Ouest de 1940* a fost publicată în 2003.

Aisne, Somme. Putem să menționăm luptele de la Horgne, unde spahiii au dat dovadă de sânge-rece, și Stonne, în munții Ardeni, contraatacul de la Abbeville, inițiat pe 28 mai de Divizia a 4-a blindate a generalului de Gaulle, apărarea Loarei de către cadeții din Saumur, fără să mai vorbim de rezistența soldaților de pe Linia Maginot. Pe tot frontul, forțele franceze au înregistrat aproximativ 65 000 de morți în cinci săptămâni (înainte, alte estimări apreciau numărul pierderilor la 100 000).

Și strategiile? De fapt, ceea ce uimește este rapiditatea cu care au fost înfrânți francezii, de parcă o armată considerată drept cea mai puternică din lume ar fi fost scoasă din luptă într-un duel inegal. Momentul a fost interpretat ca dovada succesului unei armate ultramoderne asupra unei armate arhaice; a fost subliniată victoria războiului-fulger al *Wehrmachtului* opus lipsei de strategie a francezilor. În realitate, ideea că armata germană era ultramodernă și complet motorizată este o legendă; pe lângă o armată bine echipată, găsim la germani, ca și în armata franceză, divizii mecanizate sau motorizate și divizii echipate cu arme și căruțe vechi.

De altfel, campania din 1940 dusă de armata germană nu seamănă deloc cu un război-fulger; este o operațiune care ține de domeniul tactico-militar, și nu de cel strategico-politic, fondată pe unul din elementele fundamentale ale artei războiului: luarea prin surprindere. De asemenea, este o campanie de infanterie care aproape că a eșuat. De fapt, ideea centrală din planul german viza o manevră de învăluire prin Belgia și un atac-surpriză, trecând prin Ardeni. Chiar dacă este ținut la distanță, generalul von Manstein, care concepuse acest plan, a reușit să obțină aprobarea sa, căpătând și sprijinul generalului Guderian, care nu doar că îi furnizează excepționalele lui cunoștințe despre tancuri și tehnicile de transmisiuni, dar cunoaște bine regiunea încă din vremea Marelui Război.

La rândul său, Franța era, oare, lipsită de strategie? Și acest lucru este fals. În realitate, strategia franceză consta într-o etapă inițială de defensivă, perfect în acord cu situația sa demografică. Din cauza apropierii de războiul din 1914-1918 și a pierderilor enorme – aproape un milion și jumătate de morți – francezii, per ansamblu, militari și civili, erau profund pacifiști. Ca să evite reînnoirea hemoragiei din timpul Marelui Război, Franța adoptă o strategie de război de durată, o doctrină defensivă, simbolizată de Linia Maginot. Aceasta presupunea așteptarea momentului potrivit în care Germania, asfixiată de blocada care îi fusese impusă, putea să fie invadată sau era forțată să negocieze. Această strategie se baza pe ideea că frontierele din Est erau protejate: la nord, de Belgia, care își declarase neutralitatea în 1938; pe Rin, de Linia Maginot; și, la intersecția celor două, de un masiv muntos considerat de netrecut. Mareșalul Pétain, la fel ca generalul Gamelin, sunt partizani categorici ai acestui război defensiv. Campania din 1940 a fost prevăzută ca un război de durată, similar Primului Război Mondial, și deloc ca un război scurt. Iar Linia Maginot a fost concepută ca un obstacol pe care să se bizuie pentru a câștiga timp și a duce un război de manevră. Dar inamicul german nu acționează conform așteptărilor. Recurge, în momentul decisiv, la o forță de luptă copleșitoare și atacă poziția cea mai puțin apărată. Când fusese subliniată apărarea slabă a sectorului din Ardeni, mareșalul Pétain răspunsese că nemții nu aveau să se aventureze pe acolo și că, dacă o făceau, aveau să fie încolțiți la ieșire. Cât despre generalul Gamelin, acesta se gândea la o bătălie în Belgia și aprecia că obstacolul Ardenilor și al râului Meuse aveau să fie de ajuns ca să descurajeze armata germană. De altfel, când, în dimineața zilei de 10 mai, află de ofensiva prin Ardeni, se felicită, căci o consideră sortită eșecului. Cu toate acestea, străpungerea liniilor franceze la Sedan chiar are loc: este realizată prin trei divizii care, prin combinarea unor inovații tehnologice precum tancul, avionul și radioul, reușesc să dea peste cap întregul dispozitiv francez. Pe scurt, campania din 1940, concepută ca un război de durată, se dovedește a fi un război scurt.

În 1940, forțele franceze sunt, oare, inferioare forțelor germane? Nici această afirmație nu este corectă. Specialiștii sunt departe de a cădea de acord asupra evaluării armatei franceze în septembrie 1939. Dar din acest punct de vedere, mărturia copleșitoare a lui Marc Bloch este discutabilă; evocând specificul acestui război, el afirmă: „Nu am produs destule avioane, motoare, tancuri"[1]. De fapt, efortul de înarmare al celei de-a III-a Republici nu este deloc neglijabil; cheltuielile militare ale Franței între anii 1919 și 1939 sunt mai mari decât ale altor puteri, în asemenea măsură încât Franța se află pe banca acuzaților la conferința pentru dezarmare din 1932. Cât despre guvernul lui Léon Blum, acesta a lansat un plan de reînarmare în septembrie 1936[2], astfel încât, în 1938, cheltuielile militare erau de două ori și jumătate mai mari decât în 1913. Prin urmare, chiar și în materie de tehnologie și armament, germanii și francezii sunt relativ egali. Tancurile franceze sunt chiar superioare numeric celor germane: 3 200 față de 2 400 (desigur, cifrele variază; alții arată o egalitate aproape perfectă: 2 574 de tancuri franceze contra 2 285 de tancuri germane); de asemenea, sunt superioare calitativ (mai ales tancul B1), căci Tratatul de la Versailles le interzisese germanilor să construiască tancuri. Când încep să o facă, sunt cu o generație în urmă. Artileria grea este similară de ambele părți, dar tunul de 75 de milimetri le conferă avantaj francezilor. Observăm că la data de 10 mai echipamentele antiaeriene și antitanc ale părții franceze sunt insuficiente, fără să mai luăm în calcul sistemele de transmisiuni, care sunt mediocre.

În schimb, germanii le sunt superiori francezilor în sectorul aerian, chiar dacă, în privința cifrelor, avioanele aliate sunt mai numeroase decât avioanele germane: 4 500 față de 3 500 chiar dacă, după cum se știe, majoritatea avioanelor britanice au rămas de partea

---

[1] Marc Bloch, *op. cit.*, p. 154.
[2] Robert Frankenstein, *Le Prix du réarmement français, 1935-1939*, Publications de la Sorbonne, Paris, 1982.

cealaltă a Canalului. Dar cifrele au doar o valoare relativă. Nu contează că francezii dispun de mijloace numeric echivalente cu acelea ale germanilor, deoarece problema ține, în primul rând, de disponibilitatea lor reală: în fapt, multe dintre avioanele franceze nu erau „bune de război", lipsite fiind de echipament, de elice, de tren de aterizare sau de armament, pentru că exista teama ca nu cumva muncitorii din uzinele de aviație, renumiți pentru angajamentul lor politic și sindical, să nu intre în posesia lor.

Și mai gravă este problema doctrinei referitoare la întrebuințarea lor, pentru că aviația militară nu se bucura de o autonomie reală: o parte din forța aeriană este, de fapt, pusă la dispoziția forțelor terestre; cealaltă jumătate, care depinde de generalul Vuillemin, șef al Statului-Major al Armatei Aeriene, era împărțită în diferite grupuri, mai ales aviația de vânătoare. Este valabil și pentru tancuri; desigur, francezii aveau tancuri, dar ideile legate de utilizarea lor erau nepotrivite. Infanteria reușește să păstreze controlul asupra tancurilor în ideea de a le folosi pentru însoțirea trupelor; multă vreme nevoia unei forțe blindate autonome nu pare relevantă, în ciuda argumentelor lui Charles de Gaulle, care pledase, încă din 1934, în *Vers l'armée de métier* (Spre armata profesionistă – n.tr.), pentru constituirea unei asemenea forțe. Trebuie să așteptăm declanșarea războiului pentru a vedea crearea primelor divizii de blindate, care nu sunt totuși în măsură să acționeze prompt din cauza dificultăților întâmpinate în aprovizionarea cu benzină. În unele cazuri, era nevoie de ore întregi pentru umplerea rezervoarelor unui tanc, lucru adesea fatal. Din lipsă de combustibil, numeroase tancuri ale Diviziei 1 blindate au rămas imobilizate pe 14 mai în zona Charleroi. În schimb, germanii dispuneau de camioane care transportau canistre, menite să asigure în cel mai scurt timp aprovizionarea blindatelor. Când atacă sectorul Sedan, Germania își mobilizează jumătate din forțele mecanizate.

De asemenea, organizarea războiului și comandamentul pun probleme. De la sfârșitul Marelui Război, francezii au înțeles corect prin ce se caracteriza războiul modern: puterea de foc, mobilitatea, importanța logisticii și capacitatea industrială a națiunii. Dar toate sunt concepute pentru o bătălie pregătită și metodică, nu pentru un război-fulger. Când Marc Bloch acuză incapacitatea comandamentului[1], el pune la index un criteriu esențial, ritmul operațiunilor și reacția lentă a francezilor: „De la începutul până la sfârșitul războiului, metronomul Statului-Major nu a încetat să bată cu câteva măsuri în urmă". De fapt, germanii, care preiau inițiativa, zădărnicesc tactica temporizatoare a francezilor. Ofițerii lor iau inițiative și chiar își asumă riscuri, în ciuda ordinelor primite, astfel încât operațiunea germană se bazează pe viteză și mobilitate. Guderian și Rommel ignoră ordinele lui Hitler, prin care acesta le cerea să încetinească înaintarea. De partea franceză, au fost criticate slaba autonomie a cadrelor și faptul că armata era obsedată, după exemplul generalului Gamelin, de gestionarea rațională a războiului, ceea ce impunea un ritm lent, făcând dovada concepției statice de război și a unui sistem de comandă foarte rigid. Informat pe 13 mai, la ora 22.35, de amenințarea germană de la Sedan, Gamelin nu reacționează decât pe 15 mai. Jean-Louis Crémieux-Brilhac evocă surpriza resimțită de acești ofițeri, care nu au știut să recunoască războiul decât atunci când s-au aflat față în față cu germanii, ei fiind obișnuiți cu un război purtat din tranșee. Cât despre comandament, acesta îi pare tulburat viitorului general Beaufre, la vremea aceea ofițer pe lângă generalul Doumenc, care vizitează, în seara de 13 mai, cartierul general al generalului Georges, responsabil cu operațiunile: „Atmosfera este aceea a unei familii care veghează la căpătâiul unui

---

[1] „Mai multe erori de tot felul... au dus armata noastră la dezastru. Totuși, există o carență imensă, care le domină pe toate", în Marc Bloch, *L'Etrange Défaite*, op.cit., p. 154.

mort". Operațiunile militare abia au început, dar moralul comandamentului este „la pământ"[1].

Înfrângere inevitabilă? Nu, după cum am și văzut; sau, mai degrabă, era posibilă evitarea suferinței unei înfrângeri la începutul războiului, în septembrie 1939. Astfel, etapa cunoscută ca „războiul ciudat", un adevărat răgaz, nu a fost suficient exploatată. Cu siguranță, generalul Gamelin însuși a căutat să tragă învățăminte din cucerirea Poloniei. Statul-Major francez a făcut tot posibilul pentru a studia și a asimila metodele folosite de germani ca să îi învingă pe polonezi în scopul de a ridica nivelul de instruire al armatei franceze, dar de prea multe ori oamenii au fost folosiți doar ca să toarne beton și să întărească pozițiile. Însă au existat, de asemenea, multe greșeli și multă letargie. Francezii au pierdut astfel opt luni din războiul ciudat, fără să-și unească forțele blindate în unități de război, după cum sugerase Charles de Gaulle. Știm că Divizia a 4-a blindate, încredințată tocmai lui Charles de Gaulle, este improvizată pe câmpul de bătălie. Manevra *Dyle*, imaginată de generalul Gamelin, constând în aducerea în Belgia a celor mai bune forțe franceze (atât prin mobilitatea, cât și prin profesionalismul lor), contrazicea doctrina defensivă și era riscantă (în măsura în care Belgia își declarase neutralitatea în 1936), dar ar fi putut fi pusă la punct pentru evitarea invaziei și a ocupării teritoriului național[2]. La 20 martie, Gamelin adaugă și varianta *Breda* care presupunea, cu unități mecanizate, o înaintare și mai mare și joncțiunea cu armata olandeză. Astfel, strategia franceză, care era coerentă în contextul unei serii întregi de constrângeri demografice, istorice, geografice etc., este pusă în dificultate de acest aventurism practicat într-o confruntare directă. Când armata franceză este tot mai încolțită în ambuscadă, fiind înghesuită în Ardeni și înconjurată în Belgia,

---

[1] Generalul Beaufre, *Le Drame de 1940*, Plon, Paris, pp. 233 și 235.

[2] Bruno Chaix, *En mai 1940, fallait-il entrer en Belgique? Décisions stratégiques et plans opérationnels de la campagne de France*, Economica, Paris, 2005.

întrebarea lui Winston Churchill, care face referire la precedentul Marelui Război: „Unde sunt rezervele?" este și mai tragică. Nu există sau, mai curând, localizarea și distribuirea în teren a trupelor este de așa natură încât forțele de rezervă nu pot interveni rapid, făcând astfel dificil orice contraatac.

În cele din urmă, forțele germane au parte de o succesiune de minuni. Atunci când blindatele și trupele lui Guderian traversează Ardenii, asistăm la un blocaj fantastic al celor 41 000 de vehicule într-un coridor îngust, moment de care forțele franceze ar fi putut să profite ca să le atace, dar rivalitățile dintre forțele terestre și cele aeriene întârzie intervenția, iar numărul mijloacelor germane este atât de mare încât spulberă efectiv Rezistența franceză. „Minunea din 1940", din perspectivă germană, se bazează și pe importanța fricii pe care înaintarea tancurilor germane o provoacă trupelor franceze. Atmosfera de panică iscată la Bulson duce la prăbușirea unui întreg front din cauza zvonului prezenței tancurilor, care, în momentul atacului, nici nu trecuseră râul Meuse. Trupele care se găseau în acest sector nu erau destinate să lupte: ele se retrag din calea înaintării germane, care părea atât de neînțeles, încât a fost atribuită unei coloane a cincea. Frica de tancuri este amplificată de utilizarea avioanelor de luptă *Stuka*, a căror sirenă se declanșa când coborau în picaj. Drept urmare, campania din Franța este un război-fulger improvizat și reușit, în ciuda ordinelor prudente emise de Hitler și de Înaltul Comandament german, căci, după străpungerea de la Sedan, Guderian nu le respectă și decide să se grăbească spre vest, în direcția Canalului Mânecii, ca să nu le dea timp Aliaților să formeze o nouă linie de apărare. Pe scurt, după cum demonstrează Ernest May, pare mai greu să explici victoria rapidă a Germaniei decât înfrângerea francezilor; concluziile lui sunt rezumate în titlul lucrării sale[1], *Strange Victory* și

---

[1] Ernest May, *Strange Victory: Hitler's Conquest of France*, Hill & Wang, New York, 2000.

care răspunde bine titlului cărții lui Marc Bloch, care nu era chiar atât de „absurd".

BIBLIOGRAFIE SELECTIVĂ

Bloch, Marc, *L'Etrange Défaite*, Gallimard, col. «Folio», Paris, 1990.

Crémieux-Brilhac, Jean-Louis, *Les Français de l'an 40*, Gallimard, Paris, 1990.

Frieser, Karl-Heinz, *Le Mythe de la guerre-éclair*, Belin, Paris, 2003.

May, Ernest, *Strange Victory: Hitler's Conquest of France*, Hill & Wang, New York, 2000.

Mysyrowicz, Ladislas, *Autopsie d'une défaite*, L'Age d'Homme, Lausanne, 1973.

Vaïsse, Maurice (dir), *Mai-juin 1940. Défaite française, victoire allemande sous l'oeil des historiens étrangers*, Autrement, Paris, 2000; reedit., 2010.

Vaïsse, Maurice, și Doise, Jean, *Diplomatie et outil militaire, 1871-2015*, Le Seuil, ediție actualizată, Paris, 2015.

3

Submarinele U-Boot ar fi putut întoarce soarta războiului

de François-Emmanuel BRÉZET

„Singurul lucru care m-a speriat cu adevărat în timpul războiului", scrie Winston Churchill în *Memoriile* sale, „a fost amenințarea submarinelor. Chiar înainte de Bătălia Angliei, mă gândeam că invazia era sortită eșecului. După victoria aeriană, lucrurile arătau bine pentru noi; era chiar tipul de luptă de care trebuia să fim mulțumiți că-l ducem în condițiile crude ale războiului. Dar acum, liniile noastre vitale de aprovizionare, chiar pe vastele întinderi ale oceanelor și, mai ales, în apropierea insulei noastre, erau în pericol. Această luptă mă îngrijora mai mult decât glorioasa confruntare aeriană care fusese Bătălia Angliei."[1]

Proclamând ulterior „Bătălia din Atlantic", prin analogie cu Bătălia Angliei care continua, Churchill punea accentul pe o luptă menită să dureze în timp și al cărei rezultat era cu atât mai greu de anticipat cu cât aceasta nu se prezenta sub aspectul unor bătălii răsunătoare, ci sub forma statisticilor, a curbelor și a diagramelor, nu întotdeauna ușor de interpretat.

---

[1] Winston Churchill, *Memorii din război*, vol. 2, Paris, Tallander, 2010, p. 19.

Eșecul unei bătălii nemiloase

După 1942, an caracterizat în Atlanticul de Nord de o creștere alarmantă a numărului de nave de mare tonaj aliate pierdute, anul 1943 se anunța pentru Aliați drept anul tuturor pericolelor. În sens invers, pentru comandamentul *U-Boot*[1] (*Befehlshaber der U-Boote* «*BdU*» – n.red.), raportul între numărul submarinelor germane pierdute și cel al navelor scufundate era urmărit cu îngrijorare.

Bilanțul operațiunii desfășurate timp mai multe zile, începând cu 4 februarie 1943, de 21 de submarine împotriva convoiului SC-118 (61 de nave protejate de trei distrugătoare, un cutter[2], trei corvete, printre care și *Lobelia*, aparținând Forțelor Franceze Libere) era semnificativ: treisprezece nave comerciale (59 765 BRT[3]) fuseseră scufundate, în vreme ce fuseseră pierdute trei *U-Boot* și patru fuseseră avariate. Marele amiral Dönitz, care tocmai preluase, în locul marelui amiral Raeder, comanda *Kriegsmarine*, păstrând și comanda operațională a submarinelor, o calificase drept „cea mai dură luptă din războiul submarin". Pentru unele submarine, ea continuase timp de patru nopți la rând. Pentru Aliați, șocul fusese crunt: „O caracteristică neliniștitoare a acestui convoi", scria istoricul Stephen Roskill, „era că fuseseră înregistrate pierderi grele, în ciuda numărului neobișnuit de mare al navelor de escortă"[4].

Pentru Aliați, ce era mai rău abia avea să urmeze. Convoiul SC-122 (60 de nave, escortate de două distrugătoare, o fregată și trei corvete) plecase de la New York pe 5 martie, în vreme ce convoiul rapid HX-229 (40 de nave, escortate de patru distrugătoare și

---

[1] Navă submarină, *Unterseeboot*, prescurtat *U-Boot(e)*.

[2] Navă ușoară de patrulare, furnizată de Statele Unite.

[3] *Bruto Register Ton*: unitate engleză de volum utilizată pentru măsurarea capacității unei cale, aproximativ un metru cub.

[4] Stephen Roskill, *The War at Sea*, vol. 2, HMSO, Londra, 1954, p. 356; François-Emmanuel Brézet, *Histoire de la marine allemande 1939-1945*, Perrin, Paris, 1999, p. 299.

o corvetă) plecase pe 8 martie. Aceste convoaie trebuiau să parcurgă, cu viteze diferite, fiecare altă cale. La Amiralitatea britanică, nimeni nu avea cum să prevadă că, din cauza unor diversiuni succesive comandate pentru a contracara amenințarea submarinelor *U-Boot* semnalate în zonă, convoiul HX-229 urma să prindă din urmă convoiul SC-122, producând, într-un spațiu restrâns, o concentrare de nave rar întâlnită.

Desigur, convoaiele făcuseră deja obiectul unor atacuri parțiale, dar BdU, conștient de noua situație, a decis de îndată să concentreze toate submarinele disponibile asupra noului obiectiv. Între 16 și 19 martie 1943, s-a purtat o luptă în care forțele celor două tabere au stat față în față: 91 de nave comerciale și 18 nave de escortă împotriva a 44 de submarine. Amiralitatea a adunat în sprijinul său toate navele și aeronavele disponibile: presiunea celor din urmă a făcut ca BdU să decidă să pună capăt operațiunii în dimineața zilei de 19 martie. Pe bună dreptate, Dönitz va considera această bătălie ca fiind cea mai mare victorie a submarinelor *U-boot*: 21 de nave (140 842 BRT) fuseseră scufundate cu prețul pierderii unui singur submarin.

În primele trei săptămâni ale lunii martie, Aliații au scufundat 15 submarine, dar au pierdut 87 de nave, dintre care 67 se aflau în convoi (40 în Atlanticul de Nord): „Ce soluție ar fi putut găsi Amiralitatea", avea să scrie Roskill, „dacă sistemul de convoaie își pierduse eficiența? Nu știa; dar trebuie să fi simțit, chiar dacă nimeni nu recunoștea, că o pândea înfrângerea"[1].

Neliniștea manifestată atât de Churchill, cât și de oamenii aflați la fața locului, responsabili de fiecare zi pentru desfășurarea luptei, arată că o victorie a *U-boot* avea să rămână mult timp o posibilitate, cu atât mai de temut cu cât ar fi fost în măsură să întoarcă soarta războiului. Strangularea căilor maritime între Statele Unite și Marea

---

[1] François-Emmanuel Brézet, *Histoire de la marine allemande, op. cit.*, p. 305; Stephen Roskill, *The War at Sea*, vol. 2, *op. cit.*, p. 305.

Britanie nu le-ar fi permis Aliaților anglo-saxoni să câștige un nou punct de sprijin, în iunie 1944, pe continentul european și să deschidă astfel, după cum o cerea aliatul sovietic, al doilea front de care depindea victoria în război.

Dar ceea ce nu știa Amiralitatea, în luna martie a anului 1943, era că victoria era totuși aproape: pe 24 mai, după o serie de atacuri nereușite îndreptate asupra convoaielor, soldate cu pierderea a 31 de submarine și un raport *U-Boot* pierdute/tonaj scufundat de 1/10 000 pentru luna mai, Dönitz hotăra să sisteze lupta în Atlanticul de Nord. Nu va mai reuși să o relanseze serios ulterior: prin urmare, *Kriegsmarine* a pierdut în ziua aceea Bătălia din Atlantic.

Acest eșec venea să confirme temerile provocate comandamentului german al războiului naval, *Seekriegsleitung*, de intrarea în război a Statelor Unite. Din aprilie 1942, perfect informat asupra capacității șantierelor americane, nu a mai avut niciun dubiu: programele gigant de construire a navelor de război aveau să fie finalizate în intervale de timp uluitoare, detaliu valabil și pentru construirea navelor comerciale. După cum a scris Werner Rahn: „În ultimele patru luni ale anului 1942, competiția în războiul de tonaj ajunsese lipsită de orice speranță"[1].

Cu toate acestea, Dönitz nu va ezita să relanseze, în septembrie 1943, războiul submarin în celelalte teatre de operațiuni, cu prețul unor pierderi din ce în ce mai mari (365 *U-Boot* scufundate față de 648 pe toată perioada războiului), pentru un rezultat din ce în ce mai slab (1,23 milioane BRT față de 13 milioane scufundate pe parcursul întregului război)[2].

---

[1] Werner Rahn, „Der Seekrieg im Atlantik und Nordmeer", în *Das Deutsche Reich und der Zweite Weltkrieg*, vol. 6, Stuttgart, Deutsche Verlags-Anstalt, 1990, p. 307.

[2] François-Emmanuel Brézet, *Dönitz, le dernier Führer*, Perrin, Paris, 2011, p. 341.

Dar, la urma urmei, studiul dezvoltării forțelor submarine germane ne va indica adevăratele motive ale unui eșec programat, într-o anumită măsură.

Refuzul unei strategii maritime adecvate

Între anii 1933 și 1935, ultimele guverne ale Republicii de la Weimar, anticipând succesul politicii lor de recunoaștere a „drepturilor egale", *die Gleichberechtigung*, strânseseră echipamentul necesar pentru asamblarea rapidă a douăsprezece submarine. Succesul operațiunii fusese posibil grație politicii secrete de construire a submarinelor în străinătate. Demararea procesului de asamblare contravenea dispozițiilor Tratatului de la Versailles, care îi refuza *Reichsmarine* dreptul de a deține submarine, astfel că șeful Direcției navale, amiralul Raeder, precizase că demararea asamblării nu putea să înceapă decât atunci când guvernul își dădea autorizația. Inițiind procesul de reînarmare a Germaniei, guvernul Schleicher păstrase sub control strict realizarea unei armate de submarine.

În momentul venirii lui Hitler la putere, în aprilie 1933, Raeder și-a dat repede seama că noul cancelar avea să refuze orice program de refacere a marinei, care i-ar fi pus în pericol politica de apropiere de Anglia. Date fiind amintirile neplăcute ale războiului precedent, construirea unei flote de submarine părea exclusă. Va trebui să se aștepte semnarea, pe 18 iunie 1935, a tratatului naval germano-britanic pentru ca primul submarin să fie asamblat. La ordinul lui Hitler, marina fusese nevoită să renunțe la paritatea submarinelor, propusă cu generozitate de Marea Britanie, și să anunțe că avea să accepte un raport ce putea să fie modificat, de comun acord, la 45% (22 400 de tone). La sfârșitul anului 1936, măsurile de construcție anticipată permiseseră lansarea la apă a 36 de submarine, dar după aceea ritmul a încetinit. Un război împotriva Angliei era un subiect tabu și cum se știa că Franța, principalul adversar declarat, era puțin vulnerabilă la amenințarea submarină, construirea unei mari flote submarine nu era cerută de nimeni.

Atunci când armata germană și *Luftwaffe*, armata aerului, urmau în continuare, cu rezultatul știut astăzi, o dezvoltare accelerată, limitată doar de capacitățile industriei germane, marina trebuia, dimpotrivă, să respecte limitările stricte impuse de tratatul încheiat anterior. Doar din 1938 Hitler recunoaște faptul că, dată fiind agresivitatea politicii sale europene, riscul unui război cu Anglia trebuia să fie luat în considerare. Cota autorizată de tratat fiind aproape atinsă, *Kriegsmarine* a început în grabă negocieri cu *Royal Navy* (Marina Regală Britanică – n.red.) pentru atingerea parității cu flota britanică de submarine.

Deci, nu din cauza unei orbiri strategice a comandamentului marinei sau a neglijenței în exploatarea construcțiilor convenite intră *Kriegsmarine* în război, în septembrie 1939, cu 57 de submarine dintre care doar 28 erau cu adevărat în măsură să fie folosite în teatrul principal de operațiuni: Oceanul Atlantic.

Hitler, după cum o și recunoștea, se temea de mare. Raeder încercase cu înverșunare să îl facă să conștientizeze că puterea unei națiuni era măsurată și de forța ei pe mare, dar Hitler știa că organizarea, cu care fusese totuși de acord, a puternicei flote de război din planul Z presupunea o întârziere incompatibilă cu strategia de cuceriri teritoriale pe care avea de gând să o pună în aplicare în următorii patru sau cinci ani.

După primele succese obținute, Führerul nu va reuși niciodată să înțeleagă încăpățânarea Angliei de a continua războiul. Va respinge astfel strategia maritimă pe care i-o propune amiralul său împotriva ultimului adversar de pe mare, în favoarea unei strategii care viza eliminarea ultimului adversar posibil pe pământ, în Europa – Uniunea Sovietică –, pe care își închipuia că putea să îl suprime în câteva luni.

Constrângerile logistice ale noii campanii întreprinse nu vor permite în nicio clipă ca realizarea submarinelor să devină o prioritate fundamentală, pentru ca primele succese promițătoare obținute să fie transformate într-o victorie decisivă. Atunci când se hotărește, în noiembrie 1943, să acorde prioritate apărării „fortăreței Europa", Hitler arată încă o dată că nu a înțeles nimic din importanța strategică a Bătăliei din Atlantic. În loc să pună această bătălie pe primul loc, va dirija întregul efort în direcția îmbunătățirii apărării coastelor și a concentrării trupelor menite să respingă adversarul, dacă acesta reușea totuși să ajungă pe țărm.

După ce și-a dat seama târziu, în mai 1943, de faptul că submarinele cu care începuse războiul erau vechi, Dönitz a luat două decizii importante: începerea dezvoltării unui submarin de înaltă performanță, de tipul XXI, și construirea lui în serie, prin integrarea totală a acestuia în organizarea producției de armament a celor trei armate, dirijată de către Albert Speer.

Această ultimă decizie a fost o reușită în măsura în care marina, fără să fie prioritară, și-a văzut recunoscută poziția care i se cuvenea în efortul de ansamblu și a beneficiat de o planificare industrială riguroasă, care a permis lansarea, pe scară largă, a fabricării în serie a submarinelor. Dar era mult prea târziu: distrugerea progresivă de către aviația aliată a infrastructurii industriale de armament nu a întârziat să provoace, pentru unele echipamente, precum periscoapele sau bateriile electrice, blocaje care au paralizat planul de construire a navelor. Primul submarin de tip XXI a fost lansat la apă cu doar câteva ore înainte de capitulare, în vreme ce, pe șantierele germane, sute de carene așteptau să fie terminate.

Fluturând în ochii Führerului, împotriva oricăror evidențe, capacitatea acestei viitoare mărețe flote submarine de a întoarce soarta războiului, Dönitz câștigă un prestigiu și un respect care i-au permis să profite de privilegiul, deloc de invidiat, de a-i fi succesor.

Prin urmare, *U-Boot*, în ciuda aparențelor înșelătoare, nu au fost niciodată în măsură să întoarcă soarta războiului: nu ar fi avut niciodată cu adevărat mijloacele să o facă. Este chiar nedrept să se dea vina, după cum se întâmplă încă mult prea adesea, pe cel care a reformat cu adevărat flota germană: marele amiral Raeder. Diferitele planuri de reconstrucție elaborate indică o flotă echilibrată, în care construirea submarinelor, departe de a fi neglijată, era legată de obiectivele strategice stabilite de puterea politică.

Raeder începuse să facă ajustările necesare încă de la anunțarea existenței unui risc de război cu Anglia. Când este declarat războiul, el nu reușește să îl facă pe Führer, care își asuma personal comanda, să înțeleagă nevoia de a acorda construcției de submarine prioritatea care i-ar fi putut asigura succesul.

BIBLIOGRAFIE SELECTIVĂ

Brézet, François-Emmanuel, *Histoire de la marine allemande 1939-1945*, Perrin, Paris, 1999; *Dönitz, le dernier Führer*, Perrin, Paris, 2011.

Churchill, Winston, *Mémoires de guerre*, vol. 2, Tallandier, Paris, 2014.

Rahn, Werner, „Der Seekrieg im Atlantik und Nordmeer", în *Das Deutsche Reich und der Zweite Weltkrieg*, vol. 6, editat de Militärgeschichtliche Forschungsamt, Stuttgart, Deutsche Verlags-Anstalt, 1990.

Roskill, Stephen, *The War at Sea*, vol. 2, HMSO, Londra, 1954.

4

Hitler a devansat un atac al lui Stalin

de Jean LOPEZ și Lasha OTKHMEZURI

Printre legendele care alterează percepția despre cel de-al Doilea Război Mondial, există una care se evidențiază prin radicalismul său: prin declanșarea Operațiunii *Barbarossa*, pe 22 iunie 1941, Hitler nu ar fi făcut decât să devanseze cu câteva zile o ofensivă sovietică. Putem, pe bună dreptate, să calificăm această teză ca fiind una revizionistă, în măsura în care ea răstoarnă judecata comună asupra celor mai importante evenimente din secolul XX. Judecată care trebuie luată în sens juridic. Tribunalul Militar Internațional de la Nürnberg i-a recunoscut drept vinovați de „complot și crime împotriva păcii" – mai ales de agresiune premeditată împotriva URSS – pe *Reichsmarschall*-ul Goering, feldmareșalul Keitel și generalul Jodl, principalii consilieri militari ai lui Hitler, precum și pe Joachim von Ribbentrop, ministrul de externe, pentru a nu menționa decât câțiva. Au fost oare înșelați cei trei judecători occidentali prezenți la Nürnberg de colegul lor sovietic, generalul maior Iona Nikitcenko? Goering, Keitel, Jodl și Ribbentrop au spus adevărul când au repetat la nesfârșit că al Treilea Reich se găsea, în 1941, în stare de legitimă apărare față de URSS? Armata Roșie se pregătea, oare, să asedieze Berlinul? „Atacul perfid, prădător și care încalcă pactul de neagresiune semnat anterior[1]" împotriva unei Uniuni Sovietice pașnice nu ar fi fost decât o minciună stalinistă, care masca intenții deliberat agresive?

Teoria spărgătorului de gheață

Primul element care trebuie subliniat este vechimea acestei teorii. În fapt, ea a fost emisă chiar în ziua atacului, pe 22 iunie 1941, în proclamația lui Hitler adresată poporului german, precum și în ordinul de zi transmis soldaților de pe Frontul de Est. Führerul subliniază prezența la frontieră a „160 de divizii rusești", amintește nenumăratele încălcări ale spațiului aerian german de către avioanele sovietice – de fapt, lucrurile stăteau cu totul invers – și inventează de la zero o intervenție armată a trupelor sovietice pe 17 și 18 iunie, „respinsă după lungi schimburi de focuri de armă"[2]. Este o minciună clasică – fusese deja folosită la Gleiwitz, împotriva Poloniei, pe 31 august 1939 și nu avea alt scop decât justificarea în fața opiniei publice germane a ruperii unilaterale a pactului de neagresiune, semnat la 23 august 1939. Niciun istoric occidental nu a fost indus în eroare de această fabulație, care pare să fi fost inspirată direct de către Hitler. De fapt, teza atacului preventiv este considerată, timp de 40 de ani, ca făcând parte din artificiile propagandei naziste.

Ea reapare la mijlocul anilor '80, sub condeiul lui Viktor Suvorov, pseudonimul lui Vladimir Bogdanovici Rezun, un ofițer din sistemul de informații militar sovietic, plecat în Vest în 1978 și condamnat la moarte în țara lui. Un prim articol – „Cine plănuia un atac în iunie 1941, Hitler sau Stalin?" – apare în mai 1985, urmat de o carte în limba rusă, publicată la Paris în 1988, cu titlul *Ledokol (Spărgătorul*

---

[1] Este, în esență, ceea ce spune Molotov în discursul difuzat la radio, pe 22 iunie 1941.

[2] A se vedea Max Domarus, *Hitler, Reden*, vol. 4, Wiesbaden, R. Löwit, 1973, pp. 1726-1732.

de gheață). Lucrarea capătă renume internațional odată cu versiunea în germană (1989), apoi în engleză (1990) și reeditarea ei în rusă la Moscova, în 1992, la un an după dispariția URSS. *Times* din Londra și *Frankfurter Allgemeine Zeitung* îi fac o publicitate pozitivă. Cartea înregistrează un succes fenomenal în Germania, în Austria, în fostele state-satelit ale Moscovei și, mai ales, în Rusia, unde *Spărgătorul de gheață* depășește un tiraj de 10 milioane de exemplare[1] (Cartea a apărut și în limba română, la editura Polirom, în anul 2011 – n.red.). După o dispută de 20 de ani, în cadrul căreia s-au scris sute de cărți și de articole, cei mai mulți istorici resping lucrarea lui Suvorov-Rezun și ideea unui război preventiv. Rămâne totuși un grup care, la diferite niveluri, sunt de acord cu această teorie, precum Joachim Hoffmann și Walter Post în Germania, Heinz Magenheimer în Austria, Richard Raack în Statele Unite, Mikhail Meltiukhov și, mai prudent, Vladimir Nevejin în Rusia.

Lucrarea lui Suvorov nu este una academică. Este un pamflet, o lucrare polemică, un rechizitoriu violent împotriva lui Stalin, transformat cu această ocazie într-un demon omniscient, capabil să prevadă cursul istoriei mondiale cu douăzeci de ani înainte. În fapt, Suvorov îl acuză pe dictator că a contribuit la venirea la putere a lui Hitler, că a declanșat al Doilea Război Mondial, apoi că a favorizat victoriile germane pentru ca, la momentul potrivit, să atace și să aducă sub puterea URSS întregul teritoriu al unei Europe prăbușite în haos și zdrobite de ocupația nazistă. Conform afirmațiilor lui Suvorov, Armata Roșie era aproape pregătită de acțiune în momentul în care Hitler a devansat-o, cu doar câteva zile. Istoricii nu au avut niciodată dificultăți în a demonta argumentele din *Spărgătorul de gheață*, care abundă în greșeli factuale, citate trunchiate, afirmații gratuite și care nu tratează deloc intențiile germane. În ciuda acestor

---

[1] Dacă este să dăm crezare concluziei (p. 311) din ultima ediție în limba engleză (revăzută și adusă la zi) a lui *Icebreaker (Spărgătorul de gheață)*, publicată în 2009 de PL UK Publishing.

falsificări, lucrarea lui Suvorov a înrădăcinat până astăzi teza atacului preventiv în milioane de conștiințe, de la est de Rin și până la Urali. Cu toate acestea, publicarea ei a avut un efect pozitiv, căci a forțat deschiderea, sau redeschiderea, a două șantiere istorice importante. Primul se concentrează pe natura politicii externe a lui Stalin între anii 1939 și 1941 și după aceea; al doilea, adresat în mod special istoricilor militari, încearcă să contureze dispozitivul ofensiv al Armatei Roșii în momentul în care aceasta este atacată de *Wehrmacht*. Și, pentru a lega cele două întrebări într-una singură: Cât de pregătită era Armata Roșie, în plan politic și strategic, să răspundă atacului în vara anului 1941?

Barbarossa, *cea mai arzătoare dorință a lui Hitler*

Înainte de a schița câteva răspunsuri la aceste întrebări, trebuie să subliniem o certitudine, susținută integral după 60 de ani de cercetări cu privire la intențiile lui Hitler. Prin atacarea Uniunii Sovietice, Fürherul celui de-al Treilea Reich nu a răspuns unei amenințări militare. De la venirea sa la putere în 1933, el le-a declarat generalilor săi intenția de a cuceri și coloniza Europa de Est. Istoricul Rolf-Dieter Müller[1] a arătat că *Wehrmachtul* nu a încetat să desfășoare planuri împotriva URSS dorind să treacă la un atac-surpriză, până în toamna lui 1939. Dacă, prin tradiție, se afirmă că decizia de a nimici URSS a fost luată pe 31 iulie 1940 – directiva datând din 18 decembrie 1941 – ea a fost precedată, în iunie același an, de pregătirile impuse de *singura inițiativă* venită de la Înaltul Comandament al armatei terestre. Hitler și *Wehrmachtul* au dorit mereu, în perfectă sintonie, să regleze conturile cu „iudeo-bolșevismul", cu mult înainte ca Pactul Ribbentrop-Molotov, din 23 august 1939, să le ofere celor doi viitori adversari o frontieră comună.

---

[1] Rolf-Dieter Müller, *Der Feind steht im Osten*, Ch. Links Verlag, Berlin, 2011.

Nu doar că Hitler nu se temea de un atac sovietic, ci, dimpotrivă, se temea ca nu cumva Stalin să propună noi concesii, de ultim moment, menite să îl priveze pe Führer de cruciada lui ideologică și rasială. Nu sunt menționate pregătirile vreunui atac sovietic, nici în discursurile adresate generalilor lui de către Hitler, cu precădere în discursul din 30 martie 1941, nici în jurnalele personale ale mareșalilor și generalilor germani care comandau armatele detașate în Est. Pe 11 martie 1941, von Bock, comandantul Grupului de Armate Centru, notează, dimpotrivă: „Agenți de informații veniți din Lituania vorbesc despre mari manevre rusești în Țările Baltice și afirmă că acestea ar masca o inițiativă de atacare a Germaniei. Imposibil de crezut!" Pe 27 martie: „Foarte puține lucruri pledează în favoarea probabilității unui atac rusesc"[1]. Cât despre generalul Erich Marcks, părintele uneia dintre versiunile planului *Barbarossa*, acesta va ajunge să regrete că rușii nu i-au făcut plăcerea de a ataca primii[2].

Să revenim la cea dintâi dintre întrebările reactivate de lucrarea lui Suvorov, *Spărgătorul de gheață*. Ce voia Stalin: securitate la frontierele URSS sau exportarea, prin forță sau subminare, ori prin ambele metode, a modelului sovietic? Cu riscul de a ne dezamăgi cititorii, răspunsul încă nu a fost găsit. Opiniile tuturor specialiștilor în domeniu acoperă întregul spectru posibil: de la asigurarea, înainte de toate, a securității și până la continuarea revoluției mondiale. În opinia istoricului german Bianka Pietrow-Ennker, cauza dezastrului din vara anului 1941 a fost voința lui Stalin de a fugi după doi iepuri deodată. Peste acest element se suprapune un al

---

[1] Fedor von Bock, *Zwischen Pflicht und Verweigerung. Das Kriegstagebuch*, München, Herbig, 1995, pp. 177 și 180. Fără îndoială stânjenit de cuvintele lui Bock, Klaus Gerbet, prezentatorul lucrării, se grăbește să adauge, la p. 178, că, din 1941, noi fapte au venit să sprijine teza atacului preventiv.

[2] Citat de Jürgen Förster și Evan Mawdsley, „Hitler and Stalin in Perspective: Secret Speeches on the Eve of Barbarossa", în *War in History*, vol. 11, nr. 1, 2004, pp. 6-103.

doilea, legat de natura diplomatului Stalin: georgianul era un realist, un pragmatic oportunist sau un ideolog ales de Lenin tocmai pentru tendința sa de a gândi întotdeauna în termeni bolșevici? Și aici, găsim din plin portrete contradictorii, rusul Oleg Khlevniuk aderă la a doua variantă, israelianul Gabriel Gorodetsky la prima.

Cât despre articolul de față, întrebarea vizează aspecte mai restrânse. Ea își propune să afle, dincolo de locul ocupat de ideologie în gândirea lui Stalin, dacă există *dovezi* că el ar fi urzit un „complot împotriva păcii", pentru a relua terminologia procesului de la Nürnberg. Suvorov propune două, care ar fi fost rostite de Stalin însuși: discursurile lui din 19 august 1939[1] și 5 mai 1941.

19 august 1939: ziua în care Stalin a declanșat cel de-al Doilea Război Mondial?

Pe 19 august 1939, spre ora 22, Stalin convoacă de urgență o întâlnire secretă a Biroului Politic și a liderilor secției rusești a Cominternului, Internaționala Comunistă. Cu o zi înainte, ambasadorul german la Moscova, Schulenburg, în numele lui Ribbentrop, îi propusese lui Molotov să încheie un pact de neagresiune între Reich și URSS. Deci, în acel moment crucial, Stalin ar fi expus în cerc restrâns rolul pe care URSS trebuia să îl joace, în vreme ce Europa asista la un marș spre război, între Reich, pe de o parte, și Polonia, susținută de franco-britanici, pe de alta. Iată câteva rânduri de text care reproduc discursul lui: „Pacea sau războiul. Întrebarea aceasta a intrat în fază critică. Soluția ei depinde în întregime de poziția pe care o va adopta Uniunea Sovietică. [...] Dacă acceptăm propunerea Germaniei, pe care o știți, de a încheia cu ea un pact de neagresiune, Germania sigur va ataca Polonia, iar intervenția în

---

[1] Suvorov nu deține, la prima ediție a *Spărgătorului de gheață*, textul discursului. Astfel, folosește dezmințirea făcută de Stalin pe 30 noiembrie 1939.

acest război a Angliei și a Franței va fi inevitabilă. În aceste condiții, vom avea multe șanse să ne păstrăm la distanță de conflict și vom putea să ne așteptăm rândul de pe poziții avantajoase. [...] Deci, scopul nostru e ca Germania să poarte un război cât mai lung timp posibil pentru ca Anglia și Franța să obosească și să fie atât de epuizate, încât să nu mai fie în stare să o înfrângă. [...] În același timp, trebuie să ne intensificăm eforturile ideologice în țările beligerante, ca să fim bine pregătiți pentru clipa în care războiul se va încheia".

Acest text ar arăta duplicitatea și vinovăția lui Stalin în chestiunea declanșării războiului. De asemenea, am putea să găsim aici ideea principală a lui Suvorov: Germania nazistă era manipulată ca să devină mijlocitorul comunismului în Europa, „spărgătorul de gheață" al lui Stalin. De altfel, ideea a fost folosită din plin, mai întâi de Goebbels, apoi de apărătorii lui Suvorov. În *Memoriile*[1] sale, Churchill menționează în treacăt întâlnirea Biroului Politic de pe 19 august 1939. Încă din 1958, istoricul german Eberhard Jäckel și-a exprimat îndoieli serioase la adresa autenticității textului atribuit lui Stalin[2]. Reconstituind traseul acestuia precum și pe cel al diferitelor sale variante, a conchis că este vorba de un fals, fabricat poate de omul care l-a comunicat agenției Havas, pe 28 noiembrie 1939, un jurnalist elvețian, profund anticomunist, Henry Ruffin. Descoperirea unui exemplar al textului în arhivele sovietice, în 1996, a relansat în asemenea măsură dezbaterea, că istoricul rus Sergej Slutsch a reluat ancheta în 2004. După o remarcabilă analiză internă și externă a documentului[3], el a demonstrat, cu toată

---

[1] Winston Churchill, *The Second World War*, vol. I, *The Gathering Storm*, Houghton Mifflin Company, Boston, 1948, p. 392.

[2] Eberhard Jäckel, „Uber eine angebliche Rede Stalins vom 19 August 1939", în *Vierteljahreshefte zur Zeitgeschichte*, al 6-lea an (1958), caiet 4, pp. 380-389.

[3] Sergej Slutsch, „Stalins «Kriegsszenario 1939»: Eine Rede, die nie es gab", în *Vierteljahreshefte zur Zeitgeschichte*, al 25-lea an (2004), caiet 4, pp. 597-635.

claritatea necesară, că este vorba de un fals tipic, că nicio întâlnire a Biroului Politic nu a avut loc în ziua aceea și că în niciun caz Stalin nu și-ar fi dezvăluit reflecțiile strategice acestui organism și, cu atât mai puțin, Cominternului.

Toastul de la Kremlin

Al doilea discurs folosit de Suvorov pentru a demonstra intențiile ostile ale Uniunii Sovietice datează din 5 mai 1941. Importanța lui sporește, căci este și prima dată când Stalin ia cuvântul din noul lui rol de președinte al Consiliului Comisarilor Poporului. De fapt, pe 4 mai, secretarul general al Partidului iese definitiv din penumbra instituțională în care se păstrase din 1924 și devine șeful guvernului, în locul lui Molotov. Spre deosebire de presupusul discurs din 19 august 1939, cel de pe 5 mai nu este secret și chiar a avut loc, în marea sală de la Kremlin, în fața a 2 000 de ofițeri abia ieșiți de pe băncile academiilor și facultăților militare, în prezența elitei politice și militare sovietice. După o prezentare de 40 de minute, Stalin ține mai multe toasturi însoțite de scurte intervenții. Despre aceste discursuri s-a scris cu atât mai mult cu cât nu deținem textele originale, ci doar versiunea scurtă, depusă în 1948 la Arhivele Partidului Comunist al Uniunii Sovietice, și notițele luate de martori. Punctul comun al tuturor versiunilor discursului este că Stalin a dorit mai ales să se felicite pentru progresul Armatei Roșii și să îi îndemne pe ofițerii prezenți să nu se teamă de armata germană. Dar, întrerupt de un ofițer care îi cere să rostească un toast în cinstea păcii, Stalin schimbă tonul: „Permiteți să corectez. [...] Apărându-ne țara, trebuie să acționăm ofensiv. Să trecem de la apărare la o doctrină militară a ofensivei. Trebuie să ne transformăm instrucția, propaganda, agitația, presa în sensul spiritului ofensiv. Armata Roșie este o armată modernă și o armată modernă este o armată ofensivă"[1].

Să vedem, asemenea lui Suvorov și a apărătorilor lui, în această intervenție a lui Stalin, anunțul unui război preventiv împotriva Germaniei ar însemna să supralicităm textul. Cum să pretindem că războiul preventiv este un „mare secret" și să ne gândim că putea să fie dezvăluit la un toast? Discursul nu spune nimic din ce nu este știut de toată lumea: Armata Roșie este pregătită de atac încă de la înființare. Stalin nu face decât să dezvolte, în fața unui public de specialiști, un discurs pe care l-a susținut pe 17 aprilie 1940 pe tema opoziției dintre „războiul defensiv, adică înapoiat" și „războiul ofensiv, adică modern"[2]. Această temă a fost dezbătută de mii de ori, de la începutul anilor '30, de pe vremea marelui conflict doctrinar dintre Aleksandr Svecin, partizan al apărării strategice, și Mihail Tuhacevski, apostol al operațiunilor ofensive mecanizate în adâncime.

Putem măcar să susținem că Stalin a vrut să își arate colții Berlinului? Dar atunci de ce *Pravda*, care plasează a doua zi ceremonia pe prima pagină, nu publică decât aceste fraze insipide: „În discursul său, tovarășul Stalin a subliniat schimbările profunde care au avut loc în cadrul Armatei Roșii în ultimii ani și a evidențiat că aceasta s-a reorganizat și înarmat pe baza experienței căpătate în războiul modern"[3]. Rezultatul este că mesajului îi va lua o lună să ajungă la Hitler, printr-o serie de scurgeri de informații strânse

---

[1] În Jürgen Förster și Evan Mawdsley, „Hitler and Stalin in Perspective: Secret Speeches on the Eve of Barbarossa", art. cit. Acest articol, scris de doi mari specialiști în problemele conflictului germano-sovietic, unul german, altul britanic, oferă cea mai bună perspectivă asupra discursului din 5 mai 1941.

[2] *Zimnaia Voina, Rabota nad ochibkami: (aprel-mai 1940g.). Materialy Kommissii po obobchtcheniu opyta finskoi kompanii*, Letni Sad, Moscova, 2004, pp. 40 și 41.

[3] *Pravda*, 6 mai 1941.

de Ambasada germană la Moscova. Există alte avertismente mai şocante şi mai directe! Ştiind că toate discursurile lui Stalin apar sistematic în *Pravda*, trebuie să deducem că i-a *interzis* redactorului-şef să îl publice pe acesta. Pentru un motiv foarte simplu: nu voia nici să supere, nici să alarmeze Reichul.

La câteva zile după acea seară, Stalin îi spune lui Jukov, şeful Statului-Major General, că nu şi-a dorit decât să întărească moralul tinerilor ofiţeri prezenţi la ceremonie, insistând pe două idei: Armata Roşie era puternică şi *Wehrmachtul* nu era de neînvins. De ce ar fi atât de uimitor, la trei săptămâni după ce *Wehrmachtul* distrusese armata greacă şi pe cea iugoslavă cu preţul unor pierderi minime? Înţelegem că superiorii Armatei Roşii au fost întru câtva îngrijoraţi de ideea de a fi nevoiţi, într-o bună zi, să înfrunte o armată care părea invincibilă în ochii întregii lumi. Asta a înţeles Şcerbakov, secretarul Comitetului Central, în timpul unor întâlniri, pe 8 şi 9 mai, cu liderii presei sovietice, cărora le cere să „demaşte mitul invincibilităţii *Wehrmachtului*"[1]. A doua zi, Palgunov, şeful departamentului de presă din Ministerul de Externe, arată şi el că a înţeles toastul conducătorului. El trimite Direcţiei de propagandă a Comitetului Central propunerile de directive care să fie adresate ziarelor. Este subliniat faptul că trebuie publicate articole „care să analizeze obiectiv operaţiunile militare ale armatei germane între anii 1939 şi 1941, în care vor fi subliniate slăbiciunile tactice şi strategice ale *Wehrmachtului* şi gafele adversarilor"[2]. Nimic din toate acestea nu seamănă cu nişte accese de agresivitate care să anunţe vreun plan de război preventiv: dimpotrivă, sunt semnele unei frici adânci faţă de potenţialul adversar.

---

[1] V.A. Nevejin, *Sindrom Nastoupatelnoi Voiny. Sovetskaia Propaganda v preddverii «sviachtchennykh boev»*, *1939-1941 gg.*, Moscova, AIRO-XX, 1997, p. 197.

[2] RGASPI, F. 17, Op. 125, D. 60, L. 59. Citat de V.A. Nevejin, *Sindrom Nastoupatelnoi Voiny*, *op. cit.*, p. 199.

Lovitura preventivă propusă de Jukov

Putem fi tentați să facem legătura dintre discursul de pe 5 mai și mai multe întâlniri și decizii care au loc în deceniul următor. Luate împreună, ele par să indice – la fel ca partizanii lui Suvorov – că în seara de 5 mai 1941 Stalin a operat o schimbare fundamentală în relațiile germano-sovietice, care se putea constitui într-un preludiu pentru război.

Pe 13 mai, Statul-Major General ordonă trimiterea în Vest a patru armate și a unui corp de infanterie, staționate în interiorul țării, adică aproximativ 500 000 de oameni. Această măsură poate să fie legată de decizia, luată cu câteva zile înainte de Timoșenko și de Jukov, bineînțeles, cu acordul – obținut totuși cu greu – lui Stalin de a efectua o mobilizare parțială și clandestină, sub pretextul unor mari manevre. În total, au fost chemați sub arme 802 000 de oameni, ceea ce a permis o creștere a efectivelor a 99 dintre cele 198 de divizii destinate teatrului de operațiuni occidental[1].

Pe 14 mai, are loc o întâlnire a Consiliului Militar Superior, la care participă Jdanov, Malenkov, Timoșenko, Jukov, Budionîi, Șapoșnikov. Pe ordinea de zi se găsea un raport al lui Aleksandr Zaporojeț, șeful direcției generale a propagandei militare, prezentând un „Bilanț al inspecției cu privire la chestiunea educației politice în unitățile Armatei Roșii". Despre ce s-a vorbit? Cu siguranță despre memorandumul pe care Zaporojeț i-l trimisese în ianuarie lui Andrei Jdanov pe tema „Situația propagandei de război în rândul populației". Textul denunța „progresul unei stări de spirit pacifiste" și sublinia că, pentru cei mai mulți, datoria internaționalistă a Armatei Roșii era mereu prioritară în fața apărării patriei socialiste. Putem să facem cu atât mai mult această supoziție cu cât, acceptând candidatura lui Zaporojeț la Comitetul Central, în primăvara anului 1941, Stalin a părut să aprobe aceste critici și să

---
[1] TsAMO, F. 48 A, op. 1554, D. 90, L. 769-772.

încurajeze faptul ca sovieticilor să le fie insuflat un oarecare spirit războinic.

În cele din urmă, pe 15 mai, Jukov și ministrul său, Timoșenko, îi propun lui Stalin să lovească preventiv[1] armata germană, care era pe cale să se concentreze la frontierele occidentale ale URSS. El scrie lovitură „preventivă", și nu „de prevenție". O lovitură de prevenție este declanșată imediat ce se ajunge la concluzia că izbucnirea războiului este iminentă; poate chiar înainte ca adversarul să fi adoptat măsuri de ordin militar. Lovitura preventivă, în schimb, nu devansează decât ușor lovitura unui adversar pe cale să își încheie pregătirile de atac. Acest plan, care a făcut să se scrie pagini întregi[2], este prezentat ca o notă scrisă de mână însumând vreo cincisprezece pagini a generalului Vasilevski, în care putem citi: „Germania și aliații ei pot desfășura, în total, 240 de divizii împotriva Armatei Roșii. Dat fiind că în clipa aceasta Germania își ține armata într-o stare de mobilizare completă, cu ariergardă complet desfășurată, ea dispune de potențialul de a anticipa propria noastră desfășurare de forțe și de a ne lua prin surprindere. Ca să evităm acest lucru, cred că este necesar [...] să nu permitem Înaltului Comandament german să ia inițiativa și să își anticipeze desfășurarea, ci să atacăm armata germană în curs de desfășurare lipsind-o astfel de timpul necesar organizării unui front și coordonării diferitelor componente ale forțelor sale". Planul își propunea să inițieze principalul atac sovietic pornind de la Lvov, în direcția Cracoviei și a Oderului. În al doilea rând, această forță de război și-ar fi schimbat direcția spre nord pentru a distruge Grupurile de Armate Centru și Nord, împrejurul Varșoviei și în Prusia Orientală.

---

[1] TsAMO, F. 16, op. 2951, D. 239, L. 1-15, citat în *1941 God*, vol. 2, nr. 473, pp. 215-220.
[2] Acest plan a fost descoperit în arhivele lui Jukov în 1989 de către Dimitri Volkogonov, apoi publicat la mijlocul anilor '90 de Valeri Danilov și Yuri Gorkov.

Legat de cele trei puncte prezentate, putem să expunem unele remarci care să le elimine, în opinia noastră, din dosarul „războiului preventiv".

În primul rând, cele patru armate aduse din est și sud se opresc la 300 de kilometri distanță de graniță, fiind răspândite pe 500 de kilometri. Ele nu reprezintă decât o cincime din totalul forțelor deja mobilizate și nu dispun de cea mai bună dotare. Deplasarea lor este atât de lentă, încât nu se încheie pe 22 iunie. Este imposibil să identificăm în această mișcare o voință ofensivă. În mod similar, desfășurarea rezerviștilor nu este decât răspunsul la creșterea alarmantă a forțelor germane în Polonia, element dezvăluit lui Stalin pe 5 mai într-un raport al serviciului de informații militare; nu face decât să suplimenteze, în parte, efectivele divizionare cu mult reduse în raport cu acelea prevăzute pe timp de război[1].

Apoi, dacă intensificarea propagandei se află practic pe ordinea de zi a nenumărate întâlniri (14 mai, 4 și 9 iunie), nimic clar nu este revelat până la raportul lui Șcerbakov, dezbătut pe 20 iunie – cu 48 de ore înainte de atacul german. „Confruntarea este inevitabilă", scria el. „[...] Politica externă a URSS nu are nimic de-a face cu pacifismul. [...] Trebuie să folosim o strategie ofensivă împotriva Germaniei. Instrucția de calitate oferită tuturor trupelor Armatei Roșii trebuie să fie dublată de spirit ofensiv. [...] Armata germană nu a găsit încă un rival [pe măsură]. O ciocnire cu ea nu este foarte îndepărtată"[2]. Dar Consiliul Militar Superior se dezice pe 20 iunie...

---

[1] Această mobilizare clandestină aduce doar 21 de divizii, cu 14 000 de oameni, foarte aproape de dotarea lor optimă de 14 483. Grosul forțelor – 72 de divizii – abia dacă atinge 12 000 oameni, 6 divizii cu 11 000 oameni. A se vedea *1941, Ouroki i Vyvody*, Voenizdat, Moscova, 1992, p. 83.

[2] Citat în M.I. Meltiuhov, „Ideologitchiskié dokoumenty maïa – iunia 1941 goda o sobytiakh Vtoroï Mirovoï Voïny", *Otetchestvennaia istoria*, nr. 2, 1995.

cerând o nouă redactare a textului[1]! Există un motiv simplu pentru această nehotărâre a propagandiștilor: Stalin interzice orice aluzie publică pe tema unui conflict armat cu Reichul. Cum să se pregătească poporul pentru un război împotriva unui adversar anonim?

În sfârșit, planul de atac preventiv Jukov-Timoșenko este prost conceput, vag, fără un calendar exact și nerealist din punct de vedere logistic și din perspectiva efectivelor. În privința acestui ultim punct, el contrazice mai multe declarații ale lui Timoșenko, prezentând drept axiomă – respectată pe toată durata războiului – faptul că, pentru a obține un succes ofensiv, trebuie să se dispună pe „direcțiile principale, de forțe duble sau triple față de forțele adversarului". Iar dacă în atacul din 22 iunie 1941 3,3 milioane de soldați ai Axei se avântă spre 2,9 milioane de sovietici, germanii sunt cei care beneficiază de o superioritate de 3 până la 4 la 1 în sectoarele de atac. În plus, planul din 15 mai nu are nimic original în propunerile sale operaționale, reluând planuri strategice definite în anii '40. Stalin doar l-a citit? Așa afirmă Jukov în interviurile oferite în anii '60. A adăugat că nu a primit altă reacție la propunerea lui în afara strigătului lui Stalin: „Ce? Ați înnebunit? Vreți să îi provocați pe nemți?" Oricum, *Void*-ul („Îndrumătorul") nu a pus în aplicare ceea ce părea mai degrabă un document de lucru decât un plan de război.

Cei patru piloni cognitivi ai lui Stalin

În esență, ziua de 5 mai 1941 ne pare mai puțin importantă din perspectiva toastului lui Stalin decât în lumina veștii catastrofale pe care o află în dimineața aceea. Generalul Filipp Golikov, șeful serviciului de informații militar, a trimis chiar în ziua aceea tuturor membrilor conducerii direcției politice și militare un raport devastator despre pregătirile germane. „În ultimele două luni, la granița noastră numărul de divizii germane a crescut de la 70 la 137. În

---

[1] TsAMO, F. 2, op. 11569, D. 2, L. 42. Citat în Kiselev, „Oupriamýe fakty natchala voïny", *VIJ*, nr. 2, 1992, p. 1.

rândul acestora, numărul diviziilor de tancuri s-a dublat, de la 6 la 12. Împreună cu diviziile româneşti şi maghiare, ajung la aproximativ 130 de divizii"[1]. În acelaşi timp, şi pe cont propriu, Vsevolod Merkulov, şeful NKGB[2], prezintă o notă de sinteză în care Stalin citeşte: „Pregătirile pentru război la Varşovia şi pe întreg teritoriul Guvernământului General se desfăşoară la vedere, ofiţerii şi soldaţii germani vorbesc în public despre iminenţa conflictului dintre Germania şi URSS ca despre un fapt împlinit. Războiul ar trebui să înceapă după însămânţările de primăvară. [...] Germanii au în vedere, printr-o lovitură directă, ocuparea, mai întâi, a Ucrainei, apoi, la sfârşitul lunii mai, continuarea ofensivei spre Caucaz. Ofiţerii germani încartiruiţi în Guvernământul General învaţă limba rusă foarte repede şi [fiecare a primit] hărţi topografice ale zonei de frontieră din interiorul URSS"[3]. Jukov, după cum am văzut mai sus, vorbeşte în propunerea lui de lovitură preventivă despre consecinţele acestei concentrări masive şi trage concluziile: „În clipa aceasta, Germania îşi ţine armata în stare de mobilizare completă, [...] are capacitatea de a anticipa propria noastră desfăşurare de forţe şi de a ne da o lovitură-surpriză".

Dacă raportul lui Golikov i-a alarmat extraordinar de tare pe Jukov şi pe Timoşenko, nu se poate să nu fi avut niciun efect asupra lui Stalin. El provoacă o primă destabilizare a celor patru „piloni cognitivi" ai politicii staliniste de înţelegere cu Hitler. Prin această expresie, ne referim la seria de hotărâri, *a priori*, de proiecţii care susţin, blochează şi încorsetează percepţia pe care o are Stalin asupra situaţiei iscate la graniţa occidentală. Aceşti piloni îl orbesc literalmente, îi ascund peisajul politic şi strategic dezastruos în care l-a

---

[1] *Voennaia Razvedka Informiruet, Ianvar 1939 – Iun. 1941 Dokoumenty*, Moscova, Mejdounarodnyi Fond demokratia, 2008, p. 617.
[2] NKGB (Comisariatul Poporului pentru Siguranţa Statului) are sarcini de spionaj şi contraspionaj şi se îngrijeşte de siguranţa demnitarilor statului.
[3] *Izvestia TsK KPSS*, nr. 4, 1990, p. 213.

proiectat propria politică începând cu anul 1939. Să examinăm aceşti piloni cognitivi.

1. *Stalin era convins că Hitler nu poate duce un război pe două fronturi. Atâta vreme cât el lupta împotriva Marii Britanii, URSS putea să stea liniştită. Singurul pericol veritabil pentru URSS era cel al unei coaliţii a tuturor forţelor imperialiste.* Acest punct pare unul de bun-simţ: Germania nu a pierdut Primul Războiul Mondial pentru că a luptat atât în Est, cât şi în Vest? De aceea, Stalin nu vede în planul *Barbarossa* – pe care îl cunoaşte de la finele lunii decembrie a anului 1940, deci cu mult înaintea celor mai mulţi dintre generalii germani – decât un scenariu posibil *după* o capitulare a britanicilor. Dar ignoră două lucruri. Mai întâi, lupta împotriva Imperiului Britanic nu implică decât *Luftwaffe* şi Marina, nu şi trupele terestre, care reprezintă cea mai mare parte a efortului militar german; sunt disponibile pentru o campanie în Est. Apoi, Stalin nu înţelege ponderea ideologiei în deciziile lui Hitler; nu vede în dictatorul german decât un fel de Bismarck mic-burghez. Nici nu crede în existenţa vreunei diferenţe fundamentale între statele democrate şi statul naţional-socialist. Consideră că diferenţele se vor şterge până la urmă, printr-o ostilitate comună faţă de URSS. În raport cu Marea Britanie, el reînnoieşte schema mentală a bolşevicilor din timpul Războiului Civil din Rusia: Marea Britanie este şi rămâne adversarul principal al URSS, cel mai periculos, căci este cel mai în măsură, prin tradiţie, să încheie o alianţă împotriva URSS. Astfel, toate avertismentele lui Churchill, printre care se numără şi cel de pe 19 aprilie 1941, au asupra lui Stalin exact efectul opus: Londra minte, intoxică, nu încearcă decât să-l pună în conflict cu Berlinul. Pe 10 mai 1941, inexplicabilul zbor al lui Rudolf Hess – omul cel mai apropiat de Hitler – spre Anglia accentuează neliniştea lui Stalin, care îl consideră un precursor al „frontului imperialist" de care se teme. Încă un motiv, decide el, de a întări indulgenţa arătată faţă de Berlin.

2. *După opinia lui Stalin, în sânul Reichului există lupte între facțiuni. Unele sunt favorabile unei înțelegeri cu URSS, altele defavorabile, mai ales în armată. Hitler se află atât sub influența unora, cât și a celorlalți. Trebuie încurajată facțiunea care favorizează o înțelegere durabilă, cooperând din plin și evitând încurajarea, prin gesturi belicoase, a facțiunii agresive.* Este încă o bizarerie stalinistă, moștenire a leninismului. Fiecare putere poartă în sine propria contestare, fiecare bolșevic își are menșevicul, fiecare Stalin își are un Troțki al său. De fapt, cercurile germane ostile unui atac împotriva Uniunii Sovietice sunt marginale: o parte din aparatul diplomatic, o mână de generali în retragere. De altfel, trebuie subliniat că, tot pe 5 mai 1941, ambasadorul Schulenburg, în timpul unui mic dejun, și-a prevenit omologul, pe Dekanozov, asupra intențiilor agresive ale lui Hitler, gest poate unic în analele diplomatice. Sovieticul nu a văzut aici decât încă o uneltire a facțiunii ostile păcii, o exagerare, fiind vorba de Schulenburg, titularul tradiției rusofile din Reichul lui Bismark. Această viziune despre o politică germană care depindea de un raport de forțe între facțiunile interne ale celui de-al Treilea Reich va alimenta atitudinea împăciuitoare a lui Stalin până în punctul în care l-ar fi făcut să roșească pe însuși Neville Chamberlain. Lista concesiilor, cadourilor, semnelor de destindere și de bunăvoință continuă să crească începând cu ianuarie 1941. Ea pornește de la livrări masive de cereale și de materiale strategice și ajunge până la o cvasi-aliniere diplomatică cu pozițiile Berlinului, de la refuzul de a protesta împotriva zborurilor *Luftwaffe* deasupra URSS, până la reducerea alocațiilor de combustibil destinate Armatei Roșii pentru a le trimite *Wehrmachtului*[1].

3. *Desfășurarea* Wehrmachtului *nu înseamnă război*, repetă Stalin. *Nu poate fi decât o etalare de forță, prealabilă unei negocieri globale care viza să atragă noi avantaje și concesii din partea URSS.*

---

[1] *Skrytaia Pravda Voiny: 1941 God. Neizvestnye Dokumenty*, Rousskaïa Kniga, Moscova, 1992, p. 27.

Din decembrie 1940, Stalin așteaptă să aibă o întrevedere cu Hitler, în vederea redefinirii termenilor pactului de neagresiune din 1939. Așteaptă cu nerăbdare semne în acest sens. În realitate, el este jucăria unei campanii de intoxicare germane, reluată de ziarele anglo-saxone, conform căreia Hitler voia să obțină pentru trupele lui o trecere prin URSS spre Irak sau o creștere a ajutorului economic sovietic, poate chiar cedarea țărilor baltice sau a Ucrainei. Pe 22 iunie 1941, Stalin așteaptă patru ore înainte de a da ordinul pentru riposta la atacul german[1]. Și totuși, directiva nu poartă semnătura sa. Deci, mai credea încă posibilă o ofertă de negociere din partea lui Hitler.

4. *Chiar dacă* Wehrmachtul *decidea să atace, avea nevoie, în opinia experților Armatei Roșii, de cel puțin cincisprezece zile ca să își mobilizeze și să își adune toate forțele înainte de a începe cu adevărat lupta. Armata Roșie ar fi avut astfel timpul să-și pună în aplicare propriul plan de război.* Raportul lui Golikov de pe 5 mai distruge această certitudine. Stalin știe de acum înainte că Hitler poate să atace în orice moment. Cu toate acestea, încă mai crede că este posibil să îl liniștească, să îl convingă, să îl cumpere. De aici și dovezile de prietenie din ce în ce mai evidente, dintre care cea mai spectaculoasă a fost comunicatul agenției oficiale Tass, de pe 14 iunie, care dezmințea toate zvonurile referitoare la război și pune accentul, destul de naiv, pe prietenia germano-sovietică.

Falsul mister al desfășurării Armatei Roșii

Să discutăm acum despre desfășurarea forțelor Armatei Roșii la granița occidentală și despre structura acestor forțe, două elemente a căror interpretare constituie cea mai mare parte din lucrarea lui Suvorov. El vede aici dovada unei voințe de atac. Relevă în acest sens o mulțime de semnale ofensive, aproape toate reale: Armata

---

[1] *Istotchnik*, nr. 2, 1995, p. 147.

Roșie dispune de 5 corpuri de parașutiști; concentrează aproximativ 10 000 de tancuri în 20 de corpuri mecanizate la mai puțin de trei sute de kilometri de graniță; o flotilă fluvială este desfășurată pe râul Nipru și pe canalul care îl leagă de Bug; unitățile de vânători de munte sunt prezente în partea sudică a frontului, gata să înainteze către Carpați; cea mai mare parte a aviației și depozitele militare sunt adunate la frontieră; lucrări enorme îmbunătățesc starea căilor rutiere și feroviare est-vest în teritoriile anexate în 1939 și 1940. Toate aceste fapte, repetă Suvorov, nu se pot explica în cadrul unei strategii defensive, *deci* strategia aleasă este 100% ofensivă, *deci* Stalin se pregătește să îl atace pe Hitler.

În această privință, Suvorov este cel mai ușor de contrazis. Desfășurarea de forțe și natura mijloacelor militare ale Armatei Roșii au un caracter ofensiv, fără doar și poate. Dar nu au în sine nimic care să provoace un atac preventiv. Această intenție nu poate fi identificată pe teren: puține lucruri fac diferența între o desfășurare contraofensivă și o desfășurare care vizează o lovitură preventivă. În schimb, toate scenariile de război oferite de Armata Roșie vreme de douăzeci de ani au susținut ideea unei contraofensive imediate și acestor scenarii le corespunde localizarea forțelor în apropierea graniței.

În ianuarie 1939, revista *Znamia* publică un roman scris de Nikolai Șpanov, intitulat *Prima lovitură*. Iată acțiunea. Pe 18 august, într-un an nespecificat, la ora 16.57, DCA-ul (Sistem de apărare antiaeriană – n.red.) sovietic detectează apropierea avioanelor germane. La 17.01, începe bătălia aeriană. La 17.30, ultimul avion german fuge. La 17.34, avioanele sovietice încep să elimine DCA-urile și aerodromurile inamice, iar Armata Roșie trece granița. Punctul culminant al contraofensivei are loc în zorii zilei de 19 august, atunci când bombardierele sovietice atacă infrastructura industrială din Nürnberg, Fürth și Bamberg. Muncitorii germani din uzinele bombardate cântă *Internaționala*, după care se revoltă și vin în sprijinul Armatei Roșii. Între timp, cehii se răscoală, iar în Franța comuniștii preiau puterea. Războiul se termină pe 19 august, la ora 17.00 fix. Acest roman ar fi trecut neobservat dacă Stalin nu l-ar fi citit, adnotat și trimis la șase edituri (inclusiv la Editura tineretului). Pe 22 mai, acest roman SF este introdus în programa școlilor și academiilor militare.

Dincolo de elementul anecdotic, romanul lui Șpanov surprinde o serie de ipoteze pe care se construiesc planurile de război ale Armatei Roșii. Toți teoreticienii și marii comandanți sovietici – cu excepția lui Alexandr Svecin, Alexandr Verkovski și Georgi Isserson – au validat aceste planuri încă de la finele anilor '20. Scenariul propus era următorul:

1. Inamicului îi trebuiau între 15 și 21 de zile ca să își adune toate forțele și să lanseze ofensiva. În timpul acestei „perioade inițiale", el nu se va angaja decât în operațiuni lipsite de importanță, pe uscat sau în aer.

2. Armata Roșie trebuia să profite de acest răstimp, ca să își impună numaidecât voința și să preia inițiativa. În acest scop, ea își poziționa, pe timp de pace, avangarda *(peredovaia armia)*, mereu pregătită de război. Prima sa sarcină era să blocheze incursiunile dușmanilor ca să protejeze mobilizarea generală în URSS.

3. A doua sarcină a acestor armate era să treacă, dacă era posibil chiar de la Z + 3, la contraofensivă, pentru a duce războiul pe teren inamic. Fiecare armată avea să fie flancată de unul sau mai multe corpuri mecanizate, care aveau să pătrundă două sute de kilometri în dispozitivul inamic ca să îi împiedice desfășurarea și să îl plaseze într-o stare de dezechilibru mortal. Această ofensivă în profunzime urma să fie precedată și apărată de un asalt masiv aerian și aeropurtat.

4. Un al doilea val de armate, create prin mobilizarea generală, avea să preia ștafeta avangardei ca să pătrundă în inima puterii inamice.

Respectarea la perfecție a acestei scheme dogmatice – încorporate în diferitele planuri de mobilizare, ultimul datând din martie 1941 – explică desfășurarea și structura Armatei Roșii în 1941 și lipsa oricărei lovituri preventive.

Iată-ne pătrunși în inima dramei care se va desfășura în iunie și iulie 1941. *Wehrmachtul* izbește dintr-o lovitură, prin surprindere, cu *toate* forțele sale reunite. Nu va exista nicio „perioadă inițială". Va distruge în câteva zile „avangarda" cu efective și dotări enorme, adesea mai moderne decât ale sale. Două sute din cele 340 de depozite militare vor fi confiscate, peste 800 de avioane vor fi distruse la sol încă din primele ore. Victoria inițială a fost mult ușurată de refuzul lui Stalin de a plasa unitățile pe picior de război, așa cum îi ceruseră Jukov și Timoșenko. Rezultatul: pe 22 iunie 1941, diviziile roșii nu erau regrupate, munițiile nu erau distribuite, avioanele nu erau camuflate pe pozițiile lor, procedurile de transmisiuni nu erau operaționale. Este de necontestat faptul că această lipsă de pregătire este explicată de teama lui Stalin de a nu „provoca Germania". În ciuda acestui fapt, stricăciunile nu ar fi avut amploarea pe care au căpătat-o dacă șefii militari sovietici și-ar fi schimbat scenariul de război și, deci, nu și-ar fi adaptat desfășurarea de forțe în concordanță cu poziția politică impusă de Stalin. Împart cu acesta din urmă vina pentru dezastru.

În concluzie, putem să respingem ferm ideea că Hitler nu a făcut decât să devanseze cu câteva zile un atac din partea lui Stalin. În vara anului 1941, Armata Roșie nu are nicio intenție de a ataca. Operațiunea *Barbarossa* este exact ceea ce a considerat tribunalul de la Nürnberg, o agresiune îndelung premeditată, care a venit pe fondul pretextului unei amenințări sovietice inexistente. Cu toate acestea, putem oare să respingem ideea că Stalin n-ar fi atacat *niciodată* Germania? Evident că nu. Întreaga sa strategie, încă de la semnarea pactului de neagresiune pe 23 august 1939, consta în a culege cât mai multe roade (frumoasa recoltă pe care o reprezentau Bielorusia și Ucraina Occidentală, Karelia finlandeză, țările baltice, Basarabia și Bucovina de Nord) din conflict fără să fie direct implicat. Nu intenționa să intre în război, cu forțe modernizate, decât după ce Aliații și Reichul aveau să se epuizeze reciproc. Aștepta momentul potrivit ca să pornească la război, folosind timpul câștigat pentru întărirea aparatului militar, tot așa cum au făcut și Statele Unite în acea vreme. Conform mai multor mărturii, Stalin considera că Armata Roșie nu avea să fie gata înainte de anul 1942. Deci, niciun atac sovietic nu ar fi fost posibil înainte de acea dată. Nu există nimic scandalos în sine în această așteptare.

Doar că Stalin s-a plasat pe o poziție extrem de primejdioasă, căci nimic nu a mers după cum se aștepta. *Wehrmachtul* stăpânea continentul european și cuceririle sale l-au costat atât de puțin că, în 1941, se afla la cel mai înalt nivel al puterii sale militare și politice. URSS nu avea state prietene în lume și mulți dintre cei care credeau în ea o părăsiseră, dezgustați de spectacolul efuziunilor dintre Ribbentrop și Stalin. Ba mai rău, se înșela în privința dușmanului, judecând că Londra era mai periculoasă decât Berlinul. Și continua să aștepte ca Japonia să atace din est, în ciuda pactului de neutralitate, semnat pe 13 aprilie 1941. Stalin nu a știut să vadă că planurile Armatei Roșii erau complet inadecvate, că făceau chiar jocul dușmanului, concentrând toată armata activă în zona de graniță politic ostilă, invitând *Wehrmachtul* la un asalt-surpriză. A luat de bun ce i-au spus militarii cu îngâmfare: luarea prin surprindere, care funcționase împotriva Poloniei *nu putea* avea sorți de izbândă în fața Armatei Roșii. A fost, oare, cu adevărat conștient de carențele sistemului său militar? Nu se poate ști cu certitudine, Stalin fiind obișnuit să judece în termeni cantitativi – Armata Roșie avea de trei până la cinci ori mai mult echipament decât *Wehrmachtul*. Era, oare, conștient de nivelul jalnic al structurilor de comandă? Putem bănui că da, căci nu refuza niciodată să umfle efectivele, fără să își facă griji dacă acestea erau instruite corespunzător. Nu vedea mai departe decât generalii lui, și anume că o armată construită pentru o contraofensivă masivă și imediată trebuia să fie puternică **ȘI** dinamică. Dacă Armata Roșie este puternică, ea este, în schimb, rigidă, dezorganizată și complet lipsită de profesionalism.

Opțiunea[1] pentru o atitudine *împăciuitoare* în fața lui Hitler transformă toate aceste erori într-o realitate explozivă: Armata Roșie nu este pregătită nici pentru ofensivă, nici pentru defensivă, este mobilizată doar pe jumătate, centura fortificată occidentală (Linia Molotov) este departe de-a fi gata, spiritul societății este amorțit. Cu toate acestea, precum Timoșenko și Jukov, Stalin vedea bine că vara anului 1941 era cea a tuturor primejdiilor. Dar nu a renunțat la ideile sale: hrănind gâsca germană, cedând tot ce se putea, acoperindu-și urechile la gălăgia sirenelor trase de Churchill, considera că putea să treacă de etapa primejdioasă. Aceasta era convingerea sa. Iar dacă germanii nu atacau înainte de luna iulie, atunci nici nu aveau să o facă înainte de vara anului 1942, din motive de climă. Acest joc pe marginea prăpastiei, zi de zi, a fost iresponsabil, la fel cum a fost și jocul lui Hitler, dar din alte motive. Totalul acestui dublu joc sinucigaș este cel al conflictului dintre Axă și URSS: între 30 și 35 de milioane de morți.

BIBLIOGRAFIE SELECTIVĂ

Das Deutsche Reich und der Zweite Weltkrieg, vol. 4, *Der Angriff auf die Sowjetunion*, DVA, Stuttgart, 1983.

Lopez, Jean; Otkhmezuri, Lasha, *Joukov, l'homme qui a vaincu Hitler*, Perrin, Paris, 2013.

Nekrich, Alexander M., *Pariahs, Partners, Predators, German-Soviet Relations*, Columbia University Press, New York, 1997.

---

[1] Serghei Slutsch datează această alegere în 28 noiembrie 1940, atunci când Stalin decide să onoreze livrările de grâu către Germania, căutând în rezervele de stat, în vreme ce lipsurile răvășeau URSS.

Pietrow-Ennker, Bianka (dir.), *Präventivkrieg? Der deustche Angriff auf die Sowjetunion*, Fischer Taschenbuch Verlag, Frankfurt-am-Main, 2001.

Roberts, Cynthia A., „Planning for War: The Red Army and the Catastrophe of 1941", în *Europe-Asia Studies*, decembrie 1995.

Stoecker, Sally W., *Forging Stalin's Army*, Westview Press, Boulder, 1998.

5

Pearl Harbor, o victorie a japonezilor

de Pierre GRUMBERG

Pe 7 decembrie 1941, la ora locală 7.51, 183 de avioane japoneze survolează Pearl Harbor, marea bază americană din Hawaii, unde lumea își termina liniștită *breakfast*-ul de duminică. În vreme ce 89 de bombardiere și avioane torpiloare lansează un atac asupra cuirasatelor, 94 de bombardiere și avioane de vânătoare spulberă pistele de aterizare. Unsprezece minute mai târziu, portul este învăluit într-un nor negru. Dar iadul încă nu s-a terminat: la 8.45, 163[1] de avioane atacă într-un al doilea val: 75 de bombardiere în picaj se avântă spre nave, 88 de avioane de vânătoare și bombardiere se năpustesc asupra aerodromurilor.

Când, la ora 10, zgomotul motoarelor japoneze se pierde în zare, *Pacific Fleet* este încă înecată în fum. Dar spectacolul pe care îl ghicește comandantul său, amiralul Husband Kimmel, este înspăimântător. Din cele 8 cuirasate de care dispunea înainte de atac, *Arizona* explodase, iar *Oklahoma* se răsturnase. *West Virginia* și *California*,

---

[1] Conform altor surse, cifrele variază între 167 și 171. Cele 171 au inclus: 55 de avioane torpiloare, 81 de bombardiere în picaj și 36 de avioane de vânătoare. (n.red.)

cu carenele sparte, stăteau împotmolite în mâl. *Nevada* eșuase încercând să iasă din port. *Pennsylvania*, *Tennessee* și *Maryland* fuseseră deteriorate, la fel ca alte unsprezece nave mari. Din 390 de avioane, 198[1] sunt distruse. Cât despre bilanțul uman, acesta este la fel de teribil: 2 403[2] de morți (dintre care 1 177 pe *Arizona* și 68 de civili), 1 178 de răniți. La polul opus, prin comparație, pierderile suferite de escadrila comandată de Nagumo Chuichi sunt neglijabile: 29 de avioane[3] și 5 submarine de buzunar, în care au pierit 55 de aviatori și 9 membri ai echipajelor de pe submarine.

Dezastru: este impresia evidentă sugerată de toate aceste cifre. Numărul și calitatea navelor scoase din luptă, pierderile disproporționate, panica și umilința luării prin surprindere contrastează cu îndrăzneala japonezilor, cu hotărârea și eficiența lor... Dezastru: alegerea acestui cuvânt de către istorici pentru a descrie atacul este întru totul justificată. Pentru americani, desigur, dar și pentru francezi: *Dezastrul de la Pearl Harbor*, așa își intitulează lucrarea din 1946 Raymond de Belot, unul dintre primii care dedică o carte acestui episod. Tradiția continuă: „Marina [americană] a trăit unul din cele mai crunte dezastre din istoria ei"[4], scrie în 2011 Hélène Harter. „Doar lipsa providențială a portavioanelor a evitat producerea unui dezastru total"[5], subliniază Jean Quellien în 2015.

În plus, acest mod general de a vedea atacul drept o înfrângere zdrobitoare a americanilor este accentuată și de o frecventă amplificare a bilanțului. Pe lângă cuirasatele scufundate și deteriorate, Henri Michel notează, în *La Seconde Guerre mondiale* (2004) că

---

[1] Conform altor surse numărul avioanelor distruse a fost de 188, iar numărul celor deteriorate variază între 63 și 159 (n.red.).

[2] În conformitate cu alte surse consultate numărul morților variază între 2335 și 2386, iar cel al răniților și dispăruților între 1143 și 1282 (n.red.).

[3] La care se adaugă alte 74 avariate (n.red.).

[4] Hélène Harter, *Pearl Harbor, 7 decembrie 1941*, Tallandier, Paris, 2013.

[5] Jean Quellien, *La Seconde Guerre Mondiale, 1939-1945*, Tallandier, Paris, 2015.

„dintre celelalte 96 de nave, cele mai multe erau pierdute". Laurent Joffrin arată, în 2005, în lucrarea *Les Grandes Batailles navales* (Marile bătălii navale – n.red.), că japonezii au distrus „trei sferturi din flota americană". Francezii, desigur, nu dețin exclusivitatea în ceea ce privește aceste inexactități: pagina de internet «On this Day» a BBC subliniază că au fost scufundate și deteriorate 118 nave, o enormitate pe care nimeni nu a corectat-o. Ceea ce arată cât de adânc înrădăcinată este ideea dezastrului – și, prin contrast, a triumfului nipon.

Daune mai mult aparente decât reale

Și totuși... Dacă Kimmel cel învins ar fi putut să se ridice în acea dimineață de 7 decembrie 1941 deasupra flăcărilor, ar fi constatat că daunele aduse flotei sale erau departe de a fi atât de grave pe cât credea. În schimb, detaliul nu îi scapă foarte competentului său înlocuitor, Chester Nimitz, în momentul în care, pe 24 decembrie, vine la fața locului. De fapt, din cele 82 de nave de război aflate acolo în dimineața zile de 7 decembrie, doar trei dintre ele – *Arizona*, *Oklahoma* și *Utah* – sunt iremediabil pierdute. Primele două au fost lansate la apă în 1915, respectiv în 1916. Lente (cu o viteză de numai 21 de noduri), își atinseseră deja data de expirare și erau incapabile să înfrunte puternicele nave rivale japoneze. Fostul cuirasat *Utah* era și mai vechi: lansat la apă în 1909, fusese transformat în vas-țintă. Rada nefiind prea adâncă (între 12 și 14 metri), *Oklahoma* ar fi putut fi recuperată dacă Marina americană ar fi crezut de cuviință. Marina nu renunță totuși la celelalte 16 nave afectate, aduse repede la suprafață – cele care se scufundaseră – apoi reparate și trimise înapoi în luptă. Nouă dintre victime navighează astfel din nou, în iunie 1942, dintre care trei cuirasate – care sunt trimise la sfârșitul lunii decembrie în California pentru modernizare. Prea lente ca să însoțească portavioanele, vor fi folosite, în principal, drept purtătoare de artilerie grea în operațiunile amfibii. Cât despre avioane, într-o lună trei convoaie de cargouri repară pagubele produse.

Este adevărat că pierderile umane sunt importante. Dar și aici, apropierea de facilități și de spitale limitează daunele. De fapt, surprinderea lor în port este un noroc: dacă *Pacific Fleet* ar fi ieșit pe mare în întâmpinarea inamicului, scria Nimitz mai târziu, „n-am fi pierdut 3 800 de oameni, ci 38 000". Lovitura este grea pentru o marină cu puține efective instruite, dar nu ireparabilă, cu atât mai mult cu cât marinarii care au supraviețuit pe unitățile imobilizate, mai ales pe cuirasate, sunt trimiși pentru un timp pe nave ușoare, mai utile.

Astfel, unul dintre cele mai îndrăznețe raiduri din toate timpurile (Tokio se află la 6 200 de kilometri de Honolulu), dus de 28 de nave de suprafață (dintre care șase portavioane cu 414 avioane) și 23 de submarine, a determinat scoaterea definitivă din luptă a două cuirasate care urmau să fie retrase și a unei nave-țintă și, temporar, a altor trei cuirasate (de asemenea, învechite). Acestora li se adaugă alte câteva daune mai mici. Față de cele 82 de nave de luptă imobilizate la ancorare și complet luate prin surprindere, acest scor modest, dar accesibil tuturor, justifică, oare, reputația unui triumf care este privit mereu ca punct de referință?

Yamamoto consideră că nu și-a îndeplinit misiunea

Măcar japonezii sunt mulțumiți? Arhipelagul celebrează raidul ca pe o victorie decisivă, echivalentă cu distrugerea flotei rusești la Țușima, în 1905. În realitate, amiralul Yamamoto Isoroku, acela care a pledat în favoarea atacului punându-și demisia pe masă, este dezamăgit. Operațiunea trebuia să scoată din joc *Pacific Fleet* pe timp de șase luni, adică atât cât îi trebuia marinei imperiale ca să își ducă la bun sfârșit ambițiosul plan strategic stabilit la Tokio, în 1941, de guvernul lui Tojo Hideki: cucerirea Malaieziei britanice, a Filipinelor americane, a Indiilor Olandeze (și a prețiosului lor petrol), a Birmaniei (punct-cheie de aprovizionare pentru China naționalistă, pe care Japonia nu reușește să o învingă), înainte de cucerirea Noii Guinee, rampă de lansare spre Australia... Or, cele trei portavioane de la Pearl Harbor, care sunt obiectivele prioritare ale lui Genda Minoru, creatorul planului, nu erau acolo pe 7 decembrie. Nu din întâmplare, după cum citim adesea: două plecaseră să livreze avioane bazelor avansate pe care Washingtonul – care prevăzuse războiul, dar fără să prevadă unde și când avea să izbucnească – se aștepta să le vadă atacate. Al treilea se afla în revizie pe coasta de vest. Escorta lor, formată din șase crucișătoare grele și paisprezece distrugătoare, rămâne, de asemenea, nevătămată. Pentru restul obiectivelor princpale, angajamentul de a le imobiliza timp de șase luni nu este îndeplinit decât în cazul a cinci dintre cele opt cuirasate aflate în port și pentru niciunul dintre cele două crucișătoare grele. Rezultatul nu este unul mulțumitor.

Departe de a indica vreo mare victorie, fumul de pe *Arizona* maschează, de fapt, un succes tactic lipsit de consecințe, ale cărui cauze au fost identificate de către cercetătorul american Alan Zimm (a se vedea Bibliografia selectivă). Totul pornește de la haosul care domină conceperea planului. Yamamoto și Genda se contrazic în privința priorității țintelor. Cel dintâi pune pe primul loc cuirasatele, simbol al puterii statului, în vreme ce al doilea, mai tranșant, a înțeles importanța capitală a portavioanelor. Agravată de neînțelegerile dintre ofițerii rivali, care se urăsc până într-atât încât sunt gata să se încaiere, domnește improvizația. Își dau seama chiar înaintea raidului că unul dintre portavioane nu avea autonomia necesară pentru misiune: după ce s-au gândit să îl abandoneze pe mare (!), decid să înghesuie înăuntrul lui bidoane suplimentare...

Slabei organizări operaționale i se adaugă opțiuni tactice riscante. În momentul în care Genda este informat că portavioanele americane lipsesc din radă, el mizează pe ipotetica lor revenire și irosește o formațiune întreagă de avioane torpiloare, valoroase, împotriva unor nave ancorate, între care marea siluetă a navei *Utah* joacă eficient rolul de momeală. Chiar înainte de atac, își dau seama că totul e zadarnic dacă se pierde efectul-surpriză: este ticluit atunci un semnal vizual (o singură rachetă pentru 183 de avioane...) care, prost înțeles, provoacă dezordine în rândul formațiunilor și crește durata asaltului la unsprezece minute, față de un minut și jumătate, cât fusese prevăzut inițial. În cele din urmă, al doilea val de atac, echipat cu bombe de 250 de kilograme, despre care se știe că sunt prea ușoare pentru o provoca mari daune cuirasatelor, este totuși îndreptat împotriva lor. Evident, fără rezultat.

Greșelilor în concepere și execuție li se adaugă deficiențele în privința armamentului. Dacă torpilele au fost ingenios modificate ca să țină cont de adâncimea redusă, bombele de 800 de kilograme care trebuiau să străpungă blindajul gros al cuirasatelor sunt meșterite din obuze vechi de marină. Prea grele ca să fie transportate de bombardierele în picaj, ele sunt îmbarcate pe avioane torpiloare, care le dau drumul de la 3 000 de metri, pentru a spori energia cinetică în detrimentul preciziei. Iar fiabilitatea lor este lamentabilă: din 49 de bombe lansate (nu erau mai multe...), zece își ating ținta, dar numai patru funcționează (una fiind cea care distruge *Arizona*). Bombele de 250 de kilograme, prea ușoare împotriva cuirasatelor, după cum am văzut, nu sunt cu nimic mai eficiente împotriva țintelor terestre. Concepute ca să pătrundă până în inima navelor, ele provoacă găuri adânci înainte de a exploda: energia distrugătoare direcționată astfel în sus nu provoacă decât daune limitate.

În cele din urmă, lipsa de protecție cronică a avioanelor japoneze, combinată cu numărul tot mai mare al tunurilor antiaeriene americane, provoacă pierderi mai importante decât ar sugera bilanțul. Dacă adăugăm la aeronavele distruse pe cele deteriorate, 55 din cele 183 de aparate din primul val (30%), apoi 85 din cele 167 din al doilea val (50%) sunt scoase din luptă, definitiv sau temporar. Pierderea a 55 de aviatori, reprezentanți ai unei elite riguros selectate, are, la rândul ei, un efect mai important decât ar putea sugera cifrele brute. Toate acestea tind să atenueze efectul unui „al treilea val", despre care se spune că Nagumo i l-ar fi refuzat comandantului de aviație al raidului, Fuchida Mitsuo, care și-ar fi dorit să atace instalațiile din port rămase intacte. De fapt, Fuchida a mințit în mod sigur, ca să își idealizeze rolul după război. Însă Nagumo nu avea nici timpul, nici forțele, nici curajul (căci portavioanele americane nu fuseseră localizate) pentru a iniția un asemenea atac. Oricum, un al treilea val nu s-ar fi soldat cu nimic: avioanele nu erau echipate ca să atace rezervele de petrol (mult mai greu de incendiat decât s-ar putea crede) și erau prea puțin numeroase ca să cauzeze daune semnificative în port. Singura opțiune credibilă pentru a acorda o șansă de succes raidului ar fi fost o debarcare precipitată, operațiune pe care ambițiile logistice exagerate ale marinei imperiale (am văzut că se pregătea să atace Malaiezia, Filipine...) o făceau imposibilă.

Pentru Japonia, o singură soluție: capitularea necondiționată

Nu doar că misiunea nu a fost îndeplinită, nu doar că americanii nu au suferit dezastrul sperat, dar prețul pe care îl vor plăti japonezii pentru succesul lor mediocru este exorbitant. De acum înainte, vârf de lance al Marinei americane, portavioanele își dovedesc valoarea în ochii partizanilor cuirasatelor, sporind numărul loviturilor care au drept țintă partea niponă. După raidurile lansate pe 1 februarie 1942, ei umilesc orgoliul marinei imperiale bombardând Tokio (18 aprilie), apoi blochează în Marea Coralilor (4-8 mai) ofensiva ce viza Australia. Yamamoto, obligat să ducă la îndeplinire ceea ce nu izbutise la Pearl Harbor, pune în aplicare planul de luptă lamentabil care duce la înfrângerea în Bătălia de la Midway, dintre 4 și 7 iunie, și la pierderea (iremediabilă, date fiind slabele capacități industriale nipone) a patru dintre portavioanele sale.

Yamamoto promisese șase luni de succese în cazul unei reușite la Pearl Harbor... A pierdut pariul. Și chiar dacă l-ar fi câștigat, soarta conflictului nu s-ar fi putut schimba prea mult. Din clipa în care prima bombă explodează în Hawaii, Japonia este condamnată la distrugere. Pentru faptul de a fi atacat fără declarație de război, un act de neiertat în ochii unei opinii publice americane al cărei sentiment de umilire este amplificat de rasism, Tokio se condamnă singur la o luptă nemiloasă. „Oricare ar fi timpul necesar pentru a înfrânge această invazie premeditată, poporul american, aflat în slujba unei cauze drepte, se va lupta până la victoria finală", jură Roosevelt a doua zi după agresiune (jurământul va fi oficializat la cererea de predare necondiționată în cadrul Conferinței de la Casablanca, de pe 24 ianuarie 1943). Astfel, prin acțiunea sa, regimul militaro-fascist condus de generalul Tojo închide ultima ușă diplomatico-militară care mai rămânea întredeschisă: forțarea negocierilor cu o Casă Albă demoralizată.

De fapt, pentru Japonia nu s-a pus problema de a lupta într-un război de durată cu o Americă aflată deja în plin proces de reînarmare. Pe 19 iulie 1940, Congresul comandă 18 portavioane mari, șapte cuirasate, șase super-crucișătoare, 27 de crucișătoare... Fără să mai punem la socoteală cele 15 000 de avioane (acest arsenal nu va fi necesar pentru răsturnarea situației: marina imperială este înfrântă încă de la sfârșitul anului 1942 de către Marina americană cu dotările sale de dinainte de război). Arhipelagul, dacă reușește să echipeze o flotă puternică, cu prețul sacrificării economiei sale, produce, în 1940, de unsprezece ori mai puțin oțel, de patru ori mai puțin aluminiu și de 518 ori (!) mai puțin petrol decât Statele Unite. De altfel, penuria de aur negru este unul dintre motivele care justifică, în ochii Japoniei, intrarea în război: era vorba de a pune stăpânire pe zăcămintele din Indiile Olandeze. Dar păcura se află la 5 000 de kilometri distanță de bazele marinei imperiale aflate în cel mai de sud punct al lor. Aceasta nici nu avea suficiente petroliere ca să o transporte și nu prevăzuse vreun plan ca să le protejeze.

Dacă japonezii ar fi putut să își concentreze toate forțele împotriva Statelor Unite... Cu neputință: din anul 1937, armata imperială rămăsese împotmolită în invazia în China. Incapabilă să găsească o soluție, a fost nevoită să lase în grija marinei, rivala sa supremă, o nouă opțiune strategică: acapararea petrolului olandez, apoi blocarea sprijinului occidental pe care îl primeau chinezii prin cucerirea Malaieziei, Birmaniei și (de ce nu?) a Indiei. Pe scurt, rezumă istoricul britanic H.P. Willmott (a se vedea Bibliografia selectivă), trebuie, deci, ca pentru învingerea Chinei, prima putere demografică mondială, să fie neutralizate Statele Unite, prima putere economică și industrială, apoi să fie atacat Imperiul Britanic, prima putere colonială. Toate acestea lăsând, în paralel, o armată enormă în Manciuria, în fața amenințării sovietice, prima putere militară. Este adevărat, aceasta din urmă se afla în dificultate în fața *Wehrmachtului*. Dar nu a pierdut, după cum Tokio și-a putut da repede seama.

Astfel, aventura de la Pearl Harbor a semănat cu o aruncare în gol de pe o faleză a cuiva care se roagă ca legile lui Newton să intre în grevă. Desigur, la început, va zbura... Totuși, spre deosebire de coiotul din desenele animate, care își continuă fuga în gol înainte să își dea seama că n-are sub picioare pământ ferm, japonezii știu la ce să se aștepte. În octombrie 1940, au creat Institutul pentru Studierea Războiului Total, în cadrul căruia 36 dintre cei mai străluciți savanți sunt însărcinați să studieze șansele țării lor în cazul unei confruntări cu Statele Unite. Raportul lor, publicat în august 1941, este clar: la sfârșitul anului 1944, Imperiul va fi zdrobit, iar URSS se va arunca asupra rămășițelor sale. La Tokio, nimeni nu ține cont de acest avertisment. Orice-ar profeți Casandrele, străvechea putere morală a samurailor va prevala asupra gravitației universale! Pentru coiot, totul se termină pe fundul unei prăpăstii, într-un nor de praf. Pentru Tojo și, din nefericire, pentru poporul japonez care l-a urmat, această prăpastie se numește Hiroshima.

BIBLIOGRAFIE SELECTIVĂ

Prange, Gordon W., *At Dawn We Slept: Untold Story of Pearl Harbor*, Penguin, New York, 1991 (reedit.).

Stille, Mark E., *Tora! Tora! Tora!, Pearl Harbor 1941*, Oxford, Osprey, 2011.

Willmott, H.P., *Pearl Harbor*, Orion, Londra, 2003.

Willmott, H.P.; Tohmatsu, Haruo, *A Gathering Darkness: the Coming of War to the Far East and the Pacific, 1921-1942*, Scholarly Resources, Denver, 2004.

Zimm, Alan D., *The Attack on Pearl Harbor: Strategy, Combat, Myths, Deceptions*, Newbury, Casemate Publishers, Havertown, 2013.

6

Rommel era un bun comandant

de Vincent ARBARÉTIER

Întrebarea dacă Rommel era un bun comandant ar putea, la prima vedere, să pară absurdă. Dacă există vreun general german al cărui nume să fi rămas în memoria publicului, este vorba tocmai despre Rommel, numit în mod obișnuit „Vulpea deșertului", atât de către dușmani, cât și de către aliați. Filmele pe tema operațiunilor din Africa de Nord din timpul celui de-al Doilea Război Mondial sau despre debarcarea din Normandia din iunie 1944 dovedesc acest lucru prin rolul central pe care îl ocupă acest personaj devenit legendar, mort ca un erou martir al luptei împotriva nazismului, spălând astfel, prin sacrificiul său, onoarea *Wehrmachtului*. Văduva lui, foștii săi subordonați italieni sau germani, printre care și generalul Speidel, devenit unul dintre primii conducători ai noii *Bundeswehr* (armata germană – n.red.) din a doua jumătate a anilor '50, precum și foștii lui dușmani, mai ales generalul britanic Desmond Young, nu vor face economie de elogii la adresa acestui general prestigios și aparent exemplar.

Începând din anii '80, mitul începe să se clatine. Lui Rommel îi vor fi atribuite crime de război în Franța și în Italia; foști subordonați au scos la iveală defecte supărătoare ale acestui conducător care altora li s-a părut totuși un exemplu: nu precupețea sângele oamenilor săi, cum a fost cazul și la Tobruk, din mai și până în iunie 1941, încăpățânându-se să cucerească prin forță un loc pe atunci de neînvins; devenea repede de necontrolat, făcând referire directă la Hitler, de care părea foarte apropiat, și nu ținea deloc cont de sfaturile superiorilor săi ierarhici sau ale subordonaților imediați, care ar fi dorit să-l tempereze.

Acest conducător era charismatic. O dovedește corespondența aghiotanților săi, Heinz Werner Schmidt și Hans-Albrecht Schraepler. Prin prezența sa sistematică acolo unde situația părea mai delicată decât în altă parte, lua decizia bună la nivel tactic și ilustra, prin atitudinea lui, ce se putea aștepta de la un „conducător de avangardă" aflat în inima acțiunii și aproape de oamenii lui, capabil să-i motiveze și să întoarcă în favoarea lui cursul evenimentelor. Însă, dacă această atitudine era cum nu se poate mai potrivită pentru un ofițer de trupe, la nivelul eșaloanelor tactice, ea părea, în schimb, să nu fie perfect adaptată conducerii unei mari unități, unde prezența la postul de comandă era regula generală.

Parcursul inițial

Provenit dintr-un mediu civil, tânărul Erwin Rommel s-a dedicat, la început, armelor tehnice, dar fără mare succes, în ciuda unui spirit mai degrabă științific, moștenit de la tatăl său și de la bunicul din partea tatălui, ambii profesori de matematică. Astfel, a eșuat în încercările lui de a fi admis la artilerie sau la geniu, în cadrul armatei din Wurtemberg. Totuși, a fost primit la infanterie și a arătat imediat calități incontestabile de rezistență fizică, în ciuda unei constituții fragile. Dovedind o voință puternică, tânărul Erwin a știut repede să le arate camarazilor și șefilor că dispune de calități de conducător. Astfel, după serviciul militar, a fost selecționat pentru Școala de ofițeri de la Dantzig, unde a obținut rezultate excelente. În timpul botezului focului, în 1914, a demonstrat că era îndrăzneț, în ciuda pierderilor suferite de oamenii săi; nu visa decât să avanseze. S-a alăturat mai târziu unei unități de vânători de munte, în cadrul căreia s-a distins și în România, și în Italia, mai ales în timpul bătăliei de la Caporetto. Vrând neapărat să capete „Crucea de merit", nu a ezitat să-și riște viața – și pe a oamenilor lui – ca să câștige victorii tactice împotriva dușmanului impunându-i acestuia propriul ritm și apărând acolo unde acesta se aștepta mai puțin. După ce, în noiembrie 1917, la Longarone, aflat în fruntea câtorva sute de luptători de elită din *Stosstruppen,* a reușit să facă peste 6 000 de prizonieri, a sfârșit prin a obține medalia atât de râvnită.

La sfârșitul Primului Război Mondial, tot în *Reichswehr* (armata Reichului – n.red.), Rommel se va evidenția prin abilitățile lui de conducere și se va afla pentru o vreme la comanda unei companii a Regimentului 13 infanterie, înainte de a deveni instructor la Școala de infanterie de la Dresda. Între anii 1933 și 1935, se va afla la comanda Batalionului 3 vânători al Regimentului 17 infanterie de la Gotzlar. Devine apoi instructor la Școala de ofițeri de infanterie de la Potsdam, apoi detașat al Ministerului Apărării pe lângă Tineretul hitlerist. Remarcat de Adolf Hitler, după ce și-a publicat memoriile din război[1] a fost trimis, în 1938, în comandamentul gărzii personale a Fürherului. Între anii 1935 și 1939, Rommel va trece de la gradul de locotenent-colonel la cel de general de brigadă *(Generalmajor),* cu toate că Statul-Major nu i-a recunoscut avansarea în grad. Acest lucru i-a atras, de altfel, numeroase antipatii în rândul celorlalți generali ai *Wehrmachtului,* care l-au poreclit „clovnul Führerului", dat fiind rolul lui de comandant al gărzilor de corp ale lui Hitler.

Principiile pe care Rommel le-a aplicat în urma experienței sale de ofițer subordonat în timpul Primului Război Mondial și pe care

---

[1] *Infanterie greift an (Infanteria atacă).*

le-a transmis, mai apoi, elevilor ofițeri pe care avea să îi formeze au fost următoarele:

– comandantul unei trupe trebuie întotdeauna să meargă înaintea trupei, ca să fie văzut de oamenii lui, deci și pentru a le influența moralul, dar și pentru a gestiona, în timp și spațiu, problemele tactice cu care se confruntă;

– transmiterea ordinelor și a rapoartelor este primordială, iar comandantul trebuie să aibă mereu la îndemână mijloace de comunicare;

– surpriza tactică trebuie aplicată oricând este posibil, întreținând la inamic o confuzie cât mai mare în privința numărului și a naturii trupei, facilitată adesea de o stratagemă sau o manevră de diversiune;

– atacul tactic este întotdeauna preferabil defensivei, mai ales dacă aceasta este statică, pentru că el lipsește inamicul de orice spirit de inițiativă.

Acestea au fost principiile, comentate de Rommel în *Memorii* și pe care instructorul le-a insuflat elevilor săi la Dresda, la Potsdam sau la Wiener Neustadt.

Ales de Hitler, în 1940, în fruntea uneia dintre cele zece *Panzerdivisionen* de la începutul războiului, a 7-a, Rommel a trebuit în scurt timp să pună în aplicare și să dezvolte aceste principii tactice, căpătate într-o unitate oarecare de vânători de munte, la conducerea unei mari unități de blindate. Îndrăzneala și surpriza rămân cuvintele sale de căpătâi.

Comandantul tactic în Franța: viteză și comandă vocală

Atunci când germanii trec râul Meuse, pe 13 mai 1940, după ce atacaseră Olanda și Belgia, în tabăra Aliaților surpriza a fost totală. Divizia lui Rommel, pe vremea aceea aflată în curs de instruire, a făcut parte din seria de *Panzerdivisionen* care au ajuns până la Ardeni. După ce au trecut, nu fără unele dificultăți inițiale, fluviul Meuse la

Dinant, generalul Rommel a luat decizia de a continua drumul, într-o incursiune memorabilă care trebuia să îl ducă, în mai puțin de o lună, la Cherbourg.

În timpul acelei luni de campanie intensă în care Rommel, la fel ca soldații lui, compensa lipsa de somn cu amfetamine, ritmul înaintării diviziei-„fantomă" a fost atât de rapid, încât Rommel a fost mustrat de comandantul Corpului de armată, generalul Hoth, care înțelesese și el foarte bine ce se aștepta de la Planul Manstein, dar care se asigura ca subordonaților săi să nu le lipsească sprijinul logistic și ajutoarele.

Propaganda germană a făcut din Rommel un comandant nazist „model", dar, în timpul campaniei din Franța, acesta a arătat adesea că nu-i păsa de viața subordonaților săi și că nu suporta să fie contrazis. Totuși, a știut să se adapteze perfect la schimbarea de tactică a francezilor, mai ales în a doua parte a campaniei, când Weygand și-a amplasat unitățile conform tacticii „arici" (prin crearea de poziții puternic fortificate, capabile să reziste multă vreme în condițiile în care ar fi fost încercuite – n.red.) pe drumurile principale, ca să oprească înaintarea blindatelor germane. Rommel va adopta atunci *Flächenmarsch*-ul[1], blindatele lui avansând asemenea unei flote ce înainta „după busolă" într-un dispozitiv extins, care nu ținea cont nici de axe, nici de localități, sprijinite doar și numai local de avioanele *Stuka*, devenite o veritabilă artilerie zburătoare de însoțire.

Comandantul operativ

În Africa de Nord, unde a trebuit să execute mai întâi o manevră defensivă pentru a-i ajuta pe italieni, ale căror forțe fuseseră împrăștiate în luna decembrie a anului 1940, Rommel, indisciplinat intelectual, nici măcar nu a așteptat ca forțele sale să fie complete ca să

---

[1] Literalmente: „mers prin spații sau în intervalele create"; în realitate, înaintare în afara axelor rutiere.

recucerească Cirenaica. Competențele tactice de care a dat din nou dovadă la începutul anului 1941 nu sunt puse deloc la îndoială astăzi, dar valoarea lui în rolul de comandant al unei armate într-un teatru de operațiuni – ceea ce a devenit în 1942 – pare totuși adesea pusă sub semnul întrebării. De fapt, relațiile lui dificile cu șefii italieni, indiferent că era vorba de Gariboldi sau Bastico – în februarie 1941 îi stima foarte puțin – l-au făcut să devină un ofițer de necontrolat. Cu toate acestea, el a învățat cel mai bine să își cunoască aliații și i-a recompensat de nenumărate ori pe soldații lui Mussolini[1]. Lui Rommel i se mai reproșează, mai ales de către unii istorici americani, că a fost un „jucător", tactician inegalabil, dar complet inconștient de „ponderea logistică" a operațiunilor pe care le inița. Dacă este adevărat că Rommel le transmitea subordonaților săi energia lui personală, încurajându-i întruna să acționeze mai repede și mai departe, el nu a încetat niciodată, după cum o susțin jurnalele și corespondența sa, să le ceară superiorilor de la Roma și de la Berlin mai multe resurse materiale și provizii.

Rămâne bilanțul lui: în prima jumătate a anului 1941, Rommel recucerise întregul teritoriu libian pierdut, cu excepția Tobrukului, pe care nu îl va obține decât în iunie 1942, după care i-a urmărit nebunește pe britanici în Egipt, până la El Alamein. La Tobruk, a fost numit, la cincizeci de ani, mareșal. Acela a fost apogeul carierei sale.

După eșecul de la El Alamein, provocat, printre altele, de un raport de forțe cu totul nefavorabil Axei, dar și de tenacitatea lui Montgomery, dacă nu de „geniul" său strategic, Rommel reușește în două luni o retragere remarcabilă spre Tunisia, unde izbutește să învingă forțele americane care debarcaseră în Africa de Nord la începutul lunii noiembrie. În Tunisia, până în februarie, Rommel a avut mari dificultăți în a se înțelege cu generalii von Arnim[2] și

---

[1] Mai ales pe combatanții Diviziei Ariete după lupta lor eroică de la Bir el-Gobi, din noiembrie 1941.

[2] Generalul comandant al Armatei a 5-a de tancuri, subordonat lui Rommel.

Messe[1], acesta din urmă fiind totuşi cel mai bun dintre generalii italieni ai celui de-al Doilea Război Mondial.

Apoi, în Normandia, incredibila energie de care a dat dovadă, în câteva luni, acest soldat nepereche nu a putut să împiedice înfrângerea, devenită inevitabilă pentru armatele germane. Conceptul lui de apărare „de avangardă"[2] pe plaje ar fi putut să îl coste scump, după cum a fost cazul în Italia, la Anzio, dacă dezechilibrul de forţe nu ar fi fost, mai ales în aer, cu totul defavorabil *Wehrmachtului*.

Rommel a fost, oare, un comandant exemplar?

În multe mărturii, atât ale subordonaţilor, cât şi ale unora dintre duşmanii săi, Rommel apare ca un comandant exemplar care a dat dovadă, mai ales în Africa, de un comportament etic foarte rar întâlnit la generalii germani de la acea vreme. A fost cel mai popular comandant german din Al Doilea Război Mondial, mai ales printre foştii săi duşmani, iar relaţiile sale destul de strânse cu unii demnitari ai regimului nazist, pe care mulţi istorici le subliniază astăzi, nu l-au împiedicat totuşi să nu se supună unor ordine dezonorante privind tratamentul aplicat anumitor categorii de prizonieri. Pierre Messmer[3], care a luptat în trupele Franţei Libere în calitate de căpitan al Legiunii străine la Bir Hakeim, confirmă acest lucru. Din iarna lui 1941, odată cu eşecul cuceririi Moscovei, frontul african este condamnat, în opinia lui Hitler şi a Înaltului Comandament, întrucât singurul care mai conta era frontul sovietic.

---

[1] Conducătorul trupelor Axei în Tunisia, care îl înlocuieşte pe Rommel.

[2] Concept care viza poziţionarea diviziilor blindate în apropierea plajelor din Normandia pentru „împingerea Aliaţilor spre mare" încă de la debarcare. Conceptul a fost respins de Hitler, care credea că Aliaţii nu vor debarca în Normandia, ci la Pas-de-Calais, acolo unde distanţa între continentul european şi Marea Britanie era mai mică.

[3] Viitor prim-ministru al generalului de Gaulle.

Fără îndoială, Rommel a fost un general înzestrat din punct de vedere tactic, foarte asemănător cu alți camarazi germani, desigur, patriot înflăcărat, fără doar și poate, dar indiferent față de politică, chiar dacă arivismul lui l-a împins să îi frecventeze pe unii oficiali germani, precum Goebbels. Începând din 1942[1], știa de existența Holocaustului, dar refuza să vorbească în public despre el și le-a cerut de mai multe ori subordonaților săi direcți să nu abordeze niciodată subiectul în prezența lui. Pe Hitler, pe care îl frecventa în calitate de șef al gărzii sale personale înainte de campania din Franța, în special în timpul campaniei din Polonia, l-a admirat și și-a exprimat admirația pentru el căci știuse să îi redea Germaniei gustul victoriei. Astfel, strategia lui Hitler din 1940 se bucurase de sprijinul necondiționat al tânărului tactician Rommel. Și-au dedicat unul altuia cărțile: *Mein Kampf* și *Infanteria atacă*. Doar după El Alamein, atunci când Rommel nu s-a supus ordinelor Führerului, care îi cereau să lupte fără „să dea înapoi", până la sacrificiul suprem al *Afrika Korps* (forță expediționară germană în Africa – n.red.), și-a pierdut fără îndoială iluziile în privința lui Hitler.

Amintirea lui Rommel

Rommel a fost un general obișnuit al *Wehrmachtului* sau a fost „Un Hannibal al timpurilor moderne", cum lasă să se înțeleagă lăudătorii săi britanici? Cu siguranță, nu a fost nici una, nici alta. Foarte ambițios, capătă chiar din timpul Primului Război Mondial calități de „lider al oamenilor" și de tactician care îl plasează deasupra unui general „mediu", brevetat, al *Wehrmachtului*. La fel ca Dietl – celălalt general fără brevet al *Wehrmachtului* – în Marele Nord, are simțul orientării și dovedește că are intuiții corecte în confruntarea directă cu adversarul. Totuși, spre deosebire de Manstein

---

[1] La revenirea lui în Germania, când își va schimba domiciliul. Știa că noul său domiciliu de la Herrlingen aparținuse unor iudei deportați în Polonia.

și de Guderian, nu se dă în vânt după marile manevre pe spații ample. Nu îi plac acțiunile Statului-Major și nu are o cultură istorică bine sedimentată. Nazist, oportunist uneori, se delimitează totuși de politica rasistă a celui de-al Treilea Reich și arată respect față de adversar. Nu este iubit de ofițerii săi, dar este adorat de trupă, care apreciază prezența lui pe teren. Foarte mediatizat de serviciile de propagandă ale lui Goebbels, Rommel profită de renumele lui ca să atragă atenția germanilor asupra teatrului de luptă secundar pe care îl reprezenta Africa de Nord în raport cu Rusia, după iunie 1941. Manevrat de Hitler, el nu înțelege că acesta din urmă nu îl folosește decât pentru a atenua deficiențele italienilor și pentru a-i bloca un timp pe Aliați în teatrul mediteraneean. Odată ajuns în Normandia, Rommel are o viziune tactică rezonabilă, dar greșită din punct de vedere strategic. Fără succes, el caută să îl convingă pe Führer, care nu mai crede decât în sine însuși. Rommel a fost fără îndoială generalul ideal pe frontul mediteraneean, dar cu certitudine nu ar fi evoluat mai bine decât fostul său camarad, Paulus, în Rusia, așa cum au arătat, la finalul carierei sale, limitele pe care le avea când era vorba de comanda unor unități foarte mari. Dintr-un comandant de divizie perfect, el devine un comandant de armată mediocru, care neglijează atât mediul în care operează, cât și sectoare importante, precum logistica sau informațiile. Obișnuit cu o anumită autonomie pe plan tactic, nu suportă ordinele politice și are, în același timp, relații dificile cu mai toți aliații și colaboratorii săi apropiați. Fără îndoială, legenda care s-a țesut în jurul lui este mai degrabă produsul propagandei naziste, poate chiar a celei a Aliaților, decât al judecății istoricilor militari contemporani.

BIBLIOGRAFIE SELECTIVĂ

Arbarétier, Vincent, *Rommel et la stratégie de l'Axe en Méditerranée de février 1941 à mai 1943*, Economica, Paris, 2009.

Fraser, David, *Rommel, die Biographie*, Siedler, Berlin, 2000.

Heckmann, Wolf, *Rommels Krieg in Afrika*, Kaiser Verlag, Klagenfurt, 1999.

Lemay, Benoît, *Erwin Rommel*, Perrin, col. «Tempus», Paris, 2011.

Lormier, Dominique, *Rommel, la fin d'un mythe*, Le Cherche Midi, Paris, 2003.

Mas, Cédric, cu participarea lui Daniel Feldmann, *Rommel*, Economica, Paris, 2014.

Remy, Maurice Philip, *Mythos Rommel*, List, München, 2003.

Reuth, Ralf Georg, *Entscheidung im Mittelmeer*, Karl Müller Verlag, Bonn, 1985; *Rommel. Das Ende einer Legende*, Piper, München, 2004.

Rommel, Erwin (lt.-col.), *L'infanterie attaque. Enseignements et expérience vécue*, Editions Le Polémarque, Paris, 2013.

Rommel, Erwin (mareşal), şi Grünen, Berna (comentarii), *La Guerre sans haine, carnets*, Nouveau Monde éditions, Paris, 2013.

Schmidt, Heinz Werner, *With Rommel in the Desert*, Constable, Londra, 1997.

Young, Desmond (general), *Rommel*, Fayard, Paris, 1962.

7

Feroviarii, vârf de lance al Rezistenței franceze și actori de frunte ai Eliberării

de Sébastien ALBERTELLI

Rezistența ocupă un loc de seamă în memoria francezilor, dar lupta clandestină nu a lăsat – și pe bună dreptate – multe imagini. Printre ele, un loc important îl ocupă fotografiile cu locomotive culcate la pământ și cu vagoane avariate în mijlocul căilor ferate smulse de pe terasament. Imaginile în mișcare care au marcat spiritele provin, cele mai multe, din filmele de ficțiune realizate după război. Astfel, *La Bataille du rail*, premiu special al juriului la Festivalul de la Cannes în 1946, a contribuit în mare măsură la înrădăcinarea în conștiințe a legăturii strânse dintre Rezistență și feroviari. Acest film, finanțat de SNCF (Société nationale des chemins de fer français - Societatea Națională a Căilor Ferate Franceze – n.red.), a beneficiat de o intensă campanie publicitară și s-a bucurat de un succes considerabil. O scenă deosebit de spectaculoasă, filmată în condiții reale din patru unghiuri diferite, arată un tren care transportă blindate germane prăbușindu-se în gol, după sabotarea unei căi ferate. Pentru realizator, René Clément, filmul nu era chiar o ficțiune, ci mai curând un documentar. Un documentar care nu punea pe prim-plan nicio figură eroică individuală, nicio organizație clandestină, dar care se articula în jurul unui erou colectiv: lucrătorul la căile ferate. Acesta nu luptase, oare, așa cum anunța preambulul care rula la începutul filmului, vreme de patru ani ca să creeze o „armată redutabilă" care, în ziua debarcării, contribuise „masiv la dezorganizarea transporturilor" și, prin urmare, „la înfrângerea germană în bătălia pentru Eliberare?" În orice caz, imaginea a făcut furori: feroviarii sunt de atunci considerați membri ai unei corporații care s-a constituit ca vârf de lance al Rezistenței, jucând un rol principal în paralizarea transporturilor inamice și dovedindu-se, astfel, un element decisiv în înfrângerea germanilor în luptele din 1944. Or, ca orice imagine prea simplă, și aceasta merită să fie retușată.

Apelul adresat feroviarilor

Prestigiul feroviarilor nu datează de la Eliberare. În iunie 1940, ei formează, fără îndoială, una din puținele corporații despre care toată lumea este de acord că și-a păstrat intacte meritele în timpul războiului. La vremea aceea, lucrătorii la căile ferate erau în număr de peste 400 000. Vor fi aproximativ 406 000 în 1942 și aproape 425 000 doi ani mai târziu. Într-o țară dezmembrată de ocupanți, activitatea lor păstrează o anumită unitate sau, cel puțin, o anumită continuitate teritorială.

Nimeni nu subestimează importanța transporturilor feroviare, a căror bună desfășurare o asigură lucrătorii din acest sector. Pentru germani, rețeaua de căi ferate constituie un instrument esențial atât în slujba acțiunii lor de jefuire a țării, cât și în asigurarea mobilității trupelor. Îi percep foarte repede pe lucrătorii feroviari ca fiind ostili. Nu au încredere în ei și numărul arestărilor crește: în fiecare lună, câteva zeci în 1941, peste o sută începând cu luna iunie a anului 1943 și mai mult de două sute începând din octombrie 1943. Doi din cinci sunt eliberați repede, dar unul din patru cunoaște un destin tragic, în Franța sau în lagăre. Cel puțin 31 de lucrători la căile ferate figurează printre cele o mie şapte de persoane împuşcate pe muntele Valérien. Importanţa pe care germanii o acordă reţelei feroviare şi lucrătorilor săi explică interesul pe care aceştia îl trezesc în rândul Aliaţilor şi al organizaţiilor din Rezistenţă. Calea ferată face parte, cel puţin începând din 1942, din ţintele principale ale RAF (*Royal Air Force*, forţa aeriană britanică – n.red.). Numărul apelurilor adresate feroviarilor, în care aceştia sunt chemaţi să împiedice traficul inamicului şi care sunt difuzate la BBC, creşte pe zi ce trece. Unele dintre aceste apeluri menţionează sabotaje pe care feroviarii le realizaseră deja, dar cele mai multe dau dovadă mai ales de o credinţă în voinţa lor de a acţiona şi în capacitatea lor de a o face. La Londra, serviciile secrete britanice şi gaulliste elaborează planuri de sabotare a căilor ferate – inclusiv faimosul *Plan Verde*, destinat să fie declanşat în momentul debarcării în Franţa (Pentru a întârzia sosirea întăririlor germane în urma debarcărilor din Normandia, forţele armate ale Rezistenţei au pus în aplicare planuri de sabotare a mijloacelor de comunicaţie: *Planul verde* pentru căile ferate, *Planul purpuriu* pentru liniile telefonice şi *Planul albastru* pentru instalaţiile electrice – n.red.) – şi caută să îi atragă pe lucrătorii de la căile ferate în acţiunilor lor. În Franţa, Rezistenţa implicată în lupta armată are drept ţintă căile ferate, din ce în ce mai frecvent până la Eliberare. În iunie 1941, în vreme ce *Wehrmachtul* se avântă spre URSS, Moscova ordonă Partidului Comunist, aflat în clandestinitate, să blocheze cu orice preţ transportul trupelor şi armelor spre Est. „Trenurile să deraieze", putem citi în ziarul clandestin *L'Humanité* pe 15 august 1941, „vagoanele să ia foc, podurile să sară în aer, este spre binele poporului, este în interesul Franţei". Apelul se adresează mai ales feroviarilor: „Feroviari patrioţi, faceţi să deraieze trenurile" (*L'Humanité*, 3 aprilie 1942); „Trebuie să sabotaţi transportul de arme, de provizii şi de trupe germane. [...] Bandiţii nu trebuie să mai fie nici măcar o clipă în siguranţă pe căile noastre ferate" (*La Tribune des cheminots*, septembrie 1941).

Angajarea în mișcarea de Rezistență

Prezența a numeroși lucrători feroviari în rândurile Rezistenței nu mai trebuie dovedită: ei se regăsesc în toate organizațiile clandestine, fie că este vorba de mișcări – comuniste sau nu – sau de rețele mai specializate, plasate direct sub autoritatea serviciilor londoneze. Astfel, René Hardy, care lucra în ajunul războiului la gara Montparnasse, de unde supraveghea rețelele ferate importante transmițând în Marea Britanie informații despre acestea, a fost însărcinat de Henri Frenay, șeful mișcării *Combat*, să organizeze sabotarea căilor ferate și să pregătească un plan de sabotare ale acestora în ziua debarcării.

Unii sunt tentați să creadă că ar fi existat un fel de eroism *firesc* al feroviarilor, care ar fi dus, în mod la fel de *firesc* corporația să se implice integral în Rezistență. E mai bine să observăm că anumiți factori au putut să îi predispună pe unii dintre lucrătorii feroviari la o astfel de implicare. Printre acești factori se numără revolta față de un jaf a cărui amploare feroviarii puteau să o evalueze mai bine ca oricine altcineva și ostilitatea suscitată de includerea lor silită de către ocupant într-o formă de organizare militară. În plus, într-o corporație dotată cu o puternică tradiție sindicală – înainte de război, patru lucrători feroviari din cinci erau membri de sindicat – și influențată în mare măsură de ideile comuniste, spiritul de echipă și solidaritatea nu erau, în mod sigur, vorbe goale. Dar, mai presus de toate, fiecare lucrător la căile ferate putea să înțeleagă cu ușurință că rolul său îl plasa într-unul dintre cele mai vulnerabile puncte ale mașinii de război germane. Presa clandestină, la fel ca BBC, își dădea silința să le reamintească acest lucru: „Feroviari, dintre toți francezii, voi sunteți cei care țin în mâini cel mai puternic instrument de înfrângere a inamicului" (*Bulletin des chemins de fer*, 1943). Astfel, fiecare organizație din Rezistență căuta să le câștige sprijinul.

Cu toate acestea, trebuie, oare, să afirmăm că toți feroviarii au făcut parte din Rezistență? Această idee s-a bucurat multă vreme de reputație în sânul corporației. Chiar și astăzi, faptul că feroviarii sunt văzuți ca un erou colectiv al națiunii rămâne un element puternic în identitatea acestora. Motivul este acela că două interpretări prezente în memoria colectivă s-au îmbinat după Eliberare, dincolo de ceea ce le deosebea, ca să proiecteze „o viziune consensuală și monolitică a unei corporații implicate în Rezistență"[1]: pe de o parte, una a întreprinderii, reprezentată de Louis Armand – inginer-șef la SNCF, membru al Rezistenței încă din tinerețe, Tovarăș al Eliberării, devenit director general adjunct, apoi director general al SNCF – și una de orientare comunistă, consolidată de figuri mărețe, politice și mai ales sindicale, printre care mai cu seamă Pierre Semard, împușcat, în 1942, pe când era ostatic. Forța acestei formule consensuale a depășit cu mult limitele corporației, pentru a atinge un public mult mai amplu, atât de amplu încât, în cele din urmă, rezistența feroviarilor a ajuns să întruchipeze, într-o anumită măsură, întreaga Rezistență.

De fapt, nu doar că nu toți lucrătorii de la căile ferate au făcut parte din Rezistență, dar și aici, ca peste tot de altfel, angajarea în mișcarea de Rezistență a rămas un act în esență individual. Această realitate a fost multă vreme mascată de existența unei asociații – *Résistance-Fer* – prezentată ca fiind moștenitoarea unei organizații centrale de rezistență a feroviarilor, care ar fi acționat sub Ocupație. De fapt, serviciile londoneze au luat în considerare, în 1943, ideea de a-i aduna laolaltă, într-o „Organizație a Căilor Ferate", pe toți feroviarii împrăștiați în diferitele formațiuni clandestine. Totuși, niciuna nu accepta de bunăvoie să se lipsească de competențele feroviarilor pe care îi avea în structura ei și, în cele din urmă, acest proiect nu s-a mai concretizat niciodată. Deci, a fost nevoie să se aștepte până în toamna anului 1944, pentru ca unele cadre din SNCF să înceapă

---

[1] Georges Ribeill, „Résistance-Fer, du «réseau» à l'association: une dynamique corporative intéressée?", în *Revue d'histoire des chemins de fer*, nr. 34, primăvara 2006.

să-i regrupeze pe toți lucrătorii de la căile ferate care activaseră în Rezistență în cadrul unei asociații de întrajutorare. Sub numele *Résistance-Fer*, aceasta este declarată la Prefectură pe data de 27 decembrie 1944. Dar Louis Armand are suficientă influență pentru a o face recunoscută ca moștenitoarea unei unități de luptă, lucru înfăptuit în octombrie 1947, atunci când Comisia națională de omologare a forțelor de luptă din Franța recunoaște oficial *Résistance-Fer* ca rețea de „acțiune", care activase sub conducerea lui Armand începând cu 1 octombrie 1943. O decizie care reușește să pună anumite probleme, mai ales pentru lucrătorii feroviari care, deși aflați în mișcarea de Rezistență, nu auziseră niciodată de vreo asemenea rețea. Și pe bună dreptate...

Rezistența feroviarilor

Lucrătorii de la căile ferate hotărâți să acționeze împotriva ocupantului se implică, asemenea celor mai mulți care activau în Rezistență, din pură întâmplare, ca urmare a întâlnirilor, afinităților și solicitărilor al căror obiect ajungeau să fie, poate în mai mare măsură decât alții. Contribuția lor putea fi una cu adevărat prețioasă. În primul rând, feroviarii circulau și beneficiau uneori chiar de permise speciale de liberă trecere, care le îngăduiau să traverseze linia de demarcație. Or, un tren oferea nenumărate ascunzișuri celor care erau familiarizați cu componentele sale. Există foarte multe mărturii – nu trebuie decât să citim numeroasele lucrări ale colonelului Rémy dedicate liniei de demarcație – despre lucrători feroviari care au asigurat transportul, în interiorul uneia dintre zone sau între cele două, corespondenței, presei clandestine sau oamenilor. Unii lucrători ai căilor ferate s-au constituit astfel în verigi esențiale pentru rețelele de evacuare sau în veritabili mesageri clandestini, care lucrau pentru organizațiile de rezistență. Astfel, Emmanuel d'Astier de La Vigerie povestește cum, la sfârșitul anului

1942, trecuse linia de demarcație împreună cu Lucie Aubrac, ascunși într-un vagon cu pantofi.

Indiferent de poziția pe care o dețineau în ierarhie, lucrătorii de la căile ferate ocupau, de altfel, posturi de observație privilegiate, care le permiteau să strângă o mulțime de informații despre traficul feroviar organizat de germani. Unele dintre aceste informații, inclusiv cele despre jefuirea economiei Franței, alimentau presa clandestină. Altele le erau utile mai ales militarilor aliați: erau cele care le permiteau acestora să localizeze trupele inamice și să le urmărească deplasările – faimoasele TCO, transport în curs de operare –, dar și cele care erau legate de mersul trenurilor, care indicau locurile cele mai potrivite pentru atacuri sau rezultatele concrete ale bombardamentelor sau sabotajelor.

Am fi tentați să presupunem că angajații căilor ferate erau cei mai în măsură să treacă la acțiune. Lucrurile nu stau chiar așa. Fără îndoială, feroviarii puteau, la fel ca muncitorii din uzine, să practice un sabotaj zis *imperceptibil*, care consta mai ales în reducerea randamentului în muncă din lipsă de entuziasm, într-o aplicare excesiv de minuțioasă a regulilor sau în greșeli de întreținere a mașinilor. În ateliere, poliția constata uneori că se aruncase nisip în cutiile cu vaselină ale vagoanelor sau că frânele fuseseră tăiate. Multe elemente subliniază că totuși corporația se arăta mult mai reticentă la ideea de a strica locomotivele sau căile ferate. Ezitările lor țineau atât de respectul profund pentru vehicule resimțit de cei care erau însărcinați să asigure buna lor funcționare, cât și de teama pe care o inspira riscul de a-i răni sau de a-i ucide pe camarazii lor, conductori sau mecanici, poate chiar pe pasageri. Astfel, dacă rețelele de căi ferate constituiau, fără doar și poate, o țintă principală pentru grupurile armate ale Rezistenței, nu trebuie să credem că feroviarii s-au asociat sistematic cu asemenea acțiuni. Din acest punct de vedere, crearea în 1943 a unui grup liber, format din lucrători feroviari, în cadrul mișcării *Vengeance*, în zona Nord, pare să fie o raritate.

Din rândul luptătorilor comuniști ai FTP (Franc-tirori și Partizani – n.red.), cele câteva zeci de angajați ai căilor ferate arestați în regiunea pariziană reprezintă mai puțin de 10% din efectivele acestor grupuri armate și funcțiile lor la SNCF nu par să le fi fost utile ca să comită sabotaje pe căile ferate. În cele din urmă, se acceptă ideea că feroviarii și-au arătat pe deplin implicarea în acțiunile destinate să împiedice fluxul întăririlor germane către Normandia în clipa debarcării. Totuși, trebuie să constatăm că este lipsită de realism încercarea de a măsura rolul lucrătorilor feroviari în executarea planurilor de sabotaj destinate să întrerupă traficul feroviar. Tot atât de iluzorie este și tentativa de a separa rolul acestora de alte sabotaje și bombardamente în haosul prin care au trecut căile ferate începând din iunie 1944.

„Cui să-i punem întrebarea: cine a eliberat Franța? Nu este ușor de răspuns fără să comitem nedreptăți sau greșeli", scria fostul lider al grupurilor armate comuniste, Charles Tillon. Lucrul este valabil pentru toți „actorii" care se grăbesc să revendice pentru ei meritul eliberării Franței. Este valabil și pentru istorici.

Pentru o vreme, greutatea memoriei a sporit – conștient sau nu – greșelile și nedreptățile: unii „actori" au fost uitați pentru că nu au vrut, nu au putut sau nu au știut să mențină vie flacăra, în vreme ce alții, precum lucrătorii feroviari, ocupau o poziție care poate părea astăzi exagerată. Istoricul se dedică redesenării acestui loc în proporții mai rezonabile. De asemenea, trebuie să evităm, într-o mișcare prea puternică a balanței, să bagatelizăm rolul feroviarilor, numeroși, care au ales să se implice în Rezistență.

Până la urmă, Louis Armand nu spunea nici el altceva atunci când, lăudând contribuția angajaților SNCF la provocarea dificultăților pe care le-au avut germanii după debarcare, sublinia că această intervenție fusese „suficient de operativă pentru a nu i se aduce ofensa de a fi supraestimată în inventarul factorilor care au permis succesul operațiunilor pe frontul deschis în Vest, în iunie 1944".

BIBLIOGRAFIE SELECTIVĂ

Armand, Louis, *Propos ferroviaires*, Fayard, Paris, 1970, 246 pagini.

Association pour l'histoire des chemins de fer en France, *Une entreprise publique dans la guerre, la SNCF, 1939-1945* (Actes du 8e colloque de l'AHICF), PUF, Paris, 2001, 488 pagini.

Bachelier, Christian, *La SNCF sous l'occupation allemande, 1940-1944*, raport în 4 volume, 1996 (http://www.ahicf.com/ww2/rapport/avpropos.htm).

Chevandier, Christian, „La résistance des cheminots: le primat de la fonctionnalité plus qu'une réelle spécificité", în Antoine Prost (dir.), *La Résistance, une histoire sociale*, Les Editions de l'Atelier, 1997, pp. 147-158.

Durand, Paul, *La SNCF pendant la guerre, sa résistance a l'occupant*, PUF, Paris, 1968, 666 pagini.

Ribeill, Georges, „Les cheminots face à la lutte armée: les différenciations sociologiques de l'engagement résistant", în François Marcot (dir.), *La Résistance et les Français. Lutte armée et maquis*, Besançon, Annales littéraires de l'université de Franche-Comté, 1996, pp. 71-81;

– „Résistance-Fer, du «réseau» à l'association: une dynamique corporative intéressée?", în *Revue d'histoire des chemins de fer*, nr. 34, primăvara 2006, pp. 53-73.

8

Economia sovietică nu putea rivaliza cu potențialul industrial al Reichului

de Olivier WIEVIORKA

Faptul că victoria în Est, în 1945, a fost rezultatul unei superiorități industriale a URSS constituie, dintotdeauna, o realitate greu de acceptat. Strategii naziști au recunoscut-o, dar cu mare greutate. „Hitler a fost răspunzător pentru înfrângerea germană. Nu a știut să folosească resursele strategice; a irosit forțele de care dispunea în eforturi zadarnice și în rezistențe inutile, în locuri și în momente prost alese"[1] a recunoscut generalul Tippelskirch, predispus să subestimeze performanțele rușilor. Iar contemporanii noștri, care au asistat la prăbușirea imperiului sovietic la sfârșitul anilor '80, nu pot decât să-și mărturisească scepticismul în privința unui presupus miracol, obținut sub faldurile steagului roșu. În schimb, sunt mai dispuși să recunoască performanțele complexului militaro-industrial nazist și să aplaude isprăvile lui Albert Speer. În timp ce Germania era, zi de zi, ținta bombardamentelor Aliaților, Reichul, grație ministrului armamentului, a avut parte, este adevărat, de o creștere a

---

[1] Basil H. Liddell Hart, *Les généraux allemands parlent*, Perrin, col. «Tempus», Paris, 2011 (ed. engleză 1948), p. 387.

producției sale de război până în iulie 1944 – un rezultat remarcabil. Și totuși... Cele mai recente cercetări ne invită să analizăm în mod lucid cele două sisteme de producție. Ele confirmă că, în pofida unei imagini general acceptate, Germania a fost o putere industrială relativ slabă, în vreme ce Uniunea Sovietică a știut să dezvolte în scopuri militare un sistem de producție impresionant.

Cu ochii țintă la celălalt

În ajunul celui de-al Doilea Război Mondial, Germania rămânea o putere de nivel mediu. În 1939, PIB-ul cumulat al Franței și al Marii Britanii – inclusiv imperiile – depășeau cu 60% PIB-urile cumulate ale Reichului și Italiei lui Mussolini[1]. În 1933, 29% din populația activă germană lucra încă în agricultură – o ramură suplimentară puțin productivă, căci nu era decât prea puțin modernizată. Realitățile se resimțeau în nivelul de trai. În casele muncitorilor, cheltuielile pentru mâncare, băutură și tutun reprezentau între 43% și 50% din bugetul mediu, la care se adăugau 12% pentru utilități[2].

Totuși, încă de la venirea lui la putere, Hitler s-a lansat într-un program ambițios de reînarmare. În opinia lui, războiul avea să rezolve problemele cu care se confrunta țara sa. Acesta i-ar fi oferit țărănimii pământurile de care avea nevoie, industriei materiile prime care îi lipseau și le-ar fi asigurat arienilor hegemonia asupra raselor așa-zis inferioare. Führerul nu s-a zgârcit. A prevăzut, încă din 1933, să cheltuiască 35 de miliarde de Reichsmark (RM) în opt ani, în vreme ce venitul național era de 43 de miliarde. Planul își propunea, cu alte cuvinte, să aloce între 5 și 10% din PIB efortului de apărare – procente impresionante. Efortul a dat rezultate. În 1940, Reichul dispunea de 2 440 de tancuri, de 5 440 de avioane și de

---

[1] Adam Tooze, *Le Salaire de la destruction. Formation et ruine de l'économie nazie*, Les Belles Lettres, Paris, 2012 (ed. engleză 2006), p. 20.

[2] *Ibid.*, p. 157.

5,4 milioane de oameni[1] – un bilanț care nu trebuie totuși să ne inducă în eroare.

În realitate, economia germană avea unele puncte cu adevărat slabe. Materiile prime erau o marfă rară – începând cu petrolul. Desigur, Hitler spera să compenseze această penurie, oferindu-i lui Hermann Goering misiunea de a lansa, în 1936, un „plan pe patru ani" care trebuia, spera el, să permită fabricarea a 5,4 milioane de tone de combustibil sintetic. De asemenea, pactul germano-sovietic din 23 august 1939 a oferit un răgaz bine-venit. În 1940, URSS asigura 74% din nevoile de fosfat ale Reichului, 65% din cele de crom, 55% din mangan și 34% din petrolul importat, dar în acest caz era vorba despre cantități modeste. Lipsită de valută din cauza comerțului exterior care se desfășura cu dificultate, Germania nu putea – spre deosebire de Regatul Unit sau de Franța – să importe armele sau materiile prime necesare efortului său de război. Mai mult decât atât, în sectorul ocupării forței de muncă situația era tensionată atât din cauza efectivelor mobilizate în armată, cât și a dificultăților provocate de o agricultură neproductivă. Succesele Reichului în Polonia, în 1939, apoi în Europa Occidentală, în 1940, maschează o evidență: în ajunul celui de-al Doilea Război Mondial, Reichul nu era în niciun caz pregătit să înfrunte un război de lungă durată. Tancurile germane se stricau adesea – ca, de altfel, și alte blindate –, după cum o dezvăluise *Anschluss*-ul din 1938, apoi cucerirea Poloniei în 1940[2]. Franța și Marea Britanie recuperau din întârziere; în primele cinci luni ale anului 1940, industria aeronautică germană abia dacă producea jumătate din ceea ce produceau francezii și britanicii. Iar calitatea produselor *made in Germany* lăsa de dorit: *Spitfire*-ul englez, la fel ca și *Dewoitine*-ul *520* francez

---

[1] Cifre oferite de Karl-Heinz Frieser, *Le Mythe de la guerre-éclair. La campagne de l'Ouest de 1940*, Belin, Paris, 2003 (ed. germană 1995), p. 50 *sq*.
[2] *Ibid*., p. 54.

erau echivalente cu *Me-109* german, considerat totuși drept un avion de vânătoare fără pereche[1].

Cât despre sovietici, problemele lor erau la fel de mari. Desigur, Stalin efectuase o industrializare în marș forțat în anii '30. Primul plan cincinal (1928-1933) crescuse cu 3,5 investițiile în sectorul secundar, efort continuat ulterior. Dar rezultatele reale au dezamăgit: astfel, producția industrială nu a progresat, potrivit estimărilor, decât de la 41% la 72% între anii 1928 și 1932[2]. Pe acest fundal, Uniunea Sovietică și-a sporit totuși cheltuielile militare – ele reprezentau 16% din buget în 1936 și 32,5% în 1940, față de un modest 1,3% în 1929[3]. Dar lucrurile nu s-au oprit aici. În vreme ce, în 1929, nu se producea nici măcar un tanc, începând cu 1934 arsenalele produc peste 3 000 de bucăți pe an.

Acest efort ascundea totuși slăbiciuni reale. Pe de o parte, demografia țării. Populația, secerată de foamete, de epurări și de sănătatea precară și-a stagnat creșterea. Dacă, în 1926, paradisul Sovietelor era populat de 147 de milioane de locuitori, conform recensământului din 1937 ei nu ajunseseră decât la 156 de milioane – în locul celor 180 de milioane imprudent prezise de Stalin în ianuarie 1934[4]. De altfel, în 1940, populația activă lucra, în proporție de 45%, în colhozuri. Această formă de exploatare agricolă mobiliza, deci, prea multe persoane active pentru niște rezultate demne de milă, căci se chinuia să hrănească populația. De asemenea, sectorul secundar suferea de pe urma unei productivități reduse, cauzate de exploatarea excesivă a oamenilor, de lipsa de eficiență a planificării, de diferitele risipe de tot felul. Dintr-odată, efortul de înarmare prezenta

---

[1] *Ibid.*, p. 64.

[2] Alexandre Sumpf, *De Lénine à Gagarine*, Gallimard, col. «Folio histoire», Paris, 2013, p. 266.

[3] Nicolas Werth, „La société russe en guerre", în Omer Bartov *et alii*, *Les Sociétés en guerre, 1911-1946*, Armand Colin, Paris, 2003, p. 132.

[4] Jean-Jacques Marie, *Staline*, Fayard, Paris, 2001, p. 522.

limite evidente. Multe dintre echipamente erau vechi, prea multe unități erau prost echipate. În ajunul ofensivei germane din 22 iunie 1941, Corpul 14 mecanizat dispunea, de exemplu, de 520 de *T-26* vechi, și nu de cele 1 031 de tancuri medii sau grele preconizate[1]. Iar dacă aviația număra 9 576 de aparate de luptă, multe avioane, vechi fiind, sufereau de pe urma unei utilizări excesive, în vreme ce noile modele, *Iliușin Il-76 Sturmovik*, de exemplu, tocmai intrau în funcțiune în primăvara anului 1941.

În clipa în care panzerele se lansau la atac în stepa rusească, niciuna dintre tabere nu era sigură că avea să învingă. Desigur, Uniunea Sovietică dispunea de atuuri serioase, de care Reichul era lipsit: o populație comparativ mai mare, resurse de materii prime și o bază industrială solidă. Era totuși nevoie ca regimul sovietic să adapteze un sistem de producție rigid, care se baza foarte mult pe teroare și pe exploatarea mâinii de lucru aservite, mobilizată în cadrul sinistru al Gulag-urilor.

În ceea ce îl privea, Hitler examina slăbiciunile economice ale Reichului, chiar dacă ocuparea unei părți a continentului european îi adusese resursele țărilor cucerite – Franța în primul rând. Dacă Belgia, de exemplu, a cheltuit sub Ocupație 83,3 miliarde de franci belgieni pentru nevoile populației sale, ocupantul a perceput cel puțin 133,6 miliarde[2]. Dar aceste aporturi rămâneau insuficiente pentru a duce un război de durată. În 1941, marina militară și comercială germane consumau, de exemplu, 90 000 de tone de petrol pe lună; dar producția națională nu se ridica decât la 52 000 de tone și rezervele sale atingeau doar 220 000 de tone[3], la care se puteau

---

[1] David M. Glantz și Jonathan House, *When Titans Clashed. How the Red Army Stopped Hitler*, University Press of Kansas, Lawrence, 1995, p. 35.

[2] Götz Aly, *Comment Hitler a acheté les Allemands. Le IIIe Reich, une dictature au service du peuple*, Flammarion, Paris, 2005 (ed. germană 2005), p. 142.

[3] Adam Tooze, *Le Salaire de la destruction, op. cit.*, p. 480.

adăuga, totuși, resursele din teritoriile aliate sau cucerite (România, Alsacia, Galiția) și combustibilul sintetic.

În acest context, atacul împotriva Uniunii Sovietice rezolva o ecuație cu multe necunoscute. El rupea ambiguitatea jenantă provocată de pactul germano-sovietic, sfidând o dată pentru totdeauna adversarul ideologic numărul unu al nazismului, iudeo-bolșevismul. De altfel, înfrângerea lui Stalin l-ar fi lipsit pe Churchill de unicul aliat continental pe care se mai putea baza, ceea ce ar fi putut să îl determine să se așeze la masa negocierilor. În sfârșit, cucerirea unui *Lebensraum* (spațiu vital – n.red.) în Est i-ar fi oferit țărănimii pământurile la care visa și le-ar fi asigurat celor din rasa superioară atât siguranța alimentară (via Ucraina), cât și pe cea petrolieră (via Baku). Totuși, *Wehrmachtul* trebuia să ia decizia cât mai repede cu putință: Germania nu dispunea, în niciun caz, de mijloacele necesare pentru a duce un război de durată.

Campania în Rusia, partea sovietică

Armata Roșie s-a angajat să frângă visurile prometeice ale Reichului, oprind, din iarna lui 1941, panzerele la porțile Moscovei și Leningradului. Totuși, mulți kilometri despărțeau încă malurile râului Moskova de malurile râului Spree, cu atât mai mult cu cât germanii cuceriseră teritorii vitale pentru sovietici. Mobilizând, în 1940, 63% din forța de muncă, din acest spațiu de care fusese lipsită pe neașteptate proveneau, la acea vreme, 58% din grâul și 33% din producția industrială ale URSS. Regimul a reușit totuși să limiteze daunele prin evacuarea, în vara lui 1941, a oamenilor și echipamentelor. Între lunile iunie și noiembrie ale aceluiași an, au fost încărcate aproape 915 000 de vagoane. Au fost strămutați 25 de milioane de oameni și relocate 1 530 de întreprinderi[1], ceea ce a

---

[1] Hélène Carrère d'Encausse, *Staline. L'ordre par la terreur*, Flammarion, col. «Champs», Paris,1979, p. 108.

creat o bază pentru redresarea industrială viitoare. Pentru a-și asigura victoria, Armata Roșie avea, însă, nevoie de un aparat militar adecvat care, în 1941, trebuia construit. Și, împotriva tuturor așteptărilor, sistemul stalinist l-a creat.

De fapt, producția echipamentelor militare nu a încetat să crească. Uniunea Sovietică producea, în 1940, 8 331 de avioane de luptă, în 1942 – 21 681, în 1944 – 33 205. Din uzinele ei au ieșit, în 1940, 2 794 de blindate, dar 28 983 în 1944; 40 547 de tunuri în 1941, față de 122 385 în 1944[1]. Aceste rezultate excepționale, departe de a fi rodul vreunui miracol greu de crezut, au fost determinate, în mod cum nu se poate mai prozaic, de anumite opțiuni economice asumate și aplicate, este adevărat, fără remușcări.

În primul rând, regimul sovietic a transferat mâna de lucru din sectoarele considerate secundare – agricultură și industriile de bunuri de consum – spre uzinele de armament. În termeni generali, sectorul apărării mobiliza 28,2 de milioane de oameni în 1942 (față de 14,3 de milioane în 1940), în detrimentul sectoarelor alocate nevoilor civile. Acestea din urmă au înregistrat o scădere de 46 de milioane de oameni între 1940 (72,5 de milioane de oameni) și 1942 (26,5 de milioane de oameni), un șoc cumplit[2]. Beneficiind de o creștere a forței de muncă, industriile de război au profitat și de contribuția unui alt factor esențial. Utilajele le-au fost destinate cu prioritate, fapt care a dus la creșterea productivității. Astfel, uzinele de apărare, de la 100% în 1940, și au văzut productivitatea trecând la un indice de 301% în 1944, în vreme ce industriile civile regresau: pe aceeași bază de 100% în 1940, productivitatea lor atingea, în 1945, un indice foarte modest, de numai 69%[3]. De altfel,

---

[1] Mark Harrison, *Accounting for War. Soviet Production, Employment and the Defence Burden, 1940-1945*, Cambridge University Press, Cambridge, 1996, p. 68.
[2] *Ibid.*, p. 122.
[3] *Ibid.*, p. 88

autoritățile sovietice au optat pentru construirea unui număr redus de modele, atât în ceea ce privește blindatele, cât și aparatele de zbor, ceea ce a favorizat dezvoltarea unei producții în serie și a dus la economii substanțiale.

Acest efort a fost dublat de o presiune intensă asupra mâinii de lucru, deși și aici trebuie să nuanțăm. Pericolul care amenința în 1941 regimul stalinist a fost atât de grav, încât liderul de la Kremlin avea să slăbească menghina care strângea societatea sovietică. Pe plan economic, această liberalizare, foarte relativă, va determina puterea să slăbească presiunea asupra țărănimii. Colhoznicilor li s-a extins astfel parcela modestă de care dispuneau din 1935, totalul acoperind aproximativ 5 milioane de hectare, ceea ce le-a permis să se îmbogățească, furnizând peste 50% din alimentele achiziționate de orășeni[1]. În schimb, proletarii au fost supuși unor grele încercări. Prost hrăniți – pâinea reprezenta atunci între 80% și 90% din resursele oferite de raționalizare – consumul lor pe cap de locuitor, deja redus înainte de Operațiunea *Barbarossa*, s-a micșorat, între 1940 și 1943, cu două treimi[2]. Ba mai mult decât atât, în 1944 proletarul muncea în medie zilnic mai mult de nouă ore, șase zile pe săptămână[3] – date fiind zilele scăzute pentru lipsa de la serviciu sau boală. În cele din urmă, munca a fost militarizată. Legea din 26 decembrie 1941 a mobilizat lucrătorii din uzine pe toată durata războiului. Orice abatere, acum asimilată cu o dezertare, era sancționată printr-o pedeapsă de cinci până la opt ani de muncă silnică. La Sverdlovsk, pedeapsa i-a vizat până și pe adolescenții cu vârste cuprinse între 14 și 20 de ani[4]...

---

[1] Nicolas Werth, «La société russe en guerre», în Omer Bartov *et alii*, *Les Sociétés en guerre, 1911-1946*, op. cit., p. 137.

[2] Mark Harrison, *Accounting for War*, op. cit., p. 107.

[3] *Ibid.*, p. 83.

[4] Alexandre Sumpf, *De Lénine à Gagarine*, op. cit., p. 280.

Oricum, reorientarea factorilor de producție, din sectorul civil în sectorul militar, este elementul care explică succesul Uniunii Sovietice. Căci, la nivel global, economia ei se afla în dificultate. Produsul intern brut a scăzut cu 20% între 1940 și 1945, iar populația activă s-a redus, trecând, între anii 1940 și 1944, de la 87 de milioane la 67 de milioane de oameni[1]. În schimb, efortul de apărare a absorbit tot mai multe resurse: dacă, în 1940, acestuia îi erau alocate 17% din produsul național brut, în 1943 el a absorbit 61%, apoi, în 1944, 53%[2] – o valoare colosală, compensată, în parte, de sprijinul Aliaților.

În contextul tensionat al Războiului Rece, occidentalii ridicat în slăvi ajutorul acordat Armatei Roșii, lăsând să se înțeleagă, implicit, că fără ajutorul lor sovieticii nu ar fi putut arbora steagul roșu pe frontonul Reichstagului. Sovieticii au afirmat însă că sprijinul anglo-american, deși bine-venit, nu a avut decât o însemnătate modestă. Ca de cele mai multe ori, adevărul este undeva la mijloc, între aceste afirmații contradictorii.

În termeni cantitativi, contribuția anglo-americană nu a fost una considerabilă. În perioada războiului, Washingtonul i-a furnizat Moscovei 10,6 milioane de dolari, adică 24% din ajutorul acordat de *Unchiul Sam* aliaților săi (Londra a primit 30 de milioane)[3]. În plus, acest ajutor a venit târziu: 57% din valoarea convenită prin Legea pentru împrumut și închiriere ajunge la sovietici în cele optsprezece luni care despart luna iulie a anului 1943 de luna decembrie a anului 1944. În sfârșit, acest ajutor a fost în primul rând unul civil: din 1 dolar, doar 25 de cenți se duceau direct în bugetul militar[4]. Să tragem concluzia: cu sau fără Legea pentru împrumut și închiriere, Jukov tot l-ar fi învins pe Paulus în ruinele înghețate ale Stalingradului.

---

[1] Mark Harrison, *Accounting for War*, op. cit., p. 98.
[2] *Ibid.*, p. 126.
[3] *Ibid.*, p. 132.
[4] *Ibid.*, p. 133.

Ar fi totuși cu neputință să subestimăm contribuția anglo-americană. Prin asigurarea populației cu resurse alimentare – cereale, carne de vită conservată și produse lactate – occidentalii îi permiteau Uniunii Sovietice să purceadă la realocarea resurselor, evitând suprasolicitarea până la epuizare a civililor înfometați. Ba mai mult, utilajele moderne furnizate întreprinderilor au contribuit la creșterea productivității. În cele din urmă, camioanele, precum și echipamentele de comunicare oferite Armatei Roșii au ajutat-o să ducă un război mobil, deci adaptat doctrinei sale strategice, pe care ar fi fost incapabilă să îl poarte fără ajutorul bine-venit din partea puternicului aliat american. În plus, factorul calitativ se adăuga la factorul cantitativ. Grație aditivilor proveniți din chimia americană, cifra octanică era din ce în ce mai mare – și același motor putea atinge o viteză cu 30% mai mare. Cele 347 de stații radio și radare au ajutat enorm Armata Roșie, iar locomotivele livrate au oferit căilor ferate sovietice un important sprijin logistic. Pe scurt, fără să fi fost unul hotărâtor, sprijinul Lumii Noi a fost mai mult decât util: o confirmă contraexemplul german.

O economie germană cu probleme

S-a spus că Germania era incapabilă să ducă un război de lungă durată. Spre deosebire de Marea Britanie, ea nu avea colonii, ceea ce îngreuna aprovizionarea sa cu materii prime. Bineînțeles, Germania își jefuia de resurse aliații sau țările cucerite – câmpurile petroliere de la Ploiești, în România, sau de la lacul Balaton, în Ungaria, au fost utilizate în acest sens. La fel, surogatele au compensat unele lipsuri. Cauciucul sintetic de tip Buna (120 000 de tone produse în 1943) a înlocuit cauciucul natural (în 1943 au fost importate doar 8 000 de tone)[1], dar aceste expediente, insuficiente, au început să-și arate limitele începând din 1943. În schimb, germanii au rămas,

---
[1] Adam Tooze, *Le Salaire de la destruction*, op. cit., p. 236.

spre deosebire de Marele Război, destul de bine hrăniți. Exterminarea a milioane de iudei, foametea deliberată provocată în Est, raționalizarea drastică impusă în Vest au dus la surplusuri alimentare, furate fără jenă de ocupanți, din care s-a hrănit populația germană.

De asemenea, problema mâinii de lucru a rămas acută. De fapt, între anii 1939 și 1945, în total 18 milioane de germani au purtat uniformă, ceea ce a impus o alternativă dureroasă: trebuiau să fie mobilizați soldați, cu riscul de a lipsi uzinele de muncitori, sau să se procedeze invers, știind că, între iunie 1941 și mai 1944, în fiecare lună pe Frontul din Est s-au înregistrat 60 000 de pierderi? Reichul a optat pentru prima variantă și a mobilizat un număr mare de militari în termen – spre deosebire, de exemplu, de Statele Unite. Această reducere a mâinii de lucru a fost atunci compensată prin mijloacele cele mai diverse. Autoritățile s-au sprijinit puternic pe femei – în 1943, ele reprezentau 36% din forța de muncă în producția de război, față de 25,4% în Statele Unite[1], dar această soluție s-a dovedit destul de repede insuficientă. Autoritățile naziste au apelat atunci la constrângere. După ce o vreme au recurs la voluntariat, au transformat prizonierii de război în muncitori au impus munca obligatorie în teritoriile pe care le controlau și i-au transformat în sclavi pe prizonierii din Armata Roșie, precum și pe deportați. Această politică i-a oferit economiei de război mâna de lucru de care avea nevoie: în toamna anului 1944, aproape 8 milioane de străini, civili și prizonieri de război, trudeau în uzinele și pe câmpurile Reichului[2]. Dacă productivitatea lor, aceea a deportaților în primul rând, era uneori cu 40% mai mică în raport cu standardele germane, costul lor derizoriu, având în vedere rațiile la limita subzistenței cu care erau hrănite victimele Molohului nazist, asigurau rentabilitatea sistemului[3].

---

[1] *Ibid.*, p. 499.

[2] *Ibid.*, p. 501.

[3] *Ibid.*, p. 517.

În ciuda insuficienței materiilor prime și a constrângerii forței de muncă și în ciuda bombardamentelor care au distrus Germania începând cu 1943, s-a spus că, între februarie 1942 și iulie 1944, producția de armament s-a triplat. Prezentându-se în *Memoriile* sale drept un brav tehnocrat, orbit de charisma Führerului, Albert Speer și-a atribuit, nu fără falsă modestie, meritele acestui miracol[1]. Procedând la raționalizarea procesului de fabricație, limitând risipa, favorizând o înțelegere fericită între industriași și militari, ar fi ajuns să dezvolte, înainte de prăbușirea finală, industria militară a Reichului.

Această viziune ascunde totuși realități mai puțin comode. Mai întâi, alegerile făcute au fost, per ansamblu, nepotrivite. În vreme ce Germania, începând cu 1944, era forțată să recurgă la defensivă atât în Vest, cât și în Est, ea a dezvoltat arme ofensive – V-1 și V-2, de exemplu – care au înghițit sume mari în schimbul unor rezultate neglijabile. În mod similar, producția în serie a cunoscut câteva eșecuri. Astfel, Speer a ordonat să se împartă construirea submarinelor de tip XXI în vederea utilizării în cât mai mică măsură a docurilor uscate suprasolicitate și a realizării unor economii substanțiale. Dar, din cele 80 de nave livrate la sfârșitul anului 1944, niciuna nu era operațională[2]. Ca în cazul multor alte arme, inginerii arseseră etapele, uitând că de la conceperea unui prototip până la fabricarea lui în serie trece timp îndelungat.

În schimb, *Luftwaffe* a constituit o excepție, căci producția din 1943 s-a dublat în raport cu nivelurile sale din 1941-1942. Dar ar fi riscant să invocăm aici un miracol. Liderii răspunzători, în frunte cu mareșalul Milch, au renunțat să mai producă prototipuri și au dat întâietate producției în serie. Numărul aparatelor ieșite de pe linia de fabricație nu trebuie totuși exagerat. Nivelurile atinse au

---

[1] Albert Speer, *Au coeur du Troisieme Reich*, Le Livre de Poche, Paris, 1972 (ed. germană 1969).

[2] Adam Tooze, *Le Salaire de la destruction*, op. cit., pp. 585-588.

rezultat din creșterea combinată a mâinii de lucru și a investițiilor. Grație apropierii lui de Hitler, Speer a obținut importante alocări de materii prime și Himmler i-a furnizat mâna de lucru aservită necesară, profitând de rezervorul reprezentat de lagărele morții. Această strategie obliga, totuși, la o renunțare la inovație. Deci, *Luftwaffe* a construit mai ales modele vechi, *Me-109*, de exemplu[1] – o realitate pe care numeroase inovații strălucite, ca avionul de vânătoare cu reacție *Me-262*, nu vor reuși să o pună în umbră. Prin urmare, alegerile făcute au accelerat uzura morală a avioanelor germane prinse în confruntare.

Dacă istoricii au salutat bucuroși faptele de arme ale Armatei Roșii în domeniul tactic și strategic, ei i-au atribuit mai rar Uniunii Sovietice o reușită economică în timpul celui de-al Doilea Război Mondial. Însă totul sugerează că regimul stalinist a reușit să își doteze trupele cu echipamente militare adecvate, procedând la un transfer brutal, dar eficient, al resurselor alocate sectorului civil spre industriile de apărare. Din această perspectivă, sprijinul anglo-american a fost util, dar în niciun caz decisiv. Din 1942, URSS a reușit să „producă mai mult decât Germania la aproape toate categoriile de arme. Pentru armele de calibru mic și artilerie, raportul era de 3/1; pentru tancuri, atingea un raport de 4/1 – diferență sporită de calitatea superioară a tancului *T-34*. Până și pentru avioanele de luptă, marja era de 2/1. Această superioritate industrială, contrar oricărei așteptări, i-a permis Armatei Roșii mai întâi să blocheze a doua mare ofensivă a *Wehrmachtului*, apoi, în noiembrie 1942, să lanseze o serie de contraatacuri devastatoare[2], subliniază istoricul Adam Tooze.

În 1944, economia germană a reacționat și a compensat parțial întârzierea sa în raport cu Uniunea Sovietică. Dar era prea târziu. Reichul nu putea să rivalizeze cu potențialul industrial comun al URSS, Marii Britanii și Statelor Unite, în vreme ce înregistra, în

---

[1] *Ibid.*, pp. 557-559.
[2] *Ibid.*, p. 563.

toate teatrele de operațiuni, eșecuri, dacă nu chiar dezastre. Ducând lipsă de oameni și de materii prime, în ciuda jafurilor operate de naziști în toată Europa, suferind de pe urma unei baze industriale restrânse, a inițiat o redresare iluzorie. Autoritățile au preferat mai curând să se conformeze cerințelor propagandei pentru a vehicula cifre spectaculoase, care să încălzească inimile germanilor, decât să producă în conformitate cu regulile corecte. Trimiși la luptă în avioane învechite, piloții din *Luftwaffe* au plătit scump pentru această atitudine riscantă.

Expertă în manipulare, propaganda roșie nu a reușit totuși niciodată să impună o imagine reală despre reușita economică sovietică. Pe de altă parte, rivala sa nazistă, la fel de manipulatoare, a reușit să facă credibilă, în ciuda evidențelor, viziunea falsă a unei industrii de război cutezătoare, capabile să reziste la bombe până la ultima suflare a regimului hitlerist. Un mit pe care cercetările istorice îl dezmint acum.

BIBLIOGRAFIE SELECTIVĂ

Harrison, Mark, *Accounting for War. Soviet Production, Employment and the Defence Burden, 1940-1945*, Cambridge University Press, Cambridge, 1996, 338 pagini.

Overy, Richard, *War and Economy in the Third Reich*, Clarendon Press, Oxford, 1994, 390 pagini.

Speer, Albert, *Au coeur du Troisieme Reich*, Le Livre de Poche, Paris, 1972 (ed. germană 1969), 796 pagini.

Tooze, Adam, *Le Salaire de la destruction. Formation et ruine de l'économie nazie*, Les Belles Lettres, Paris, 2012 (ed. engleză 2006).

9

Montgomery, un general supraapreciat

de Daniel FELDMAN și Cédric MAS

Personalitatea și acțiunile feldmareșalului Montgomery sunt subiectul unor nesfârșite controverse. Deși este aproape singurul lider britanic victorios în timpul celui de-al Doilea Război Mondial, el este și cel mai contestat. Divinizat de un întreg popor pentru victoria sa de la El Alamein, valoarea sa este pusă la îndoială: oare nu cumva este atât de lăudat pentru că britanicii au nevoie de un erou?

Montgomery își câștigă toate campaniile cu o armată britanică marcată de neajunsuri grele, împotriva unei armate germane aflate la apogeul puterii sale. Bilanțul lui militar nu are echivalent printre Aliați, dar figura sa în fața posterității nu beneficiază de pe urma acestui lucru: el atrage asupra sa critici care surprind prin numărul și constanța lor. Aceste reproșuri încep în timpul războiului. Americanii, susținuți de scrierile ulterioare ale generalilor germani și ale anumitor autori britanici, sunt cei mai critici. Subliniind până și cele mai mici lipsuri ale lui Montgomery, ei își pun în valoare propriii generali.

Caracterul lui Montgomery îl face, într-adevăr, antipatic. Personajul nu este unul social și savurează conflictele. Devenit celebru la nivel mondial după El Alamein, el irită prin vanitate, meschinărie sau prin remarcile sale ofensatoare la adresa colegilor sau superiorilor săi. Dar pentru a evalua performanța militară a lui Montgomery, trebuie să lăsăm deoparte personalitatea acestuia ca să ne concentrăm asupra operațiunilor lui și asupra rezultatelor obținute cu armatele sale.

„Monty"

Bernard Law Montgomery se înrolează în 1908. Grav rănit în octombrie 1914, ocupă, în timpul rămas din Primul Război Mondial, funcții obscure în cadrul Statului-Major. Este un om nepotrivit într-un loc nepotrivit. Între cele două războaie, Montgomery ocupă când funcții în coloniile britanice (India, Egipt, Palestina), când misiuni de instructor la prestigiosul Staff College. La sfârșitul războiului de independență din 1921 se află în Irlanda, iar între anii 1938-1939, conduce o ripostă rapidă și reușită îndreptată împotriva revoltei arabe din Palestina.

În armata britanică, Montgomery este un ofițer de un profesionalism absolut și care își îndeplinește misiunea, indiferent de context și de condiții. Mentorul său, Alan Brooke, se află în fruntea armatei începând cu anul 1941. Spirit independent, pasionat de meseria lui, mereu gata să nesocotească atribuțiile superiorilor săi și, după moartea soției, nemaiavând altă viață în afara armatei, Montgomery este în aceeași măsură admirat de către superiorii săi ierarhici, dar considerat și ca fiind imposibil de stăpânit.

La 53 de ani, comandă, cu o competență remarcabilă, o divizie de infanterie în cadrul Corpului expediționar britanic în Franța, până la reîmbarcarea de la Dunkerque, din iunie 1940 – fără ca unitatea lui să se confrunte cu grosul oștirii germane. Apoi se ocupă de apărarea Angliei, sporind numărul exercițiilor și manevrelor. În cele din urmă, în august 1942, Montgomery ajunge, printr-o întorsătură de situație, în fruntea forțelor mereu înfrânte de Rommel în Egipt.

Când sosește Montgomery, Rommel este pe punctul de a ataca Alam el Halfa. Britanicul are la dispoziție doar trei săptămâni pentru a face față loviturii și impune „schimbarea metodei": face exact pe dos de cum s-a făcut înaintea lui (planificarea unei eventuale retrageri pe Nil, împărțirea unităților în brigăzi interarme, ignorarea legăturii dintre armată și aviație etc.), cu atât mai ușor cu cât își detestă predecesorul, pe feldmareșalul Auchinleck. Ține un discurs simplu și ferm, care ridică brusc moralul trupelor. Voința lui de a-și crea o personalitate mediatică împotriva aurei „Vulpii deșertului" face minuni. În ciuda opiniei specialiștilor, el cere ca blindatele să rămână îngropate și să fie folosite drept artilerie cu rază scurtă de acțiune.

După ce dă lovitura, Rommel se gândește să atragă spre el tancurile inamice ca să le distrugă în câmp deschis. Interzicând contraatacurile menite să recâștige sectoarele pierdute, Monty îl lipsește de orice șansă de reușită. Citim uneori că planul defensiv pentru Alam el Halfa a existat înainte de venirea lui Montgomery, care nu ar fi făcut decât să îl preia de la predecesorul lui. Poate fi adevărat în privința locului unde avea să se dea bătălia; dar în niciun caz cu privire la schimbarea decisivă a tacticii.

Ofensiva lui Montgomery la El Alamein începe la opt săptămâni după Alam el Halfa. Armata italo-germană este cea mai puternică din cele comandate vreodată de Rommel, iar superioritatea lui Montgomery – de sub 2/1 – nu este copleșitoare, cu atât mai mult cu cât inamicul dispune de fortificații puternice[1].

---

[1] Proporțiile aproximative între trupele Aliaților și cele ale Axei variază între 1,4/1 și 2/1, în funcție de arme (de exemplu, 1,7/1 [910/565] pentru tancuri). Înainte, Auchinleck dispusese, pentru atacurile lui, de un raport între 4/1 până la 7/1, în funcție de operațiune.

Modul în care vedea sistemele care stăteau la baza fiecărei armate îi permite lui Montgomery să conceapă o bătălie care să îi lipsească pe nemți de avantajele lor: atacuri puternice creează noaptea breșe în pozițiile fortificate, dar, în loc să caute să le exploateze, trupele Aliaților, având în frunte tunuri antitanc și tancuri, se îngroapă pe timp de zi ca să reziste contraatacurilor ușor de prevăzut ale inamicilor. Lovitura este repetată în zone diferite, la fiecare trei sau patru zile, ca să îl împiedice pe Rommel să reia inițiativa. Faptul că au fost siliți să poarte o bătălie mai curând statică decât mobilă a făcut ca iscusința tactică a veteranilor din *Afrika Korps* să fie inutilă. În plus, acest lucru le permite Aliaților să profite la maximum de sprijinul aviației și de cel al unei artilerii aflate la mică distanță de front. În această situație, Monty continuă să dețină inițiativa și îl obligă pe inamic să își folosească rezervele, ceea ce Rommel ezită să facă. Rezistența durează astfel două săptămâni, dar rezultatul este inevitabil: Montgomery câștigă o victorie totală, distrugându-și inamicul, care se prăbușește pe loc, fără să fi fost încercuit.

Dar, odată inamicul învins, Monty nu reușește să îl urmărească. Chiar dacă și-a constituit un mare corp de blindate, îl lansează dezordonat și dintr-odată, fără să ia în calcul dacă există sau nu posibilități de aprovizionare. Tancurile se pierd în deșert, rămân fără benzină. Întrucât tanchiștii nu dau dovadă de inițiativă în teren, un drum rămâne deschis suficient timp cât Rommel să scape. Eșecul blindatelor sale reprezintă un element de care Montgomery va ține seama pe viitor: forțele lui nu erau în stare să învingă prin manevre.

Victoria de la El Alamein este renumită pentru că reușește să însuflețească un popor care acumula înfrângeri după înfrângeri în fața germanilor. Acest efect psihologic ascunde totuși rolul decisiv al opțiunilor militare ale lui Montgomery. La fel, fuga miraculoasă a lui Rommel atrage mai mult atenția decât înaintarea rapidă a lui Montgomery. Sunt date uitării distanțele și constrângerile logistice sau pur și simplu faptul că Tripoli este mai departe de bazele egiptene decât pozițiile Aliaților din Algeria. Cu toate acestea, sunt puține de spus despre operațiunile lui Montgomery din iarna dintre anii 1942-1943, precum și despre străpungerea Liniilor Mareth și a uedului Akarit. La fel, eșecul lui, necunoscut, de la sfârșitul campaniei (Enfidaville), rămâne fără consecințe.

Campania din nord-vestul Europei

În vreme ce luptă în campania din Tunisia, Montgomery intervine decisiv în conceperea Operațiunii *Husky* – debarcarea în Sicilia. Reușește să facă astfel încât asaltul să fie unul concentrat, revenind aviației, în vreme ce planul inițial prevedea atacuri dispersate. Dar felul său de a se purta îi creează antipatii și generalul Alexander este cel desemnat să conducă operațiunea. În iulie 1943, Montgomery debarcă în Sicilia alături de Patton. După succesul inițial, campania se dovedește a fi una dificilă. Germanii se retrag în ordine. Mai târziu, în Italia, Monty, plasat într-un sector secundar, înaintează lent pe coasta Adriaticii.

În luna ianuarie a anului 1944, Montgomery preia comanda forțelor terestre care trebuiau să debarce în Normandia. Are sub comanda sa aproximativ un milion de oameni. Imediat, forțează mâna celorlalte arme (marină, aviație) pentru a spori amploarea primului val al debarcării, care trece de la patru la opt divizii[1]. Această schimbare este decisivă pentru succes: debarcarea în forță de pe 6 iunie 1944 nu le permite germanilor să-și recâștige avantajul inițial.

Apoi, Montgomery duce o bătălie grea pentru a ieși din capul de pod din Normandia (iunie-august 1944). Le impune germanilor să își implice rezervele de blindate acolo unde el își concentrează puterea de foc. Să nu piardă inițiativa, să evite retragerile și să îi

---

[1] Planul aflat în vigoare la venirea lui Montgomery prevedea debarcarea a trei divizii, sprijinite de o divizie aeropurtată. Montgomery îl modifică, prevăzând patru divizii pentru debarcare și trei divizii aeropurtate.

lipsească pe Rommel, Rundstedt și Kluge de orice posibilitate de contraofensivă sau manevră, iată ce i se pare mai important decât o pătrundere ipotetică și vulnerabilă în fața contraatacurilor. Punând pe primul plan moralul oamenilor, și nu cucerirea unor teritorii, Montgomery se mulțumește cu un cap de pod mai redus decât se hotărâse inițial, de îndată ce poate să își pună în aplicare planul și să împiedice *Wehrmachtul* să profite de posibilitățile sale de manevră. Nu are mare importanță dacă orașul Caen nu este cucerit înainte de luna iulie, de vreme ce germanii nu au altă posibilitate decât să încerce să țină frontul pe întreaga sa lungime, consumându-și forțele până la epuizare.

În vara anului 1944, Marea Britanie începe să ducă lipsă de trupe, pierderile nefiind toate înlocuite. În ciuda tuturor inconvenientelor, Montgomery reușește să atace necontenit, să învingă complet inamicul și să păstreze puterea forțelor sale. Abordarea lui metodică și exploatarea puterii de foc nu îi lasă dușmanului nicio șansă de a răsturna cursul bătăliei. După ce inițial înregistraseră întârzieri față de planul inițial, străpungerea frontului, apoi exploatarea acestui fapt le permit americanilor și britanicilor să ajungă la Sena, să o treacă și să elibereze teritoriile până în Belgia cu mai multe luni înainte de momentul prevăzut.

Dar atunci când câștigă cea mai mare bătălie, Montgomery constată că i se retrage, la sfârșitul lunii august, comanda trupelor terestre (devine, în compensație, feldmareșal). Nemaiavându-i în subordine decât pe anglo-canadieni, încearcă să treacă Rinul la Arnhem în cadrul Operațiunii *Market Garden* (septembrie 1944), o operațiune care reprezintă opusul a tot ce făcuse până atunci. Atacul este o împingere de la Eindhoven la Arnhem pe o axă unică, tăiată de șase cursuri de apă. Efortul lui nu se poate muta dintr-o direcție într-alta. În punctul de sosire, germanii își concentrează rezervele mai repede decât Aliații. În plus, atuurile esențiale ale anglo-canadienilor sunt neglijate: artileria lor puternică se află cu mult în spate și grupele aeropurtate nu se adaptează la prezența, cunoscută totuși, a unităților de blindate aflate în apropierea obiectivelor lor. Fără podul final de la Arnhem, teritoriul cucerit nu este decât o fundătură. Operațiunea reprezintă cel mai cunoscut eșec al lui Monty, chiar dacă, privind lucrurile din urmă, ceea ce uimește este faptul că Aliații au reușit să se apropie atât de mult de obiectivul lor, cu toate că această operațiune îndrăzneață este atât de departe de stilul și de capacitățile forțelor lui Montgomery.

Din cauza loviturii primite și mobilizat la eliberarea Anversului pe care, la fel ca pe altele, o neglijase, Montgomery rămâne în urmă în toamna anului 1944. Când inamicul contraatacă în Ardeni (decembrie 1944), el coordonează eficient apărarea în nordul versantului, dar tensiunile cu americanii și gafele lui la o conferință de presă atrag mai mult atenția decât reușita lui militară. Apoi, îi dă apărării germane lovitura de grație, la vest de Rin, în februarie 1945 (Operațiunile *Veritable* și *Grenade*), înainte de a încheia campania pe malurile Mării Baltice, aproape de Lübeck, devansându-i pe sovietici.

Ce fel de conducător militar este Montgomery?

Trecerea rapidă în revistă a campaniilor lui Montgomery arată că nu avea nicio metodă de luptă stabilită dinainte, dar concepea fiecare operațiune ca pe o confruntare între două sisteme pe ale căror avantaje și dezavantaje trebuia să le analizeze. Monty nu avea nicio configurație sau operațiune „tip" – încercuirea, bătălia de distrugere, operațiunea în adâncime... –, ci câteva principii-cheie: punerea pe primul plan a moralului, combinarea armelor și păstrarea inițiativei pentru a-și impune ritmul în fața inamicului. Le aplică indiferent de teren (deșert, fortificații, câmpie, fluviu, pădure, țărm) sau de bătălie (de apărare, atac, manevră, debarcare).

Începând cu 1943, Aliații dispun de superioritatea numerică strict necesară atacului, dar aceasta nu le este suficientă pentru a învinge, după cum o arată dificultățile întâmpinate de Clark în Italia, în toamna lui 1944, cele cu care se confruntă Patton la Metz sau Hodges la Aix-la-Chapelle[1]. Montgomery reușește să obțină victorii implacabile. Își impune voința în fața inamicului, ceea ce poate întârzia înfrângerea acestuia, dar care îl lasă fără speranța de a-și mai reveni. Asemenea unui jucător de șah, Monty creează o situație în care atât el, cât și inamicul său sunt conștienți că, dacă nu comit vreo greșeală grosolană, Aliații vor învinge. Câștigă fără să joace la cacealma, fără pompă, ci cu profesionalism, cu metodă și asumându-și un risc minim.

Acest mod de a face război a dus la reproșul cel mai frecvent adresat lui Montgomery, acela că era „prea precaut", o critică ce provine de la Eisenhower, care a scris, în aprilie 1943: „[Montgomery] nu va face niciodată în mod voit o mișcare fără să fie absolut sigur de reușită [...], înainte de a fi concentrat atât de multe mijloace încât oricine ar putea obține rezultatul dorit". Ne gândim la vara anului 1943, când Monty cere armament greu înainte de a trece prin trecătoarea Messina, într-un sector neapărat. Dar realitatea campaniilor sale arată că Montgomery nu s-a bucurat decât ocazional de superioritatea materială covârșitoare (de peste 3/1) pe care ne-am putea-o imagina. Atacă la El Alamein cu o superioritate mai mică de 2/1 și, la aproximativ două săptămâni după debarcarea din Normandia, forțele Aliaților și cele ale germanilor sunt, pentru câteva zile, egale. Înainte de toate, prin pregătirea și metoda lui mobilizează în punctele-cheie cea mai mare parte a resurselor sale, mult mai multe decât cele de care dispune inamicul. Eisenhower amestecă cele două puncte într-un rezumat înșelător: generalul

---

[1] Germanii au considerat că Patton s-a comportat la Metz, în 1944, ca și cum ar fi fost „sărman și timid", dar această critică nu va avea, după război, aceeași răspândire precum cele adresate lui Montgomery.

care nu știe să utilizeze toate mijloacele pe care le are la dispoziție nu ar fi unul bun; sau este, lucru care i se reproșează lui Montgomery, „prea prudent".

La fel, pentru Montgomery, importanța artileriei sau a asalturilor pregătite nu are nimic de-a face cu metodele din 1918. Dând întâietate ofensivelor scurte pe fronturi restrânse și îngrijindu-se de moralul trupelor și de stăpânirea ritmului, Monty se delimitează clar de formulele folosite în Primul Război Mondial. Refuzând să continue lupta dacă aceasta devine prea sângeroasă, el schimbă mereu axa de atac la El Alamein, în Normandia, în Renania. El dozează și dirijează mai degrabă decât să se încăpățâneze. Limita acestei tehnici este că faptul de a se concentra pe un front îngust îi permite, în schimb, inamicului să se concentreze la rândul său: atacurile nu pot să străpungă frontul înainte de epuizarea rezervelor inamice.

De fapt, Montgomery ține cont de particularitățile și limitele trupelor sale. Ceea ce li s-ar potrivi germanilor și sovieticilor nu este valabil și pentru britanici. Menținerea la un nivel ridicat a moralului unor recruți neîndoctrinați, aflați departe de patria-mamă, cere cu atât mai multă atenție cu cât, prin cumularea victoriilor, inamicul este perceput ca fiind unul redutabil. Penuria de oameni agravează această slăbiciune – să te trezești încercuit, apoi distrus s-ar dovedi o catastrofă. În cele din urmă, echipamentul, la fel de mediocru ca instrucția, limitează capacitatea de manevră.

Reproșul cel mai pertinent adresat lui Montgomery este poate incapacitatea lui de a-și încercui inamicul (El Alamein, Tunisia, Sicilia, Falaise). Este adevărat că acesta nu este niciodată obiectivul lui: preferă să își epuizeze inamicul până la distrugere, operând străpungerea cu ajutorul mijloacelor mecanizate. Dar operațiunile pot oferi uneori șanse de încercuire, pe care Monty încearcă să le folosească, fără să reușească vreodată. Bătălia mobilă întrerupe comunicațiile și Monty pierde repede controlul asupra evenimentelor.

Mai ales lui Montgomery nu-i place să teoretizeze lucrurile pe care le face. Este, înainte de toate, un practician, mulțumindu-se să enunțe generalități („a avea controlul din aer", „a întreține moralul", „a dezechilibra adversarul" etc.) care nu surprind subtilitatea operațiunilor sale. Cum metodele lui nu au nici eleganță, nici romantism, ele nu sunt niciodată obiectul unor analize atente: succesele lui rămân greșit înțelese. Lipsa teoretizării îl face, de asemenea, să-și ignore limitele tehnicii sale de comandă, de exemplu atunci când circumstanțele – terenul, comunicațiile, întinderea frontului raportată la rezervele disponibile – îl împiedică să-și orienteze principalele eforturi pe diferite axe, pentru a păstra inițiativa. A fost cazul la Mareth în martie 1943, în Italia în toamna anului 1943 și, mai ales, la Arnhem, în 1944.

După anii 2000, ca urmare a lucrărilor esențiale ale lui Stephen Hart sau John Buckley, istoricii descoperă calitățile lui Montgomery, competent atât în bătălii în linie, cât și în cazul celor mai complexe debarcări, comandând fără deosebire toate naționalitățile și toate tipurile de trupe. Sunt rari ofițerii aliați despre care să se poată spună acest lucru.

Mai în detaliu, Montgomery mai curând își adaptează tehnicile la mijloacele și scopurile sale decât să îl copieze pe inamic. Nu încearcă să se „joace de-a *Wermachtul*" cu trupele britanice. Ba mai mult, face astfel încât principalii săi subordonați să împărtășească valorile care stau la baza planurilor lui, ceea ce se traduce printr-o coerență a execuției pe care cu greu o găsim la americani. Iar el însuși nu este nici fascinat, nici impresionat de germani, considerând că aceștia își au propriile calități și defecte, pe care le vede ca pe un parametru printre altele.

Montgomery își merită locul în panteonul marilor lideri militari din al Doilea Război Mondial. Dacă s-ar fi arătat mai degrabă mărinimos decât disprețuitor cu camarazii săi sau cu Eisenhower și dacă nu ar fi lăsat să se vadă, cu o asemenea aroganță, părerea foarte bună pe care o avea despre sine însuși, dezbaterea de a ști dacă este sau nu supraapreciat nici măcar nu ar mai fi avut loc.

BIBLIOGRAFIE SELECTIVĂ

Buckley, John, *Monty's Men: the British Army and the Liberation of Europe*, Londres, Yale University Press, 2013.

Copp, Terry, *Cinderella Army: The Canadians in Northwest Europe, 1944-1945*, University of Toronto Press, Toronto, 2007.

Feldmann, Daniel; Mas, Cédric, *Montgomery*, Economica, Paris, 2014.

Fennell, Jonathan, *Combat and Morale in the North African Campaign. The Eighth Army and the Path to El-Alamein*, Cambridge University Press, Cambridge, 2011.

French, David, *Raising Churchill's Army: The British Army and the War against Germany 1919-1945*, Oxford University Press, Oxford, 2001.

Hamilton, Nigel, *Monty*, Hamish Hamilton, 3 volume, Londra, 1981, 1984, 1986.

Hart, Stephen, *Colossal Cracks: Montgomery's 21st Army Group in Northwest Europe, 1944-1945*, Praeger, Westport, 2000; reed. Mechanicsburg, Stackpole, 2007.

Lamb, Richard, *Montgomery in Europe 1943-1945: Success or Failure?*, Buchan & Enright, Londra, 1983.

Montgomery, Brian, *A Field Marshal in the Family*, Constable, Londra, 1974; reed., Barnsley, Londra, 2010.

10

Waffen-SS: *soldați de elită*

de Jean-Luc LELEU

În panteonul corpurilor militare de elită, *Waffen-SS* deține, cu siguranță, un loc deosebit, în care fascinația se împletește cu mirosul de sulf. Credința comună este că fanatismul soldaților SS i-ar fi făcut pe aceștia nu numai să disprețuiască pericolul pe câmpul de luptă, ci și să se comporte fără milă cu adversarii lor, pe front sau în teritoriile ocupate. Această idee nu este una nouă. Ea se răspândise în sânul poporului german după prima iarnă a războiului din Est[1]. Pe scurt, de-a lungul deceniilor, această imagine s-a cristalizat pe baza ideii că elitismul militar și criminalitatea erau, în cazul soldaților SS, cele două fețe ale aceluiași fanatism războinic. Una sau alta dintre aceste perspective era favorizată în funcție de preferințele autorilor, care, cel mai adesea, treceau cu vederea ceea ce nu era în acord cu viziunea lor. În cercul apologeților faptelor de arme și ai bravurii militare, acest fenomen, perceptibil în Franța începând cu anii '70 (în special prin lucrările lui Jean Mabire), a rămas la fel

---

[1] Bundesarchiv (BArch), NS 19/1430 (f. 1-4): Chef der Sicherheitspolizei und des SD an Reichsführer-SS, AZ. 1100/42, Betr.: Stimmungsäußerungen zur Waffen-SS, 6.3.1942.

de actual. Pentru a ne convinge, nu trebuie decât să citim cu atenție revistele de istorie care apar la chioșcurile de ziare în prezent. Puține sunt lunile în care să nu apară o copertă, un articol sau chiar un număr special dedicat organizației SS în general sau ramurii sale militarizate *(Waffen-SS)*, în special.

Fără a pretinde că epuizăm subiectul pe parcursul câtorva pagini și dincolo de aceste remarci care sunt vădit generale, referindu-se la o organizație armată ale cărei efective au numărat aproximativ 800 000 de militari, mai multe aspecte permit conturarea unei idei mai clare despre ceea ce a însemnat valoarea profesională a trupelor *Waffen-SS* pe parcursul conflagrației. Cum altfel poate fi definit elitismul militar, dacă nu prin capacitatea unui corp de armată de a-și îndeplini misiunea rapid și eficient (adică înregistrând pierderi minime)? Cu toate acestea, după cum vom vedea, este nevoie să adăugăm la această definiție o dimensiune mult mai puțin obiectivă: o perspectivă asupra acestor oameni care depindea, în mare măsură, de propagandă.

Elitismul, valoarea supremă a organizației SS

Cultul organizației SS pentru elitism era o parte intrinsecă a ideologiei sale. Indiferent de domeniul de acțiune vizat de SS, aceasta a vrut să dețină monopolul asupra elitismului sau, cel puțin, să fie o avangardă a sa. Revendicată de Heinrich Himmler, această ambiție s-a construit pe două coordonate, începând cu convingerea de a întruchipa superioritatea rasială, considerată ca sursă a tuturor virtuților Ordinului Negru (așa cum s-a autodenumit SS). Această superioritate a fost garantată prin selecția rasială a candidaților – pe baza unor criterii medicale, de înălțime, de aspect fizic și de origine –, precum și printr-o serie de reguli care priveau nu numai viața militarilor SS, ci și pe aceea a soțiilor lor. Apoi, elitismul autoproclamat al organizației SS se baza pe convingerea că ea întruchipa cea mai pură ideologie național-socialistă și că, astfel, era organul executiv cel mai demn de încredere în slujba regimului și a conducătorului său, Adolf Hitler. În acest sens, înăbușirea aripii revoluționare a NSDAP (Partidul Muncitoresc Național-Socialist German, unicul partid politic din Germania nazistă în perioada 1933-1945 – n.red.), pe 30 iunie 1934, a fost un act fondator: a fi capabil, în numele fidelității față de Hitler, să funcționezi ca instrument de epurare și de executare a „tovarășilor de Partid" era un argument invocat de Himmler, în octombrie 1943, pentru a demonstra că avea să meargă până în pânzele albe în privința eliminării evreilor[1].

De asemenea, atunci când SS-ul a arătat, în anii '30, ambiții în domeniul militar (care până atunci fusese rezervat strict armatei), a făcut-o din dorința de a fi cea mai bună. Asemenea regelui Midas, care transforma în aur tot ce atingea, SS-ul pretindea că își transforma toți militanții în soldați. Scopul nu era acela de a forma *militari* a căror singură misiune era războiul, ci acela de a forma *soldați politici* conduși de ideologie, luptând permanent în numele acesteia, cu sau fără arme[2].

Nivelul de pregătire militară în ajunul conflictului

Să ne amintim mai întâi câteva adevăruri elementare. Nu numai că bătăliile nu sunt o activitate intelectuală (sau sunt într-o proporție neînsemnată), dar acestea lasă loc curajului doar într-o măsură limitată și, în orice caz, într-o mai mică măsură decât ne arată filmele de război. Într-adevăr, valoarea profesională a trupelor militare se

---

[1] Rede des Reichsführers-SS bei der SS-Gruppenführer-Tagung in Posen am 4.10.1943, Tribunal militar international, t. XXIX, document PS-1919, p. 145.

[2] BArch, NS 19/4005 (f. 73): Rede anläßlich der SS-Gruf.-Besprechung im Führerheim der SS-Standarte «Deutschland» în München, 8.11.1938.

bazează în primul rând pe competențe tehnice – să știe să folosească armele și materialele pe care le au la dispoziție – și tactice – să știe, la fiecare nivel ierarhic, să se desfășoare în teren în funcție de misiune și să asigure cooperarea interarme. La aceste competențe se adaugă capacitățile individuale de a îndura lipsurile – setea, foamea, lipsa de somn – sau condițiile climatice nefavorabile – frigul, căldura, intemperiile. Există și alți factori care pot să influențeze soldații, de data aceasta de ordin moral – atașamentul față de lideri, spiritul de echipă, adeziunea față de misiunea care le revine etc. –, dar ar fi zadarnic să credem că aspectul moral poate să compenseze deficiențele tehnice și tactice menționate mai sus, altfel decât cu prețul unor pierderi grele. Cu toate acestea, astfel de victorii în stilul lui Pirus, nu pot fi, prin forța împrejurărilor, repetate de-a lungul vremii.

Deci, care a fost valoarea profesională a trupelor SS în timpul celui de-al Doilea Război Mondial? Cu siguranță una variabilă în cei aproape șase ani de conflict și, în egală măsură, una slabă în faza de început. Un amestec de detașamente paramilitare create începând din 1933 și gărzi pentru lagărele de concentrare, în ajunul războiului unitățile armate SS numărau aproximativ 25 000 de soldați activi. Forță paramilitară lipsită de tradiții, aceste unități au fost nevoite să creeze totul de la zero. Trebuie să recunoaștem că nu le-a ieșit bine, începând cu instrucția militară a primelor promoții de cadeți SS (1 138 ofițeri care au absolvit *SS-Junkerschulen* înainte de război). Aceștia erau de obicei instruiți de foști subofițeri, care aveau puține resurse și chiar mai puține competențe, având și un timp redus la dispoziție. Grăitor este faptul că instruirea cadeților SS a variat înainte de război de la zece la șaisprezece luni, în loc de douăzeci și patru de luni, cum era cazul pentru *Heer* (armata de uscat a *Wehrmachtului* – n.red.). Printre candidați se regăseau și indivizi mediocri sau declasați, cărora SS-ul le-a oferit ocazia unei promovări pe scara socială. Astfel, aproape jumătate dintre studenții acestor prime promoții nu erau considerați apți pentru a deveni ofițeri în armata terestră, dezmințind cuvintele pe care le vor spune ulterior apologeții foștilor generali SS[1]. Nici ofițerii superiori SS nu erau un model; de exemplu, unii au fost admonestați de către inspectorul trupelor SS pentru că nu se prezentaseră la un exercițiu tactic pe care acesta îl ordonase[2]. La aceasta s-a adăugat o centralizare întârziată a instrucției, abia din 1937, ceea ce a dus la disparități între unitățile SS, determinate de capacitățile comandatului lor.

Waffen-SS în perioada războiului

În ciuda lipsei evidente de valoare profesională, primele campanii victorioase ale războiului le-au permis unităților SS să-și îndeplinească rolul. Confruntându-se cu adversari depășiți numeric sau loviți de o strategie germană strălucită, trupele SS au reușit să câștige prin cutezanță. Eșecurile ocazionale nu le-au atenuat dorința de a face parte din elită. Represaliile asupra civililor și soldaților capturați au dus la ștergerea prin sânge a eșecurilor suferite. Astfel, execuția a aproape o sută de prizonieri de război britanici la Wormhout, în mai 1940, a fost precedată de o operațiune mortală, în care soldații SS s-au lansat într-un atac „umăr la umăr", fără arme grele, strigând *Heil Hitler*[3].

---

[1] Jens Westemeier, *Himmlers Krieger. Joachim Peiper und die Waffen-SS in Krieg und Nachkriegszeit*, Schöningh, Paderborn, 2014, cap. 3.

[2] BArch, SSO 196 A (Martin Kohlroser, 8.1.1905): Inspekteur der SS-VT an Chef des Personalamtes, 6.7.1937.

[3] Charles Messenger, *Hitler's Gladiator. The Life and Times of Oberstgruppenführer and Panzergeneral-Oberst der Waffen-SS Sepp Dietrich*, Brassey's Defence Publishers, Londra, 1988, p. 83. Execuțiile din Paris, din Aubigny-en-Artois etc., țin de o logică identică. Jean-Luc Leleu, „Une guerre «correcte»? Crimes et massacres allemands à l'Ouest au printemps 1940", în Stefan Martens și Steffen Prauser (ed.), *La Guerre de 1940: se battre, subir, se souvenir*, Presses universitaires du Septentrion, Lille, 2014, p. 129-142.

Această lipsă de profesionalism a fost aspru pedepsită după începutul războiului pe Frontul de Est. Imediat după ce s-a constatat că această campanie avea să fie una de durată, asemenea comportamente nesăbuite nu au mai fost posibile. La cinci luni de la declanșarea Operațiunii *Barbarossa*, numărul de soldați SS uciși pe Frontul de Est s-a ridicat la 10 403, adică 9% din efectivul de care dispunea SS în momentul declanșării operațiunii..., iar rata mortalității era de două ori mai mare decât aceea a armatei terestre[1]. Aceste pierderi i-au făcut pe comandanții unităților SS, dacă nu să își pună la îndoială propriile acțiuni, măcar să găsească măsuri provizorii. Prima dintre acestea a fost să revadă procesul de instruire a recruților, impunând în cadrul unităților o formare cât mai potrivită cu condițiile pe care aveau să le întâlnească pe front. Fostul comandant al gărzilor lagărelor de concentrare, Theodor Eicke, a fost cel care a pus bazele instruirii severe a tuturor unităților SS începând cu sfârșitul anului 1941[2].

De asemenea, după cum reiese din relatările comandanților de unitate ai Diviziei *Das Reich* în 1942, soldații SS au învățat multe de la soldații Armatei Roșii. Într-adevăr, soldaților le lipsea o

---

[1] Acest decalaj între pierderile *Waffen-SS* și cele ale armatei terestre trebuie, cu siguranță, să fie privită ca având un caracter relativ din cauza unui număr mai mare de unități de sprijin și de susținere în cazul celei de-a doua. Cu toate acestea, nu este mai puțin simptomatic. BArch, SSO 201 A (Richard Korherr, 30.10.1903): Die statistischen erfassten Kriegsverluste der Waffen-SS u. Allgemeine-SS auf Grund der beim Inspekteur für Statistik nach Kriegsschauplätzen geordneten und zusammengefassten Zahlblätter, Stichtag: 15.10.1944. Percy-Ernst Schramm (ed.), *Kriegstagebuch des Oberkommandos der Wehrmacht (Wehrmachtführungsstab) 1940-1945*, vol. 2, Bernard und Graefe, Bonn, s.d. (ediție specială), pp. 1106, 1120.

[2] BArch, NS 19/3505 (15-35): SS-T-Div./Kdr. an SS-Führungshauptamt (SS-FHA)/ Kommando der Waffen-SS (KdW-SS), IIa, 74/41 g, Betr.: Erfahrungen über den Nachersatz, 15.11.1941. VHA, 4.SS-Pz. Gr.Div., 24/4: SS-FHA/KdW-SS/Ia, 5330/41 g, Betr.: *ibid.*, 8.12.1941.

instruire solidă în domenii esențiale ale luptei de infanterie: acțiuni ofensive în pădure sau pe timp de noapte, capacitatea de a se camufla și de a se retrage rapid, menținerea unei discipline de foc stricte. Mai presus de toate, nu trebuia să mai „aibă loc atacuri în grup, precum cele care au avut loc frecvent în campaniile precedente și, de asemenea, la începutul campaniei din Rusia"[1].

Achiziția tancurilor de tip *Panzer* și o creștere a puterii de foc a reprezentat a doua tentativă de a limita pierderile cauzate de deficiențele profesionale ale trupelor. Spre deosebire de practicile curente din cadrul instituțiilor militare tradiționale, unitățile SS nu au încetat să țeasă intrigi, din iarna anului 1941 până în vara anului 1942, cu scopul de a fi transformate în divizii blindate. Scurtcircuitând relațiile ierarhice, acționând uneori fără știrea lui Himmler, comandanții unităților SS au știut perfect să-și exercite influența, făcând uz și de prestigiul dobândit cu greu de unitățile lor pentru a-și atinge scopurile[2].

Această transformare în unități de blindate le-a permis și celor mai vechi unități SS să dețină o putere de foc superioară, însă a dat naștere altor dificultăți, de data aceasta de ordin tactic. Pentru a manevra tancurile în luptă, liderii SS au fost nevoiți să-și asume pierderi care, în alte condiții, puteau să fie evitate. Pe parcursul primei acțiuni a corpului de blindate SS, în februarie-martie 1943, treizeci de blindate de tip *Panzer* ale Diviziei *Das Reich* au fost sabotate intenționat pentru a nu ajunge intacte în mâinile sovieticilor[3]. De asemenea, când un comandant de batalion de infanterie mecanizată

---

[1] Vojensky Historicky Archív (VHA), 2.SS-Pz.Div., 46/12: SS-Sturmbannführer Graf von Westphalen, Erfahrungsbericht über den Osteinsatz, 28.4.1942, p. 3. Cf. și celorlalte rapoarte din dosar.

[2] Jean-Luc Leleu, *La Waffen-SS. Soldats politiques en guerre*, Perrin, Paris, 2007, pp. 328-336.

[3] BArch, SSO 71 A (Paul Hausser, 7.10.1880): Reichsführer-SS, Lieber Hausser!, (31).3.1943, p. 3.

a fost numit la conducerea regimentului de blindate *Leibstandarte SS Adolf Hitler*, în noiembrie 1943, efectul a fost dezastruos: într-o singură lună potențialul unității a fost redus la un sfert din blindatele *Panzer*, divizia fiind chiar nevoită să oprească un atac frontal care amenința să se transforme într-un dezastru[1]. Însuși comandantul corpului de armată blindate SS s-a plâns, după bătălia de la Harkov, că atacul frontal era încă „preferat", în detrimentul unor manevre tactice mai sofisticate – fixarea și atacarea flancurilor, atacuri de noapte etc. – care erau, din punctul lui de vedere, „prea rar puse în aplicare". Totodată, a fost nevoit să le aducă aminte comandanților de unități această axiomă tactică: în lipsa unei alternative, a insistat pe necesitatea de a stabili planuri de atac în care să fie foarte clară axa pe care să fie concentrat efortul principal[2].

Abia în primăvara anului 1943 formațiunile germane de recrutare ale *Waffen-SS* au făcut dovada adevăratei lor valori militare. În acel moment, dispuneau de suficient echipament militar, de un personal care încă mai era motivat și de cadre militare care fuseseră formate în cadrul școlii dure pe care a reprezentat-o războiul din Est. Politica SS încuraja promovarea tinerilor ofițeri care aveau în jur de treizeci de ani și a căror principală calitate militară era cutezanța în luptă. Astfel de ofițeri „temerari" *(Draufgänger)* s-au impus în fruntea regimentelor și diviziilor de blindate SS în ultimii doi ani de război. Acest fapt a contribuit mult timp la menținerea la un nivel înalt a unităților SS, a căror recrutare mergea din ce în ce mai prost. Din toamna anului 1943, SS a ajuns cu adevărat la o criză de efective: întrucât se dorea sporirea fără încetare a numărului de divizii SS, cadrele necesare pentru înlocuirea pierderilor au început să lipsească. Situația s-a înrăutățit, forțând conducerea SS să scadă standardele de recrutare până la încorporarea masivă în cadrul unităților

---

[1] Jens Westemeier, *Himmlers Krieger*, *op. cit.*, pp. 278-286.
[2] VHA, 9.SS-Pz. Div., 4/1: SS-Pz. Gr.Div. „H"/Ia, 1222/43 g, Betr.: Erfahrungsbericht des II. SS-Pz. Korps, 2.7.1943.

germane a unor persoane care au dus semnificativ la scăderea valorii lor. În cadrul Diviziei a 9-a SS, de exemplu, în ianuarie 1945, mai mult de jumătate din soldați erau născuți în afara „Marelui Reich", iar majoritatea considerau că Reichul pierduse deja războiul[1].

O elită europeană

Apologeții trupelor SS s-au complăcut după 1945, în epoca Războiului Rece, în a prezenta *Waffen-SS* ca prototip al armatei europene (și implicit „antibolșevice") pe care și-o doreau liderii de la vremea aceea. Adevărul trebuie căutat altundeva. Multă vreme SS nu a reușit să seducă numeroși voluntari din țările cucerite sau neutre. În momentul ofensivei împotriva Uniunii Sovietice, din iunie 1941, divizia *Wiking SS*, prezentată la început ca prototip al unității „germanice", includea în rândurile sale doar un număr relativ mic de voluntari străini, abia 6% din efectivele sale (1 142 de străini din 19 377)[2]. Prin eliminarea numeroaselor contingente de etnici germani *(Volksdeutschen)* născuți în afara Reichului (mai ales în statele din bazinul Dunării), cei 37 367 de voluntari străini „germanici" care serveau în uniforma SS reprezentau încă, pe 31 ianuarie 1944, un număr „deosebit de scăzut", conform declarației responsabilului cu recrutarea, adică 7,5% dintre soldații SS de la acea dată[3]. Dacă efectivele au crescut cu siguranță în ultimele cincisprezece luni ale conflictului – de îndată ce SS, cu părere de rău, a renunțat parțial la preceptele sale rasiste –, este clar că unitățile străine ale *Waffen-SS*

---

[1] National Archives and Records Administration (NARA), RG 492/Entry ETO-MIS6Y Sect/Box 63: First Army Special Report, Facts and Figures about the 9 SS Div «Hohenstaufen», 15/16.1.1945.

[2] Mark P. Gingerich, „Waffen-SS Recruitment in the „Germanic Lands", 1940-1941", în *The Historian*, nr. 59, 1997, pp. 815-830, aici p. 829.

[3] BArch, NS 19/3987 (f. 12-13): Ansprache des Chefs des SS-Hauptamtes (CdSSHA), „Auf dem Weg zum germanischen Reich" (26.2.-1.3.1944).

au jucat, în general, un rol militar minor în conflict, fiind, cel mai adesea, folosite în lupta împotriva partizanilor până în anul 1943, apoi fiind aruncate în focul luptelor, care le-a topit repede. Apărarea Berlinului de câteva sute de soldați SS străini în mai 1945 – inclusiv francezi –, atât de lăudată de apologeții Ordinului Negru după război, nu ar trebui să ne inducă în eroare. Mai mult decât atât, soldații care aparțineau corpurilor motorizate și de blindate SS – cei mai mulți germani – au fost cei recompensați, în timpul războiului, cu 90% din decorațiile Crucea de Cavaler al Crucii de Fier, una dintre cele mai înalte distincții militare germane[1]. Chiar dacă criteriul este extrem de discutabil – dată fiind propaganda făcută de regimul nazist –, el ne dă o idee asupra rolului militar minor jucat de militarii străini în cadrul *Waffen-SS*.

Originile mitului: lobby și propagandă

În prezent, este interesant să revenim la originile reputației elitiste atât de strâns asociată cu trupele SS. Desigur, această reputație nu era lipsită de temei. Tenacitatea, curajul sau fanatismul – conform opiniei fiecăruia – s-au regăsit în timpul campaniilor și luptelor, după cum a fost cazul soldaților regimentului *SS Deutschland*, care au preferat să moară decât să se retragă din fața unui contraatac al blindatelor britanice în mai 1940. Diferența față de alte trupe considerate „de elită" a constat în felul în care asemenea acte au fost manipulate de către Himmler. Astfel, în cazul citat, el s-a grăbit să îi înainteze lui Hitler raportul comandantului de regiment, Hitler fiind vizibil impresionat[2]. O asemenea subliniere a valorii trupelor sale făcută de Himmler pe lângă Hitler – constant repetată în discuțiile

---

[1] Bernd Wegner, *Hitlers politische Soldaten. Die Waffen-SS, 1933-1945*, Schöningh, Paderborn, 2008 (1982), pp. 279 și 281.

[2] George H. Stein, *La Waffen-SS*, Stock, Paris, 1967 (ed. americană, 1966), pp. 96 și 97.

lor – a putut fi asemuită cu ceea ce numim astăzi *lobby*. Himmler a avut două obiective: pe de o parte, să legitimeze în ochii lui Hitler rolul militar al SS – care concura astfel cu armata – și, pe de altă parte, să profite de starea de război pentru a extinde cât mai mult influența organizației SS în cadrul regimului. Însă orice sporire a puterii nu putea să se justifice decât în domeniul militar. Este ceea ce face SS în primele luni ale conflictului: astfel, efectivele sale au crescut, din septembrie 1939 până în iunie 1940, de la 0,6 la 2,4% din cele ale armatei terestre[1]. În intrigile sale, menite să facă din *Waffen-SS* „vitrina ideologică" a Ordinului Negru, Himmler a găsit în Hitler un interlocutor receptiv și conciliant: faptul că „trupa Partidului", reprezentând atât o elită rasială, cât și una ideologică, era și o elită militară era un discurs căruia Führerul era mereu gata să îi dea crezare[2]. Odată cu eșecul Operațiunii *Barbarossa* la porțile Moscovei și odată cu criza de încredere dintre Hitler și generalii lui, în decembrie 1941, dictatorul a văzut în trupele *Waffen-SS* „exemplul viitorului *Wehrmacht* național-socialist", deschizând treptat calea spre dezvoltarea acestora, până la a le transforma în modelul societății germane aflate sub arme[3]. Beneficiarii celor mai înalte distincții militare au servit, la rândul lor, acestui scop. Prin promovarea ofițerilor SS proveniți din clase sociale modeste, regimul a putut să glorifice modelul soldatului a cărui eficiență militară își avea sursa în aderarea acestuia la național-socialism[4].

---

[1] Bernhard R. Kroener, Rolf Dieter Müller și Hans Umbreit, *Organisation und Mobilisierung des deutschen Machtbereichs. Kriegsverwaltung, Wirtschaft und personelle Ressourcen*, 1. Halbband: 1939-1941, MGFA/DVA, Stuttgart, 1988, grafic cf. p. 834.

[2] A se vedea, de exemplu, propunerile din noaptea de 3 spre 4 ianuarie 1942. Werner Jochmann (ed.), *Adolf Hitler. Monologue im Führerhauptquartier 1941-1944*, Orbis Verlag, München, 2000 (1980), pp. 168-169.

[3] BArch, NS 19/2652 (f. 9): NSDAP/Gau Halle-Merseburg/ Gauleiter, Sehr geehrter Herr Reichsführer!, 21.5.1942.

[4] Jean-Luc Leleu, *La Waffen-SS, op. cit.*, pp. 671-677.

Această voință politică a regimului, menită să promoveze ramura armată a SS, a venit să înlocuiască seducția pe care o reprezentase cu câțiva ani în urmă Ordinul Negru la nivelul societății germane. Căci un element determinant trebuie să fie pe deplin înțeles pentru a pricepe imaginea elitismului asociată cu *Waffen-SS*: spre deosebire de *Wehrmacht*, armata de recruți în care putea să fie mobilizat orice cetățean al Reichului ajuns la vârsta care îi permitea să poarte armă, *Waffen-SS* nu a fost decât brațul armat al unei organizații a partidului nazist. Ca atare, în cadrul acestei structuri nu puteau – teoretic – să fie încorporați decât voluntari. Pentru a atrage numărul mare de candidați necesari dezvoltării ei, estetica și elitismul au fost vectorii esențiali ai publicității. Primele campanii de propagandă pentru recrutare în cadrul trupelor SS, bazate pe o argumentație ideologică aridă, nu prea suscitaseră entuziasm, în afara cercului de activiști SS, presați de Ordinul Negru să se alăture aripii sale armate. De altfel, șeful de recrutare al SS făcuse de la început această constatare, subliniind, încă din noiembrie 1940, că era „imposibil să se asigure recrutarea la timp [...] dacă nu devenim cu adevărat garda Führerului"[1]. Prin urmare, serviciile sale făcuseră apel, din 1941, la un grafician talentat, Ottomar Anton, ale cărui afișe cu o estetică îngrijită le-au oferit trupelor *Waffen-SS* o imagine foarte atrăgătoare, capabilă să inspire chemare în rândul tinerilor, țintele vizate direct. Până în 1944, afișele lui Anton au însoțit cele mai multe dintre campaniile de recrutare SS atât în Reich, cât și în teritoriile ocupate.

În acest demers de seducție, afișele au reprezentat totuși doar un suport de propagandă, printre altele. Conștient de importanța imaginii organizației sale în rândul publicului și al conducătorilor germani, Himmler a cerut, din primăvara anului 1940, articularea bazelor unei comunicări perfecte, prin crearea unei companii de

---

[1] BArch, NS 19/1711 (f. 162): CdSSHA an Chef des Personellen Stabes RF-SS, 13.11.1940.

propagandă SS, încredințată directorului săptămânalului SS *Das Schwarze Korps*, Gunter d'Alquen. O asemenea lovitură de forță a fost legitimată, cu sprijinul lui Hitler, prin pretextul că armata împiedica orice menționare a trupelor SS[1]. Mai puțin decât crearea unității în sine, formatul ei era acela care trăda ambițiile imense afișate deodată de SS în domeniu: în timp ce nu existau suficiente companii de propagandă pentru a putea aloca una fiecărei armate a *Wehrmachtului*, s-a creat o secțiune de corespondenți de război, menită să se ocupe de operațiunile celor trei formațiuni de teren SS și ale diviziei de poliție în campania din 1940.

Acest regim de excepție s-a menținut practic până la sfârșitul războiului. Inundând literalmente presa și știrile germane, unitatea a semănat astfel germenii unei propagande a cărei posteritate mai cunoaște încă vremuri bune. Din 1940, 282 reportaje scrise de corespondenții de război SS sunt transmise spre presa germană, fiecare dintre texte fiind publicat în medie de șase ori, dintr-un total de 1 716 de apariții. Și acesta nu era decât începutul. În 1942, numărul materialelor apărute atingea aproape 7 200. În plus, 11 000 de fotografii au fost publicate în organele de presă ale Reichului în primii trei ani de funcționare a unității SS.

În cele din urmă, în 1941, precum și în 1942, buletinele de știri săptămânale proiectate în cinematografe cuprindeau fiecare, în medie, două până la trei pasaje despre *Waffen-SS*[2]. Cu trecerea timpului, fenomenul a continuat să ia amploare. La sfârșitul anului 1941, Goebbels constata că unitățile *Waffen-SS*, care totuși reprezentau mai puțin de 5% din efectivele implicate în luptele din Est, ocupau „cel puțin 30 până la 40%" din articolele ziarelor și revistelor

---

[1] BArch, RS 4/47 (f. 25): Besprechung bei SS-Inspektion, 15.4.1940; NS 19/132 (f. 17) : RF-SS [an] Gen.Oberst v. Brauchitsch, AR/314/11, 17.4.1940.
[2] Office of Director of Intelligence, *CINFO Report No.4.* «SS-Standarte Kurt Eggers», restricted, s.l., Office of Military Government for Germany, 14.1.1946.

ilustrate, îngrijorat fiind de repercusiunile pe care un asemenea dezechilibru putea să îl aibă asupra moralului armatei terestre, care trebuia „să poarte toată povara campaniei din Est"[1]. Goebbels nu și-a mai exprimat asemenea rezerve după 1942, când trupele *Waffen-SS* au fost promovate de regim ca fiind modelul militar de urmat.

Felul în care această propagandă a fost primită de public nu ar putea fi înțeles fără să se ia în seamă câteva atuuri de care *Waffen-SS* dispunea pentru promovarea ei, începând cu cele două rune SS, ca niște fulgere, care reprezentau o „acumulare de energie și rapiditatea sa"[2]. În afară de această estetică grafică, *Waffen-SS* a știut să facă astfel încât să se deosebească de alte organizații ale partidului și ale *Wehrmachtului* printr-o uniformă aparte, tot în avantajul său. Uniforma neagră a soldaților gărzii personale a lui Hitler fusese asociată, înainte de război, cu majoritatea imaginilor în care apărea dictatorul, în vreme ce bluza și casca de protecție camuflată – introduse din primăvara anului 1940 – au asociat puternic, în mintea publicului, trupele SS cu unitățile de șoc. De altfel, felul în care acestea au fost filmate le-a ajutat să-și consolideze această impresie: în timp ce cameramanii armatei puneau pe primul plan imaginea coloanelor nesfârșite de infanterie care avansau prin stepele rusești în 1941 și 1942, cameramanii SS filmau de foarte aproape lupte ale soldaților SS pe fundalul colibelor în flăcări. În cele din urmă, SS a mai făcut o inovație, organizând un sistem de curieri care i-au permis să furnizeze către mass media germane, mai rapid decât *Wehrmachtul*, articole, filme și fotografii menite să seducă publicul avid de cele mai recente informații și de imagini spectaculoase[3].

---

[1] Elke Fröhlich (ed.), *Die Tagebücher von Joseph Goebbels*, t. II, vol. 2, KG Saur, München, 1996, p. 285 (14.11.1941).

[2] Victor Klemperer, *LTI, la langue du IIIe Reich. Carnets d'un philologue*, Pocket, Paris, 2003 (ed. germană, 1975), p. 103.

[3] Jean-Luc Leleu, *La Waffen-SS*, *op. cit.*, pp. 641-646.

Contrapropaganda aliată

În concluzie, nu am putea înțelege supraviețuirea mitului soldatului SS după război fără să evocăm rolul jucat de contrapropaganda aliată. Publicitatea făcută în jurul unităților SS de către al Treilea Reich le desemna, în mod firesc, drept ținte privilegiate ale mass media inamice. În special reputația de elitism militar și de brutalitate care preceda trupele SS a făcut ca forțele aliate, nevoite să lupte împotriva lor – și să le învingă – să fie mândre de acest lucru. În Franța, luptătorii din rândul partizanilor au avut tendința evidentă să vadă formațiuni SS în toate unitățile germane cu care se confruntau[1]. Or, dacă, în vara anului 1944, tenacitatea trupelor SS nu era încă o vorbă goală, acestea își pierduseră mult din forță. Totuși, serviciile de informații aliate par să fi avut unele dificultăți în a renunța la certitudinile legate de valoarea adversarilor reprezentați de unitățile SS. Evident, acest fenomen trăda o fascinație și un complex de inferioritate cultivate după luptele din Normandia. A fost înregistrată chiar o oarecare dezamăgire în rândul militarilor aliați însărcinați cu luarea de interogatorii, care au văzut defilând prin fața lor oameni poate fanatici, dar lipsiți de cine știe ce valoare profesională[2]. Divizia a 9-a *SS Hohenstaufen*, din care „o masă [de oameni] înghețată, ruptă de oboseală și flămândă" ajunsese în lagărele de prizonieri din Ardeni, și-a atras un rechizitoriu lipsit de concesii. Luate împreună, toate datele disponibile o „plasau cu greu în cadrul statutului său «de elită»[3]". Studiul statistic efectuat asupra acestor prizonieri a întărit puternic impresia creată, accentuată atunci când un studiu similar, pe o altă divizie, a relevat, prin

---

[1] Atribuirea trupelor SS a masacrului de la Vassieux-en-Vercors, comis de parașutiștii *Luftwaffe*, este un exemplu flagrant.

[2] Cf. de exemplu NARA, RG 492/Entry ETO-MIS-Y, Sect/Box 62: FUSA, PWI Report, # 18, 19.12.1944 (# 10); *ibid.*, # 19, 20.12.1944 (# 3).

[3] NARA, RG 492/Entry ETO-MIS-Y, Sect/Box 63: FUSA, POW I Report, # 14, 15.1.1945 (# 7).

comparație, decalajul dintre această presupusă elită și o formațiune obișnuită de infanterie din armată[1].

Cu două luni înainte de sfârșitul războiului, serviciile de informații americane au început să-și revadă considerațiile cu privire la *Waffen-SS*. S-a asistat la o adevărată distanțare de mit. S-a putut determina în ce măsură știuse SS să profite „din plin" de avantajul criteriilor de selecție fizică a personalului său ca să le promoveze prin propagandă. În mod similar, începea să apară ideea unui caracter „adesea exagerat" al „importanței sale militare"[2]. Această constatare avea să vină totuși prea târziu. Mitul era deja puternic înrădăcinat în conștiințe.

BIBLIOGRAFIE SELECTIVĂ

Leleu, Jean-Luc, *La Waffen-SS. Soldats politiques en guerre*, Perrin, Paris, 2007.

Schulte, Jan Erik, Lieb, Peter, și Wegner, Bernd (ed.), *Die Waffen-SS. Neue Forschungen*, Schöningh, Paderborn, 2014.

Wegner, Bernd, *Hitlers politische Soldaten. Die Waffen-SS, 1933-1945*, Schöningh, Paderborn, 2008 (1982).

---

[1] NARA, RG 492/Entry ETO-MIS-Y, Sect/Box 63: FUSA, 9 SS Div (survey), 15/16.1.1945, p. 1; Box 64: 12 VG Div (chestionar), 1/2.3.1945, p. 1.

[2] War Department, *Handbook on German Military Forces* (15 March 1945), chap. III, 21 & 22.

11

Al Doilea Război Mondial, o problemă exclusiv masculină

de Fabrice VIRGILI

Eisenhower, Jukov, MacArthur, Montgomery și Rommel în armată, Churchill, Hirohito, Hitler, Mussolini, Roosevelt, Stalin în rândul *bărbaților* de stat, iar printre francezi, de Gaulle, Laval, Leclerc, Moulin, Pétain, Weygand... Am putea continua lunga listă a numelor masculine care întruchipează al Doilea Război Mondial înainte ca printre ele să apară primele femei. Nici militari, nici politicieni, majoritatea lor sunt încarnări ale devotamentului, martiriului, uneori ale Rezistenței, alteori și ale trădării. Atunci când al Doilea Război Mondial a cuprins lumea, acesta era, chiar mai mult decât în prezent, dominat masiv de bărbați. Puterea se afla în mâinile lor. Desigur, în jumătate din Europa, precum și în Statele Unite, trecuseră douăzeci de ani de când femeile aveau drept de vot, dar numai câteva dintre ele aveau răspunderi politice și cu atât mai puține aveau vreun loc în realitatea militară. Atunci ce rol puteau juca ele în război? Niciunul sau aproape niciunul, iar statisticile, rămase oarbe vreme îndelungată la chestiuni de gen, nu se îngrijeau să le numere. Se știe exact câți francezi făceau parte din comandoul

Kieffer, prezent la debarcarea din Normandia: 177, dar cine știe câte femei au luat parte la operațiuni? Cu toate acestea, fie ele operatoare radio, șoferițe, asistente medicale, reporteri de război, debarcă la rândul lor pe coasta franceză în iunie (Normandia), apoi în august 1944 (Provence). Chiar dacă fotografiile stau mărturie, dacă unele fraze din lucrările de referință sau din memorii poartă urme ale prezenței lor, aceste elemente nu sunt suficiente pentru a alcătui un fenomen statistic. Pentru că, în principiu, ele „nu contează". În luptă, doar combatantul, cel care provoacă moartea, într-un cuvânt războinicul, ar fi, se pare, important.

Femei în uniformă

Totuși, limitându-ne mai întâi la armatele aliate obișnuite, implicate în conflagrația celui de-al Doilea Război Mondial, în toate țările existau femei în uniformă: combatantele din Armata Roșie, auxiliarele din corpurile australiene, britanice, canadiene, americane, poloneze sau ale Franței Libere[1]. Cu excepția notabilă a Japoniei, lucrul este valabil și pentru forțele Axei: *Wehrmachtshelferinnen* din armata germană, *Servizio Ausiliario Femminile* al Republicii Sociale Italiene și *Lottas* finlandeze. În total, sute de mii de femei ale căror statut și funcții variau de la armată la armată, dar care purtau, toate, uniforma țării lor. Puține dintre ele și-au făcut numele cunoscut posterității și asta sub indicative masculine, precum comandantul Marina Raskova, fondatoarea celor trei regimente de aviație feminine, ale căror aviatoare au fost, mai apoi, cunoscute sub denumirea germană de „vrăjitoarele nopții" sau, tot în Armata Roșie, locotenentul Ludmila Mihailivna Pavlicenko, țintaș de elită, creditată cu moartea a 309 soldați inamici, uciși între iunie 1941 și

---

[1] *Australian Women's Army Service*, *Auxiliary Territorial Service* (Marea Britanie), *Canadian Women's Army Corps*, *Women's Army Auxiliary Corps* (Statele Unite), *Pomocnicza Służba Kobiet* sau *Pestki* (Polonia), *Auxiliaires féminines de l'armée de terre* (Franța).

iunie 1942, dată la care, rănită fiind, a fost mutată de pe front și trimisă în turneu în Statele Unite. În ceea ce privește Franța Liberă, să ne gândim la locotenentul Torres, devenită Suzanne Massu, comandant al unității Rochambeau a șoferițelor de ambulanțe din Divizia a 2-a blindate. În Pacific, locotenent-colonelul Sybil Irving a fost numită în fruntea *Australian Women's Army Service*. În cadrul *Luftwaffe*, căpitanul aviator Hanna Reitsch, pilot de încercare și nazistă convinsă, a ajuns până acolo încât să își propună serviciile ca să creeze o unitate de piloți sinucigași, după modelul aviatorilor kamikaze japonezi. Ea a fost singura femeie germană decorată cu Crucea de Război clasa I. Câteva femei au fost astfel recunoscute, au primit grade și decorații, alături de sute de mii de bărbați.

Civile, deci victime...

Nu aceste excepții ne fac să ne gândim la război altfel decât la o „problemă exclusiv masculină". E paradoxal să considerăm războiul ca fiind un monopol al bărbaților și să vedem în cele două conflagrații mondiale care au sfâșiat secolul XX două „războaie totale" care au mobilizat *toate* resursele beligeranților. În primul conflict, și cu atât mai mult în cel de-al doilea, toate populațiile au fost nu doar mobilizate pentru efortul de război, dar au devenit și ținte în război, un parametru nou în desfășurarea operațiunilor. Frontul și spatele frontului, cel puțin în Europa continentală, nu s-au mai diferențiat; frontul traversând, adesea de mai multe ori, în întregime, teritoriul și societatea. Un război total nu mai este doar un război al combatanților, este un război al întregii populații. Desigur, pe câmpul de bătălie, pierderile rămân în principal militare, deci masculine. Dar în multe locuri, când era vorba de bombardarea unui oraș, de exterminarea unei populații, de represalii, victimele erau mai ales civili, de ambele sexe și de toate vârstele. „Total" nu se referă doar la sexul masculin, el le înglobează direct pe femei, ca victime, dar și ca „actori" prin strategiile adoptate pentru a supraviețui, a scăpa, a participa la evenimente. Le privește și pentru că femeile au devenit ținte de război și autoritățile, civile și militare, au integrat existența lor în politicile duse și în deciziile luate[1].

... ale bombelor

Încă de la începutul războiului, civilii au devenit ținte militare. Atacul japonez împotriva Chinei a început în august 1936 prin zece zile de bombardamente care au vizat orașul Shanghai, înainte ca armata imperială să debarce ca să inițieze operațiunile terestre. În Europa, ofensiva germană împotriva Poloniei din septembrie 1939 a fost dublată de bombardamentele aeriene asupra Varșoviei. Nu era vorba de distrugerea unor obiective militare, ci de țintirea civililor, căci printre ei existau femei și copii de ambele sexe, pentru a arăta hotărârea atacatorului și a-l determina pe adversar să îngenuncheze, incapabil să „își" protejeze femeile și copiii. Mai multe mii de persoane ucise la Shanghai, peste 25 000 la Varșovia. De la începutul conflictului, civilii s-au regăsit în inima bătăliei. În Franța, la fel ca în Marea Britanie, soarta Varșoviei a împins guvernele să își sporească numărul de adăposturi și strategiile de apărare și să evacueze copiii din orașe, ducându-i la țară. Masca de gaz, arma de apărare a soldatului din vara lui 1915, le era distribuită bărbaților și femeilor în orașele franceze încă din 1939.

... ale strămutărilor

Câteva luni mai târziu, în mai 1940, în timpul ofensivei germane în Vest, *Luftwaffe* reia operațiunea, îndreptându-se împotriva orașului Rotterdam. Numărul victimelor era mai mic, aproximativ

---

[1] Luc Capdevila, François Rouquet, Fabrice Virgili și Danièle Voldman, *Sexes, genre et guerres: France, 1914-1945*, ediție revăzută, corectată și actualizată, Payot & Rivages, Paris, 2010.

o mie, dar atacul fiind dirijat contra Olandei rămasă neutră a fost un element care a zguduit din nou spiritele. Un alt efect al ofensivei a fost exodul masiv provocat de avansarea *Wehrmachtului*. Opt milioane de femei, bărbați în vârstă și copii au fugit, din Belgia mai întâi, apoi din Franța. Iarăși, câte fotografii nu surprind o populație de ambele sexe, printre care se numără multe femei care nu mai aveau vești despre soții lor mobilizați. Ceea ce a fost pentru Franța o catastrofă umană a reprezentat un avantaj strategic pentru armata germană. Efectul panicii fiind accentuat prin mitralierea coloanelor de refugiați, drumurile invadate au fost blocate, devenind inutilizabile pentru trupele franco-britanice. Astfel, primele luni de război au marcat prezența masivă a femeilor în rândurile victimelor. Războiul-fulger asupra orașelor din Anglia, din august 1940 până la mijlocul lunii mai a anului 1941, apoi amplificarea campaniilor de bombardament anglo-americane îndreptate spre Europa germană, începând din 1942-1943, nu au făcut decât să confirme acest fenomen. Bombardamentul strategic, a cărui intenție era să frângă moralul și voința țării adverse, includea explicit, drept țintă militară, femeile și copiii. În total, numărul europenilor uciși de bombe este estimat la 600 000 de civili, cărora li se adaugă un milion de răniți[1]. Cât despre refugiați și persoane strămutate, cum să evaluăm exact zecile de milioane de oameni mai mult sau mai puțin siliți să se mute, persoanele evacuate, refugiate, muncitorii voluntari sau cei constrânși la muncă forțată, prizonierii, deportații? Încă o dată, cifrele pot fi cu greu desprinse din statistici. Totuși, fotografiile, rapoartele și mărturiile indică prezența masivă a femeilor, uneori majoritare în rândul acestor populații. Câte dintre ele, după război, nu au mai avut un cămin la care să se întoarcă fiindcă acesta fusese distrus sau ocupat de alții?

---

[1] Richard Overy, *Sous les bombes. Nouvelle histoire de la guerre aérienne (1939-1945)*, Flammarion, Paris, 2014, p. 9.

... ale asasinatelor în masă

Cealaltă violență care a provocat moartea masivă a femeilor a fost uciderea evreilor din Europa de către naziști. Analiza de gen nu este neapărat relevantă pentru a înțelege ce se întâmplă în camera de gazare, în asemenea măsură voința călăilor era aceea de a anihila în victime orice urmă de caracter omenesc, de a le distruge până la a le transforma în cenușă. Femeile și bărbații au cunoscut acolo aceeași soartă. Dar dacă voința de genocid a nazismului avea drept scop distrugerea completă și totală a populației evreiești, modalitățile au fost uneori diferite pentru cele două sexe. În organizarea raidurilor și a primelor convoaie care au plecat din Franța spre Auschwitz, populația era predominant masculină; în primele șapte convoaie din 27 martie până pe 19 iulie 1942, 95% dintre cei 7 073 de deportați au fost bărbați. Apoi, încă din ziua următoare, din cauza arestării în masă a femeilor în timpul raidului de la Vél' d'Hiv' (Velodromul de Iarnă – n.red.), convoaiele au devenit, cu puține excepții, mixte. În total, din cei aproximativ 75 280 de evrei din Franța deportați în Germania, 31 625 erau femei, adică 42%, dintre care doar 913 au supraviețuit. Decalajele în deportare, ca în cazul selecției făcute de naziști la sosirea convoaielor, trimițând direct la moarte copiii, bătrânii, gravidele sau femeile cu copii, nu au niciun efect asupra rezultatului crimelor, dar subliniază faptul că toți călăii aveau în vedere sexul victimelor. Măsurile vizând cele două sexe aveau un rezultat contradictoriu. În primul rând, pentru că arestarea bărbaților a fost un avertisment care le-a îndemnat pe femei să se ascundă. Apoi, după arestare, pentru că presupusa lor slăbiciune în ochii medicilor SS le trimitea mai rapid spre camera de gazare.

În Est, organizarea uciderilor făcute de *Einsatzgruppen* (grupări paramilitare formate de Heinrich Himmler și dirijate de SS, a căror principală misiune era „anihilarea evreilor, țiganilor, și a comisarilor politici" – n.red.) împotriva populațiilor evreiești prezintă un ritm ascendent. Execuțiile în masă au vizat, mai întâi, populația masculină adultă, apoi, în vara anului 1941, femeile, în număr din ce în ce mai important, și, în cele din urmă, de la mijlocul lunii august, din rândul evreilor care trebuiau asasinați au făcut parte inclusiv copiii de ambele sexe[1]. Posibilitatea de a scăpa de masacru s-a redus dramatic. Bilanțul stabilit în februarie 1942 de comandantul SS Jäger în privința aplicării „soluției finale" în Lituania, declarată atunci ca fiind „fără evrei", număra 136 421 de evrei uciși, dintre care 46 403 de bărbați, 55 556 de femei și 34 464 de copii[2]. Numărul mai mic de bărbați, 46%, se explică prin mobilizarea unei părți a acestora în Armata Roșie înainte de invazia germană. Fără să aducem în discuție care a fost soarta lor ca luptători sovietici, statutul de soldat i-a protejat de genocid.

O violență specifică: violul

La violențele comise atât asupra femeilor, cât și asupra bărbaților, se cuvine să le adăugăm pe cele care au vizat în mod direct femeile, în primul rând violențele sexuale. Ignorate multă vreme de cercetări, căci nu păreau să modifice soarta bătăliei, violurile au fost totuși comise în diferite momente, pe diferite fronturi și de către soldați din diferite armate, asupra unui număr foarte mare de femei. Trebuie să facem distincție, pe de o parte, între violurile comise izolat de soldați care, scăpând de sub autoritatea ierarhică, au comis o crimă sexuală și, pe de altă parte, violurile care făceau parte din strategia de „terorizare" a populațiilor-țintă. În primul caz, soldații profitau de puterea pe care le-o conferea uniforma și care le

---

[1] Christian Ingrao, „Violence de guerre et génocide. Le cas des Einsatzgruppen en Russie", în *Les Cahiers de la Shoah*, 2003, vol. 7, nr 1, pp. 15-44.

[2] Ronald Headland, *Messages of Murder: A Study of the Reports of the Einsatzgruppen of the Security Police and the Security Service, 1941-1943*, Fairleigh Dickinson University Press, Londra și Toronto, 1992.

facilita intrarea în domiciliul victimelor. Amenințarea armelor impunea forțarea unui raport sexual; în cele din urmă, depărtarea de societățile de origine, amestecul între populații și trupe produs în urma evenimentelor, le accentua sentimentul de impunitate. Cel mai adesea, au violat femei pe care le vedeau rămase la cheremul dorinței și puterii lor. Pentru că violul era interzis pe timp de pace, dar și în toate codurile militare, acești soldați au fost mai mult sau mai puțin urmăriți în justiție. Unii au fost condamnați foarte aspru, uneori la moarte și executați, alții, beneficiind de mai multă indulgență din partea ofițerilor lor, au fost blamați, sancționați sau transferați pe un alt teatru de operațiuni. Astfel, membri ai *Wehrmachtului*, vinovați că ar fi violat franțuzoaice în perioada Ocupației, au fost condamnați la închisoare sau transferați pe frontul rusesc. Soldați americani, vinovați de violuri în Anglia, Franța sau Germania[1], au fost judecați de curțile marțiale ale armatelor lor și, în unele cazuri, condamnați la moarte și executați prin spânzurare, uneori în fața victimei lor și a familiei acesteia. Această criminalitate sexuală, favorizată de contextul războiului, rămâne suma unor acte individuale. Cazurile violurilor comise cu sutele, cu miile sau însumând chiar mai multe victime au fost diferite. Cel mai cunoscut este acela al nemțoaicelor violate de soldații Armatei Roșii. Cifrele evocate ajung la sute de mii, în contextul ofensivei sovietice pe teritoriul Reichului[2]. Dintr-o luptă aprigă, confruntarea germano-sovietică s-a transformat, pentru soldații Armatei Roșii, într-un război de răzbunare. Dacă numărul prizonierilor de război uciși sau numărul de victime rezultat în urma masacrării populațiilor a fost mult mai

---

[1] J. Robert Lilly, *La Face cachée des GI's: les viols commis par des soldats américains en France, en Angleterre et en Allemagne pendant la Seconde Guerre mondiale, 1942-1945*, trad. Française Benjamin și Julien Guérif, ed. nouă, Payot & Rivages, Paris, 2008.

[2] Norman M. Naimark, *The Russians in Germany – A History of the Soviet Zone of Occupation 1945-1949*, Harvard University Press, Cambridge, 1997.

mic decât cel al victimelor din rândul soldaților și civililor sovietici, violurile au fost deosebit de numeroase. Teama de aceste violuri, întărită puternic de propagandă nazistă, a provocat inițial exodul populațiilor și chiar sinuciderea celor care le anticipaseră. Realitatea lor venea să afirme puterea sovietică asupra femeilor din Germania, odată ce bărbații acestora fuseseră învinși. A fost, de asemenea, o modalitate de a-i provoca presupusei „rase a învingătorilor" o pată biologică majoră: copii care trebuiau să se nască „arieni" aveau să fie acum pe jumătate slavi, caucazieni sau asiatici. Această formă de viol de cucerire nu a fost tipică doar pentru Armata Roșie. În sudul Italiei, trupele coloniale ale forței expediționare franceze s-au făcut vinovate de mii de astfel de fapte. În cel mai recent studiu pe această temă, Julie Le Gac propune o cifră între 3 000 și 5 000 de violuri ale căror victime au fost femeile italiene[1]. Aceste violuri erau atât jafuri tolerate după cucerirea colonială pentru integrarea acestor luptători ai triburilor din munții Rif și Atlas în armata franceză, cât și acțiuni de pedepsire a unor oameni percepuți drept inamici, deci care trebuiau supuși. Resentimentele au rămas vii în rândul populației din sudul Italiei, chiar dacă victimele, de toate vârstele, au fost susținute de societatea locală. Au fost depuse plângeri și s-au obținut compensații din partea autorităților franceze, unele achitate chiar până în anii '70.

Alt exemplu îl reprezintă violurile comise în cadrul politicilor de teroare duse, de exemplu în Franța, între lunile mai-august ale anului 1944, de armata germană pentru a împiedica acordarea de către comunitățile locale a oricărui ajutor destinat luptătorilor din *maquis* (mișcare a partizanilor francezi din timpul celui de-al Doilea Război Mondial – n.red.). Au fost însoțite de alte violențe, de execuții cărora le-au căzut victime locuitorii, cel mai adesea bărbați, incendii, jafuri. Toate aceste crime de război erau comise

---

[1] Julie Le Gac, *Vaincre sans gloire. Le corps expéditionnaire français en Italie*, ediția I, Les Belles Lettres, Paris, 2014, pp. 417-467.

în cadrul operațiunii de răspândire a terorii care viza întreaga regiune. Femeile din mai multe sate din Bretania, de pe valea Ronului, din sud-vest sau din Alpi au fost victime ale acestei politici, al cărui obiectiv tactic era descurajarea oamenilor de la orice inițiativă după reușita debarcării din Normandia. Chiar dacă aceste abuzuri au figurat pe lista crimelor de război stabilită în 1943 de Comisia pentru Crime de Război a Națiunilor Unite și au fost calificate, prin Legea nr. 10 a Consiliului Aliat de Control din 20 decembrie 1945, drept crime împotriva umanității[1], nimeni nu a fost condamnat pentru acest motiv în timpul proceselor de la Nürnberg.

Acțiunile în scopul supraviețuirii

Prezența masivă a femeilor printre victimele de război ar putea să fie de ajuns ca să demonstrăm că războiul nu a fost deloc o „problemă exclusiv masculină". Totuși, imaginea dominantă a acestor femei a rămas aceea a unor ființe pasive, victime ale evenimentelor, care nu puteau și nici nu doreau să acționeze pentru a schimba cursul acestora și cu atât mai puțin pentru a-și schimba propriul destin. Ar însemna să uităm în ce măsură, în fața amenințărilor pe care le-am luat în considerare, au fost dezvoltate strategii de evitare și de atenuare a acestora. În contextul unui război, care impune atâtea constrângeri, în orizontul morbid al acelor ani la fel de sumbri pe cât erau de negri, femeile și bărbații au dezvoltat tot felul de strategii pentru a scăpa, a trăi sau măcar a supraviețui. Să se apere, să se încălzească, să se îmbrace au fost pentru mulți, în special pentru muncitori și orășeni, sarcini de zi cu zi. Nu o așteptare, ci o acțiune de căutare a acelor lucruri care să permită supraviețuirea celor apropiați. În această misiune, femeile se aflau în prim-plan; în

---

[1] *Trial of the Major War Criminals before the International Military Tribunal, Nuremberg, 14 November 1945-1 October 1946* (http://avalon.law.yale.edu/imt/imt10.asp, consultat pe 25 martie 2015).

repartizarea rolurilor, lor le revenea întreținerea și aprovizionarea căminului. Administrarea cupoanelor de rații, cozile, producția cu mijloace proprii, trocul, piața neagră, sacrificarea rațiilor lor pentru familie: pentru multe, a-și hrăni familia era o obsesie. Pentru cele mai multe, războiul a fost o experiență solitară, în lipsa unui soț care era soldat, prizonier, trimis la muncă voluntară sau forțată, deportat. Dar, spre deosebire de primul conflict mondial, frontul se regăsea peste tot. Cu excepția Statelor Unite și a Canadei, toți beligeranții au cunoscut măcar lupta aeriană (Marea Britanie), cel mai adesea luptele terestre și ocupația în propriul teritoriu.

Pentru a scăpa de acest cotidian îngrozitor și în imensul proces de amestec al populațiilor care a fost războiul, bărbați și femei s-au întâlnit, s-au iubit pe fugă sau mai mult timp. Aceste iubiri s-au concretizat, la scara continentului, în câteva sute de mii de nașteri, cu tată necunoscut, uitat sau dispărut[1]. Acesta este, poate, singurul domeniu în care nu mai vedem războiul ca pe o „problemă exclusiv masculină", singurul în care răspunderea (i)morală nu le revenea doar femeilor. Căci, în timp ce sexualitatea masculină rămânea o chestiune care ținea de viața personală, controlul sexualității feminine de către autorități, care se substituia celui al soțului, a crescut în timpul războiului. Femeile au fost cele care, de fapt, în timpul conflictului și după război, au trebuit să ducă la termen sarcinile, să nască, să abandoneze sau să crească nenumărați copii; să suporte condamnarea și repudierea din partea familiilor, pe cea morală și pe cea socială, și, uneori, ca în Norvegia, o ostracizare organizată de guvern.

Femeile și Rezistența

Acțiunea femeilor nu a fost doar o alegere de ordin personal, familial sau profesional. Pregătirea mesei, îngrijirea și găsirea hainelor

---
[1] Fabrice Virgili, *Naître ennemi. Les enfants de couples franco-allemands nés pendant la Seconde Guerre Mondiale*, Payot, Paris, 2009.

erau cu siguranță sarcini casnice, dar când acestea aveau legătură cu vreun aviator aliat doborât, ascuns undeva, ele se înscriau într-una din misiunile principale în rețelele de rezistență din Europa de Vest. Mai puțin spectaculoase decât un sabotaj, prea puțin revendicate după război, aceste acțiuni au dus rareori la solicitarea și oferirea unor medalii sau a unor statute care să recunoască faptele lor drept rezistență. Acestea nu erau însă acțiuni mai puțin riscante, la fel ca și alte forme de implicare în rezistență. Încă de la începutul Ocupației, femeile s-au implicat în primele rețele. Precaritatea inițiativelor și a efectivelor lor, eșecul soldaților înfrânți au fost elemente care i-au făcut pe bărbații care voiau să continue lupta să fie mai puțin restrictivi. Nu doar că bunele intenții erau bine-venite, dar, în scurt timp, constrângerile vieții în clandestinitate au arătat că prezența femeilor în rețea era un avantaj major. Mai puțin suspecte în ochii germanilor sau ai polițiștilor, femeilor le era mai ușor să stea la pândă, să transporte într-o pungă nevinovată de cumpărături, într-un căruț sau chiar pe corp, manifeste sau ziare clandestine, uneori chiar și arme. Cu câteva excepții, misiunile de acest fel se stabileau rapid în clandestinitate, atât în rețelele urbane, precum și în cadrul celor de partizani. Totuși, câteva femei s-au aflat în fruntea acestor rețele, precum Marie-Madeleine Fourcade (Alliance) sau Germaine Tillion (Musée de l'Homme) în Franța, Anne Sofie Østvedt în Norvegia (XU) și Andrée De Jongh în Belgia (Comète). Altele au fost figuri importante ale rezistenței comuniste, precum Carla Caponi în Italia, Hannie Schaft în Olanda și Marie-Claude Vaillant-Couturier în Franța. Aceasta din urmă, deportată întâi la Auschwitz, apoi la Ravensbrück, a depus mărturie în Procesul de la Nürnberg. Dinspre latura comunistă, trebuie să menționăm și acțiunea partizanelor: în Uniunea Sovietică ocupată, dar și în Iugoslavia, în sânul mișcării ELAS (Armata de Eliberare a Poporului Grec – n.red.) din Grecia, dar și în rândul *Partigiane*-lor italiene.

În general, femeile au fost mai puțin numeroase decât bărbații în cadrul Rezistenței, între aproximativ 10% și 15%, proporție pe care o găsim înainte de război în sânul partidelor politice. Însă ele nu au fost în mai mică măsură victime ale represiunii. Aproape 8 000 de franțuzoaice au fost deportate, adică 12% dintre deportările zise de represiune. Mai toate au fost grupate în lagărul de concentrare de la Ravensbrück, principalul lagăr de femei al celui de-al Treilea Reich. 120 000 de femei, de toate naționalitățile, au fost deținute acolo între anii 1939 și 1945. Mai multe zeci de mii și-au găsit acolo sfârșitul[1]. Guvernul de la Vichy obținuse de la germani asigurarea că nicio femeie nu va fi împușcată pe pământ francez. Cu excepția notabilă a belgienei Suzanne Spaak, împușcată în curtea închisorii de la Fresnes pe 12 august 1944, femeile din Rezistență condamnate la moarte de tribunalele militare germane erau deportate în Germania, ca să fie ucise acolo. Olga Bancic, membră a grupului lui Missak Manouchian din FTP-MOI (*Francs-tireurs et partisans-Main-d'œuvre immigrée* – Franc-tirori și partizani-Mână de lucru imigrată – n.red.), spre deosebire de camarazii ei bărbați, împușcați în fortul de pe colina Mont-Valérien pe 21 februarie 1944, a fost decapitată după trei luni în închisoarea din Stuttgart. Aceeași soartă au avut și France Bloch-Serazin, în închisoarea din Hamburg, sau Véra Obolensky la închisoarea Plötzensee din Berlin. Nu au fost iertate nici nemțoaicele. Gertrud Seele a fost executată în aceeași închisoare din Berlin, în ianuarie 1945, pentru că a ascuns evrei și a făcut afirmații defetiste. Cea mai cunoscută dintre ele, Sophie Scholl, fondatoare alături de fratele ei, Hans, a grupului Trandafirul alb, este executată la München, pe 22 februarie 1943. Aceste femei au devenit martiri, alături de altele, inclusiv Danielle Casanova, care a murit în exil, Bertie Albrecht, care s-a sinucis în închisoarea de la Fresnes pentru a nu fi silită să dea declarații, sau

---

[1] Bernhard Strebel, *Ravensbrück. Un complexe concentrationnaire*, Fayard, Paris, 2005.

de partizana sovietică Zoia Kosmodemianskaia, spânzurată pe 20 noiembrie 1941, și al cărei corp a fost expus timp de câteva săptămâni și mutilat. Aceste femei, moarte fiindcă se împotriviseră nazismului, au devenit figuri iconice. Pentru că erau femei, ele reprezentau atât hotărârea popoarelor care se ridicau, cu femei cu tot, împotriva ocupantului, cât și barbaria opresiunii naziste, care afecta la fel de violent femeile.

Dacă unele femei s-au alăturat, cu toate riscurile implicite, mișcării de Rezistență, altele au optat pentru atitudinea opusă, implicându-se de partea nazismului.

Naziste și colaboratoare

În Germania, mai întâi, dincolo de organizațiile de masă destinate tinerelor fete *(Bund Deutscher Mädel)* și femeilor *(Nationalsozialistische Frauenschaft)*, care aveau drept scop încadrarea politică a întregii populații a Reichului, câteva dintre ele s-au implicat ferm în violența nazistă. Aproximativ 3 500 de femei au intrat în SS și au devenit gardieni în lagărele de concentrare[1]. Ele nu se deosebeau prin nimic de omologii lor bărbați, acționând cu aceeași cruzime, drept care mai multe dintre ele au primit, după arestarea lor în urma descoperirii lagărelor de concentrare, porecle specifice femeilor, precum Vrăjitoarea de la Buchenwald (Ilse Koch), Bestia de la Auschwitz (Marta Mandl) sau, tot la Auschwitz, Hiena (Irma Grese). Câteva dintre ele au fost condamnate de tribunalele militare ale Aliaților și spânzurate după război.

---

[1] Elissa Mailänder, „La violence des surveillantes des camps de concentration national-socialistes (1939-1945): réflexions sur les dynamiques et logiques du pouvoir", *Encyclopédie en ligne des violences de masse*, publicat pe 6 martie 2012, consultat pe 9 aprilie 2015 (http://www.massviolence.org/La-violence-des-surveillantes-des-camps-de-concentration), ISSN 1961-9898.

În restul Europei, a existat opțiunea colaborării cu inamicul. În Franța, Adunarea Națională Populară (RNP) partidul (fascist și colaboraționist – n.red.) lui Marcel Déat a fost, probabil, organizația care a recrutat cele mai multe femei, adresându-se în special soțiilor prizonierilor. Prezente în organizațiile politice (RNP, Partidul Popular Francez al lui Doriot), le găsim și în sânul organizațiilor militare, precum Legiunea voluntarilor francezi sau Miliția lui Joseph Darnand; niciodată puse să poarte arme, dar ca infirmiere, dactilografe, traducătoare. Aceste competențe erau căutate și de trupele de ocupație, care recrutau masiv în rândul populației feminine în Franța, dar și în Reich, unde 70 000 de franțuzoaice au plecat să lucreze voluntar. În cele din urmă, clișeul femeii vorbărețe și lipsite de griji a marcat femeile ca fiind denunțătoare active, chiar dacă delațiunile, atât de prețioase pentru forțele de represiune, veneau din partea ambelor sexe. Această angajare în rândul colaboraționiștilor a fost, pe de o parte, sever reprimată la Eliberare – numărul femeilor condamnate și închise l-a depășit cu mult pe cel înregistrat pe timp de pace – și, pe de altă parte, a fost atribuită mai mult influenței vreunui soț sau iubit, seducției pe care o prezenta câștigul ori imoralității decât unei opțiuni ideologice veritabile și convingerilor.

Atunci de ce „o problemă exclusiv masculină"? Femeile tunse în țările din Europa eliberată, *Trümmerfrauen* în Germania din etapa imediat următoare războiului și angajatele japoneze ale armatei americane de ocupație din Japonia reprezintă trei tipuri de femei care ne ajută să înțelegem mai bine de ce epoca postbelică se reconstruiește pe ideea unui conflict masculin.

În toate țările ocupate din Europa, pentru recucerirea independenței era necesară demascarea trădătorilor. Peste tot, opțiunile ideologice fracturaseră comunitatea națională; cele și cei care aleseseră să colaboreze în cadrul Europei naziste urmau să plătească. Deși realizată într-un cadru național, uneori local, epurarea a fost un fenomen european. Nazismul nu a reușit să cucerească întregul continent, dar era important ca susținătorii lui să fie de acum lipsiți de orice posibilități de a mai face rău. Epurarea a fost astfel un demers bazat în mod deosebit pe „gen", căci acuzațiile și pedepsele erau diferite în funcție de sexul acuzatului. Deși multe femei au fost angajate în colaborare sub toate formele acesteia, s-a impus imaginea dominantă a colaboratoarei „orizontale", adică a aceleia care întreținuse relații sexuale cu soldații de ocupație. Deși cu un efect mai mic asupra cursului războiului decât propaganda în favoarea nazismului sau munca pentru germani, a fi o *poule à boches*, în franceză, o *tyskpigger* în daneză, o *moffenhoerren* în neerlandeză și chiar o *jerrybag* în insulele anglo-normande părea să aibă o gravitate simbolică extremă. Astfel, zeci de mii de femei au fost tunse în Europa, nu în locul altei pedepse, ci ca un element în plus pe lângă o internare sau o condamnare de către tribunalele menite să sancționeze colaborarea. Indiferent de realitatea politică a colaborării lor, s-a impus imaginea unui grup de femei pedepsite pentru trădare, în primul rând sexuală. În vreme ce sexualitatea bărbaților, precum aceea a prizonierilor, a muncitorilor liberi sau aflați la muncă forțată în Germania, nu îngrijora pe nimeni, în schimb toată Europa a pedepsit femeile care „călcaseră strâmb". Aici este vorba de reafirmarea unui control masculin asupra corpului femeii, bărbații temându-se ca nu cumva, în tulburările din anii războiului, să rămână fără acest control.

În vreme ce în restul Europei colaboratoarele erau pedepsite, în Germania ruinată apărea imaginea altor femei, localnice sau refugiate, care trăiau în orașele distruse și contribuiau la curățarea lor. În iulie 1946, prin Legea 32 a Consiliului de control aliat, toate femeile între cincisprezece și cincizeci de ani puteau să fie folosite la curățarea molozului. Într-o Germanie în care raportul între sexe era cu mult defavorabil bărbaților, morți, dispăruți sau prizonieri – deficitul masculin era de șapte milioane – *Trümmerfrauen*, „femeile ruinelor", au contribuit masiv la ștergerea celor mai vizibile urme ale războiului și la reconstrucția țării. Pentru a-i înlocui pe bărbații absenți, ele își suflecau mânecile și, sub controlul Aliaților, pregăteau case frumoase pentru o Germanie nouă, gata să devină din nou invizibile la întoarcerea soților lor. Această imagine a suferinței și inocenței anula treptat ceea ce fusese implicarea lor în nazism. Cu câteva luni înainte, la începutul anului 1945, 500 000 dintre ele mai erau încă angajate în *Wehrmacht* și 4 000 în *Waffen-SS*[1].

Contrar tuturor celorlalți beligeranți, în Japonia nimic nu determinase guvernul și Statul-Major să mobilizeze femeile. Dincolo de manifestările de patriotism și de repetarea continuă a necesității acceptării sacrificiului fiilor, fraților sau soților lor, femeile japoneze cu fost ținute la distanță. Această îndepărtare proiecta o imagine de delicatețe și de supunere a femeilor, care convenea stereotipurilor occidentale și americane despre femeia japoneză. După capitularea Japoniei pe 15 august 1945, ocuparea arhipelagului a început pe 28 august, odată cu debarcarea trupelor aliate. Unul dintre elementele politicii de demilitarizare a Japoniei, duse de generalul MacArthur, devenit guvernator militar al acestei țări, se baza pe populația feminină. Pentru că femeile erau considerate în mod natural mai pașnice, dreptul de vot pentru femei a fost impus în noua Constituție. Sistemul familial feudal a fost înlocuit cu noi legi civile; în cele din urmă, crearea asociațiilor de femei a fost încurajată pentru a răspândi idealurile democratice și a contribui la demilitarizarea-devirilizarea societății japoneze[2].

---

[1] Gudrun Schwartz, „During Total War, We Girls Want to Be Where We Can Really Accomplished Something: What Women Do in Wartime", în *Crimes of War: Guilt and Denial in the Twentieth Century*, The New Press, New York, 2003, p. 130.

[2] John W. Dower, *Embracing Defeat: Japan in the Wake of World War II*, New York, W.W. Norton & Company, Londra, 1999, pp. 81-83.

Colaboratoare asupra sexualității cărora se insista pentru a fi uitat mai repede angajamentul lor, curățătoare nevoiașe care ștergeau ruinele nazismului în așteptarea soților lor prizonieri, japoneze atât de pașnice că nu puteau fi belicoase: aceste trei tipuri de femeie de la sfârșitul războiului au venit să-i reașeze pe bărbați în atribuțiile lor militare. Războiul fusese câștigat pe câmpul de luptă, acolo se scria istoria eroilor săi. Se încheia un război între bărbați. Era important, din cauza profunzimii acestor traume pe care le trăiseră, ca aceștia din urmă să își refacă o virilitate subminată de înfrângeri, ocupații, frică și suferință. O soartă împărtășită din multe puncte de vedere de către femei – pe care interdicția seculară de a suferi altfel decât în tăcere le făcea mai discrete în această vreme de după război.

BIBLIOGRAFIE SELECTIVĂ

Alexievitch, Svetlana, *La guerre n'a pas un visage de femme*, Éditions 84, Paris, 2005.

Capdevila, Luc, Rouquet, François, Virgili, Fabrice, și Voldman, Danièle, *Sexes, genre et guerres: France, 1914-1945*, ediție revăzută, corectată și actualizată, Payot & Rivages, Paris, 2010.

Goldstein, Joshua S., *War and Gender: How Gender Shapes the War System and Vice Versa*, ed. nouă, Cambridge University Press, Cambridge, 2003.

List, Corinna von, *Résistantes*, Alma Éditeur, Paris, 2012.

Morin-Rotureau, Évelyne, *1939-1945: Combats de femmes. Françaises et Allemandes, les oubliées de la guerre*, Éditions Autrement, Paris, 2001.

Quétel, Claude, *Femmes dans la guerre, 1939-1945*, Caen, Larousse-Le Mémorial de Caen, Paris, 2004.

12

Armata italiană era slab pregătită

de Hubert HEYRIÈS

„Când ofițerul italian strigă: «Treceți la baionetă!», toată lumea înțelege «Treceți la camionetă!»"[1], era una dintre glumele care puteau fi auzite pe străzile orașului Marsilia, în timpul celui de-al Doilea Război Mondial. Această crudă ironie nu făcea decât să exprime în cuvinte simple ideea, des întâlnită la acea vreme, potrivit căreia „armata italiană era slab pregătită", întrucât era formată din *„italiani, brava gente"* (italieni, bărbați curajoși – n.red.), gata să dezerteze cu prima ocazie. De fapt, în timpul războiului, începând din 10 iunie 1940, momentul în care Italia fascistă, aliată a Germaniei naziste, a intrat în război împotriva Franței, și până la 8 septembrie 1943, când este dat publicității armistițiul semnat cu Aliații la data de 3 septembrie, după arestarea lui Mussolini pe 25 iulie și căderea fascismului, armata și soldații italieni au fost deseori subiecte ale glumelor malițioase și ale disprețului.

---

[1] Mărturie a lui Georges Heyriès, strănepot al unei familii din Piémont, de pe vremea când era copil la Marsilia, în timpul celui de-al Doilea Război Mondial.

Și totuși, dacă examinăm critic realitatea istorică pe care o cunoaștem acum mai bine, constatăm că armata italiană capătă o cu totul altă imagine, fie una mai sumbră, fie una mai nobilă.[1] Și atunci, cum pot fi explicate aceste judecăți dezonorante?

O brumă de adevăr

Acest stereotip negativ este construit pe baza unei brume de adevăr, care pare să se înscrie în continuitatea dezastrelor – începând cu înfrângerea de la Custoza în fața armatelor Austriei, în timpul războaielor pentru independență (1848-1866), continuând cu cele de la Adoua (Tigru-Eriteea), în 1896, și Caporetto, în 1917 –, potrivit căreia armata italiană apare ca o eternă învinsă – chiar și victoria de la Vittorio Veneto, din octombrie 1918, a fost negată de către Aliați. În timpul războiului, înfrângerile copleșitoare și eșecurile dezastruoase au continuat să se producă. În Alpi, ofensiva împotriva francezilor deja învinși de către nemți, considerată atât de ușoară, avea să eșueze între 20 și 24 iunie 1940. Atacul asupra Greciei, din data de 28 octombrie 1940, a fost declanșat în virtutea unei crize de prestigiu – Mussolini, în căutare de victorii facile, se temea să nu rămână izolat în fața unui Hitler triumfător, care invadase România fără să îl consulte. Acest prestigiu nu a putut fi obținut, cu toate că dușmanul era mai puțin numeros și mai prost înarmat. În Libia, Armata a X-a italiană fusese distrusă de britanici, la Beda Fomm, pe 5 și 6 februarie 1941, „un exemplu rar de exterminare modernă

---

[1] A se consulta, între altele, l'Archivio dell'Ufficio storico dello Stato maggiore dell'Esercito: seriile N 1-11 *(Diari storici)*, M 3, L 15, D 7 et H 8 *(crimini di guerra)*, l'Archivio centrale dello Stato *(Direzione generale servizi di guerra 1941-1945* și *Direzione generale Pubblica Sicurezza 1940-1943)* și l'Archivio storico diplomatico del ministero degli Affari Esteri *(Gabinetto armistizio-pace, Francia, Grecia, Serbia, Croazia, Montenegro)*, precum și lucrările citate în bibliografia selectivă.

în plină campanie militară"[1]. În doar câteva ore, italienii au pierdut 133 000 de oameni, luați prizonieri, printre care se numărau 23 de generali, 1 290 de tunuri, 400 de tancuri, mii de vehicule și sute de avioane. Nu și-au găsit salvarea decât odată cu sosirea *Afrika Korps*, aflate la ordinele lui Erwin Rommel. În același timp, italienii au fost înfrânți în Etiopia în numai câteva luni (între ianuarie și mai 1941), în fața forțelor britanice indiene și africane, inferioare ca număr. În URSS, Armata a VIII-a ARMIR (Armata Italiană în Rusia – n.red.), cu baza în Ucraina, avea să fie înfrântă pe fluviul Don de contraofensiva sovietică inițiată în decembrie 1942, în contextul Bătăliei de la Stalingrad. Alcătuită din 220 000 de oameni, această armată avea să își piardă, între decembrie 1942 și februarie 1943, mai mult de jumătate din efective – 85 000 de soldați uciși sau dați dispăruți și peste 30 000 de răniți sau de victime ale înghețului. În plus, la 8 septembrie 1943, în Italia, trupele, din lipsa unor ordine clare – forțele armate nu trebuiau să reacționeze decât la „eventualele atacuri de altă proveniență" – și confruntându-se în ziua următoare cu „fuga" regelui și a guvernului de la Roma către porturile din Puglia, aveau să cunoască o înfrângere fără egal. Nemții nu puteau ierta ceea ce considerseră ca fiind o trădare. Și-au făcut, astfel, din Italia, până la sud de Roma, un veritabil câmp de luptă fortificat. Au creat un regim-fantoșă – Republica Socială Italiană – la conducerea căruia l-au pus pe Mussolini, după eliberarea acestuia, și au luat prizonieri sute de mii de soldați italieni, de pe toate teatrele de operațiuni.

De altfel, italienii ofereau o imagine cu totul jalnică. Un mare număr dintre ei au adoptat atitudini de renunțare și de pasivitate, sperând să revină acasă cât mai repede[2]. Mulți erau cu totul insensibili

---

[1] Lucio Ceva, *Le forze armate*, UTET, Torino, 1981, p. 295.

[2] Enrico Serra, *Tempi duri. Guerra e Resistenza*, Il Mulino, Bologna, 1996, pp. 181 și 182; Erwin Rommel, *Guerra senza odio*, Garzanti, Milano, 1952, p. 195; Christopher Seton-Watson, *Da El Alamein a Bologna. La guerra italiana di uno storico in uniforme*, Corbaccio, Milano, 1994 (1993), p. 68.

în fața propagandei fasciste care vorbea despre un război regenerator și imperialist, în slujba unei patrii în căutare de recunoaștere și hegemonie. Rommel îi critica foarte aspru, considerând că italienii dădeau dovadă de un complex de inferioritate față de dușman, dar și de o capacitate de luptă mediocră, fiind „oricând dispuși să renunțe". Un ofițer de artilerie englez, Christopher Seton-Watson, și-a amintit că, printre prizonierii italieni pe care îi văzuse defilând pe 13 mai 1943, în Tunisia, câțiva râdeau, unul făcea cu degetele semnul V de la victorie, iar un altul, câteva minute mai târziu, trecuse cântând la mandolină.

Condițiile în care soldații italieni trăiau în timpul războiului aveau să suscite dispreț, milă și chiar batjocură[1]. Aprovizionarea cu alimente lipsea în permanență și pretutindeni. În Franța, în zonele ocupate, rapoartele franceze îi acuzau pe italieni ca fiind primii care propuneau schimburi pentru mâncare sau bani. În alte părți, ca de exemplu în Africa de Nord, soldații se simțeau umiliți pentru că erau nevoiți să le ceară provizii nemților. Cei mai mulți sufereau de sete, căci apa lipsea atât în deșert – câțiva tanchiști au băut apa din rezervoarele tancurilor –, cât și în munții Albaniei – un ofițer a scris într-o zi că se bărbierise cu vin! În Albania, în timpul iernii dintre anii 1940-1941, câțiva soldați prezentau o imagine deplorabilă, căci purtau uniforme de vară, iar încălțămintea lor lua apă și tălpile se desprindeau. *Alpinii* din Divizia *Tridentina* își înlocuiau ghetele cu papuci lungi albanezi, înfășurați într-o fâșie de cauciuc de anvelopă, ca să „poată aluneca prin nămol", după cum spuneau ei înșiși. Ghetele erau, de fapt, o problemă permanentă, iar victimele

---

[1] Jean-Louis Panicacci, *L'Occupation italienne. Sud-est de la France, juin 1940-septembre 1945*, Presses universitaires de Rennes, Rennes, 2010, p. 140; Francesco Casati, *Soldati, generali e gerarchi nella Campagna di Grecia. Aspetti e tematiche di una guerra vista da prospettive differenti*, Prospettive ed., Roma, 2008, pp. 90-91; Giorgio Rochat, *Le guerre italiane 1935-1943. Dall'impero d'Etiopia alla disfatta*, Einaudi, Torino, 2005, p. 384.

degerăturilor au fost numeroase atât în Alpii franco-italieni (2 150 de cazuri), cât și în Albania (12 000 de cazuri) și, bineînțeles, în URSS. Încălțămintea necorespunzătoare și moletierele care împiedicau circulația sângelui provocau înghețarea picioarelor. Comandamentul italian în Rusia cerea în zadar *valenki* rusești – cizme groase, impermeabile, cu care se încălțau soldații ruși –, dar *Comando supremo* (Statul-Major General) nu a luat decât măsuri timide. Lipsa încălțămintei corespunzătoare avea să se dovedească a fi o catastrofă în iarna următoare, căci soldații au trebuit din nou să treacă prin zăpezi și frig.

Prost echipați, prost îmbrăcați, prost hrăniți, italienii „beneficiau" pe deasupra și de un armament mediocru. Este adevărat, mitralierele *Breda* și cele *semovente* – autotunuri care asociau un șasiu de tanc *M13/40* și un obuzier de 75/18 – aveau să se dovedească extrem de eficiente în timpul războiului, dar numărul acestora era redus. Rommel a recunoscut în cartea sa de memorii: „Ți se zburlea părul când vedeai cu ce armament își trimitea Ducele trupele în luptă"[1]. Italienii au fost, de fapt, dotați cu puști vechi de tip *Carcano-Mannlicher*, model 1891, care nu mai funcționau atunci când temperatura atingea -20 de grade Celsius, căci obturatorul se bloca. Tunurile antitanc s-au dovedit ineficiente în fața tancurilor *Grant*, *Sherman* și *T-34*, mult superioare blindatelor italienești. Acestea păleau în fața celorlalte tipuri de armament: la începutul războiului, *L3*-urile erau atât de mici încât erau supranumite „conserve de sardine" de către nemți și „sicrie" de către italieni. Tancurile mijlocii *M13/40* și *M14/41* s-au dovedit a fi greoaie, prost protejate, cu o forță de tragere redusă și lipsite de comunicații radio. Până și avioanele au ajuns în Africa de Nord fără filtre anti-nisip!

De asemenea, anumite divizii așa-zis mecanizate (*autotrasportate* – în lb. italiană), cum era *Torino*, duceau mare lipsă de camioane.

---

[1] Erwin Rommel, *Guerra senza odio*, op. cit., p. 37.

Soldații le numeau în mod ironic *autoscarpe* (literal „autoîncălțări")[1]. Or, distanțele care trebuiau parcurse erau foarte mari atât în Africa de Nord (2 000 de kilometri despărțeau Tripoli de El Alamein), cât și în URSS. Acolo, diviziile *Pasubio* și *Torino* au parcurs sute de kilometri pe jos (1941-1942), câte zece ore pe zi, săptămâni întregi, numai pentru a ajunge pe front. Dar germanii nu au acceptat în ruptul capului să le furnizeze italienilor camioanele de care aveau nevoie. În momentul retragerii, nu numai la El Alamein (noiembrie-decembrie 1942), dar și pe fluviul Don (ianuarie-februarie 1943), totul s-a dovedit un dezastru, și zeci de mii de soldați au căzut prizonieri sau/și au murit de epuizare. Resentimentele italienilor față de aliații germani încep, deci, să devină din ce în ce mai profunde.

Nici comandamentul nu s-a dovedit a fi la înălțime. La nivel operațional, nu a existat niciodată un comandament integrat, căci forțele terestre, marina și forțele aeriene duceau fiecare un război separat. La Roma, între anii 1940 și 1943, s-au succedat trei șefi ai Statului-Major General (Pietro Badoglio, Ugo Cavallero și Vittorio Ambrosio), patru subsecretari de stat la Ministerul de Război (Ubaldo Soddu, Alfredo Guzzoni, Antonio Scuero și Antonio Sorice) și cinci șefi ai Statului-Major al armatei (Rodolfo Graziani, Mario Roatta, Vittorio Ambrosio, Ezio Rossi și, din nou, Mario Roatta). Așa cum scria generalul Giacomo Zanussi în memoriile sale: „Valsul șefilor noștri nu putea avea decât repercusiuni defavorabile"[2]. La cel mai înalt nivel, Benito Mussolini, *Ducele*, care concentra în mâna sa toată puterea politică și militară – nelăsându-i regelui decât titlul onorific de comandant suprem al oștirii – nu avea să reușească niciodată să se impună în fața lui Hitler. Mussolini

---

[1] Luciano Vigo, *Non prendere freddo. Corpo di spedizione italiano in Russia (CSIR) 1941-1942. Racconto di un reduce*, Gianni Iuculano Editore, Pavia, 2000, p. 38.

[2] Giacomo Zanussi, *Guerra e catastrofe d'Italia. Giugno 1940. Giugno 1943*, Libraria Corso, Roma, 1946 (1945), p. 111.

a eșuat și în ceea ce el numea „războiul paralel" – în Franța, în Grecia și în Africa de Nord – și a trebuit să se supună îndatoririi neplăcute de a purta, începând cu anul 1941, un „război subaltern"– ca forță complementară a armatei germane. În plus, Mussolini a luat și unele decizii absurde. Nu numai că a refuzat să decreteze, în anul 1940, mobilizarea generală, căci credea că războiul se terminase deja, dar, între lunile octombrie-noiembrie 1940, a și trimis la vatră 600 000 de soldați, ceea ce a dus la dezorganizarea profundă a diviziilor, care au trebuit reconstituite în mare grabă pentru a ataca Grecia, pe 28 octombrie. În cele din urmă, Mussolini a neglijat frontul vital din Africa de Nord, pentru a iniția campanii în Balcani și în URSS, al căror obiectiv ideologic avea, în ochii lui, întâietate în fața celui strategic. De fapt, o înfrângere în Libia și Tunisia expunea Sicilia invaziei anglo-americane! Dar n-a luat nicio măsură. Astfel, la sfârșitul anului 1942, italo-germanilor din Africa de Nord le lipseau un număr foarte mare de oameni, cantități mari de materiale, de armament, de muniție și un mare număr de avioane, în confruntarea cu un adversar mai puternic.

Culmea culmilor, soldații italieni lăsau o impresie asemănătoare imaginii prea puțin militare a lui *Matamoro*, un personaj din *commedia dell'arte* atât de populară în Europa, un ins fanfaron, palavragiu, înfumurat, laș, lăudăros, dar mai ales fustangiu[1]. Exemplele abundă. În Franța, primarul din Brignoles a trebuit să ceară, în luna februarie a anului 1943, brigăzii locale de jandarmi să „le sperie" pe tinerele fete prea dispuse să flirteze cu soldații italieni. Grecii aveau să numească numaidecât armata italiană ca fiind „armata *sagapo*", în traducere literală, „armata *te iubesc*", atât de mult alergau tinerii

---

[1] Jean-Louis Panicacci, *L'Occupation italienne, op. cit.*, p. 145; Giorgio Rochat, *Le guerre italiane, op. cit.*, p. 374; documentar: „La guerra sporca di Mussolini", realizat de Giovanni Donfrancesco și produs de GA & A Productions din Roma și de televiziunea greacă Ert, difuzat pe *History Channel* la 14 martie 2008; Erwin Rommel, *Guerra senza odio, op. cit.*, p. 45.

soldați după fete. În Tesalia, un țăran și-a amintit că soldații din Divizia *Pinerolo*, niște *don giovanni*, după spusele lui, veneau câte o oră, două, în oraș, pentru a se distra cu fetele, apoi plecau. Câțiva dintre ei aveau logodnice oficiale. În Libia, Rommel le reproșa italienilor că erau mult prea libertini față de femeile arabe, ceea ce putea atrage ostilități din partea indigenilor.

Astfel, *faima* italienilor devenise atât de negativă, încât puținele lor triumfuri au fost trecute sistematic sub tăcere sau bagatelizate în buletinele militare germane și aliate, cum s-a întâmplat în cazul Tunisiei, între lunile februarie-mai ale anului 1943[1]. În asemenea condiții, soldații italieni au sfârșit prin a-și pierde încrederea în ei înșiși. Luciano Vigo, un veteran al campaniei din Rusia, și-a amintit de primirea pe care i-au rezervat-o germanii în anul 1941: „Ne privesc strâmb! Mi se pare că ne disprețuiesc și ne consideră o rasă inferioară, arieni [sic] impuri. Ca soldați, suntem de râsul lumii, în cel mai bun caz"[2].

O realitate mai sumbră

Totuși, italienii nu au fost întotdeauna „bărbații curajoși" pe seama cărora se amuzau ceilalți. În ciuda înfrângerilor militare, armata italiană a îndeplinit misiuni de ocupație și represiune în multe teritorii. În Balcani, în anul 1941, Italia a profitat de intervenția armatei germane pentru a anexa teritoriul Ljubljanei, din Slovenia Meridională, dar și o parte din Dalmația. Italienii au ocupat și o mare parte din Grecia, care a fost constrânsă de Berlin să semneze un armistițiu în data de 23 aprilie 1941, pe când trupele italiene nu reușiseră să o silească să facă acest lucru nici în octombrie 1940, nici în martie 1941. În Franța, deși înfrânți în Alpi, au reușit să se

---

[1] Giovanni Messe, *Come finì la guerra in Africa. La «Prima armata» italiana in Tunisia*, Rizzoli, Milano, 1946, pp. 130-133.

[2] Luciano Vigo, *Non prendere freddo, op. cit.*, p. 28.

instaleze în câteva sate de la frontieră – mulțumită armistițiului de la Villa Incisa, din data de 24 iunie 1940 – apoi, după luna noiembrie a anului 1942, au invadat o mare parte din teritoriul din sud-est.

Aceste victorii, considerate ca fiind nemeritate, exasperau populațiile ocupate. Francezii s-au dovedit a fi cei mai cruzi. Nu aveau să le ierte niciodată italienilor „lovitura pe la spate" din data de 10 iunie 1940. S-au simțit lezați și umiliți să vadă venind trupele italiene de ocupație, deși ei nu fuseseră învinși de Italia. În noiembrie 1942, căpitanul Brocchi, ofițer italian de informații militare (SIM), aflat la Nisa, a notat următoarele: „Populația franceză ne primește cu un sentiment mai cumplit decât ura: disprețul. Francezii repetau faptul că singura armată franceză neînfrântă fusese cea din Alpi și că italienii nu ar fi putut rămâne în Franța decât câteva luni, iar soldații italieni sosiți cu pana la beretă ar fi plecat cu ea înfiptă în posterior"[1]. Acest sentiment de revanșă nu a dispărut. În Tunisia, la ceasul victoriei, în mai 1943, un general francez l-a agresat verbal pe generalul italian Giovanni Mancinelli, însărcinat cu negocierea predării Armatei I italo-germane, amintindu-i că, în anul 1940, „Italia a împușcat-o în fund pe Franța, dar acum Franța era cea care avea să se bucure de împușcarea [italienilor] în fese"[2].

În teritoriile ocupate, soldații italieni s-au arătat lipsiți de sentimente, asemenea celor germani, deși cu mai puține mijloace și cu mai puține rezultate.

În Franța, întrucât soldații care aderaseră la ideile fasciste se arătau bucuroși să umilească populația, relațiile au fost deseori tensionate[3]. Astfel, la 3 martie 1943, o duzină de *alpini* aveau să linșeze zece tineri din Sault-Brénaz, în departamentul Ain, pe motiv că fuseseră nepoliticoși față de un negustor italian. Trupele italiene au

---

[1] Citat de Jean-Louis Panicacci, *L'Occupation italienne, op. cit.*, pp. 138-139.
[2] Giovanni Messe, *Come finì la guerra in Africa, op. cit.*, p. 233.
[3] Jean-Louis Panicacci, *L'Occupation italienne, op. cit.*, pp. 141, 182-193, 212-217 și 225-228.

efectuat raiduri împotriva luptătorilor din grupele de partizani și a locuințelor celor care refuzau să respecte prevederile Serviciului de Muncă Obligatorie, în special în Haute-Savoie și în Corsica. Tribunalele militare, cel al Armatei a IV-a, pe continent, și al Corpului 7 de Armate din Corsica, au pronunțat numeroase condamnări împotriva membrilor Rezistenței și a soldaților Forței Franceze Libere (FFL). Aceștia din urmă au fost arestați și torturați de OVRA *(Organizzazione di Vigilanza e Repressione dell'Antifascismo)* și de carabinieri, în vila Lynwood din Nisa, în cazarma Marbeuf din Bastia sau chiar în cazarma Battesti din Ajaccio, locuri care și-au păstrat un trist renume.

Cu toate acestea, cele întâmplate nu erau mare lucru pe lângă ceea ce se petrecea în alte locuri[1]. În Ucraina, chiar dacă represiunea s-a dovedit a fi mai puțin dură decât în alte zone din URSS controlate de către nemți, unitățile italiene au practicat de asemenea raiduri, au distrus sate, au deportat populații, au împușcat civili. În Balcani, în special în Slovenia și în Dalmația, represiunea a fost și mai sălbatică, sub bagheta generalului Mario Roatta, numit în fruntea Armatei a II-a, din ianuarie 1942 până în februarie 1943. La 1 martie 1942, pentru „a le inculca soldaților o mentalitate fascistă, de cuceritori" și pentru a-l transforma pe „bunul italian" într-un „războinic fascist", Mario Roatta avea să semneze Circulara nr. 3C, care a funcționat ca manual de luptă împotriva partizanilor, bazat pe executarea ostaticilor în locurile unde se petrecuseră sabotaje, pe incendierea satelor partizanilor sau chiar pe deportarea populației. Conform opiniei lui Roatta, tratamentul aplicat rebelilor

---

[1] Thomas Schlemmer, *Invasori, non vittime. La campagna italiana di Russia, 1941-1943*, Laterza, Roma, 2009, 344 p.; Costantino Di Sante, *Italiani senza onore. I crimini in Jugoslavia e i processi negati (1941-1951)*, Ombre Corte, Verona, 2005, 270 p.; Tone Ferenc, *«Si ammazza troppo poco.» Condannati a morte, ostaggi, passati per le armi nella provincia di Lubiana 1941-1943, Documenti*, Ljubljana, Institut d'histoire moderne, 1999, 324 p.

nu trebuia să se rezume la formula „dinte pentru dinte, ci cap pentru dinte". În ceea ce îl privea, generalul Mario Robotti, comandantul Corpului 11 de Armate din Slovenia, regreta că: „Ucidem prea puțin". O politică asemănătoare unei epurări etnice a fost dusă cu ajutorul a peste 60 de lagăre din Italia și altor câteva zeci în Dalmația, unde au fost închiși peste 100 000 de slavi, obligați să trăiască în condiții cumplite. De exemplu, între anii 1942-1943, în insula Rab, între 10% și 20% dintre prizonieri au murit de foame și de frig, de boli și de epuizare.

În Grecia[1], generalii Cesare Benelli, comandantul Diviziei *Pinerolo*, și Carlo Geloso, comandantul forțelor italiene de ocupație, au aplicat, la începutul anului 1943, aceeași tactică a lui Roatta împotriva partizanilor, în special în Thessalia, unde mai multe masacre au fost comise la Domokos, Farsala, Oxinia și Domenikon. La Domenikon, pe 16 februarie 1943, pentru a răzbuna moartea camarazilor uciși de partizani, soldații din *Pinerolo* au golit satul de locuitori, au făcut să fie bombardat de aviație și au executat 150 de oameni, pe care i-au aruncat într-o groapă comună. În Larissa, un lagăr de concentrare, peste 1 000 de prizonieri greci au fost împușcați, iar alții torturați. Zeci de mii de civili au murit de foame și de boli în urma rechizițiilor impuse de trupele de ocupație italiene și germane. În 1946, Ministerul grec al Previziunii sociale, însărcinat să calculeze pagubele de război, a socotit că aproximativ 400 de sate au suferit distrugeri parțiale sau totale, cauzate de trupele germane și italiene.

În ceea ce privește continentul african – în Libia, în Tunisia și în Etiopia – armata italiană a comis și acolo crime de război. Încă din anii 1920, generalul Graziani devenise celebru prin „pacificarea" Libiei – mai ales a Cirenaicii –, cu prețul a 100 000 de deportați și a

---

[1] Davide Rodogno, *Il nuovo ordine mediterraneo. Le politiche di occupazione dell'Italia fascista in Europa (1940-1943)*, Bollati Boringhieri, Torino, 2003, pp. 286-297 și 389-392; documentar „La guerra sporca di Mussolini", citat la nota 9.

50 000 de victime. Dar, în cursul războiului, forțele italiene au executat în Africa de Nord mii de arabi și de berberi, căci se temeau de o răscoală încurajată de sosirea britanicilor. În februarie 1942, generalul Piatii a accentuat represiunea distrugând taberele nomazilor, ucigându-le turmele și deportând populațiile înfometate. Lagărul de prizonieri din Giado, deschis în februarie 1942, la sute de kilometri sud de Tripoli, în deșert, număra 3 000 de prizonieri, dintre care 600 aveau să moară de foame, din cauza condițiilor cumplire din lagăr, a muncii forțate și a bolilor.

Justificarea militară a unor astfel de acte masca prost o ideologie rasistă. Dovadă stau măsurile discriminatorii aplicate prizonierilor britanici indieni, maori sau iudei din Palestina, închiși în lagăre precum cel de la Zliten, unde era grav încălcată Convenția de la Geneva din anul 1929. Au fost date la iveală și cazuri de asasinat și tortură. Astfel, la 28 mai 1942, aproape de Bir Hakeim, într-un lagăr de tranzit, un soldat italian a ucis cinci prizonieri indieni, pentru simplul motiv că nu erau albi[1]. Antisemitismul sălășluia și printre militarii italieni de rang înalt, precum generalii Vittorio Ambrosio, Renzo Dalmasso, Renato Coturri, sprijiniți de legile fasciste rasiale din 1938. În Franța, în anumite cazuri, actele de protejare a iudeilor erau în mai mică măsură dovezi ale umanismului decât ale corupției soldaților sau ale pragmatismului militaro-politic, întrucât se dorea marcarea unei autonomii față de nemți[2]. În Libia, sute de iudei au fost arestați și deportați în lagărele de concentrare instalate în deșert. În Ucraina, „un grup de iudei a fost încredințat unui *Sonderkommando* (unitate germană însărcinată cu aplicarea Soluției finale – n.a.),

---

[1] Patrick Bernhard, „Behind the Battle Lines: Italian Atrocities and the Persecution of Arabs, Berbers, and Jews in North Africa during World War II", în *Holocaust and Genocice Studies*, 26, nr. 3, iarna 2012, p. 436.

[2] Davide Rodogno, „La politique des occupants italiens à l'égard des Juifs de la France métropolitaine: humanisme ou pragmatisme?", *Vingtième siècle. Revue d'histoire*, nr. 93, 2007/1, pp. 63-77.

pentru a fi exterminați"[1]. Chiar dacă rolul trupelor italiene în războiul nazist al terorii și exterminării a fost unul minor, acesta nu a fost mai puțin real.

Imaginea sumbră a soldatului italian nu trebuie să o umbrească pe cea a combatantului, care a dat dovadă de curaj și de simț al sacrificiului.

Simțul onoarei și al sacrificiului

Pe o scară a terorii, „trupele italiene au fost cu siguranță mai puțin feroce"[2] decât trupele germane și cele ale ustașilor croați. Nu este nici pe departe vorba de a bagateliza crimele de război de care este vinovată armata italiană. Totuși, chiar și cele mai dure ordine date de Mario Roatta excludeau de la represalii femeile și copiii și interziceau masacrele în masă. Crimele de război au fost, de fapt, izolate și de circumstanță. Și, în ansamblu, lupta împotriva partizanilor avea să se soldeze cu un eșec.

În multe cazuri, cel care conta era simțul onoarei[3]. Conștienți de faptul că erau depozitari ai unei civilizații umaniste, militarii italieni, în ansamblu, se simțeau străini din punct de vedere cultural de metodele brutale ale nemților și refuzau să li se alăture în exterminarea iudeilor, rămânând atașați principiilor umanitare. *Alpinii,* în special, nu au luptat pentru Mussolini și nici pentru fascism, ci dând ascultare ofițerilor lor, în care aveau încredere, din respect pentru demnitatea lor, dar și „pentru a-și salva pielea", fără să-și trădeze camarazii. Element caracteristic al acestei nevoi de a păstra un caracter exemplar, justiția militară italiană a instrumentat, între anii 1940 și 1943, 112 786 de dosare, care s-au soldat cu 85 015 de

---

[1] Giorgio Rochat, *Le guerre italiane, op. cit.,* pp. 387 și 388.

[2] *Ibid.,* pp. 370 și 372.

[3] Davide Rodogno, *Il nuovo ordine mediterraneo, op. cit.,* pp. 476-482; Giorgio Rochat, *Le guerre italiane, op. cit.,* p. 274.

condamnări, dintre care 41 684 pentru forțele armate non-indigene. În total, împotriva militarilor au fost pronunțate 100 de condamnări la moarte, dintre care jumătate au fost executate. Crimele italienilor nu au rămas nepedepsite. De exemplu, distrugerea unui oraș tunisian, la data de 14 februarie 1943, și asasinarea a opt civili de către soldații Secției 161-a a brutarilor militari mobili au constituit obiectul unei anchete riguroase efectuate de carabinieri. Această anchetă s-a finalizat prin cinci condamnări la moarte și 12 condamnări la închisoare[1].

În război, simțul onoarei a fost însoțit și de un curaj evident. În Africa de Nord, diviziile italiene au jucat uneori un rol decisiv, permițându-i lui Rommel să facă față pe câmpul de bătălie. Astfel, la Bir el Gobi, pe 19 noiembrie 1941, în momentul în care britanicii lansau o vastă ofensivă pentru a-i alunga pe italo-germani din Cirenaica, Divizia blindate italiană *Ariete* a oprit atacul Brigăzii a 12-a blindate britanice, permițându-i lui Rommel să respingă, între 20 și 23 noiembrie, Corpul 30 britanic. *Ariete* avea să abandoneze pe câmpul de luptă 40% dintre tancuri, dar blindatele sale, deși erau de calitate inferioară, au știut să respingă tancurile britanice. Mai târziu, corpurile de armată italiene, cele de blindate și cele de infanterie, aveau să fie nimicite în luptele de la El Alamein, în noiembrie 1942, fiind distruse de ofensiva Armatei a VIII-a britanice. Dar italienii s-au dovedit și pe mai departe demni de respect: din cei 30 000 de prizonieri ai Aliaților, 19 726 erau italieni și peste 10 000 erau germani! De asemenea, în timpul retragerii de pe fluviul Don, între 19 și 31 ianuarie 1943, diviziile alpine *Julia*, *Cuneense* și *Tridentina* s-au sacrificat pentru a le permite italo-germanilor să evacueze zona și au preferat să ducă lupte de ariergardă sângeroase, continuând să fie hărțuite de partizani, decât să se predea. Cu prețul unor pierderi considerabile, diviziile au parcurs 350 de kilometri,

---

[1] Giorgio Rochat, *Duecento sentenze nel bene e nel male. I tribunali militari nella guerra 1940-1943*, Gaspari, Udine, pp. 25, 41, 152 și 153.

pe jos, prin frig și zăpadă, la -30, -40 și chiar -50 de grade Celsius, fără camioane, fără provizii, fără tunuri antitanc, fără acoperire aeriană, fără radio. La 30 ianuarie 1943, căpitanul Diviziei *Tridentina*, Giovanni Battista Stucchi, îi descria astfel pe bieții supraviețuitori: „Vedeam cum se perindă prin fața mea o interminabilă caravană de spectre, de fantome, de siluete care aproape că nu mai aveau nimic omenesc. Avansau clătinându-se, poticnindu-se, târâindu-și picioarele prin zăpadă [...] tăcuți, [...]. Aspectul acestor chipuri supte, descărnate, privirea din ochii lor înroșiți, bântuiți de vedenii, îmi dădeau impresia că asistam la perindarea unor creaturi care, supuse unui martiriu prelungit, își pierduseră lumina rațiunii. [...] Îmbrăcați în zdrențe, [aveau] adesea picioarele înfășurate în bucăți de pături sau resturi de pelerine ori fâșii de mantale suprapuse în mai multe straturi"[1]. Dar erau liberi! Această retragere a *alpini*-lor avea să devină o legendă. Un supraviețuitor al Diviziei *Julia*, sublocotenentul medic Giulio Bedeschi, avea să transpună povestea lor în romanul său *O mie de gamele de gheață*[2], publicat la începutul anilor '60 și devenit bestseller mondial, tradus în mai multe limbi și vândut în întreaga lume în peste 4 milioane de exemplare. Acești soldați au devenit eroii-martiri ai războiului, al căror curaj atinsese sublimul. Și alte unități, în tumultul retragerii, aveau să-și cinstească drapelul. Regimentul 6 Infanterie ușoară, una dintre puținele unități care și-a păstrat artileria și a dispus de camioane ca să-și transporte proviziile, munițiile, carburantul și răniții, s-a acoperit de glorie, în special apărând orașul Pavlograd, în data de 17 februarie 1943, pentru a le permite germanilor și soldaților din trupele italiene rămași în Rusia să se replieze pe râul Nipru. Generalul Gerhard Steinbauer, care comanda capul de pod de la Dnipropetrovsk, l-a salutat astfel pe colonelul regimentului, Mario Carloni: „Eu și

---

[1] Giovanni Battista Stucchi, *Tornim a baita. Dalla campagna di Russia alla Repubblica dell'Ossola*, Vangelista, Milano, 2011 (1983), p. 130.

[2] *Centomila gavette di ghiaccio*, Milano, Mursia, 1963, 432 p.

armata germană vă suntem profund recunoscători. Numele dumneavoastră și cel al regimentului dumneavoastră sunt deja celebre în armata germană, care vă stimează și vă apreciază foarte mult"[1].

În Tunisia, forțele italiene au dovedit că știau să lupte. Pentru prima dată de la izbucnirea războiului, 3-4 divizii germane au fost plasate sub comandamentul operațional al unui general italian, Giovanni Messe, alături de șase divizii italiene. Această Armată I, formată în februarie 1943 din resturile trupelor lui Rommel, care fuseseră evacuate din Tripolitania, s-a distins prin faptul că i-a oprit pe britanici mai întâi la Mareth El Hamma, între 17 și 25 martie 1943, apoi la Enfidaville, între 20 și 23 aprilie, retrăgându-se întotdeauna în ordine și cu disciplină. Fără acoperire aeriană, unitățile italiene s-au luptat până la ultimul om și până la ultimul cartuș, „cu o vitejie remarcabilă și un avânt magnific, depășindu-i în vitejie chiar și pe nemți"[2], după cum scrie generalul Messe în memoriile sale, nu fără a exprima un profund simțământ patriotic. Aceste unități s-au predat ultimele, la 13 mai 1943, după înfrângerea Armatei a V-a germane în nordul Tunisiei. Două zile mai târziu, ziarul *The Times* avea să recunoască faptul că „multe unități italiene meritau respectul trupelor britanice, mulțumită spiritului combativ de care dăduseră dovadă în ultima etapă a campaniei din Africa"[3]. Generalul Messe a obținut gradul de mareșal și respectul germanilor și al Aliaților.

În confruntarea din septembrie 1943, acte de curaj izolate au salvat, o dată în plus, onoarea armatei italiene[4]. Astfel, pe insula

---

[1] Mario Carloni, *La campagna di Russia. Gli eroici combattimenti sostenuti dal 6° bersaglieri durante la ritirata dell'inverno 1942/43*, Effepi, Geneva, 2010, p. 134.

[2] Giovanni Messe, *Come finì la guerra in Africa*, op. cit., pp. 130-133.

[3] *Ibid.*, p. 225.

[4] Giorgio Rochat, Marcello Venturi, *La divisione Acqui a Cefalonia*, Ugo Mursia Editore, Milano, 1993, pp. 12-17.

Cefalonia, din marea Ionică, Divizia *Acqui* a preferat să se lupte în loc să capituleze în fața germanilor. Prețul plătit a fost unul uriaș. Din 11 500 de militari, doar 3 500 s-au întors în Italia după război. Și ce să mai spunem despre „rezistența fără arme" a celor 650 000 de militari italieni care, prizonieri ai germanilor în cursul acestei luni funeste, au preferat, în imensa lor majoritate, să fie deportați în lagărele de concentrare din Germania sau din regiunile limitrofe, decât să se alăture Republicii Sociale Italiene, așa cum au făcut-o 10-15% dintre ei și 30% dintre ofițeri. Au trăit în condiții de captivitate înspăimântătoare. 40 000 dintre ei au murit de foame, de boli și de epuizare. Dar aceste suferințe au scris, fără îndoială, „una dintre cele mai frumoase pagini ale istoriei forțelor armate italiene, caracterizate mai degrabă prin fidelitate decât prin trădare"[1].

La Eliberare, crimele de război italiene nu au fost judecate, iar actele de curaj ale soldaților au fost date uitării. În contextul unui Război Rece pe cale de a se naște, chiar dacă Italia rămânea o țară învinsă, ea se afla în plină reconstrucție democratică și republicană, optând pentru tabăra americană. Era mai bine să fie date uitării sau ascunse lucrurile întâmplate în Balcani și în URSS. Apoi a fost ușor să fie indusă ideea potrivit căreia armata italiană a fost prost pregătită și alcătuită din soldați incapabili să devină călăi. Această opinie trebuie nuanțată. Instrumente ale unei forțe de ocupație, de represiune și persecuție, soldații nu s-au comportat tot timpul ca niște „bărbați curajoși". În timpul operațiunilor, curajul italienilor s-a dovedit, adesea și din multe puncte de vedere, remarcabil și comparabil cu cel al altor combatanți, cu toate că mijloacele de care dispuneau erau unele net inferioare. Rommel, deși atât de critic, a trebuit să recunoască: „Soldații italieni erau plini de bunăvoință, generoși, buni camarazi și, ținând cont de condițiile în care se aflau, au dat un randament peste medie. Mulți generali și ofițeri au trezit admirația noastră, atât din punct de

---

[1] Giorgio Rochat, *Le guerre italiane, op. cit.*, p. 451.

vedere uman, cât și din punct de vedere militar"[1]. De fapt, armata italiană nu a fost chiar atât de rea. A făcut deseori tot ce i-a stat în putință, cu puținul de care dispunea.

BIBLIOGRAFIE SELECTIVĂ

Messe, Giovanni, *Come finì la guerra in Africa. La «Prima armata» italiana in Tunisia*, Rizzoli, Milano, 1946, 238 pagini.

Panicacci, Jean-Louis, *L'Occupation italienne. Sud-est de la France, juin 1940-septembre 1945*, Presses universitaires de Rennes, Rennes, 2010, 440 pagini.

Rochat, Giorgo, *Le guerre italiane 1935-1943. Dall'impero d'Etiopia alla disfatta*, Einaudi, Torino, 2005, 460 pagini.

Rodogno, Davide, *Il nuovo ordine mediterraneo. Le politiche di occupazione dell'Italia fascista in Europa (1940-1943)*, Bollati Boringhieri, Torino, 2003, 586 pagini.

Stucchi, Giovanni Battista, *Tornim a baita. Dalla campagna di Russia alla Repubblica dell'Ossola*, Vangelista, Milano, 2011 (1983), 467 pagini.

---

[1] Erwin Rommel, *Guerra senza odio, op. cit.*, pp. 193 și 194.

13

Pacificul, un teatru de luptă secundar

de Benoist BIHAN

Privind din Europa, teatrul de operațiuni din Asia și Pacific poate fi cu ușurință socotit drept un teatru de război secundar, la egalitate cu cel din Marea Mediterană – dacă nu chiar pe o poziție inferioară acestuia din urmă. În fond, ce anume au în comun cu lupta împotriva „inamicului principal" din Europa, Germania nazistă, bătăliile aeronavale și amfibii din Pacific, luptele din jungla birmaneză, confruntările pentru întâietate în China? Cu siguranță, elementele comune nu sunt multe – deși... Dar să analizăm războiul din Pacific prin prisma celui din Europa înseamnă să ne lăsăm induși în eroare asupra mizelor și consecințelor unui conflict care, departe de a fi un teatru de luptă secundar, este, de fapt, un război paralel, inclus apoi, după 7 decembrie 1941, în cel care sfâșie Europa din luna septembrie a anului 1939 până în luna mai a anului 1945.

Dominația în Asia nu reprezintă o miză secundară

Acest alt al Doilea Război Mondial, puțin cunoscut în Franța, este totuși unul mai lung. Departe de a fi început cu atacul din 7 decembrie

1941, comis de forțele aeronavale japoneze la Pearl Harbor, preludiu al unei ofensive generale a armatelor nipone împotriva coloniilor europene din Asia de Sud-Est și din Pacificul central, precum și împotriva protectoratului american din Filipine, el începe, de fapt, pe 7 iulie 1937, atunci când Japonia invadează China. La fel cum am putea să stabilim începutul celui de-al Doilea Război Mondial în Europa odată cu criza Sudeților, adică în martie 1938, la fel putem să stabilim că începutul războiului din Pacific datează din 19 septembrie 1931, atunci când armata japoneză cucerește Manciuria, nominal aparținând Chinei, în vederea constituirii aici a unui protectorat nipon, Manciukuo, aflat sub conducerea împăratului-marionetă Pu Yi, ultimul reprezentant al dinastiei manciuriene răsturnate în China de Revoluția din 1911. Iar războiul din Pacific, după cum se știe, se termină la aproape patru luni după încheierea ostilităților în Europa: pe 2 septembrie 1945, data semnării capitulării necondiționate a Japoniei în fața Puterilor Aliate.

Departe de a fi o anexă a celui de-al Doilea Război Mondial care s-a desfășurat în Europa, războiul din Pacific este un conflict care rămâne multă vreme diferit de cel european și pe care l-am putea numi mai exact „războiul pentru Asia". Dacă se dau lupte în Pacific între anii 1941 și 1945, se dau în același timp lupte în întreaga Asie de Sud-Est, de la frontiera indiană și până în China și, din 1937, în inima acesteia din urmă, iar operațiunile aeronavale trec în Oceanul Indian. Fie și numai geografia războiului din Pacific ar interzice considerarea lui ca fiind unul secundar: ea implică, direct sau indirect – fără să luăm în calcul Statele Unite! –, peste 40 de milioane de kilometri pătrați de suprafață terestră – un sfert din suprafața uscatului – unde locuiește, în 1939, mai bine de jumătate din populația lumii, și un teatru de operațiuni maritime care reprezintă, dacă includem Oceanul Indian, aproape 250 de milioane de kilometri pătrați, adică mai mult decât toată suprafața uscatului și aproape jumătate din suprafața Pământului.

Totuși, aceste cifre amețitoare nu sunt singurele care marchează importanța unui conflict. Mizele războiului din Pacific sunt cel puțin echivalente celor din cadrul conflictului european. Lupta angajată împotriva Japoniei imperiale reprezintă contrapartida pentru controlul asupra Asiei a luptei duse împotriva Germaniei naziste. De altfel, aceiași „actori" sunt aliați și aici: Statele Unite, Marea Britanie și imensul său imperiu, dar și URSS, al cărui rol este esențial la începutul și la sfârșitul conflictului. Mai mult, ca element anecdotic, și Olanda, stăpână a Indoneziei („Indiile Olandeze") din secolul al XVII-lea, apare printre beligeranții care se luptă atât cu Germania nazistă, cât și cu Japonia.

Franța joacă și ea un rol aici, prin coloniile sale: Indochina regimului de la Vichy, deschisă sub constrângerea forțelor japoneze începând din septembrie 1940, le furnizează acestora baze valoroase pentru ofensivele din anii 1941-1942. Din Indochina pleacă bombardierele și avioanele torpiloare care, pe 10 decembrie 1941, scufundă navele de linie *HMS Prince of Wales* și *Repulse*, gonind marina britanică din apele asiatice până în 1944. Pentru Forțele Franceze Libere, Pacificul are o mare importanță: primul teritoriu care se raliază generalului de Gaulle este partea franceză din condominiul franco-britanic asupra Noilor Hebride (actualul Vanuatu), pe 22 iulie 1940. Noua Caledonie, care urmează pe 24 septembrie, le va furniza americanilor o bază esențială pentru operațiunile desfășurate în Pacificul de Sud-Vest, în 1942. Noua Caledonie, Polinezia franceză și Wallis și Futuna le vor oferi Forțelor Franceze Libere un batalion din Pacific, care se luptă la Bir Hakeim (26 mai-11 iunie 1942) și debarcă în Provence în august 1944.

Aceste țări, în primul rând Japonia și Statele Unite și, într-o mai mică măsură, Marea Britanie și URSS își dispută – precum Germania și URSS în Europa – dominația pe nici mai mult, nici mai puțin decât o întreagă emisferă, în plus cea mai populată. Este dificil să câștigi asemenea mize dintr-un singur tur.

De fapt, această confruntare este în pregătire încă din zorii secolului XX. Între anii 1894-1895, un scurt conflict opune Japonia Chinei. Tokio câștigă marea insulă Formosa și ambițiile îi sporesc. Zece ani mai târziu, între anii 1904-1905, armata și marina nipone pun capăt, la Mukden[1] și Tsushima[2], veleităților imperiale rusești în Manciuria și Coreea... trezindu-le pe cele ale Japoniei, care intenționează să își creeze în Asia un imperiu egal cu acela al modelului său în acest domeniu, Marea Britanie. Iată bazele unei confruntări între trei state, Japonia, Statele Unite și China. China reprezintă miza principală a războiului din Pacific, în care se confruntă voința japoneză de a-și construi un imperiu din Indii, și orientarea SUA care, din 1911 și de la instaurarea Republicii Chineze, vede în fostul Imperiu Chinez viitorul partener democratic ideal al Washingtonului. URSS, moștenitoare a Imperiului Rus, și Marea Britanie au, în această regiune de mare importanță strategică, rolul unor observatori interesați, înainte de a deveni „actori" pe de-a întregul.

Înainte chiar de începutul celui de-al Doilea Război Mondial, toate statele riverane din bazinul Pacificului includ, în calculele lor strategice, propriile mize cu privire la această zonă. Încă din anii '20, marina britanică vede – precum, foarte logic, o face și marina americană – în marina imperială japoneză principalul

---

[1] Purtată între 20 februarie și 10 martie 1905, bătălia de la Mukden (astăzi Shenyang, în nordul Chinei) este ultima mare confruntare terestră din războiul ruso-japonez: 280 000 de japonezi înving acolo 340 000 de ruși. Este cea mai mare bătălie după cea de la Leipzig, din 1813. Nu va mai exista o înfruntare de această amploare în Asia înainte de cel de-al Doilea Război Mondial.

[2] Pe 27 și 28 mai 1905, o escadrilă japoneză aflată în subordinea amiralului Togo Heihachiro învinge și distruge, aproape de insula Tsushima, cea mai mare parte (21 nave din 38) a flotei ruse venite din Europa ca să apere Port-Arthur.

adversar[1]. Dar, și acest lucru are consecințe directe asupra Europei, URSS nu încetează, sub Stalin, să jinduiască după Asia. Forțele sovietice din Extremul Orient reprezintă, la sfârșitul anilor '30, partea cea mai competentă și cea mai bine echipată din Armata Roșie, încă o dovadă a faptului că dictatorul sovietic considera Japonia ca fiind o amenințare stringentă. Scurtul conflict frontalier de la Khalkhin-Gol (Nomonham pentru japonezi), dintre 11 mai și 16 septembrie 1939, apogeu al unei serii de incidente la graniță între Japonia și URSS, nu este decât un episod secundar în rivalitatea nipono-sovietică. În schimb, afectează direct atitudinea Uniunii Sovietice în Europa.

Într-o carte foarte bine documentată[2], publicată în 2012, care are un subtitlu elocvent – „Victoria Armatei Roșii care a modelat al Doilea Război Mondial" –, istoricul american Stuart D. Goldman explică în ce fel dorința de a evita războiul pe două fronturi – Germania și Japonia – constituie preocuparea principală a diplomației sovietice la sfârșitul anilor '30. Accentuarea, între anii 1938-1939, a tensiunilor cu Japonia, se află în centrul motivațiilor lui Stalin: atunci când îl trimite pe Molotov, ministrul său de externe, să semneze pactul germano-sovietic, pe 23 august 1939, luptele fac ravagii la Khalkhin-Gol și, chiar dacă victoria sovietică pare să fie sigură, URSS nu știe încă dacă înfruntarea va continua sau nu. Și chiar după invazia germană din iunie 1941, Stalin nu se va retrage decât cu foarte mare reticență de pe teatrul de război din Extremul Orient.

---

[1] Andrew Field, *Royal Navy Strategy in the Far East 1919-1939: Planning for a War against Japan*, Frank Cass, Londra, 2004. Marina japoneză, mai mult decât marina italiană sau cea germană, îngrijorează *Royal Navy*. O serie de adaptări tehnice ale navelor britanice din timpul perioadei interbelice sunt realizate în vederea unui război cu Japonia. A se vedea Norman Friedman, *Naval Firepower: Battleship Guns and Gunnery in the Dreadnought Era*, Seaforth Publishing, Barnsley, 2008.

[2] Stuart D. Goldman, *Nomonhan 1939. The Red Army Victory that Shaped World War II*, Naval Institute Press, Annapolis, 2012.

Pacificul are o influență directă asupra războiului din Europa

După Pearl Harbor, evenimentele din Pacific nu încetează să afecteze, în mai mică sau mai mare măsură, desfășurarea războiului din Europa. Desigur, de la Conferința Arcadia (conferință care a avut loc la Washington DC, între 22 decembrie 1941 și 14 ianuarie 1942, la care au participat Churchill și Roosevelt și la care s-a stabilit strategia globală a celor două state de utilizare cu predilecție a resurselor pentru înfrângerea Germaniei în Europa – n.red.), aliații anglo-americani sunt de acord să-i acorde Europei prioritatea în ceea ce privește eforturile lor militare. Americanii și britanicii cred că Germania reprezintă un pericol mai mare și imediat, comparativ cu Japonia, pe care o știu în special incapabilă să atace direct continentul american – în vreme ce al Treilea Reich a dovedit că putea să lovească Londra, chiar dacă fără rezultate militare importante, și că *Wehrmachtul* se afla încă la porțile Moscovei. Dar această prioritate nu împiedică Pacificul să influențeze rapid strategia celor doi aliați.

Pentru Regatul Unit, amploarea și rapiditatea expansiunii japoneze în Asia de Sud-Est nu întârzie să facă din apărarea Indiei o miză a cărei importanță nu este întrecută decât de salvarea Marii Britanii înseși. Păstrarea a ceea ce, de mai bine de un secol, reprezintă diamantul Imperiului este pentru Churchill un scop esențial în război, care justifică, el singur, apărarea înverșunată a rutei maritime prin Mediterana și Canalul Suez. Apărarea Australiei reprezintă un alt scop, care este dublat de nevoia britanicilor de a menține unit Commonwealth-ul. Într-adevăr, neozeelandezii și, mai ales, australienii îi furnizează Regatului Unit întăriri esențiale pentru lupta din Mediterana. Aceste divizii care îl înfruntă pe Rommel nu sunt totuși un cadou al fostelor dominioane pentru vechea lor metropolă, ci o contrapartidă pentru asigurarea că Londra este în măsură să le garanteze apărarea. Deci, ofensiva japoneză din decembrie 1941 are, asupra strategiei din Mediterana și, prin urmare, a celei din Europa a Regatului Unit, o influență directă, mai ales după căderea Singaporelui din februarie 1942, când dispare o întreagă divizie australiană. Australienii nu-i ascund Londrei – care nu poate face nimic – resentimentul față de incapacitatea Marii Britanii de a-i veni în ajutor fostului său dominion[1] și cer revenirea forțelor lor în Pacific. Acest lucru, împreună cu stabilirea în India a unei mari părți din *Indian Army*, diminuează cu atât mai mult în operațiunile care se vor desfășura în Europa puterea militară relativă a Regatului Unit, din ce în ce mai lipsit de resurse umane care să poată fi mobilizate.

Pentru Statele Unite, importanța Pacificului consta, în primul rând, în efectul psihologic pe care l-a avut atacul de la Pearl Harbor, văzut ca „ziua infamiei" chiar și astăzi. Hitler – care declară război Statelor Unite din solidaritate cu Japonia! – și naziștii nu sunt decât un adversar secundar în ochii militarilor americani, a căror ostilitate la adresa japonezilor este considerabil accentuată de rasismul reciproc al luptătorilor și de metodele de război nipone, care făceau din Pacific – nici de data aceasta văzut drept „secundar" – cel mai brutal teatru de război, după frontul germano-sovietic[2]. Pacificul nu deține cu adevărat locul doi, după Europa, în preocupările americane decât în etapa dintre predarea forțelor germane în Tunisia, din mai 1943, și confirmarea reușitei Operațiunii *Overlord*, alături de cuceririle aliate de după debarcarea din Normandia, în iulie-august 1944. Înainte de aceste evenimente, apărarea Australiei și a insulelor Hawaii, avea o importanță esențială, mai ales pentru *US Navy*, care avea rețineri în a trimite în Atlantic mijloace militare, fie ele și limitate, de vreme ce absența fiecărei nave se resimțea puternic

---

[1] David Day, *The Politics of War. Australia at War, 1939-1945: From Churchill to MacArthur*, Harpers Collins Australia, Sydney, 2003.
[2] John A. Lynn, *Battle: A History of Combat and Culture, From Ancient Greece to Modern America*, Westview Press, Cambridge, 2003, cap. 7: „The Merciless Fight: Race and Military Culture in the Pacific War".

în Pacific. Deci, doar după sfârșitul lungii lupte pentru Guadalcanal, respectiv în februarie 1943, știind că au zdrobit definitiv elanul japonez – și au frânt spinarea marinei imperiale –, Statele Unite joacă din plin cartea „Germany First" (probabilă parodiere a formulei naziste *Deustchland über alles* – Germania mai presus de orice – n.red.), proclamată la Conferința Arcadia.

Dar, de îndată ce Hitler este învins, miza asiatică își reia locul în calculele Washingtonului, cu atât mai mult cu cât promisiunea unei viitoare victorii asupra celui de-al Treilea Reich trebuia să implice rapid un nou actor în războiul din Pacific: Uniunea Sovietică. Astfel, ultimele luni din cel de-al Doilea Război Mondial sunt o adevărată cursă pentru Asia între americani și sovietici[1]. Această cursă se încheie pe linia de start a primului conflict armat al Războiului Rece, războiul din Coreea. Linia de departajare între cele două jumătăți ale țării, paralela 38, este cea care desparte zona de ocupație a forțelor sovietice, care se avântă în vara lui 1945 spre Nordul Chinei, după ce au nimicit armata japoneză, de zona forțelor americane, care au debarcat după capitularea Japoniei. Iar decizia americană de a folosi arma nucleară la Hiroshima (6 august 1945), dar mai ales aceea a unui al doilea bombardament, la Nagasaki, pe 9 august, este atât o demonstrație de forță adresată Moscovei, cât și un ordin de a se preda, îndreptat spre Tokio... De altfel, capitularea Japoniei este cauzată mai mult de frica elitelor militare japoneze de o ocupație sovietică – a se înțelege „comunistă" – decât de teama de o distrugere prin focul nuclear[2].

În tabăra opusă, este evident că Oceanul Pacific – războiul împotriva americanilor – constituie pentru Japonia efortul principal începând din decembrie 1941. Acest efort, chiar dacă, în realitate, reprezintă mai cu seamă unul venit din partea marinei – marea

---

[1] Tsuyoshi Hasegawa, *Racing the Enemy: Stalin, Truman, and the Surrender of Japan*, Harvard University Press, Cambridge, 2005.
[2] *Ibid.*

problemă a armatei imperiale rămâne China –, împiedică Japonia să joace un rol cât de mic împotriva Uniunii Sovietice. Înfrângerea de la Khalkhin-Gol, stabilirea în China a celei mari părți din efectivele terestre se opun dezvoltării unei strategii de ansamblu a Axei. Este adevărat că nici Berlinul, nici Tokio nu se gândesc foarte serios la ea. Dar este greu de crezut că Hitler, în rasismul lui orb față de americani – „negroizi iudaizați" – nu și-ar fi imaginat măcar că Japonia avea să atragă asupra sa cea mai mare parte a efectivelor americane, pe care le subestimează grav. Acest calcul a cântărit mult în războiul din Europa, în vreme ce faptul că URSS, singura dintre cele cinci principale puteri beligerante, a scăpat de un război pe mai multe fronturi a favorizat, fără îndoială, victoria sovietică asupra Germaniei.

Arta războiului și desfășurarea operațiunilor: influența majoră a Pacificului

După cum vedem, războiul din Pacific a avut o influență profundă asupra opțiunilor strategice ale tuturor principalilor beligeranți din cel de-al Doilea Război Mondial, indiferent dacă s-au limitat sau nu la Europa. Dar Pacificul a avut și o influență considerabilă asupra desfășurării militare a operațiunilor. În afară de arma nucleară, care nu intervine decât în ultimele zile ale războiului, când ostilitățile în Europa sunt deja încheiate, războiul din Pacific și extinderea sa în diferite zone de pe continentul asiatic joacă un rol esențial în dezvoltarea principalelor inovații doctrinare, operaționale și tactice în al Doilea Război Mondial.

Mai întâi în ceea ce privește o direcție neașteptată: URSS. După cum a arătat Jacques Sapir[1], arta operațională sovietică și doctrina luptei, apoi „operațiunile în adâncime" care constituie punerea ei în

---

[1] Jacques Sapir, *La Mandchourie oubliée. Grandeur et démesure de l'art de la guerre soviétique*, Editions du Rocher, Paris, 1996.

aplicare de către Armata Roșie, au apărut parțial și s-au dezvoltat în mare măsură în Manciuria: între 1904-1905, pe baza experiențelor din războiul ruso-japonez, al cărui veteran este Alexander Svecin[1], părintele acestei arte operaționale; în 1939, în plin iureș al epurărilor staliniste, Gheorghi Jukov[2] îi înfrânge pe japonezi la Khalkhin-Gol, organizându-și operațiunea în conformitate cu principiile luptei în adâncime – adaptate la constrângerile diplomatice impuse de Stalin; în 1945, în cele din urmă, atunci când Armata Roșie victorioasă asupra *Wehrmachtului* dezintegrează în câteva zile forțele japoneze în Manciuria și își demonstrează măiestria operațiunilor în adâncime într-o ofensivă strategică, devenită temă de studiu în școlile militare[3].

Apoi, într-o direcție mai evidentă: Statele Unite ale Americii sunt în mare măsură dependente de războiul din Pacific și de pregătirea lor pentru acesta în trei domenii: operațiunile aeronavale și submarine, în primul rând și deloc surprinzător; apoi operațiunile amfibii și, în ultimul rând, bombardamentul la mare distanță.

În ceea ce privește primul domeniu, războiul din Pacific este creuzetul în care se formează nu numai *US Navy*, dar și cea mai mare parte din gândirea navală contemporană. Aceasta include rolul portavioanelor, folosirea – eficientă, spre deosebire de *U-Boote* germane – submarinelor pentru a duce un război nemilos împotriva navelor comerciale, fără să omită atacarea, cu această ocazie, a

---

[1] Aleksandr A. Svecin, *Strategy*, East View Publications, Minneapolis, 1991 (ed. originală [*Strategiia*] Moscova, Voennyi vestnik, 1927). După 1905, Svecin face în special parte din comisia însărcinată să tragă concluziile după conflict, din care redactează cea mai mare parte a raportului.

[2] Despre Jukov la Khalkhin-Gol, a se vedea Jacques Sapir, *La Mandchourie oubliée, op. cit.*, și Jean Lopez și Lasha Otkhmezuri, *Joukov, l'homme qui a vaincu Hitler*, Perrin, Paris, 2013, cap. 7.

[3] Jacques Sapir, *La Mandchourie oubliée, op. cit.*, și David M. Glantz, *The Soviet Strategic Offensive in Manchuria, 1945*, Frank Cass, Londra și New York, 2003.

marilor unități[1], dar și utilizarea tactică a radarului atât pentru apărarea aeriană, cât și pentru lupta de suprafață și, mai susținut, dezvoltarea unei abordări realmente interarme a luptei aeronavale, în care nave de toate tipurile, organizate în *Task Forces* în funcție de misiunile lor, cooperau strâns între ele și cu aeronavele atât în atac, cât și în apărare[2].

Cât despre operațiunile amfibii, dacă britanicii au partea lor de inovație, mai ales prin raidurile de comando duse între anii 1940-1942 de-a lungul țărmurilor europene, aceștia nu fac decât să adapteze contextului modern vechea lor tradiție a „descinderilor" pe coastele inamice. Cu o singură condiție: ca acestea să fie slab sau deloc apărate. Or, eliberarea Europei cerea tocmai capacitatea de a efectua atacuri amfibii în forță, în fața unor apărări bine pregătite. Soluția vine din Pacific și, în special, de la pușcașii marini. Din anii '20 și mai ales în anii '30, pușcașii marini dezvoltă doctrina și echipamentele care să le permită cucerirea insulelor din Pacific. În cadrul Planului *Orange*, planul de război al marinei americane împotriva Japoniei și succesorilor săi, misiunea pușcașilor marini – care, deși sunt un departament separat, depind de *US Navy* – este să cucerească și să apere bazele care să le permită navelor americane să se aprovizioneze în drum spre Japonia. Pentru a îndeplini această misiune, se vor dezvolta barjele de transport maritim și ambarcațiunile de debarcare, blindatele amfibii, organizarea tactică adaptată... care vor fi, mai apoi, folosite de *US Army* în Africa de Nord, Italia și Europa între anii 1943-1944, în vreme ce, între anii 1944-1945, pușcașii marini – și alte unități ale *US Army* – își vor perfecționa arta operațiunilor amfibii în Pacific. Pe o scară comparabilă cu debarcarea

---

[1] Submarinele americane scufundă astfel, între anii 1942 și 1945, trei portavioane grele și două ușoare, un cuirasat și mai multe crucișătoare nipone.

[2] Thomas C. Hone, „Replacing Battleships with Aircraft Carriers in the Pacific in World War II", în *Naval War College Review*, vol. 66, nr. 1, Naval War College Press, Newport, 2013.

din Normandia a americanilor (3 divizii), asaltul de la Saipan, în zona Marianelor, lansat la 15 iunie 1944, este totuși executat în cadrul uneia dintre cele mai mari bătălii navale din istorie[1] și de către trupe care au călătorit nu zece ore, ci zece zile pe mare de la Pearl Harbor, aflat la aproape 6 000 de kilometri distanță – distanța dintre porturile britanice și plajele din golful Senei, unde au debarcat Aliații pe 6 iunie 1944, este de aproximativ 250 de kilometri.

Dezvoltarea de către Forțele Aeriene ale Armatei Statelor Unite a bombardierelor grele, capabile să efectueze raiduri cu rază lungă – B-17 și B-24, care vor duce campania împotriva Europei, B-29, care va bombarda Japonia – datorează totul pregătirii unui război cu Tokio. De fapt, prima misiune a bombardierelor USAAF înainte de război, e drept, era apărarea de la distanță a coastelor americane împotriva flotelor inamice: vizorul de bombardament Norden, folosit pentru raidurile împotriva industriei germane, a fost proiectat inițial pentru a distruge cuirasate. Acestea sunt, mai presus de toate, nipone, iar primele B-17 nu vor fi realizate pentru Europa, ci trimise în Pacific – șaizeci de exemplare noi vor fi distruse la sol în primele ore ale ofensivei japoneze în Filipine.

În cele din urmă, putem considera că războiul din Pacific a dus la nașterea unei doctrine militare destinate, după 1945, unui mare succes: aceea a lui Mao Zedong, popularizată în scrierile sale despre războiul revoluționar[2]. Dacă în războiul civil chinez aceasta este pusă în aplicare pe deplin, gândirea militară a lui Mao se construiește atât împotriva japonezilor, cât și împotriva naționaliștilor lui Chiang Kai-shek, fiind, prin urmare, inseparabilă de războiul din Pacific.

Retragerea rapidă din Asia, după 1945, a statelor europene care până atunci domneau acolo aproape pretutindeni, retragere la care Mao

---

[1] Bătălia pe mare din Filipine (19-20 iunie 1944). Barrett Tillman, *Clash of the Carriers: The True Story of the Marianas Turkey Shoot of World War II*, Penguin Books, New York, 2005.

[2] Mao Zedong, *On Guerilla Warfare* (trad. Samuel B. Griffith II), University of Illinois Press, Chicago, 1961.

a contribuit direct sau indirect, prin ajutorul militar chinez sau prin distribuirea scrierilor sale teoretice, este, de altfel, cea mai mare și cea mai durabilă dintre consecințele războiului din Pacific. Ascensiunea Chinei și a Indiei, dinamismul Asiei de Sud-Est, dar și situația politico-strategică complexă, dublată de tulburările culturale din Japonia și de încă nesoluționatul conflict inter-coreean sunt rezultatele directe ale războiului din Pacific. Sfârșitul lui brusc, odată cu predarea Japoniei – deși se credea că luptele aveau să mai dureze cel puțin un an – nu a permis realmente pregătirea reglementărilor: nu a existat nicio conferință de la Ialta ori una de la Potsdam pentru Asia, ci doar înțelegeri vagi. Astfel, istoria primei jumătăți a secolului XXI are foarte mari șanse de a fi cea a reglării, inclusiv prin forță, a tuturor conturilor – și sunt multe – care nu s-au soluționat în 1945 în Asia și în Pacific. Dacă nu ar exista decât un singur argument pentru a spune că Pacificul, departe de a fi fost un „teatru secundar", a fost realmente un conflict a cărui amintire este la fel de importantă pe cât de important a fost locul său în contextul mai amplu al celui de-al Doilea Război Mondial, argumentul ar fi tocmai acesta.

BIBLIOGRAFIE SELECTIVĂ

Costello, John, *The Pacific War: 1941-1945*, Quill, New York, 1982.
Dower, John W., *War without Mercy. Race and Power in the Pacific War*, Pantheon Books, New York, 1987.
Ienaga, Saburo, *The Pacific War: 1931-1945*, Pantheon Books, New York, 1978.
Myers, Michael, *The Pacific War and Contingent Victory: Why Japanese Defeat Was Not Inevitable*, University Press of Kansas, Lawrence, 2015.
Sapir, Jacques, *La Mandchourie oubliée. Grandeur et démesure de l'art de la guerre soviétique*, Editions du Rocher, Paris, 1996.

Toland, John, *The Rising Sun: The Decline and Fall of the Japanese Empire, 1936-1945*, Modern Library, New York, 2003.

Toll, Ian, *Pacific Crucible: War at Sea in the Pacific, 1941-1942*, W.W. Norton & Company, New York, 2012.

Willmott, H.P., *Atlas de la guerre du Pacifique 1941-1945*, Autrement, Paris, 2001.

14

Debarcarea din Provence, o operațiune inutilă

de Claire MIOT

„M-am opus mereu, încă de la bun început, Operațiunii *Anvil* și preconizasem abandonarea ei totală, din două motive principale. Mai întâi, aveam nevoie – pentru *Overlord* – de nave de debarcare; în plus, ea slăbea [forțele noastre de pe] frontul italian chiar în clipa în care avansam acolo cu mari șanse să ajungem la Viena înaintea rușilor [...]. Dar *Anvil* [sau *Dragoon*] a avut loc pe 15 august și a fost, după opinia mea, una dintre cele mai mari greșeli strategice din război"[1], scrie sever mareșalul britanic Montgomery, comandantul forțelor terestre din Operațiunea *Overlord*, în *Memoriile* sale, publicate la mai bine de douăzeci de ani după debarcarea din Provence, la 15 august 1944. Discutabilă din punct de vedere militar în fața stagnării Aliaților în Italia, aceasta ar fi devenit, conform opiniei lui Montgomery, precum și celei a altor oficiali britanici, începând cu Churchill însuși, o greșeală geopolitică majoră. Concentrând trupele aliate în Franța, și nu în Italia, apoi în Balcani,

---

[1] Bernard Montgomery of Alamein, *Mémoires*, Nouveau Monde Editions, Paris, 2014 (ediție engleză din 1958), p. 286.

Anvil-Dragoon ar fi lăsat cale liberă sovieticilor pentru a-și extinde controlul asupra Europei Centrale și de Est.

Anumiți istorici au reluat această legendă neagră, subliniind răspunderea lui Roosevelt, care a fost îngăduitor față de Stalin cu privire la o decizie puțin justificată pe plan militar și cu multiple consecințe în epoca de după război. Astfel, André Kaspi și Jean-Baptiste Duroselle scriu că „dacă Statele Unite și Marea Britanie ar fi ajuns înaintea Uniunii Sovietice în Balcani, precum și în Europa Centrală, ar fi rezolvat în acest mod unele dintre cele mai îngrijorătoare probleme ale Războiului Rece"[1]. Dar demnă de subliniat ar fi în mai mică măsură proasta reputație a Operațiunii *Anvil* – redenumită *Dragoon* în luna august 1944 –, cât absența sa din istoriografia celui de-al Doilea Război Mondial. Aceasta a favorizat mai mult cercetările privind *Ziua Z*, considerată de Aliați ca fiind bătălia decisivă. *Anvil-Dragoon* apare, dimpotrivă, și încă de la început, ca secundară. De fapt, debarcarea din Provence, care a mobilizat aproximativ 400 000 oameni, amânată de mai multe ori, este lansată, în sfârșit, într-un moment în care soarta bătăliei din Europa părea pecetluită, cel puțin pe termen mediu. La Est, sovieticii au lansat Operațiunea *Bagration* pe 22 iunie 1944. Începând cu sfârșitul lunii iulie, Armata Roșie recâștigă teritoriile pierdute în 1941 și cucerește estul Poloniei, până la Vistula. La Vest, după ce trupele au stat încâlcite în tufărișurile din Normandia timp de mai multe săptămâni, Aliații reușesc să rupă frontul la sfârșitul lunii iulie a anului 1944[2]. În cele din urmă, în Franța, eliberarea orașelor Toulon,

---

[1] Jean-Baptiste Duroselle și André Kaspi, „La Méditerranée, champ de bataille secondaire, juillet 1943-août 1944", în *La Guerre en Méditerranée 1939-1945* (documente la colocviul internațional organizat de Comisia franceză de istorie a celui de-al Doilea Război Mondial care a avut loc la Paris, în aprilie 1969), Paris, CNRS Editions, 1971, p. 379.

[2] Jean Quellien, *La Bataille de Normandie (6 juin-25 aout 1944)*, Tallandier, Paris, 2014, pp. 177-260.

Marsilia sau Lyon de către Armata I franceză a generalului de Lattre de Tassigny, care luptă în Grupul 6 de Armate american al generalului Devers, cântărește puțin în lumina simbolului răsunător al eliberării Parisului pe 25 august 1944. Astfel, *Anvil-Dragoon* pare să fie o operațiune prea întârziată ca să rămână în memoria colectivă și în cărțile de istorie.

Totuși, lucru atât de rar încât trebuie subliniat, Hitler ordonă de pe 17 august retragerea trupelor germane staționate în sudul Franței. Cu o zi înainte, confruntat cu cucerirea de către Aliați a Normandiei, a acceptat și ca o parte dintre unități să se replieze. Există un risc real: cea mai importantă parte din trupele *Wehrmachtului* aflate în Franța ar putea să cadă pradă unei mișcări de învăluire, demonstrând eficacitatea Operațiunii *Anvil-Dragoon* ca sprijin al Operațiunii *Overlord*. În plus, Hitler, înțelegând interesul logistic esențial pe care îl prezintă pentru Aliați cucerirea acestor porturi, le-a cerut ofițerilor lui să apere Marsilia și Toulon până la ultimul om, dovedind, încă o dată, importanța strategică a Rivierei franceze pentru soarta războiului din Vest.

Iată tot atâtea elemente care ne invită să ne punem întrebări **asupra** importanței militare și diplomatice a „celei de-a doua zile Z". Desigur, este incontestabil faptul că, la scara războiului mondial, debarcarea din Provence rămâne un teatru de operațiuni secundar. Dar trebuie să fim atenți să nu-i atribuim *a posteriori* acestei operațiuni un rol și o amploare pe care nici măcar cei care au gândit-o nu i le-au oferit! Cu unele variații, Aliații anglo-americani au conceput, încă de la început, Operațiunea *Anvil* ca pe un sprijin pentru debarcarea din nord-vestul Franței, care trebuia să se constituie în operațiunea majoră a anului 1944. Problema eficienței debarcării din sudul Franței trebuie plasată în termenii așteptărilor reale pentru această operațiune. În plus, dacă, la nivel continental, efectul militar al Operațiunii *Anvil* poate să pară unul relativ limitat, în contextul Franței și al populației sale acesta era cu totul altul:

debarcarea din Provence permite eliberarea sfertului de teritoriu național din sud-est înainte de toamna anului 1944. În sfârșit, pentru francezi, utilitatea sa – politică și diplomatică, de această dată – este imensă! Dacă participarea franceză la Operațiunea *Overlord* este limitată numeric, acest lucru nu este valabil și pentru *Anvil*, unde francezii din Armata I constituie mai mult de două treimi din efectivele debarcate. Comandantul lor, generalul Jean de Lattre de Tassigny, a fost cel care a semnat actul capitulării necondiționate a Germaniei naziste, pe 8 mai 1945.

La originile unei operațiuni contestate

Lansarea Operațiunii *Anvil* pe coastele provensale, începând din 15 august, aproape că ține de domeniul miracolului, atât de mult a stat sub semnul întrebării până în ultimul moment. Roosevelt și strategii americani sunt, cei mai mulți, convinși de interesul pe care îl prezintă debarcarea în sud în cadrul unei strategii frontale împotriva Germaniei, dar Churchill și Statul lui Major nu au același punct de vedere și preferă să joace cartea strategiei periferice, mai întâi în Africa de Nord, apoi în Italia. Stalin, intrat în jocul diplomatic după Operațiunea *Barbarossa*, pe 22 iunie 1941, susține ferm deschiderea unui al doilea front european.

La conferințele TRIDENT (Washington DC, 12-25 mai 1943) și QUADRANT (Québec, 14-24 august 1943), Aliații anglo-americani fac din debarcarea în Europa de Vest o prioritate pentru anul 1944. La TRIDENT, au în vedere „poate să invadeze sudul Franței și astfel să ajute operațiunea [care urma să aibă loc] prin Canalul Mânecii"[1] și la QUADRANT, americanii impun întâietatea operațiunii în nord-vestul Franței, numită de acum *Overlord*. Debarcarea

---

[1] Memorandum al Statului-Major britanic, 14 mai 1943, citat în *Foreign Relations of the United States. The Conferences at Washington and Quebec (1943)*, Department of State Publication, US Government Office, Washington, 1970, pp. 257-261.

din sudul Franței trebuie să fie în serviciul exclusiv al acesteia din urmă[1]. La Conferința de la Teheran (28 noiembrie-1 decembrie 1943), Stalin amintește necesitatea deschiderii unui al doilea front în Europa. Chiar dacă nu mai este vorba de un imperativ vital, căci Armata Roșie, mai întâi încolțită, a obținut victorii răsunătoare la Stalingrad (februarie 1943), apoi la Kursk (august 1943), liderul de la Kremlin pledează în favoarea punerii mai presus de orice îndoială a Operațiunii *Overlord*, completată de o debarcare în sudul Franței[2]. De fapt, Roosevelt susține pretențiile lui Stalin în ciuda reticențelor lui Churchill, iar acordul militar semnat de cei trei aliați prevede ca Operațiunea *Overlord* să fie lansată în luna mai 1944, în același timp cu cea din sudul Franței[3]. Prima versiune a planului prevedea un asalt de o parte și de alta a radei portului Hyères cu două sau trei divizii, apoi debarcarea altor șapte divizii, care să permită o înaintare spre Lyon. Portul Marsilia, neapărat necesar debarcării oamenilor și echipamentelor, trebuia cucerit cât mai repede[4].

Cu toate acestea, până la sfârșitul primăverii anului 1944, pregătirea debarcării din sud este compromisă de eșecurile Aliaților în Italia, unde germanii se apărau sălbatic. În plus, lipsește logistica, iar arsenalul democrației nu este în măsură să furnizeze numărul de nave de debarcare necesare. Eisenhower, în fruntea SHAEF (Cartierul General Suprem al Forțelor Expediționare Aliate – n.red.), pledează totuși în favoarea unei operațiuni importante în sudul Franței, din mai multe motive. Mai întâi, el ține să dea curs angajamentelor

---

[1] Memorandum al șefilor Statului-Major combinat, 9 august 1943, citat în *Foreign Relations of the United States*, op. cit., p. 475.

[2] Olivier Wieviorka în *Histoire du débarquement en Normandie. Des origines à la libération de Paris (1941-1944)*, Le Seuil, Paris, 2007, p. 53.

[3] Acordul militar din 1 decembrie 1943, *Foreign Relations of the United States*, op. cit., pp. 576-578.

[4] *Report by the Supreme Allied Commander Mediterranean to the Combined Chiefs of Staff on the Operations in Southern France, August 1944*, Washington DC, US Government Printing Office, 1946, p. 1.

asumate față de sovietici în cadrul Conferinței de la Teheran și consideră că succesul *Overlord* depinde direct de cel al operațiunii *Anvil*. În plus, după opinia lui, cucerirea portului Marsilia era absolut necesară pentru aprovizionarea liniilor aliate pe întregul front din Europa de Vest. Dar, confruntați cu dificultățile logistice, cu stagnarea din Italia și presiunile britanicilor, americanii sfârșesc prin a accepta să disocieze cele două debarcări în Franța. În urma unui compromis la care s-a ajuns pe 21 martie, *Anvil* urma să fie lansată după căderea Romei și redusă la o simplă operațiune de diversiune, ceea ce, este adevărat, limita în mare măsură interesul său strategic.

Însă cucerirea Romei are loc abia pe 4 iunie, urmată, două zile mai târziu, de *Ziua Z* din Normandia. Totuși, dificultățile nu au fost rezolvate. Churchill, acum preocupat de înaintarea sovietică în Est, insistă ca *Anvil* să fie înlocuită de o operațiune în Istria, care le-ar fi permis trupelor să treacă la cucerirea Ljubljanei, deschizând drumul spre Viena și spre Europa de Est. Date fiind refuzurile americanilor, Churchill negociază cu Roosevelt până în primele zile ale lunii august, susținând, de data aceasta, necesitarea întăririi trupelor din Operațiunea *Overlord,* măcinate în bătălia pe care fuseseră nevoite s-o ducă pentru a trece de obstacole. Aproape că reușește: într-adevăr, pe 7 august, CCS (*Combined Chiefs of Staff*, Statul-Major combinat interaliat) le cere părerea lui Eisenhower și lui Wilson, comandantul suprem al forțelor aliate în Mediterana, însărcinat să organizeze operațiunea, în privința unei eventuale renunțări la *Anvil* și a relocării resurselor spre *Overlord*[1], și abia pe 11 august generalul Wilson primește, în cele din urmă, ordinul să execute planurile Operațiunii *Anvil*.

Într-adevăr, britanicii, inițial din motive militare, apoi din motive strategice, pun masiv la îndoială oportunitatea Operațiunii *Anvil*. Soarta celei de-a doua debarcări în Franța depinde, în vara anului

---

[1] Extras dintr-o reuniune CCS, din 7 august 1944, CAB/121-396, Kew, Marea Britanie, Public Records Office (de acum PRO).

1944, de capacitatea americanilor de a-și impune concepțiile strategice, căci ei sunt cei care oferă cea mai mare parte din resursele umane și materiale, după cum subliniază la acea vreme, nu fără anumită luciditate, ministrul rezident britanic, Harold Macmillan: „Rămăsesem cu sentimentul că, în privința contribuției masive a forțelor americane în campania europeană și în situația generală, trebuia să renunțăm dacă Eisenhower și Marshall insistau cu privire la *Anvil*"[1].

O operațiune încununată de succes

Cei care s-au opus Operațiunii *Anvil* au subliniat și riscurile pe care le presupunea o asemenea operațiune amfibie. Nu evocase, oare, Churchill, în august 1944, în fața consilierului diplomatic al lui Roosevelt, Harry Hopkins, scenariul catastrofal al unui „atac dificil, pe mare, împotriva coastei bine fortificate a Rivierei [...] unde abundă pozițiile fortificate pe pante abrupte, creste și râpe?"[2] Este clar că nu a fost cazul și că asaltul din 15 august a fost o reușită.

Diferitele scenarii ale operațiunii sunt destul de optimiste. Dacă un plan general inițial, prezentat pe 28 aprilie 1944, imagina o cucerire a orașului Toulon la Z+25, deci anticipa o rezistență suficient de puternică pe coastă, Planul *Rankin*, devenit oficial în iunie 1944, prevedea trei ipoteze: fie o retragere germană parțială, fie o evacuare totală sau, în sfârșit, o capitulare necondiționată[3]. Este adevărat că apărarea germană nu se compară deloc cu cea de pe coasta Normandiei. În ajunul debarcării, sunt staționați în sudul Franței 210 000 de germani – armata, marina și forțele aeriene împreună –,

---

[1] Harold Macmillan, *War Diaries, Politics and War in the Mediterranean*, Basingstoke, Londra, 1984, pp. 476 și 477.

[2] Winston Churchill, *La Deuxieme Guerre mondiale*, t. 11: *Triomphe et tragédie (1944-1945)*, Plon, Paris, 1959, pp. 70 și 71.

[3] *The Seventh United States Army Report of Operations – France and Germany (1944-1945)*, vol. I, Aloys Graf, 1946, Heidelberg, p. 13.

din cei aproximativ 950 000 de oameni care se află pe Frontul de Vest[1]. Fortificațiile germane sunt mult mai puțin numeroase decât cele care formau Zidul Atlanticului. În cele din urmă, nici *Kriegsmarine*, nici *Luftwaffe* nu sunt în măsură să se opună forțelor aeriene și navale aliate. Din seara zilei de 15 august, Statul-Major al Armatei a XIX-a germane subliniază faptul că orice retragere a forțelor debarcate este de acum imposibilă pe termen scurt[2].

Dar rezultatele întrec așteptările. Astfel, generalul Brosset, comandantul Diviziei 1 Franceze Libere, se poate felicita că „debarcarea a fost o reușită uimitoare"[3]. În primul rând, pe plajele din Saint-Tropez și Cavalaire nu a existat niciun scenariu după modelul *Omaha Beach*. În timp ce procentajul pierderilor din 6 iunie se ridică la 6,6%[4], unitățile care au debarcat în Provence prezintă, în seara zilei de 15 august, pierderi de 2,4%[5]. Două zile mai târziu, aceste pierderi însumează 3 546 din cei aproximativ 130 000 de oameni care au debarcat, iar la sfârșitul lunii august ele ajung la 9 371 de militari răniți, dați dispăruți sau uciși[6]. Cu toate acestea, în spatele acestor statistici globale se ascund lupte grele. Astfel, bătălia de la Toulon, dintre 20 și 27 august, lasă peste 1 000 de soldați

---

[1] Olivier Wieviorka, *Histoire du débarquement en Normandie*, op. cit., p. 188.

[2] Mențiune din 15 august 1944, jurnal de marș al Statului-Major al Armatei a XIX-a, RH20-1984, *Bundesarchiv-Militärarchiv*, Fribourg-en-Brisgau, Germania.

[3] Note de război ale lui Diego Brosset, din 20 august 1944, în Guillaume Piketty (ed.), *Français en Résistance: carnets de guerre, correspondances, journaux personnels*, Robert Laffont, Paris, 2009, p. 383.

[4] Olivier Wieviorka, *Histoire du débarquement en Normandie*, op. cit., p. 236.

[5] Raport din 15 august 1944, rapoartele zilnice ale Armatei a VII-a americane, GR 10P171, Service historique de la défense (de acum SHD).

[6] „Army 6th Group Records of Progress", 31 martie 1945, p. 14, Boîte (de acum B.) 1305, entrée (de acum E.) 427, groupe d'archives (de acum RG) 407, National Archives and Record Administration (de acum NARA), Washington DC, Statele Unite.

din Divizia a 9-a Infanterie colonială franceză în imposibilitate de a lupta[1].

Cu toate acestea, eliberarea Rivierei franceze, apoi a văii Ronului sau a Drumului lui Napoleon capătă alura unei plimbări vesele, încetinită, desigur, de probleme logistice cauzate de prelungirea rapidă și neașteptată a liniilor de aprovizionare. Armata franceză defilează prin Marsilia pe 29 august, în timp ce ar fi trebuit să ajungă în oraș abia în Z+30; orașul Lyon, care ar fi trebuit să cadă pe Z+90, este eliberat pe 3 septembrie[2]. Dijon este cucerit de Armata I franceză și de grupurile FFI pe data de 11 septembrie, în timp ce, pe 17 august, Aliații cred că este imposibil pentru forțele *Overlord* să atingă „regiunea Dijon înainte de luna noiembrie"[3]. Mai presus de toate, succesul debarcării permite o deschidere și o utilizare rapidă a porturilor mediteraneene. Marsilia primește primele nave pe 15 septembrie, Toulon pe 20. Numai în luna octombrie a anului 1944, aceste două porturi primesc 425 000 de tone de echipament american, dintr-un total de 1 309 000 de tone descărcate în Europa[4].

Un singur dezavantaj în acest cadru, care ar putea să pară mare: în ciuda numărului considerabil de soldați germani luați prizonieri de trupele debarcate în Provence[5], aproape 130 000 de oameni din 209 000 au scăpat, ajungând fără mari probleme la Dijon, față de cei 45 000 din 100 000 care au supraviețuit în golful Falaise, de pe

---

[1] Document manuscris nedatat intitulat «Pertes Provence», GR 10P89, SHD.

[2] Raport al Operațiunii *Dragoon*, 12 iunie 1944, AIR 37/507, PRO.

[3] Olivier Wieviorka, *Histoire du débarquement en Normandie, op. cit.*, p. 334.

[4] Philip Bell, „*Anvil-Dragoon:* la décision anglo-américaine", în *La Libération de la Provence. Les armées de la liberté* (documente ale colocviului organizat la Fréjus în septembrie 1944), Paris, IHD-SIRPA, 1994, p. 47.

[5] Grupul 6 de armate debarcat în Provence a făcut, la sfârșitul lunii septembrie 1944, 94 156 de prizonieri. „Army 6th Group Records of Progress", 31 martie 1945, p. 6, B. 1305, E. 427, RG 407, NARA.

frontul normand[1]. Acești oameni, reorganizați și beneficiind de întăriri, participă la rezistența germană acerbă care îi reține pe Aliați în Ardeni, la granița cu Elveția, până în primăvara anului 1945. Unul dintre obiectivele Operațiunii *Anvil-Dragoon* – luarea prin învăluire a celei mai mari părți a unităților germane aflate în Franța – nu are decât un rezultat parțial.

Rolul francezilor

Această constatare pune sub semnul întrebării utilitatea Operațiunii *Anvil-Dragoon* în raport cu alte opțiuni posibile, începând cu pătrunderea în Istria, în care își puneau speranța responsabilii britanici? Dificultățile militare cu care se confruntă Aliații în Normandia, în lunile iunie-iulie ale anului 1944, lasă să se întrevadă riscurile pe care și le-ar fi asumat Aliații occidentali dispersând forțe suplimentare în Italia. Însuși Churchill a fost obligat să admită că *Anvil-Dragoon* „i-a furnizat un ajutor important generalului Eisenhower aducând o armată nouă pe flancul drept și deschizând o linie de comunicații în această regiune"[2].

Renunțarea la *Anvil* le-ar fi impus Aliaților riscul de a se lipsi de șapte divizii franceze înarmate și instruite de ei, călite în luptele duse în Italia, în sânul corpului expediționar francez. Într-adevăr, în decembrie 1943 de Gaulle obținuse, în schimbul trimiterii forțelor sale în Italia, angajamentul, din partea Aliaților, că toate trupele franceze aveau să fie implicate în operațiunile prevăzute să aibă loc pe teritoriul Franței. Totuși, dezbaterile din iarna și primăvara anului 1944 în jurul anulării Operațiunii *Anvil* i-au neliniștit serios pe francezi, excluși de la negocieri, iar în martie, Giraud, apoi de Gaulle au acceptat să furnizeze unități suplimentare pentru frontul italian, continuând să insiste pe „importanța, pentru francezi, a bătăliei din

---

[1] *Ibid.*, p. 338.
[2] Olivier Wieviorka, *Histoire du débarquement en Normandie, op. cit.*, p. 334.

Franța"[1]. Cucerirea Romei a accentuat nerăbdarea francezilor, iar întrevederea de pe 27 iunie 1944 dintre de Lattre și generalul american Patch ilustrează riscurile pe care și le-ar fi asumat Aliații dacă nu își onorau angajamentele față de francezi. În vreme ce Patch anunță că, în cazul anulării Operațiunii *Anvil*, francezii aveau să urmeze Armata a VII-a americană „pe teatrul de operațiuni unde această mare unitate trebuia să lupte, fără îndoială pe frontul italian, în direcția Austriei", de Lattre protestează dur și declară că „niciun soldat francez nu va fi trimis pe un alt teatru de operațiuni decât cel prevăzut și stabilit deja"[2]. De fapt, Aliații – inclusiv britanicii – sunt conștienți că „francezii se vor opune cu înverșunare oricărei folosiri a CEF (Corpul Expediționar Francez – n.red.) în luptele care urmează să aibă loc pe linia Pisa-Rimini"[3]. Or, în vara anului 1944, anglo-americanii, intrați în Franța, nu se mai pot dispensa de sprijinul Guvernului provizoriu al Republicii Franceze, a cărui legitimitate este recunoscută de majoritatea populației Franței.

În cele din urmă, Eisenhower contează pe sprijinul luptătorilor din grupele de partizani, activi mai ales în sud-estul Franței. Aceasta cu atât mai mult cu cât Rezistența din interior și-a dovedit rolul în cazul primei debarcări. Dar sprijinul mișcărilor de rezistență din sud-estul Franței ar fi fost în mare măsură facilitat de prezența unităților regulate franceze în operațiunea de debarcare[4].

---

[1] Discuție dintre generalul de Gaulle și generalul Wilson, 15 martie 1944, citat în Charles de Gaulle, *Lettres, notes et carnets (1942-mai 1958)*, Robert Laffont, Paris, 2010, pp. 461-463.

[2] Proces-verbal al întâlnirilor dintre generalul de Lattre de Tassigny și generalul Patch, 27 iunie 1944, J13*, Fonds de Lattre de Tassigny, Institut de France, Paris.

[3] Mesajul lui Beaumont-Nesbitt către Statul-Major interaliat, 23 iunie 1944, WO204-5843, PRO.

[4] Mesajul lui Eisenhower către Wilson din 15 mai 1944, Alfred D. Chandler și Stephen E. Ambrose (ed.), *The Papers of Dwight D. Eisenhower: The War Years*, t. 3, John Hopkins Press, Baltimore, 1970, p. 1930.

O decizie proastă? Debarcarea din Provence a fost mai ales o decizie forțată, care a arătat dificultățile materiale, dar și tactice cu care s-au confruntat decidenții anglo-americani, contrazicând imaginea posibilităților inepuizabile ale democrațiilor și pe cele ale unei înfrângeri inevitabile a Germaniei naziste. Ea traduce și un nou raport de forțe în cadrul coaliției: americanii, sursă de factor uman și material, sunt capabili să își impună în fața britanicilor viziunile strategice în care, este adevărat, mizele militare pe termen scurt erau mai importante decât perspectivele politice și diplomatice din Europa de după război. În sfârșit, chiar dintr-un punct de vedere secundar, și încă marginalizat, Franța apare, prin participarea armatei sale la eliberarea teritoriului său, ca partener cu drepturi depline, și nu ca un simplu teatru de operațiuni.

BIBLIOGRAFIE SELECTIVĂ

Champeaux, Antoine, et Gaujac, Paul (dir.), *Le Débarquement de Provence* (acte din colocviul internațional organizat în 4-6 octombrie 2004 la Fréjus), Lavauzelle, Panazol, 2008, 550 pagini.

Clark, Jeffrey J., și Smith, Robert R., *United States Army in World War Two. The European Theater of Operations. Riviera to the Rhine*, US Government Printing, Washington, 1993.

Gaujac, Paul, *La Guerre en Provence (1944-1945): une bataille méconnue*, Presses universitaires de Lyon, 1998, Lyon, 190 pagini.

Reynolds, David, *From World War to Cold War: Churchill, Roosevelt and the International History of the 1940s*, Oxford University Press, Oxford, 2006, 364 pagini.

Wieviorka, Olivier, *Histoire du débarquement en Normandie. Des origines à la libération de Paris (1941-1944)*, Le Seuil, Paris, 2014 (2007), 416 pagini.

15

Soldatul american nu știa să lupte

de Nicolas AUBIN

Soldatul american nu știa să lupte[1]. Cine o spune? Toată lumea. Cei care s-au aflat în preajma lui în timpul războiului și chiar și istoria oficială americană. Recitind comentariile prizonierilor de război germani culese fără știrea lor, doi sociologi au ajuns la concluzia că luptătorii germani „au despre americani o părere cu mult mai puțin favorabilă decât despre britanici, deoarece se presupune că succesele lor se datorează exclusiv superiorității echipamentului, lucru pe care soldații *Wehrmachtului* îl consideră ca fiind nedrept. Ca soldați, spun ei, americanii sunt „lași și meschini", nu au „nicio idee" despre ce este „adevăratul război, cel dur", sunt „incapabili de sacrificii" și „inferiori" germanilor „în lupta strânsă". Un general de armată menționează, referindu-se la experiențele sale în Tunisia: „Nenorociții ăștia încep cu toții să alerge de îndată ce au fost prinși la înghesuială". De asemenea, un general spune despre luptele din Italia: „De obicei, se crede că americanul este un luptător prost, cu

---

[1] Acest studiu tratează despre infanteriștii prezenți în teatrul de operațiuni european, principalele ținte ale ironiilor.

unele excepții, deoarece nu are niciun elan interior"[1]. Este moale! GI (inițiale folosite pentru a-i desemna pe soldații armatei americane și pe aviatorii forțelor aeriene ale armatei Statelor Unite și, de asemenea, pentru elementele generale ale echipamentului lor – n.red.) nu-i ajunge nici la degetul mic soldatului rus, „un soldat bun", curajos și rezistent. La urma urmei, doar aliatul italian este mai laș și mai incompetent. Acest sentiment se reflectă în toate rapoartele *Wehrmachtului,* indiferent de moment. La sfârșitul anului 1944, OKH, Statul-Major al armatei terestre germane, continuă să îl considere pe soldatul american ca fiind dependent de un sprijin material considerabil, incapabil să se lupte corp la corp sau pe timp de noapte, tentat să se predea foarte ușor. „Sunt prea precauți și rigizi în atacurile lor, neglijenți, întrucât abuzează de comunicațiile radio în clar, și previzibili pentru că acționează numai între sfârșitul dimineții și miezul nopții"[2]. Deloc surprinzător, toți ofițerii germani invitați în Statele Unite după război vor sublinia că, într-adevăr, în comparație cu excelența militară germană, armata americană nu s-a dovedit la înălțime și că putea să îi aducă mulțumiri industriei sale.

Nici de partea Aliaților lucrurile nu stau mai bine. Francezii nu își ascund disprețul față de această armată cu o atitudine atât de relaxată și o istorie atât de scurtă, incapabilă să ducă un război fără o mulțime de echipamente pe cât de inutile, pe atât de revelatoare[3]. În același timp, la începutul anului 1943, Montgomery scrie la War Office că „soldații americani nu luptă; nu au sclipirea luptei în ochi". Dar măcar îi iartă pentru că „dacă nu vor să lupte este pentru că nu

---

[1] Sönke Neitzel și Harald Welzer, *Soldats. Combattre, tuer, mourir: procesverbaux de récits de soldats allemands*, Gallimard, 2013, Paris, pp. 398 și 399.

[2] OKH Gen. St. d. H., Abt. Fremde Heere West: Einzelnachrichten des IC Dienstes West.

[3] Julie Le Gac, *Vaincre sans gloire. Le corps expéditionnaire français en Italie*, Les Belles Lettres, Paris, 2014, p. 200 *sq.*

au încredere în generalii lor. [...] Le-am spus lui Eisenhower și lui Alexander că modul potrivit de a aduce armata americană în stare să lupte este, înainte de toate, educarea generalilor"[1]. Desigur, ar fi ușor să demontăm aceste argumente, fie viciate de ochelarii de cal ai ideologiei naziste, fie rezultate ale prejudecăților lui Monty.

Cu toate acestea, după război, criticile vin dinspre însăși *US Army*. Primele provin de la șeful secției istorice. Samuel L.A. Marshall, după un sondaj realizat pe teren în cadrul a 400 de companii de infanterie, între anii 1944 și 1945, a constatat că doar 15% dintre infanteriști își folosiseră armele în timpul campaniei în Europa. Paralizați, cel mai adesea ar fi fost imobilizați la pământ de un inamic mai agresiv, nereușind să se descurce decât cu ajutorul unor tiruri masive de sprijin[2]. În 1979, în plină etapă traumatizantă după războiul din Vietnam, colonelul Trevor N. Dupuy elaborează un sistem matematic complex de modelare a luptelor. Trecând prin acest sistem 81 de confruntări, ajunge la concluzia că performanța soldatului german este cu 20% mai bună decât a GI[3]. Lovitura de grație este dată de israelianul Martin van Creveld după o comparație între sistemul militar german și cel american. El conchide că primul este net superior, al doilea mulțumindu-se să ducă un război după modelul unei mari întreprinderi, văzându-și soldații ca pe o simplă materie primă, la fel ca pe alte echipamente, al căror flux trebuia optimizat pentru a obține victoria mecanic, prin simplă acumulare[4]. Această victorie

---

[1] Citat de Nigel Hamilton, *Monty: Master of the Battlefield, 1942-1944*, Hamish Hamilton, Londra, 1983, p. 177.

[2] Samuel L.A. Marshall, *Men against Fire: The Problem of Battle Command in Future War*, William Morrow, New York, 1947.

[3] Trevor N. Dupuy, *Numbers, Prediction and War: Using History to Evaluate Combat Factors and Predict the Outcome of Battles*, Bobbs-Merril, New York, 1979.

[4] Martin von Creveld, *Fighting Power: German and US Army Performance*, Greenwood Press, Westport, 1982.

a managementului este, apoi, preluată de alți autori celebri, până într-atât încât a devenit titlul tezei lui John Ellis: *Brute Force*[1].

Dar, la sfârșitul anilor '80, mai mulți autori pornesc o cruciadă împotriva acestei denigrări. Prima lovitură este dată de John Sloan Brown[2]. Acesta contestă metoda de calcul a lui Dupuy, exagerat de favorabilă *Wehrmachtului*. Elaborându-și propriul sistem, el afirmă că trupele Unchiului Sam au fost superioare celor germane, cu excepția *Panzerdivisionen*. În următorii ani, mai multe studii au reevaluat semnificativ performanțele americane[3], dar acestea trebuie privite cu circumspecție, fiind scrise de ofițerii americani, unii dintre ei fii de veterani. Deci care este situația? *US Army* le-a oferit GI mijloacele pentru a lupta corect? GI au știut să le utilizeze corespunzător?

Explicarea unui dezastruos botez al focului

Există mai multe rapoarte care subliniază mediocritatea primelor confruntări în Africa de Nord (noiembrie 1942-mai 1943). Desigur, campania este victorioasă, dar cu ce preț? La Kasserine, americanii au fost umiliți[4]. Documentele confirmă observațiile făcute de germani. GI se chinuie să lupte noaptea, să se miște sub focurile

---

[1] John Keegan, *The Second World War*, New York, Penguin Book, 1990; John Ellis, *Brute Force, Allied Strategy and Tactics in the Second World War*, Viking, New York, 1990.

[2] John Sloan Brown, *Draftee Division: The 88th Infantry Division in World War Two*, University of Kentucky, Lexington, 1986.

[3] 11. Keith E. Bonn, *When the Odds Were Even, The Vosges Mountain Campaign*, Presidio Press, Novato, 1994; Michael D. Doubler, *Closing with the Enemy: How GI's Fought the War in Europe*, University Press of Kansas, Lawrence, 1994; Peter R. Mansoor, *The GI Offensive in Europe: The Triumph of American Divisions*, Lawrence, University Press of Kansas, 1999; și Stephen E. Ambrose, *Citizen Soldiers*, Simon & Schuster, New York, 1998.

[4] Americanii au pierdut 10 000 de oameni și 300 de tancuri, față de *Afrika Korps*, ale cărei pierderi au însumat mai puțin de o zecime din această cifră.

de armă și să riposteze. Rapoartele afirmă că infanteriștii nu țin prea mult seama de teren; abandonând vârfurile, ei circulă prin văi și, cum recunoașterile sunt rare, sunt prinși în ambuscade în care înregistrează pierderi. Soldații se aventurează dincolo de spațiul protejat de artilerie, fără sprijinul blindatelor, ceea ce dovedește calitatea mediocră a cooperării dintre arme, și dau dovadă de naivitate atunci când, odată cucerite pozițiile inamice, se instalează acolo, în vreme ce germanii au obiceiul de a-i bombarda sistematic. GI neglijează prea adesea camuflajul, tind să se regrupeze, nu stăpânesc nici tirul antiaerian, nici nu știu cum să se ferească de mine[1]. Drept urmare, este clar că performanța trupelor americane pe malurile râului Rapido în Italia, în tufărișurile Normandiei, în noroiul din Lorena și în pădurea de la Hürtgen, pentru a numi doar cele mai faimoase regiuni, nu lasă defel loc la laude. Sunt tot atâtea bătălii marcate de lentoare și de pierderi excesive, cu infanteriști în aparență stângaci și lipsiți de agresivitate[2].

Astfel, Samuel Marshall explică fenomenul prin reticența soldaților de a-și folosi arma, consecință a izolării combatantului pe câmpul de luptă, a unei lipse de coeziune și, nu în ultimul rând, a culturii pașnice și civilizate a societății americane. Subliniind eșecul propagandei, Marshall a notat că soldații se luptau mai puțin din motive ideologice decât din dorința de a se întoarce în țara lor cât mai curând posibil. Deci, ar fi dus lipsă de o ură capabilă să depășească frica lor de focul luptei. De aici, până la a deduce că o armată de cetățeni este mai puțin performantă decât o armată de subiecți abrutizați de îndoctrinarea unui regim totalitar nu este decât un pas. Și pasul a fost făcut repede. Această teorie nu se susține. În primul

---

[1] NARA, War Department, *Lessons from the Tunisian Campaign*, octombrie 1943.

[2] NARA, War Department, 12th Army Group, *Battle Experiences*, nr. 14, vara 1944.

rând, investigațiile lui nu au fost găsite în arhive[1]. Nimeni din departamentul istoric nu a participat la discuțiile din anii 1944-1945, deci cum ar fi putut Marshall să întâlnească singur 400 de companii în mai puțin de 300 de zile, în timp ce acestea erau doar rareori retrase de pe linia frontului? Există dovezi că cifra de 15% de pușcași avansată de Marshall nu este, în cel mai bun caz, decât o estimare, dacă nu chiar o pură născocire. De altfel, el este contrazis de consumul astronomic de muniție, 5 milioane de cartușe de pușcă M1 numai pentru Divizia a 90-a de infanterie, o divizie considerată totuși ca fiind slabă. Cât despre explicația lui socioculturală legată de incapacitatea cetățeanului, nici ea nu trece de o analiză mai serioasă. Atmosfera în Statele Unite nu este mai pașnică decât în Europa. Interdicția morală de a ucide planează asupra tuturor societăților și, din această perspectivă, omuciderile sunt chiar mai dese peste Atlantic și țara s-a construit masiv pe violență[2]. Dezinvoltura proprie GI, combinația dintre ținuta neglijentă, dar, înainte de toate, adaptată la război, și un stil de viață străin pentru europeni, la care se adaugă o lipsă de spirit războinic și o familiaritate în privința ierarhiei, este ușor de explicat. GI rămâne un cetățean, pentru moment în uniformă, meritând respect și atenție, un cetățean crescut într-o societate în care drepturile individuale, pragmatismul și consumul erau valori supreme. Pentru armata americană, această relaxare nu era un semn de slăbiciune, ci mai degrabă un mod de a construi o relație de încredere, de a-l integra pe cetățean, de a-i acorda sprijin moral și de a-i permite să ofere mai mult decât dacă ar fi oferit în cazul în care ar fi acționat doar în urma constrângerii. Să mai spunem că infanteriștii erau conștienți că fuseseră orientați spre infanterie pentru că obținuseră rezultate bune la testele fizice, de

---

[1] Harold L. Leinbaugh și John D. Campbell, *The Men of Company K*, Quill, New York, 1985.

[2] Thomas Rabino, *De la guerre en Amérique. Essai sur la culture de guerre*, Perrin, Paris, 2011.

inteligență și de cultură generală și știau că nu aveau să își revadă familiile înainte de sfârșitul războiului, spre deosebire de marinari sau de aviatori. Prin urmare, era esențial ca armata să le arate respect, afecțiune și să nu lase să circule zvonul că ei erau doar carne de tun. Astfel, armata a încurajat propagarea caricaturilor lui Bill Mauldin, care a desenat două arhetipuri, „Willie și Joe", infanteriști capricioși și neglijenți, care își ironizau de multe ori superiorii, dar care îndurau cu stoicism pericolele. Eisenhower a înțeles că serveau drept antidot pentru resentimentele soldaților. În plus, pierderile arată că aceștia nu erau niște lași: începând cu data de 6 iunie 1944, între 2 000 și 3 000 de pușcași își pierd viața lunar în fiecare divizie de infanterie, adică jumătate din efectivele teoretice. GI nu agită mai tare steagul alb. 53 000 au fost internați în timpul războiului, cea mai mică cifră între beligeranți. Actul de acuzare se prăbușește. Trebuie să căutăm în altă parte.

Cele treisprezece săptămâni de instrucție de bază, apoi cele de formare specializată îi pregătesc, oare, pentru realitatea războiului? Să nu uităm că, spre deosebire de armatele națiunilor europene, *US Army* se compune, în proporție de 99%, din oameni mobilizați care nu au nicio experiență militară. Între anii 1940-1945, ea încorporează 11 milioane de oameni, pornind de la un nucleu de 189 000 de profesioniști în 1940. Puțini dintre cei chemați au cunoscut Primul Război Mondial sau au făcut parte din Garda Națională – care, de altfel, nu oferea, înainte de război, o adevărată pregătire militară. Armata se confrunta cu o provocare extraordinară: transformarea acestor milioane de oameni complet ignoranți cu privire la război în soldați, în timp ce ducea o lipsă dramatică de personal de încadrare și de formare. Unde să îl găsească atunci când Statul-Major intenționa să alcătuiască 219 divizii pornind de la... 9 divizii active? În final, dacă vor fi create „doar" 80 de divizii, efortul este colosal. Divizia a 9-a infanterie este astfel amputată în favoarea Diviziilor a 78-a, a 82-a și a 88-a Infanterie. Cadrele instruiesc în grabă tineri ofițeri și subofițeri – în zece zile la Divizia a 29-a Infanterie – care îi vor forma apoi pe alții. Această strategie, singura posibilă pentru o creștere suficient de rapidă, duce mereu la reducerea efectivelor celor mai operaționale unități, impune o fluctuație nefastă și neliniștește trupa care pleacă pe front fără ofițerii săi, rămași în țară ca să își continue misiunea de formare. Deci instrucția nu este întotdeauna eficientă. Scrisorile recruților sunt pline de plângeri: „timp pierdut, exerciții prost planificate, lipsă de încredere în ofițeri, subofițeri analfabeți și idioți, lipsa posibilităților de avansare". Este adevărat că nici cadrele profesioniste nu aveau experiență. „Sunt bărbați tineri, rafinați [constată comandantul Diviziei a 30-a despre ofițerii săi], mulți au o charismă naturală, dar nu știu nimic. Și mulți oameni uită acest lucru. Sunt băieți buni, dar trebuie să îi instruim". În plus, prea mulți ofițeri incompetenți rămân în funcție; fie ca urmare a politicii de avansare odată cu vechimea, practicată în perioada interbelică, fie în urma promovărilor abuzive din cadrul Gărzii Naționale, fără a omite, în ceea ce privește eșaloanele superioare, nepotismul generalilor Marshall, comandant al *US Army*, și McNair, aflat la comanda *Army Ground Forces*. Oamenii critică această „armată blestemată". Spiritul de grup suferă de pe urma tensiunilor între profesioniștii care dau dovadă de un orgoliu inutil, voluntarii în Garda Națională, care consideră, în mod greșit, că au o experiență militară, și recruți, simpli civili în uniformă pierduți în unități și care proveneau din zone diferite[1]. Lipsește și echipamentul. Anii

---

[1] Chiar și diviziile Gărzii Naționale, oficial afiliate unei regiuni sau unui stat, sunt compuse mai ales din persoane recrutate ca urmare a unei mobilizări naționale. Absența rădăcinilor și a cercurilor primare de vecini solidari a fost văzută, multă vreme, ca fiind nefastă pentru coeziune. Dar această teză a fost revăzută. Cf. Edward A. Shils și Morris Janowitz, „Cohesion and Desintegration in the Werhmacht in WWII", *The Public Opinion Quarterly*, vol. 12, nr. 2, vara 1948, pp. 280-315, și critica adusă de către Omer Bartov, *L'Armée d'Hitler*, Hachette littérature, Paris, 2003.

1940-1943 sunt, în cele din urmă, ani dominați de reflecții doctrinare intense pe care programele de instruire se chinuie să le urmeze. În efervescența din cazărmi, subofițeri leneși instruiesc recruții cu manuale de război învechite, în timp ce alții experimentează și ofițerii superiori imaginează războiul de mâine. Situația din anii 1941-1942 nu are nimic de-a face cu reînarmarea *Wehrmachtului* în 1933, operată într-un context favorabil, nici măcar cu experiența din 1917, când *Doughboys* (infanteriștii americani – n.red.) fuseseră instruiți de francezi. Unele eșecuri din Tunisia și Italia se explică astfel.

Totuși, situația se îmbunătățește semnificativ în 1943 datorită unor ample operațiuni de manevră, posibile în spațiile americane imense, punerii în aplicare a procedurilor de instrucție standardizate și validate prin diferite teste, realizării a zeci de filme turnate cu ajutorul Hollywoodului, deschiderii de centre specializate – deșert, junglă, asalt amfibiu... – și primelor reacții bazate pe experiență. Veteranii călătoresc de la o tabără la alta pentru a le împărtăși celorlalți din experiența lor: „Antrenamentele trebuie să fie mai realiste, [cred ei], lunetiștii de elită amplasați pe flancuri trebuie să tragă cu muniție adevărată mai aproape de recruți, tancurile trebuie să treacă peste tranșee, liderii trebuie să se declare învinși pentru a-l sili pe secundul lor să preia comanda unității și trebuie să învețe să lupte cu unitățile decimate. Nu are niciun rost să înveți să tragi stând în genunchi", adaugă ei. În exerciții vor fi folosite două sute patruzeci de mii de tone de muniție adevărată. *US Army* se îmbogățește și cu metodele engleză și australiană. Aceste reforme dau rezultate și, în iunie 1944, comandantul Regimentului 162 Infanterie este „din ce în ce mai mulțumit" de înlocuitorii lui. Soldații înșiși spun că botezul focului „nu a fost mai rău decât manevrele". Chiar dacă pregătirea sa nu este perfectă[1], GI este, în 1944, cel mai bine antrenat, fizic și mintal, luptător al beligeranților, mai bun decât

---

[1] Mai ales nu reușește să inițieze GI în tacticile adversarilor.

Landser-ul german aruncat în luptă după perioade de instrucție din ce în ce mai scurte[1].

De ce eșecurile continuă și în 1944?

Poate pentru că majoritatea diviziilor trec prin botezul focului în Franța. Dar, după un studiu atent, Peter Mansoor constată faptul că aceste eșecuri colective se răresc. Tergiversărilor Diviziilor a 83-a, a 90-a și a 106-a Infanterie le răspund eroismul Diviziei a 29-a Infanterie la *Omaha*, manevrele iscusite ale diviziilor blindate conduse de Patton în august 1944 sau eficiența Diviziei a 100-a Infanterie în Alsacia, la începutul anului 1945. Toate novice. După opinia istoricului, factorul decisiv care explică succesul sau eșecul în prima angajare în luptă rămâne, până la urmă, calitatea comandanților. El menționează remarcabila intrare în scenă a Diviziei a 104-a, pe care o explică prin prezența în sânul ei a veteranilor din Divizia 1 Infanterie, în special a comandantului său, Terry Allen. Cât despre eșecurile individuale, istoricii Samuel Marshall și Russell F. Weigley le explică prin administrarea birocratică lamentabilă a rezervelor, care ar fi aruncat în iadul luptei[2], în cele mai groaznice condiții, milioane de recruți. La sfârșitul războiului totalul GI care s-au alăturat astfel unei divizii era de 2 670 000, de două ori mai mulți decât cei care au participat la debarcare în calitate de luptători care făceau deja parte dintr-o divizie. Divizia a 90-a Infanterie a primit ca întăriri, în 1945, 35 000 de oameni, adică 3 100 pe lună. Or, din cauza

---

[1] Cf. Peter R. Mansoor, *The GI Offensive in Europe, op. cit.*, pp. 49-83; Lee Kennett, *GI, the American Soldier in World War Two*, Warner, New York, 1989, pp. 42-110; și Michael D. Doubler, *Closing with the Enemy, op. cit.*, pp. 248 și 249. Pentru un contrapunct, a se citi Stephen G. Fritz, *Frontsoldaten, the German Soldier in World War Two*, The University Press of Kentucky, Lexington, 1995.

[2] Russell F. Weigley, *Eisenhower's Lieutenants*, Indiana University Press, Bloomington, 1981.

numărului restrâns de divizii desfășurate de americani, acestea au fost menținute în luptă fără întrerupere, de la debarcarea lor până pe 8 mai 1945, deci recruții debarcă direct în linia întâi a frontului, singuri sau în grupuri mici, de multe ori pe timp de noapte. Și-au întâlnit locotenentul înainte să adoarmă pe un pământ necunoscut, uneori în noroi și în frig, înconjurați de străini, trăind a doua zi botezul focului, fără să fi schimbat un singur cuvânt între ei. Stephen Ambrose a cules mărturii emoționante, care subliniază suferința acestor sărmani, dezumanizarea lor – ce rost avea să le vorbească, să le afle numele, zvonurile spuneau că, în următoarele trei zile, jumătate dintre ei aveau să fie uciși sau răniți[1] – sentimentul abandonului. Veteranii nu doreau să își asume riscuri suplimentare, alături de acești recruți neîndemânatici. Fără îndoială, această gestionare inumană a irosit sânge și a degradat eficiența globală a diviziilor. Ea contrastează cu sistemul german, în care fiecare divizie își păstra în regiunea de origine o bază, din care își forma întăririle, modalitate de a menține o coeziune geografică. Recruții nu ajungeau direct pe front; de obicei erau încorporați când unitățile se aflau într-o perioadă de repaus. Cu toate acestea, trebuie să nuanțăm această abordare angelică. Acest sistem nu a rezistat teribilelor vărsări de sânge din Uniunea Sovietică. De fapt, aceste divizii lipsite de întăriri au fost practic anihilate înainte de a fi refăcute. Nivelul *Infanterie-Divisionen* s-a deteriorat considerabil. Pe front, Statul-Major nu putea să cunoască stadiul real în care se aflau diviziile sale, uneori reduse la biete regimente sau având o capacitate de luptă variabilă în funcție de locul de proveniență, fapt care a atras după sine nenumărate probleme, spre deosebire de situația din

---

[1] Bineînțeles că această cifră uluitoare nu este credibilă. Ar însemna că ar fi fost pierduți peste 1,3 milioane de oameni de rezervă. Or, pe frontul european, *US Army* număra, în total, 586 000 de pierderi. Cf. NARA, Department of the Army, *Army Battle Casualties and Non-Battle Deaths in WWII*, 1953.

forțele americane, al căror potențial era menținut de un flux constant. De altfel, sistemul german nu era operativ pentru *US Army*, forțată să lupte la 5 000 de kilometri distanță de bazele sale, aflate dincolo de ocean. Fără să poată ști cu adevărat cum stăteau lucrurile, Statul-Major nu avea de ales decât să formeze o rezervă imensă de infanteriști, miși în fluxuri regulate. Ideal ar fi fost să îi integreze pe timpul unei perioade de repaus, dar diviziile erau greu de retras de pe front, dat fiind numărul lor limitat, iar acest număr nu putea să fie sporit din cauza lipsei de cadre și de nave care să le transporte. Chiar dacă în esență nu a putut fi schimbat, este cert faptul că sistemul lăsa mult loc pentru perfecționare și comandanții de divizie l-au îmbunătățit prin crearea propriilor lor centre de instrucție (Instruction Centers)[1], în timp ce Eisenhower deschidea centre de formare în Le Havre și dispunea, cu întârziere, în martie 1945, ca recruții care trebuiau să înlocuiască pierderile să nu mai fie trimiși individual, ci în grupuri.

Altă explicație este lipsa de previziune tactică a armatei. La fel ca în cazul altor beligeranți, pentru ca procedurile4 de instruire să fie actualizate, trebuie să se aștepte până când luptătorii își rup gâtul pe terenuri necunoscute. GI descoperă cu amărăciune că tacticile lor nu funcționează în infernul tufărișurilor din Normandia. Cu toate acestea, anumite părți din Țara Galilor ar fi putut servi drept teren de antrenament. Nu a fost cazul. În mod similar, doar la sfârșitul anului 1944 se deschid în Statele Unite primele „orașe naziste" *(nazis towns)*, esențiale pentru antrenamentul în lupta urbană. Fără îndoială, GI au plătit scump pentru lipsa de experiență, a lor și a propriei armate. Această lipsă de experiență reiese mai ales când comparăm doctrina americană cu mijloacele puse la dispoziție soldaților. Filosofia sa este simplă: cel mai bun mod de a câștiga un război cât mai repede posibil este de a provoca un maximum de

---

[1] Cel mai remarcabil este cel al ID a 104-a, care impune 90 de ore de reinstruire, repartizate pe parcursul a 12 zile.

daune cu pierderi minime. Este vorba despre o doctrină de anihilare bazată pe foc, nu pe șoc. Prin imobilizarea inamicului la sol, sub un potop de gloanțe, armata americană crede că își recapătă libertatea de mișcare menită să-i permită să învăluie o poziție sau să o cucerească și să o anihileze. Acest foc este asigurat în primul rând de forțele de sprijin – artilerie, aviație, blindate – și, în al doilea rând, de o parte a grupului de luptă de infanterie, cealaltă fiind însărcinată cu operațiunile de manevră[1]. Teoretic, superioritatea locală este asigurată de pușca *M1 Garand*, după opinia lui Patton „cea mai bună armă de luptă proiectată vreodată", singura pușcă semiautomată din lume, adică la care expulzarea cartușului și o nouă încărcare sunt automate. Pușcașul dispunea de o putere de foc fără precedent. Dar soldatul profita prea puțin de ea. El a fost, mai întâi, instruit în tragerea de precizie; apoi, când în 1944 noi directive încurajează focul de voie, GI ezită, căci declanșarea acestuia însemna să își trădeze poziția, cartușele americane emițând fum și culoare, spre deosebire de cele germane. Această lipsă de dinamism este agravată de absența în grupul de luptă a unei mitraliere veritabile. Spre deosebire de germani, care dispun de o redutabilă *MG-42* la fiecare 9 oameni, GI trebuie să se mulțumească cu o pușcă-mitralieră la fiecare 12: *BAR*. Prin urmare, grupul de luptă american nu poate să obțină singur superioritatea focului[2]. La nivelul companiei, diferența este dramatică, 28 de pistoale-mitralieră și 15 mitraliere în cazul germanilor față de 2 mitraliere ușoare în cazul americanilor. Chiar decimată și redusă la 30 de oameni, o companie germană rămânea un adversar extraordinar atâta vreme cât *MG*-urile sale rămâneau operaționale. Cum numeroase terenuri, precum tufărișurile, compartimentează câmpul de luptă, izolează grupul și fac dificilă

---

[1] Field Service Regulation, FM 100-5, 1941, p. 109.
[2] MG-42 cu sprijin biped este doar cu foarte puțin mai grea decât BAR, dar ritmul de tragere atinge 1 200 focuri/minut față de 550.

sprijinirea lui, această inferioritate explică în mare măsură atitudinea prudentă a infanteriei americane[1].

Dar explicația principală rămâne lipsa inițială de cadre, rană care nu se va vindeca niciodată complet. Ca și în alte armate, speranța de viață a unui sergent sau locotenent era de numai câteva luni, primele săptămâni fiind cruciale. *US Army* își reînnoia totalul de locotenenți în Italia la fiecare 88 de zile. Dura mai multe luni până ce divizia ajungea să aibă un nucleu cu experiență; mai multe luni, acest lucru înseamnă anul 1945, întrucât cele mai multe divizii au fost implicate în 1944.

Un soldat prompt, o armată deschisă la nou

Dar oprirea studiului la aceste constatări ar însemna să insultăm GI și *US Army*. În fapt, dacă americanii au intrat în război lipsiți de experiență și puși în inferioritate de tactici greșite, au știut, în mod remarcabil, să învețe la fața locului. GI nu este doar o rotiță dintr-un mecanism, el este un protagonist conștient și creativ. Acesta este principalul său atu. Cel mai mare credit care trebuie acordat armatei americane, spre deosebire de altele, precum armata britanică, este faptul de a fi fost deschisă la nou. În Normandia, există un contrast izbitor între infanteriștii șovăitori din primele săptămâni, paralizați de faptul că sunt separați de tufărișuri, care îi împiedică să coopereze cu artileria și cu tancurile, și cei de la mijlocul lunii iulie. În câteva săptămâni, se dezvoltă tactici noi de asalt și cooperarea cu blindatele este îmbunătățită, în special printr-un interfon, care îi permite infanteristului să țină legătura cu comandantul tancului. Bradley înțelege că trebuie să lase fiecărei divizii aceleași unități independente – batalionul de tancuri, distrugătoarele de tancuri... – pentru a facilita cooperarea. Blindatele sunt mai mobile atunci când

---

[1] Joseph Balkoski, *La 29e Division américaine en Normandie*, Histoire & Collection, Paris, 2013, pp. 120-147.

sunt dotate cu un tăietor de tufișuri, creație a sergentului Cullin. Fiecare secțiune găsește soluții pentru a-și spori puterea de foc și a rămâne mobilă, în timp ce, odată cu îmbunătățirea comunicării prin radio, sprijinul câștigă în precizie și în capacitate de reacție. Se creează o rețea între avioanele *Piper Cub* de observație, tot mai numeroase, aviația de sprijin, artilerie și infanteriști. Astfel, loviturile sunt date mai aproape, uneori la mai puțin de 100 de metri. Ofițerii adună săptămânal inovații venite din teren și le fac cunoscute prin broșuri și ziare. Fiecare divizie deschide un centru de reconversie profesională. În momentul Operațiunii *Cobra*[1], armata americană a devenit expertă în luptă în zonele cu tufișuri și superioară în ofensivă adversarului ei[2]. Istoria se repetă în ceea ce privește luptele urbane. La început dezorientați la Brest, infanteriștii din Divizia a 29-a Infanterie inventează proceduri metodice aplicate cu bucurie de cei din Divizia 1 Infanterie la Aachen, câteva zile mai târziu, dovadă a rapidității cu care se difuzează informațiile și a capacității infanteriștilor de a le asimila. Orașul, apărat de 5 400 de inamici, este cucerit în nouă zile de numai 2 000 de infanteriști, care îi provoacă dușmanului câte zece victime pentru fiecare camarad căzut[3]. Nu a existat niciun Stalingrad în vestul Germaniei. Michael Doubler demonstrează că procesul se regăsește pretutindeni: fie în regiuni fortificate, fie în pădure sau pe munte... În Ardeni – singura ofensivă germană care l-a pus în dificultate după cea de la Kasserine – soldatul american dă dovadă de tenacitate, adaptabilitate, flexibilitate.

---

[1] Atacul masiv din 25 iulie 1944, la sud de Saint-Lô, urmat de o remarcabilă pătrundere a tancurilor se încheie după șase săptămâni, la granița germană.

[2] Puținele atacuri germane în Normandia nu numai că au fost pur și simplu zdrobite de aviație și artilerie, ci au fost și înghițite de tufărișuri. Cf. Russell A. Hart, *Clash of Arms: How the Allies Won in Normandy*, University of Oklahoma Press, Norman, 2001, p. 398.

[3] Michael D. Doubler, *Closing with the Enemy*, op. cit., pp. 76-101. Fiecare companie, menită să distrugă câteva case, se transformă într-un veritabil *Task Force* incluzând blindate, artilerie și geniști.

La finalul acestei faze de instruire, spre sfârșitul anului 1944, armata în ansamblul ei a atins maturitatea tactică și poate să își pună în aplicare filosofia de război. Echilibrul îi permite să provoace pierderi considerabile. Departe de a acumula pur și simplu trupe și echipament, armata americană a inventat un război de rețea pentru a sincroniza și spori eficiența fiecărei arme. Aviația și artileria au oferit cu siguranță un sprijin important, dar, mai presus de toate, de o promptitudine și o precizie formidabile. Grupurile de luptă de infanterie fac echipă cu tancurile, stăpânind atât asaltul, cât și urmărirea. GI devine un soldat implicat într-o luptă interarme și performanța sa trebuie evaluată în lumina acestei doctrine[1]. În plus, americanii, spre deosebire de germani, creează un instrument omogen, care nu se bazează pe o mână de divizii de elită privilegiate. Această acțiune de anihilare este realizată cu costuri din ce în ce mai reduse, rata pierderilor în timpul ofensivei din primăvara anului 1945 scăzând la jumătate în comparație cu anul 1944. A afirma că soldatul american ar compensa o inferioritate prin forțele de sprijin înseamnă a nu înțelege schimbarea fundamentală în însăși natura războiului.

Inferioritatea GI este deci nici mai mult, nici mai puțin decât un mit. Ca orice mit, ea se bazează pe un substrat istoric: soldatul american a fost inițial șovăitor, suferind de pe urma unui deficit dramatic de cadre și, în consecință, de pe urma unui comandament care s-a dovedit de prea multe ori slab, ca și de pe urma unei lipse de experiență și a unei dezrădăcinări semnificative. Apoi, mitul s-a dezvoltat ca răspuns la șocul cultural resimțit de ceilalți luptători care intrau în contact cu el, amestec de gelozie față de opulența și tehnicitatea americane, de neînțelegere față de această civilizație și de reflex de autoapărare față de sentimentul de descalificare care este proiectat asupra lor. Mitul a fost alimentat prin prisma ideologiei

---

[1] Implicarea mai multor arme este evidentă de la mica *Task Force* și până la puternicele *Combat Commands*, susținute fiecare de câte o *Tactical Air Force* și chiar în cazul operațiunilor combinate de debarcare Navy/Army.

naziste. Convinși că întruchipau o omenire superioară aflată în luptă împotriva materialismului, naziștii au interpretat doctrina americană a focului drept o simplă concretizare a propriilor clișee, uitând că ei înșiși au câștigat cu ajutorul tancurilor și avioanelor! Ideologia naziștilor dezumanizează inamicul, capabil doar să distrugă, în timp ce ei înșiși ar fi fost niște artiști ai războiului. Acest mit este ireductibil legat de un altul, acela al presupusei superiorități militare germane.

Realitatea este că GI, fără a ajunge fanatic, a devenit un luptător eficient, integrat într-o mașinărie de război redutabilă.

BIBLIOGRAFIE SELECTIVĂ

Doubler, Michael D., *Closing with the Enemy: How GI's Fought the War in Europe*, University Press of Kansas, Lawrence, 1994.

Hart, Russell A., *Clash of Arms: How the Allies Won in Normandy*, University of Oklahoma Press, Norman, 2001.

Kennett, Lee, *GI, the American Soldier in World War Two*, Warner, New York, 1989.

Mansoor, Peter R., *The GI Offensive in Europe: The Triumph of American Divisions*, University Press of Kansas, Lawrence, 1999.

16

Corpul Expediționar Francez în Italia: un sacrificiu inutil

de Julie LE GAC

„Se pare că este necesar să evităm ferm menținerea celei mai mari părți a forțelor noastre disponibile pe un teatru de operațiuni secundar, ca frontul italian, unde pierderile pot fi importante pentru un beneficiu mediocru sau nul, din perspectiva politicii franceze. Desigur, ideea de a umple frontul italian cu forțe franceze, fluturându-le prin fața ochilor gloria iluzorie a eliberării Romei, în timp ce forțele anglo-americane vor fi «rezervate» pentru acțiunea principală din Nord, reprezintă un plan care servește intereselor engleze și americane, neglijându-le deliberat pe ale noastre. Nu este posibil să ne asumăm acest risc în momentul unei acțiuni decisive în Franța"[1], declara la Alger, pe 3 noiembrie 1943, Comitetul pentru apărare din cadrul Comitetului francez de eliberare națională.

Cu toate acestea, la sfârșitul lunii noiembrie a anului 1943, primele elemente din Corpul Expediționar Francez (CEF) au sosit în

---

[1] Procesul-verbal al Comitetului de apărare națională din 3 noiembrie 1943, Service historique de la Défense (SHD), Département de l'armée de terre (DAT), 2Q1.

peninsulă. Efectivele au fost întărite până la cifra de 95 000 de oameni, adică aproximativ 10% din efectivele aliate la 4 iunie 1944, în momentul eliberării Romei. Trupele generalului Juin au făcut mai mult decât să „umple frontul italian": ele au jucat un rol decisiv în ruperea Liniei Gustav, în mai 1944, ceea ce le-a permis Aliaților să intre victorioși în Roma pe 4 iunie. Victoriile din Italia au cerut, totuși, sacrificii importante, în asemenea măsură încât bătălia de la Monte Cassino a fost poreclită „Verdunul celui de-al Doilea Război Mondial"[1]. Rezistența înverșunată a soldaților *Wehrmachtului*, retrași în spatele liniilor de apărare ridicate pe vârfurile muntoase din regiunea Abruzzi, le-a impus trupelor aliate un război de poziții lung și istovitor. Asprimea iernii dintre anii 1943-1944 a sporit suferințele oamenilor, forțați să înainteze prin noroi și zăpadă. În total, peste 6 500 de soldați ai CEF și-au pierdut viața acolo și 23 000 au fost răniți. Aceste pierderi au fost mai mari decât cele suferite în campania din Franța; comandanții, în special, au plătit un tribut greu, 11% dintre ofițeri fiind uciși și 23% răniți[2].

Aceste pierderi grele au alimentat potopul de critici, venite atât din partea francezilor, cât și a Aliaților și îndreptate împotriva unei campanii care a fost foarte controversată încă de la bun început. Astfel, mulți nu au ezitat să considere campania din Italia ca fiind de prisos. Colonelul Le Goyet a evocat o „victorie aproape inutilă"[3], în timp ce istoricul John Ellis a descris-o ca pe o „victorie lipsită de conținut" *(„a hollow victory")*[4]. Opțiunile tactice aliate au fost aspru

---

[1] Jean-Louis Théobald, *A vingt ans avec Jean Moulin. De Fresnes à Cassino*, Cêtre, Paris, 2005, p. 75.

[2] Robert Forissier, „Le corps expéditionnaire français dans la campagne d'Italie et son service de santé (décembre 1943-juillet 1944)", în *Médecine et Armées*, nr. 22-8, 1994, pp. 635-672, p. 642.

[3] Pierre Le Goyet, *La Participation française à la campagne d'Italie (1943-1944)*, Imprimerie nationale, Paris, 1969.

[4] John Ellis, *Cassino, the Hollow Victory. The Battle for Rome, January-June 1944*, Aurum, Londra [1984] 2003.

criticate: istoricul militar britanic John Fuller a denunțat, în special, „o campanie în care lipsa de sens strategic și de imaginație tactică a fost unică în istoria militară"[1]. Împotrivindu-se încă de la început opțiunii mediteraneene, americanii au incriminat-o pentru ineficiență și pentru costul său ridicat: Henry Stimson, secretarul de stat pentru război, a condamnat-o, pe 23 martie 1944, ca fiind o „diversiune costisitoare"[2], în timp ce generalul Wedemeyer, unul dintre principalii susținători ai *Victory Program*, a criticat-o văzând în ea o „chestiune minoră, care ne-a costat inutil un mare număr de vieți"[3].

Un asemenea sacrificiu într-o țară străină și pe un teatru de operațiuni considerat ca fiind minor a fost, oare, în zadar? Istovitoare, campania din Italia a rămas, cu siguranță, percepută ca având un rol secundar, iar influența ei asupra victoriei finale a Aliaților a constituit, dintotdeauna, obiect de controverse. Cu toate acestea, contribuția CEF în peninsulă a consolidat influența Franței pe lângă anglo-americani și a permis creșterea, pe cale de consecință, a rolului său atât pe scena militară, cât și pe scena diplomatică. Foarte important, aceste prime victorii obținute în Europa cu prețul unor eforturi grele au accentuat încrederea și coeziunea unei armate aflate în plină reconstrucție.

Victorii secundare

Care a fost rolul succeselor obținute în luptă de Corpul Expediționar Francez în Italia?

Trebuie remarcat de la bun început că rolul jucat de francezi în victoria de la Monte Cassino nu este un mit: strategia îndrăzneață,

---

[1] General-maior J.F.C. Fuller, *The Second World War*, Eyre & Spottiswoode, Londra, 1948, p. 261.

[2] Henry L. Stimson, *On Active Service in Peace and War*, Harper & Bros, New York, 1948, p. 419.

[3] Albert C. Wedemeyer, *Wedemeyer Reports!*, Holt, New York, 1958.

concepută de Juin, a fost cea care i-a luat prin surprindere pe germani, iar ardoarea trupelor franceze, în special a acelor *goumiers* marocani (soldații aparținând *gumi*, unități de infanterie ușoară din Armata Africii, formate din trupe indigene marocane, aflate, în principal, sub comandă franceză – n.red.), în executarea manevrei a fost cea care i-a forțat pe germani să își abandoneze fortificațiile puternice de pe Linia Gustav. Pe 4 iunie 1944, după luni de imobilitate frustrantă, Aliații au obținut primul succes de amploare în peninsulă, după eliberarea orașului Napoli, în octombrie 1943, și intrau, în sfârșit, victorioși în Roma, fosta capitală a fascismului, cea a catolicismului, Cetatea Eternă... Simbolul era unul important; Roosevelt nu se înșela: „Roma este mai mult decât un obiectiv militar. [...] Prima dintre capitalele Axei este cucerită, iar după ea, va veni și rândul celorlalte", declara președintele american pe data de 4 iunie 1944. Astfel, acest succes a redus la tăcere, pentru un timp, batjocurile propagandei germane la adresa înaintării lente a Aliaților în Italia. Cu toate acestea, eforturile depuse de CEF în ruperea Liniei Gustav nu le-au permis să obțină o victorie definitivă împotriva *Wehrmachtului*. Faptul că generalul Clark, comandantul Armatei a V-a americane, împotriva sfatului comandantului – britanic – al Grupului 15 de Armate al Aliaților, generalul Alexander, a optat pentru a pune pe primul plan cucerirea Romei, și nu încercuirea trupelor germane la Kesselring le-a acordat, într-adevăr, acestora un răgaz, care a favorizat retragerea lor spre nord și construirea unei noi linii de apărare în Apenini, Linia Gotică, de care Aliații, slăbiți de plecarea a șapte divizii în vara anului 1944, s-au poticnit din nou, până aprilie 1945.

Retragerea, începând cu luna iulie 1944, a celor șapte divizii – printre care și întregul Corp Expediționar Francez, pentru a furniza trupele necesare debarcării din Provence – a relansat dezbaterea asupra oportunității campaniei din Italia. Controversată încă de la începuturile sale, strategia mediteraneeană aliată s-a făcut remarcată mai ales prin erori și prin oportunism[1]. Americanii și britanicii trebuiau să lupte în Europa înainte ca lansarea Operațiunii *Overlord* să fie posibilă pentru a nu lăsa Uniunea Sovietică să înfrunte singură Axa. Prin urmare, obiectivul principal atribuit acestui teatru de operațiuni, odată obținută capitularea Italiei, a fost imobilizarea cât mai multor trupe germane în peninsulă, pentru a reduce efectivele acestora de pe frontul de Est și de pe cel de la Atlantic. Or, în acest război de uzură, este greu de spus cine pe cine a imobilizat de fapt. Efectivele Grupului 5 de Armate aliat au fost constant superioare celor ale *Wehrmachtului*. În noiembrie 1943, generalul Alexander a aliniat, la Kesselring, 17 divizii contra 13, în mai 1944, 26 contra 21 și, în septembrie 1944, 22 contra 21. Pentru Aliați, furnizarea de întăriri, muniție și alimente prin Marea Mediterană se va dovedi, de asemenea, mai costisitoare decât a fost, pentru germani, cea prin Alpi. În aceste condiții, este greu de soluționat dezbaterea cu privire la oportunitatea unei campanii care a stârnit atât de multă animozitate între americani și britanici. Pentru partizanii strategiei mediteraneene, campania din Italia a stârnit dezamăgiri, căci a rămas întotdeauna în umbra Operațiunii *Overlord* și debarcarea din Provence a lipsit-o de forțele esențiale. În sens invers, pentru criticii săi, venise deja vremea pentru limitarea unor operațiuni zadarnice și costisitoare. Controversa i-a cuprins și pe francezi. Pentru Comitetul Francez de Eliberare Națională, Italia nu fusese niciodată altceva decât un factor „preliminar", așa cum îi amintea de Gaulle lui Wilson în martie 1944, deoarece „ca francez, interesul suprem nu putea fi decât lupta pentru eliberarea Franței"[2]. Prin urmare, era important să fie trimise acolo toate forțele disponibile. Juin, în schimb, conștient de faptul că dizolvarea CEF

---

[1] Michael Howard, *The Mediterranean Strategy in World War II*, Weidenfeld and Nicolson, Londra, 1968.

[2] Proces verbal al unei discuții între generalul Wilson și generalul de Gaulle, 15 martie 1944, Public Record Office (PRO), WO 204/5843.

marca sfârșitul comandamentului său operațional, a criticat aspru abandonarea marilor ambiții care vizau teatrul de operațiuni italian: după opinia sa, misiunea CEF rămânea neterminată și sacrificiul consimțit își pierdea astfel o parte din sens.

Cu toate acestea, efectul victoriilor obținute de CEF în peninsulă nu poate fi neglijat.

O încercare trecută cu brio

La sosirea lor în Italia, nimic nu prevestea că francezii aveau să joace un rol principal. Atunci când Juin aterizează la Napoli, pe 25 noiembrie 1943, niciun comandant aliat nu s-a sinchisit să îl primească la aeroport. Este adevărat că întârzierea acțiunilor de pe front îi îngrijora pe Clark și pe Alexander. Dar motivul principal al acestei absențe era cu totul altul. Corpul Expediționar Francez reprezenta atunci foarte puțin: o singură divizie, a cărei pregătire pentru luptă trebuia dovedită, atât de mult afectase înfrângerea din 1940 reputația armatei franceze. Însăși formula de Corp Expediționar Francez, preferată din „motive de adecvare și discreție"[1] reflectă poziția subordonată a francezilor. Îmbrăcate, reînarmate și hrănite de americani, forțele tricolore depindeau de ei. Deși mai în vârstă și mai experimentat decât Clark, Juin a fost ținut la distanță de pregătirea operațiunilor și trupele franceze erau puse la dispoziția americanilor, care decideau asupra rolului lor. Alt semn de neîncredere: CEF nu dispunea de un canal propriu de radio pentru comunicarea cu Algerul.

Doar treptat, arătându-și valoarea pe teren, Corpul Expediționar Francez a reușit să câștige încrederea Aliaților și să își ocupe locul cuvenit. Dacă începuturile Corpului Expediționar Francez la Pantano, în noiembrie-decembrie 1943, în cadrul ofensivei coordonate de generalul american Lucas, au fost dificile, chiar marcate de eșecuri,

---

[1] Raport confidențial al generalului Juin către generalul Giraud, 29 noiembrie 1943, SHD DAT 10P56.

din cauza lipsei de organizare și din dorința de a face prea mult, CEF și-a arătat încă de la început tenacitatea. Între lunile ianuarie și martie ale anului 1944, în primele ofensive mari lansate asupra localității Cassino, CEF, acum întărit de o a doua divizie, rămâne să execute doar frustrante misiuni de sprijin. Dar își îndeplinește sarcina cu abnegație și chiar obține victorii importante, precum cea de la Belvedere, în ianuarie 1944.

Când a fost pregătită marea ofensivă din mai 1944, Operațiunea *Diadem*, inițial francezii nu au fost implicați în planificarea operațiunilor. Informat asupra planului decis de Armata a V-a, Juin este deranjat de faptul că oamenilor săi li se acordase doar un rol secundar, în timp ce americanii și britanicii își rezervau, după opinia lui, onoarea de a se deplasa spre Roma[1]. Prin urmare, le-a sugerat americanilor o manevră, considerată mai îndrăzneață: ea era menită să-i surprindă pe germani printr-un atac pe acolo pe unde aceștia se așteptau mai puțin, și anume prin Munții Aurunci, percepuți ca fiind de netrecut, așa cum germanii atacaseră prin Ardeni în 1940. Nu i-a fost deloc ușor să îi convingă pe Aliați și Juin s-a bucurat de o primă victorie simbolică. El a văzut în această reușită „stima profundă pe care o simțeau comandanții Armatei a V-a pentru francezi de când îi văzuseră în acțiune în cadrul campaniei din iarnă"[2]. Chiar dacă francezii nu au învins de unii singuri *Wehrmachtul*, acțiunea lor a fost unanim apreciată. Pe 24 mai 1944, generalul Eisenhower l-a felicitat pe generalul de Gaulle: „Deși nu m-am îndoit nici măcar o clipă că armata franceză renăscută avea să se evidențieze încă din primele clipe ale intrării sale în luptă, [...] țin să vă împărtășesc personal mândria pe care o simt pentru performanța valoroasă din

---
[1] Charles Molony (ed.), *The Mediterranean and Middle East*, t. 6: *Victory in the Mediterranean*, vol. 1: *1st April to 4th June,* Her Majesty's Stationery Office, „History of the Second World War", Londra, 1984, p. 91.
[2] Alphonse Juin, *La Campagne d'Italie*, Guy Victor, Paris, 1962, p. 97.

Italia a Corpului Expediționar Francez"[1]. Pe 6 iunie 1944, generalul Marshall i-a salutat, la rândul său, pe soldații CEF, care „au reînviat armata franceză [pe care o cunoștea], cea la Marna și Verdun"[2]. Parada organizată la Siena, pe 14 iulie 1944, în prezența generalilor și a diplomaților aliați, a marcat, într-un fel, consacrarea simbolică a renașterii Armatei franceze. Desigur, acest statut îi era încă refuzat oficial, dar, în momentul plecării din Italia, i-au fost aduse omagii demne de o adevărată armată. Câteva săptămâni mai târziu, în septembrie 1944, de Lattre comanda oficial Armata I franceză, nu un simplu corp aflat sub tutelă americană. Victoriile obținute în Italia au contat foarte mult pentru această recunoaștere.

Aprecierea Aliaților se transpune și pe scena diplomatică: mai întâi simplu spectator, Comitetul Francez de Eliberare Națională a fost treptat asociat politicii Aliaților cu privire la Italia. Francezii nu au fost avertizați decât ulterior asupra semnării „armistițiului lung", pe 29 septembrie 1943, sau asupra deciziei de a i se acorda Italiei statutul de cobeligerant, pe 13 octombrie 1943. Massigli, comisarul pentru afaceri externe, a denunțat mereu această „politică a faptului împlinit", dar britanicii și americanii s-au împotrivit ideii de a-i implica pe francezi în pregătirea gestionării teritoriilor eliberate și, în sens mai larg, a păcii, deoarece negocierile erau destul de dificile chiar și în trei. Cu toate acestea, Churchill a reușit să îi convingă pe americani, foarte rezervați, de necesitatea implicării, fie și în mică măsură, a francezilor atât în lucrările Consiliului consultativ pentru Italia, al cărui rol era, după cum sugerează și numele, unul pur consultativ, cât și în cele ale anumitor subcomitete ale Comisiei Aliate de Control. El susținea că „ar fi o lovitură teribilă dată francezilor

---

[1] Mesaj de mulțumire al generalului Eisenhower adresat generalului de Gaulle pe 24 mai 1944, Arhivele Naționale (AN), 3AG1/275.

[2] Mesaj al generalului Juin adresat soldaților CEF, 6 iunie 1944, SHD DAT 10P1.

în cazul în care candidatura lor ar fi respinsă, [...] ei au pe front un corp care luptă bine"[1].

O etapă capitală în reconstrucția armatei franceze

Aceste victorii i-au permis armatei franceze să-și recapete încrederea în sine și să-și exorcizeze demonii ciudatei înfrângeri. Astfel, pe 19 mai 1944, Adunarea consultativă provizorie de la Alger a salutat „cu emoție trupele franceze care au rupt primele frontul german în Italia. Astfel, ele demonstrează lumii nu numai valoarea și înalta capacitate a armatei franceze și a comandanților ei, dar și faptul că înfrângerea din 1940 este rezultatul unei trădări uriașe și nu al decăderii națiunii și a armatei sale"[2]. După opinia unora, victoriile obținute de CEF au avut parfumul unei revanșe. În primul rând, împotriva germanilor. Pe 4 iunie 1944, generalul Guillaume jubila: „Îngroziți, aceiași ofițeri, aceiași oameni care abia ieri, plini de aroganță, pretindeau să subjuge lumea, imploră, cu mâinile sus, iertarea voastră. Ce revanșă!"[3] De asemenea, aceste succese au răzbunat umilirea provocată, în 1940, de Italia. „Pentru Brigada 1, care va fi reprezentată la parada victoriei, evenimentul marchează clar revanșa luată față de «lovitura de cuțit dată pe la spate» din iunie 1940"[4], a remarcat șeful Brigăzii 1 franceze libere.

Atâtea încercări, în cele din urmă depășite, au strâns și legăturile între oamenii din CEF. Atunci când campania din Italia se încheie, CEF număra 4 divizii, care alăturau francezi și oameni din colonii,

---

[1] Telegramă a lui Churchill către Roosevelt, 30 ianuarie 1944, PRO CAB 101/250.

[2] Rezoluție a Adunării consultative provizorii, 19 mai 1944, AN C/15429.

[3] Ordin de zi al generalului de Gaulle, 4 iunie 1944, SHD DAT 3H2522.

[4] Jurnalul marșurilor și operațiunilor Brigăzii 1 franceze libere, notă din 4 iunie, SHD DAT 11P250.

veniți, în mare parte, din Africa de Nord, precum și câteva batalioane din Africa sub-sahariană. Astfel, aceste victorii au fost cele ale „Marii Franțe", așa cum a dorit să amintească propaganda. Mai mult decât atât, pentru prima dată, gaulliștii din Divizia 1 Infanterie motorizată, moștenitoare a Diviziei 1 franceze libere și foștii membri ai Armatei Africii, în rândurile cărora mulți ofițeri rămăseseră fideli regimului de la Vichy și idealurilor Revoluției Naționale, au luptat cot la cot. Desigur, tensiunile au continuat să se manifeste, în special în rândul celor care se înfruntaseră în Siria, în 1941. Francezii liberi le reproșau cadrelor Armatei Africii faptul că rămăseseră devotate mareșalului Pétain, în timp ce acestea din urmă îi acuzau pe primii de aroganță și de oportunism. Dar, în cursul încercărilor, apoi în momentele de succes, între oamenii CEF s-au creat legături, iar Juin, batjocorit inițial de gaulliști, care îl porecliseră „juin 1940" (iunie 1940 – n.red), a reușit să îi convingă pe aceștia de talentul său militar. De asemenea, în Roma eliberată, comandantul CEF a putut să sărbătorească victoria unei armate franceze reunite. În cadrul ceremoniei de la Palatul Farnese, pe 7 iunie 1944, el a declarat: „Armata noastră din Italia este Armata Franței, este o armată întru totul franceză. Regăsim în ea oameni proveniți de peste tot. Îi menționez, în primul rând, pe cei care au venit de foarte departe, sub steagul lor: Crucea de Lorena. Nu uit vechea Armată a Africii, care nu și-a pierdut niciodată simțul propriilor tradiții, simțul onoarei, și care a venit cu drapelele sale, purtând numele unor victorii obținute mai peste tot prin lume și pe care se aflau deja numele unor locuri din din Italia"[1].

Victoriile obținute de CEF prin eforturi considerabile, fără a fi neglijabile, rămân cele dintr-un teatru de operațiuni destinat să joace un rol secundar. Totuși, aceste sacrificii nu au fost în zadar. Dovedind valoarea în luptă a acestor trupe, ele au sporit autonomia generalului de Lattre în vederea eliberării teritoriului național și au permis ca

---

[1] Discurs rostit de generalul Juin la palatul Farnese pe 7 iunie 1944, retranscris de *Le Petit Marocain*, pe 14 iunie 1944.

Franța să își facă auzită mai bine vocea în concertul națiunilor aliate. De asemenea, aceste prime succese pe teritoriul european, la patru ani după înfrângerea din 1940, au îngăduit consolidarea coeziunii unei armate aflate încă în curs de reconstrucție.

Totuși, această „victorie extraordinară, care poartă o amprentă franceză clară"[1] a fost imediat umbrită de debarcarea din Normandia, începând cu 6 iunie 1944, și de atunci nu a mai ocupat decât un loc cu totul marginal în comemorările oficiale și în memoria națională a celui de-al Doilea Război Mondial[2]. O uitare care tinde să consolideze, în mod greșit, ideea că participarea franceză în Italia a fost inutilă.

BIBLIOGRAFIE SELECTIVĂ

John Ellis, *Cassino, the Hollow Victory. The Battle for Rome, January-June 1944*, Aurum, Londra, [1984] 2003.

Michael Howard, *The Mediterranean Strategy in World War II*, Weidenfeld and Nicolson, Londra, 1968.

Julie Le Gac, *Vaincre sans gloire. Le corps expéditionnaire français en Italie (novembre 1942-juillet 1944)*, Les Belles Lettres, Paris, 2013.

Jean-Christophe Notin, *La Campagne d'Italie. Les victoires oubliées de la France, 1943-1945*, Perrin, Paris, 2003.

---

[1] Scrisoare a lui Juin adresată lui de Gaulle, 26 mai 1944, AN 3AG1/329.

[2] Jean-Christophe Notin, *La Campagne d'Italie. Les victoires oubliées de la France, 1943-1945*, Perrin, Paris, 2003.

17

Bombardamentele aeriene au înfrânt Germania

de Patrick FACON

Bombardamentele întreprinse, pe parcursul celui de-al Doilea Război Mondial, împotriva Germaniei naziste și a teritoriilor Europei ocupate s-au bazat pe o opinie larg răspândită în rândul multor lideri politici și militari de la acea vreme, conform căreia o campanie aeriană strategică intensă și continuă putea să frângă spiritul de rezistență al unei națiuni. Această convingere este fondată pe teorii dezvoltate în mare parte de profeții noutății tehnologice în domeniul războiului pe care o reprezintă aviația militară la începutul secolului XX. Cei care promovează această convingere, detașându-se pur și simplu de dogmele militare depășite în opinia lor, au trimis conceptul de luptă terestră sau navală decisivă în abisurile Istoriei, încununând arma aeriană cu toate virtuțile. Ei o transformă într-un instrument decisiv, capabil să submineze, în mod durabil și profund, bazele unei societăți inamice și să o reducă la tăcere.

Bătălia dată pe cerul celui de-al Treilea Reich din anul 1940 până în 1945 se înscrie într-un astfel de cadru. De asemenea, atât pe parcursul ostilităților, cât și în deceniile următoare, ea suscită polemici și controverse de amploare. Susținătorii armatei aeriene, punând întru câtva bazele unui mit, o consideră instrumentul de luptă care a permis înfrângerea Germaniei naziste. La polul opus, adversarii lor, luând în considerare mijloacele care i-au fost puse la dispoziție și rezultatele obținute, mediocre după opinia lor, nu subscriu la această teză. Aceste abordări antinomice prezintă particularitatea de a fi ambele simpliste; realitatea ofensivei aeriene pe teritoriul Reichului fiind mult mai complexă și mai nuanțată decât ar putea lăsa să se creadă aceste opinii, atât de extreme și de antagonice. Chiar și astăzi, analiștii strategici și istoricii continuă să-și pună întrebări și să se înfrunte pe acest subiect.

Despre doctrina de război a lui Douhet

Toți cei care, cuprinși de un fel de înflăcărare doctrinară și tehnică, apără teza victoriei prin intermediul forțelor aeriene, au fost uimiți de incapacitatea armatelor tradiționale de a forța liniile de front continue și puternice apărute în cursul Primului Război Mondial. Masacrarea a zece milioane de luptători în bătăliile de uzură imense și inutile, care au caracterizat războiul de tranșee, nu face decât să confirme ideea lor conform căreia avionul, menit să distrugă obstacole de orice fel, este arma decisivă, capabilă să lovească națiunile în inimă și, la urma urmei, să le învingă fără a le ocupa teritoriul.

Desigur, rezultatele obținute în războiul din 1914-1918 au putut părea dezamăgitoare. Raidurile armatei germane asupra Londrei și asupra altor câteva orașe din Anglia nu s-au dovedit, în fond, niște succese. La fel s-a întâmplat cu atacurile lansate de bombardierele aliate asupra orașelor germane. După opinia celor care au fost promotorii unei asemenea strategii, nu a fost vorba decât de a face astfel încât niște populații care se credeau la adăpostul Canalului Mânecii sau al Rinului să resimtă greutatea războiului. Epigonii puterii aeriene credeau că, în cazul apariției altui conflict, ar fi obținut rezultate decisive dacă ar fi implicat în luptă formațiuni mai extinse, având capacități distructive mai mari.

Între anii 1920-1930, ideile legate de un război aerian strategic capătă o faimă cel puțin ciudată. Ele sunt adunate într-o teorie mai mult sau mai puțin coerentă de către generalul italian Giulio Douhet, care vede în bombardierul greu instrumentul capabil să producă efecte devastatoare și hotărâtoare asupra sistemului de producție și moralului civililor. Pentru că are în vedere pentru forțele terestre și navale doar misiuni defensive și face din armata aeriană instrumentul ofensiv prin excelență, abordarea lui Douhet este considerată, de către adversarii profetului de dincolo de Alpi, ca fiind nu doar eretică, ci este văzută inclusiv ca fiind capabilă să provoace conflicte majore cu armatele tradiționale.

Mai întâi, Douhet oferă aviației de bombardament strategic un caracter de descurajare, considerând că ea constituie un factor prin care conflictele pot fi împiedicate și care ar putea anula orice tentativă de agresiune din partea oricărui adversar, sub amenințarea unor represalii groaznice. Mai presus de toate, a considerat-o ca o armă decisivă, în măsura în care ea conferă unui atacator capacitatea de a lovi primul și de a provoca un șoc psihologic profund asupra populației urbane inamice, recurgând, la nevoie, la armele chimice, astfel încât nicio altă soluție în afară de predare să nu mai aibă sens. Recursul la această metodă ar permite preîntâmpinarea unui război de uzură, care ar provoca, fără îndoială, precum cel din 1914-1918, milioane de morți și de răniți. Legile războiului, după cum rezultă din tradiție, nu au exclus niciodată uciderea sau rănirea non-combatanților. Principiile care reglementează protecția populației în caz de conflict se potrivesc foarte bine cu posibilitatea de a o afecta fără a intenționa acest lucru. Aliații nu vor justifica în alt fel metodele pe care le vor folosi împotriva orașelor din Germania sau Japonia, în timpul celui de-al Doilea Război Mondial.

Școlile de gândire britanică și americană

Doctrina lui Douhet este o sursă de inspirație cu atât mai interesantă pentru aviatorii anglo-saxoni, cu cât cultura strategică din țările lor se bazează pe capacitatea forțelor lor armate de a asigura protecția la o distanță mai mică sau mai mare de coaste, dar și de a trimite aceste forțe armate cât mai departe posibil, în vederea atacării inamicului pe teritoriul acestuia. Până la apariția forței aeriene, această sarcină este, în mod tradițional, destinată forțelor navale. Totuși, comandanții de aviație americani și britanici, fermi în convingerile lor, credeau că era necesar, dacă nu chiar indispensabil, să asigure asemenea misiuni. Este cazul generalului britanic Trenchard sau al generalului american Mitchell, care, ambii, au comandat de la cel mai înalt nivel ierarhia aeriană în timpul Marelui Război.

Școala britanică de bombardament strategic a început să pună bazele folosirii acestei practici operaționale încă din Primul Război Mondial, creând un corp aerian autonom, *Independent Air Force*. Generalul Trenchard, care a fost comandantul acestui corp, și-a afirmat ferm intenția, în caz de conflict cu un inamic care nu putea fi decât Germania, de a ataca centrele urbane dacă acestea aveau să adăpostească obiective militare, inclusiv uzine în care muncitorii lucrau în numele apărării naționale. Memorandumul său din mai 1928 a prevăzut limpede că era mult mai ușor să distrugi moralul civililor decât moralul unei armate aflate în plină campanie. La rândul său, generalul Sykes, care a condus *Royal Air Force* în ultimele luni din Marele Război, afirma: „Dezvoltarea actuală a forțelor aeriene ne aduce certitudinea că puterea militară va fi utilizată pentru atacuri directe împotriva moralului subiecților necombatanți ai unei națiuni inamice". Foarte clar, doctrina britanică a bombardamentului strategic era îndreptată, chiar de dinainte de război, în sensul atacării resurselor morale ale inamicului.

În Statele Unite, Mitchell se arăta mai echilibrat, dar colonelul William Sherman, profesor la Air Corps Tactical School în a doua jumătate a anilor '20, nu ascundea faptul că „nicio trăsătură a războiului viitor nu promite consecințe mai teribile decât atacurile-surpriză [...] lansate de avioane împotriva civililor care nu bănuiesc nimic". În acest veritabil creuzet al doctrinei aeriene americane se naște metoda prin care urmau să fie pedepsiți dușmanii Americii în cazul unui război.

Cu toate acestea, piloții de dincolo de Atlantic sunt mult mai interesați de distrugerea a ceea ce ei numesc *„Industrial Fabric"*, structura industrială, decât de atacarea populației, atac considerat imoral. Ofițerii superiori care, în anii '30, au planificat aceste campanii, Spaatz, Eaker, LeMay, Hansell și Doolittle, vor comanda armata aeriană a SUA în luptele dintre anii 1941 și 1945. Ei intenționează să atace nucleele economice și industriale, considerând că era neapărat necesar să lovească industriile principale, obiectivele-cheie în efortul de război, cum ar fi resursele de petrol, de materii prime sau sistemul de transport. Procedând astfel, ei erau convinși că aveau să declanșeze o reacție în lanț în interiorul mașinii de război inamice. Imposibilitatea aprovizionării cu carburant ar fi provocat paralizarea atât a forțelor armate, cât și a economiei oricărui adversar. Distrugerea centrelor de producție foarte specializate, precum cele care fabricau rulmenți cu bile, concentrate într-un singur oraș din sudul Germaniei, Schweinfurt, era menită să genereze consecințe majore.

Din a doua jumătate a anilor '30, un conflict părea inevitabil. Aviatorii britanici și americani se concentrează să adune informații cu privire la punctele slabe ale viitorilor adversari, întocmind dosare pentru sute de obiective situate pe teritoriul Reichului. În același timp, încep să dezvolte aparate capabile să îndeplinească misiuni cu caracter strategic, cu precădere cvadrimotoare de bombardament greu cu rază lungă de acțiune; *Lancaster*, *Halifax* sau *Stirling* în Marea Britanie; *B-17 Flying Fortress* și *B-24 Liberator* în Statele Unite, fără să mai vorbim de *B-29 Superfortress*, destinat altei sarcini al cărui scop este unul mult mai îndepărtat, atacarea Japoniei.

Războiul cu muncitorul german

La Winston Churchill, ideea unei ofensive aeriene strategice asupra Germaniei și Europei ocupate se impune încă de la sfârșitul Bătăliei Angliei. Armata terestră și Marina sa fiind incapabile să acționeze, prim-ministrul britanic decide să apeleze la Bomber Command din cadrul *Royal Air Force*, dorind ca populația inamică, bine protejată în spatele faimei cucerite de *Wehrmacht* în Europa de Vest, să simtă greutățile războiului. Micile formațiuni de noapte angajate deasupra Europei, începând cu primăvara anului 1941, vizează în principal industria petrolului și cea aeronautică. Totuși, aceste atacuri, zise de precizie, se confruntă cu imense dificultăți de ordin tehnic, care îi forțează pe aviatorii britanici să își revizuiască fundamental metodele. La începutul anului 1942, decid să recurgă la raiduri pe zone *(Area Bombing)*, menite să distrugă sistematic aglomerările urbane germane, crezând că, zdrobindu-le pe acestea sub covorul de bombe explozive și incendiare, vor putea să atingă două obiective: pe de o parte, să lichideze centrele de producție care se găsesc acolo și nu pot fi atinse decât prin atacuri directe și, pe de altă parte, să dea o lovitură fatală moralului populației.

Conduse sub egida Lordului Cherwell, consilier științific al lui Churchill, studii ample au arătat că veriga cea mai vulnerabilă în sistemul de producție nu erau nici resursele de materii prime, nici fabricile de prelucrare și asamblare, ci muncitorii care lucrau acolo. Prin urmare, în contextul unui război care evolua, cu fiecare zi, către unul total, doctrina britanică a bombardamentelor își propune să frângă resorturile psihologice ale civililor. Directiva din 14 februarie 1942, creată de Statul-Major al *Royal Air Force*, în acord cu cele mai înalte autorități politice și științifice ale țării, dă dovadă de o logică implacabilă. Ea face din subminarea moralului populației active obiectivul central al ofensivei aeriene strategice. Presupune că o ofensivă susținută de optsprezece luni asupra a 58 din cele mai mari orașe ale țării, unde trăiau aproximativ 22 de milioane de oameni, va permite anihilarea voinței de luptă a poporului german. La sfârșitul anului 1942, generalul Portal, șef al Statului-Major al *Royal Air Force*, este cum nu se poate mai explicit în acest sens. Planificând o campanie masivă de bombardare între anii 1943-1944, el cere Bomber Command să alunge din locuințele lor 25 de milioane de germani, să ucidă 900 000 și să rănească măcar un milion. Astfel, până și cei mai serioși istorici britanici nu ezită să conchidă că Bomber Command a dus un „război împotriva muncitorului german"[1].

Conducerea acestei ofensive îi revine generalului Harris, numit șef al Bomber Command în februarie 1942. Dând dovadă de un zel și de o încăpățânare cu totul deosebite, convins că putea să câștige războiul prin utilizarea exclusivă a forței aeriene, acesta urmărește să dezvolte capacitățile marelui său comandament astfel încât să îi permită să efectueze raiduri masive, precum cel din 30 mai 1942, când, pentru prima dată, peste 1 000 de bombardiere sunt lansate asupra un oraș, și anume Köln.

Concepția aviației strategice americane este una opusă celei pe care o aplică britanicii. Primele elemente din Air Force 8 sosesc în Marea Britanie în primele săptămâni ale anului 1942, cu o metodă operațională care suscită cele mai profunde îndoieli în cadrul *Royal Air Force*. Raidurilor nocturne, aviatorii de dincolo de Atlantic le preferă atacurile de zi la mare altitudine, în care primează precizia bombardamentelor. Comandantul lor, generalul Eaker, la fel ca Douhet, a subliniat dintotdeauna capacitatea bombardierului greu, veritabil crucișător aerian, de a forța apărarea inamicului. El era convins că cvadrimotoarele sale, organizate în formațiuni puternice și protejate de sutele de mitraliere pe care le aveau la bord, urmau să își atingă obiectivele. În cele din urmă, această abordare este validată prin directiva AWPD-42, scrisă de mâna generalului Hansell, părintele acestei doctrine. Dacă problematica aviației de vânătoare

---

[1] John Terraine, *Theory and Practice of the Air War: the Royal Air Force*, Berg, New York/Oxford, 1992.

însoțitoare era discutată de unii ofițeri de rang înalt, convingerea comună se baza pe un principiu: aeronavele de bombardament implicate în asemenea operațiuni nu aveau nevoie de escortă împotriva interceptoarelor inamice.

Ofensiva aeriană combinată

Anul 1942 este văzut ca fiind cel în care se manifestă ezitările ofensivei aeriene împotriva Germaniei. Dacă Bomber Command începe să lovească mai intens orașele Reichului, Forța a 8-a Aeriană își limitează imediat atacurile la Europa ocupată. Nu începe să se îndrepte spre teritoriul german în sine decât în ianuarie 1943, atunci când intervine un moment de cotitură în strategia anglo-saxonă. În timpul Conferinței interaliate de la Casablanca (Anfa), britanicii și americanii iau decizia de a integra campania lor aeriană în procesul de invadare amfibie din Europa de Vest. Directivele adresate în acest sens comandanților forțelor aeriene sunt lipsite de orice ambiguitate: „Scopul vostru, precizează ele, este acela de a obține, treptat, distrugerea și dezmembrarea structurii militare, economice și industriale a Germaniei și demoralizarea poporului german, astfel încât voința sa de a rezista să slăbească fatal".

Prin urmare, Combined Chiefs of Staff (Statul-Major combinat interaliat), cea mai înaltă autoritate strategică și militară aliată, începe să îmbine activitatea forțelor aeriene americane și britanice. O situează în cadrul unei ofensive aeriene combinate *(Combined Bomber Offensive)*, cu scopul de a nu-i acorda niciun răgaz Germaniei naziste, bombardând-o zi și noapte. Directiva *Pointblank*, intrată în vigoare din luna iunie, confirmă obiectivele strategice ale operațiunii așa cum au fost ele stabilite la Anfa. Ea le conferă lui Harris și lui Eaker sarcina de a distruge resursele industriale naziste (petrol, cauciuc, construcții navale, rulmenți cu bile). Mai adaugă necesitatea vitală, în vederea unei debarcări viitoare, de a goni *Luftwaffe* de pe cer.

În istoria ofensivei aeriene strategice, anul 1943 marchează o creștere semnificativă a forței, dar se traduce și prin eșecuri dureroase pentru Aliați. În primăvară, Harris inițiază bătălia din regiunea Ruhr, centrul industrial al Reichului, de pe urma căreia așteaptă efecte decisive. Bătălia de la Hamburg (iulie-august), deși atinge un nivel de violență extrem, provoacă pierderi imense pentru populația civilă și seamănă neliniște în rândul conducătorilor statului nazist, nu îngenunchează totuși Germania. Ba dimpotrivă. În octombrie, Eaker suferă o înfrângere dură într-un raid asupra uzinelor care produceau rulmenți cu bile la Schweinfurt, pierzând aproape 20% din aeronavele implicate. Dezastrul îi forțează pe americani să își oprească atacurile în adâncime pe teritoriul german și să își revizuiască temeinic doctrina. De acum, obiectivul principal devine neutralizarea avioanelor de vânătoare inamice, efectuată laolaltă de bombardierele strategice și de avioanele de vânătoare care le însoțeau la distanțe din ce în ce mai mari, până la Berlin în primăvara anului 1944. De aceea, pe parcursul acestui an, piloții din *Jagdwaffe* (aviația germană de vânătoare) vor suferi pierderi teribile.

La începutul iernii dintre anii 1943-1944, neliniștea îi cuprinde pe susținătorii aviației strategice aliate, care află de planificarea unei debarcări în Europa, în paralel cu subordonarea tuturor mijloacelor lor, în perspectiva lunii aprilie 1944, generalului Eisenhower, comandantul suprem al forțelor destinate Operațiunii *Overlord*. Prin urmare, un fel de frondă îi cuprinde pe șefii aviației, care intenționează să demonstreze cu orice preț eficiența bombardamentului și, astfel, să dovedească inutilitatea unei operațiuni amfibii în Franța. Astfel, Harris implică Bomber Command în Bătălia Berlinului, inima politică a Germaniei, din noiembrie 1943 până în aprilie 1944, fără a atinge însă obiectivul pe care îl urmărea, îngenunchierea Reichului, și pierzând 500 de bombardiere. Vigoarea cu care aviatorii se opun invadării Europei de Vest îl va determina pe Eisenhower să se gândească de mai multe ori la demisie.

Regăsindu-și autonomia operațională în septembrie 1944, Harris și Spaatz, comandanții forțelor strategice americane în Europa, pornesc lupta împotriva căilor de comunicații și a petrolului, luptă ale cărei rezultate sunt incontestabile și ale cărei efecte sunt cu atât mai importante. Cu puțin înainte de trecerea Rinului, la începutul primăverii anului 1945, mai încearcă o dată să influențeze rezultatul final al războiului, lovind marile orașe din estul Germaniei (inclusiv Dresda, Leipzig și Chemnitz) și planificând, fără să le poată și executa, câteva operațiuni gigantice (*Shatter*, *Thunderclap* și *Hurricane*), menite să ia pe deplin prin surprindere Germania. Deci, doar în ultimele săptămâni de război, aviatorii aliați au acționat astfel încât să susțină ideea unei eficiențe majore a armei lor în victoria împotriva Reichului lui Hitler.

Efecte înșelătoare

Înțelegerea efectelor ofensivei strategice presupune, mai întâi, analiza ritmului de creștere al puterii aliate. Din cele aproximativ 2,7 milioane de tone de bombe lansate pe teritoriul european între anii 1940-1945 – dintre care, uităm mult prea adesea, 500 000 în Franța – mai mult de 1,7 milioane au fost lansate în ultimii doi ani de conflict, cu un punct culminant de 1,2 milioane în 1944. În lumina acestor statistici, campania aeriană anglo-americană marchează un fenomen a cărui intensitate nu se dezvoltă decât treptat și al cărui efect maxim nu se face resimțit decât foarte târziu.

Cifrele producției germane de război constituie un alt indicator interesant. Luând în considerare câteva domenii strategice, ele dezvăluie surprize mari. Astfel, producția de tancuri trece de la 81 în 1941, la 536 în 1944; aceea de avioane de la 97 la 277 pentru același interval; aceea de muniții de la 102 la 306; aceea de explozivi de la

103 la 226[1]. Același fenomen se înregistrează în metalurgie (indice de 100 în 1939 și 203 în 1944) și în echipamentele de transport (indice de 100 în 1939 și 255 în 1944). Sectorul metalelor neferoase este foarte puțin afectat (indice de 100 în 1939 și 98 în 1944), la fel ca sectorul mineritului (indice de 100 în 1939 și 98,5 în 1944)[2].

Efectele directe ale bombardamentelor aeriene par, la prima vedere, să fi fost foarte limitate. Acest fenomen cel puțin singular ține în mare parte de planul de răspândire și poziționare a uzinelor pe care îl urmărea ministrul armamentului, Albert Speer, un fidel al lui Hitler, numit în funcție în februarie 1942. Axată pe reducerea vulnerabilității mașinii de producție în fața bombelor aliate, o asemenea politică se dovedește de o reală eficiență, chiar dacă punerea sa în aplicare, repartizată pe ani, determină pierderi de randament. Creșterea productivității industriei naziste de război rezultă, de asemenea, din investițiile considerabile făcute înainte de război și în primii ani ai acestuia. În ultimă instanță, ea ține de politica de mobilizare industrială a celui de-al Treilea Reich. Până la înfrângerea lor la porțile Moscovei, germanii, convinși că erau implicați într-un război scurt, nu și-au dat silința să utilizeze toate mijloacele de producție pe care le dețineau. Doar în momentul înfrângerii de la Stalingrad și al proclamării războiului total, cu toate consecințele care decurgeau de aici, regimul nazist se preocupă, în cele din urmă, de utilizarea tuturor resurselor disponibile.

Această constatare nu trebuie totuși exagerată. După cum dezvăluie noile studii realizate de unii dintre cei mai buni specialiști anglo-saxoni, abordarea problemei producției germane de război doar în lumina rezultatelor statistice ale producției materialelor de tot felul ignoră un parametru esențial: acela al ritmului de creștere al

---

[1] Adam Tooze, *The Wages of Destruction, The Making and Breaking of the Nazi Economy*, Viking Penguin, New York, 2007.

[2] *The United States Strategic Bombing Survey, Summary Report, European War*, 30 septembrie 1945.

producției de armament, așa cum a fost prevăzut de planificatori. Pentru Richard Overy, nu există nicio îndoială că „bombardamentele subminau încet, dar sigur, bazele producției viitoare, iar raidurile produceau un efect cumulativ de ruptură la nivelul fragilei rețele de producție și de distribuție dezvoltată pentru a compensa slăbiciunile sistemului industrial. [...] Bombardamentele au împiedicat orice extindere ulterioară"[1]... Pentru Adam Tooze, care subminează mitul „miracolului Speer", creșterea rapidă a producției de război – indicele de 100 în ianuarie 1942 trecând la 230 în primăvara anului 1943 – este sufocată de campania dusă de Bomber Command în bazinul Ruhr[2]. Decizia luată de Harris de a amâna, pentru lunile următoare, efortul care viza orașele și evacuarea populației constituie, conform aceluiași autor, o greșeală gravă, care nu-i permite să obțină noi beneficii din avantajul dobândit.

Într-adevăr, atacurile asupra orașelor, așa cum sunt organizate în cadrul bombardamentelor din *Area Bombing*, nu determină decât o reducere cu 5% a producției de armament. Raidurile asupra obiectivelor industriale se dovedesc mult mai eficiente. În toamna anului 1943, liderii *Luftwaffe* își fac griji serioase, și pe bună dreptate, în privința bombardamentelor americane asupra industriei aeronautice, care provoacă o reducere masivă în livrarea avioanelor.

Lupta împotriva mijloacelor de transport ale Reichului, începând din toamna anului 1944, atunci când forțele aeriene strategice anglo-americane își regăsesc autonomia operațională față de Eisenhower și dispun de 5 000 de avioane, are o importanță cu atât mai mare în prăbușirea producției industriale constatate anterior. Prin distrugerea canalelor, căilor ferate, drumurilor și podurilor, bombardierele lui Harris și Spaatz determină o paralizare progresivă a mașinii de război a inamicului, dovadă că dispersia realizată

---

[1] Richard Overy, *Air Power in the Second World War, Historical themes and Theories*, Berg, New York/Oxford, 1992.
[2] Adam Tooze, *The Wages of Destruction*, op. cit.

sub egida lui Speer era o sabie cu două tăișuri. Bombardierele împiedică aprovizionarea centrelor de asamblare cu piesele și elementele necesare tancurilor, avioanelor, submarinelor și multor altor categorii de armament. De asemenea, ele contribuie la întârzierea, mai mult sau mai puțin importantă, a sosirii materiilor prime la oțelării și turnătorii.

Altă luptă, angajată și ea din toamna anului 1944, împinge cel de-al Treilea Reich pe marginea prăpastiei. Americanii au planificat-o chiar înainte de a intra în război, dar dacă lansează raiduri împotriva zonelor petrolifere românești de la Ploiești, punctul culminant al atacurilor care vizează privarea *Wehrmachtului* de combustibil intervine mult mai târziu în război. Obiectivele vizate, Ploieștiul căzând în mâinile Armatei Roșii, sunt cele 18 uzine de hidrogenare împrăștiate pe întreg teritoriul Reichului. Producția, deja în plină desfășurare în primăvara anului 1944, nu depășește 20% din cea realizată în ultimele săptămâni ale aceluiași an. Aceasta duce la probleme operaționale și logistice în unitățile de blindate și motorizate și restrânge profund eficiența în luptă a *Luftwaffe*, întrucât aceasta nu doar că nu își mai poate folosi avioanele așa cum dorește, dar resimte și influențe negative asupra calității personalului său navigant, care nu mai dispune de posibilități suficiente în materie de ore de formare.

Bombardamente contestate

Efectele indirecte, mai puțin vizibile, sunt la fel de distructive. În 1943, în urma unei dezbateri aprinse, *Luftwaffe* începe să regrupeze pe cerul Reichului o mare parte dintre avioanele sale de vânătoare, lăsând forțelor aeriene aliate superioritatea aeriană deasupra fronturilor terestre în hotărâtorul an 1944. În acest moment, raidurile capătă o asemenea amploare, încât Germania nu are alternativă decât să își aloce resursele pentru construirea aproape exclusivă de avioane de interceptare. Procedând astfel, ea nu mai are mijloacele de a produce avioane de bombardament, capabile să treacă prin foc și sabie inamicul. Aceleași cauze producând aceleași efecte, apărarea Reichului mobilizează aproape 70 000 de tunuri antiaeriene și mai mult de un milion de artileriști pe teritoriul german, din nou, în detrimentul fronturilor din Vest și din Est. În cele din urmă, aproape 2 milioane de muncitori, atât de valoroși totuși pentru industria Reichului, nu servesc în fabrici, ci își consacră eforturile ca să curețe ruinele a sute de orașe zdrobite sub bombe.

În ciuda intensității bombardamentelor, aviatorii aliați nu au reușit totuși niciodată să dea lovituri suficient de puternice moralului populației, care să determine întoarcerea acesteia împotriva autorităților politice naziste – marea fantezie a lui Douhet rămânând doar o plăsmuire a imaginației. Cu siguranță, Apocalipsa care s-a abătut asupra Germaniei a provocat neliniști profunde în rândul unor conducători, precum Hitler, Goering, Goebbels și Speer, dar puterea și partidul nazist au știut să exploateze inteligent furia, ura și resentimentele germanilor bombardați împotriva Aliaților, încurajând o vreme linșarea aviatorilor anglo-americani căzuți pe teritoriul lor. Dimpotrivă, raidurile anglo-americane, fie că au avut ca țintă obiectivele industriale ori au avut ca scop terorizarea populației, i-au unit pe civili în spatele liderilor lor și au creat un spirit de rezistență subestimat masiv de către comandanții Bomber Command și ai *US Army Air Forces.*

Chiar înainte de încheierea ostilităților, operațiunile aeriene strategice întreprinse deasupra Germaniei fac obiectul unor critici foarte dure, în primul rând din partea comandanților armatei terestre, care ar fi preferat ca banii folosiți pentru construirea a 170 000 de bombardiere britanice și americane să fi fost investiți în producerea unor cantități mult mai mari de tancuri, barje de debarcare și camioane. Unii au susținut că, urmând această politică, o debarcare ar fi fost posibilă încă din 1943. Dezbaterea etică asupra acestui fenomen nu este mai puțin intensă. Criticile suscitate de raidurile lansate spre sfârșitul ostilităților, în special asupra Dresdei, sunt exprimate chiar și în Marea Britanie. Mulți observatori și analiști consideră distrugerea orașelor germane drept o crimă de război, o pată de neșters pe onoarea Aliaților. Vor vedea în ea o acțiune care a provocat moartea inutilă a 350 000 până la 500 000 de civili, un proces de distrugere vinovat nu numai de dispariția unor comori arhitecturale și artistice inestimabile, dar și de sărăcirea unei părți a populației europene, a cărei consecință politică majoră ar fi fost graba cu care a fost îmbrățișat comunismul.

Este un fapt incontestabil că bombardamentele aliate nu și-au atins obiectivul așteptat de susținătorii aviației strategice, și anume înfrângerea Reichului. Germania nu a capitulat decât atunci când a fost ocupată de forțele terestre. Faptul că aceste bombardamente au provocat ruine și suferințe este la fel de adevărat. Parte integrantă din războiul total purtat între cele două tabere opuse între anii 1939 și 1945, acestea au permis totuși afectarea gravă a economiei germane. Însă, după cum a subliniat, pe bună dreptate, Richard Overy, trebuie să ne întrebăm ce s-ar fi întâmplat dacă, timp de cinci ani, Germania nazistă ar fi fost în stare să își desfășoare activitățile de producție, fără a fi deranjată, la adăpostul succeselor sale de pe continent.

BIBLIOGRAFIE SELECTIVĂ

Bourneuf, Pierre-Etienne, *Bombarder l'Allemagne. L'offensive alliée sur les villes pendant la Deuxieme Guerre Mondiale*, Presses universitaires de France, Paris, 2014.

Crane, Conrad C., *Bombs, Cities and Civilians, American Airpower Strategy in World War II*, University Press of Kansas, Lawrence, 1993.

Facon, Patrick, *Le Bombardement stratégique*, Le Rocher, Paris, 1996.

Frankland, Noble, *The Bombing Offensive against Germany. Outlines and Perspectives*, Faber & Faber, Londra, 1965.

Overy, Richard, *The Air War, 1939-1945*, Potomac Books, Washington DC, 2005; –, *The Bombeers and the Bombed, Allied Air War over Europe, 1940-1945*, Viking, New York, 2013.

Schaeffer, Ronald, *Wings of Judgment. American Bombing in World War II*, Oxford University Press, Oxford, 1985.

Süss, Dietmar, *Deutschland im Luftkrieg*, Oldenbourg Verlag, München, 2007.

Tooze, Adam, *The Wages of Destruction, The Making and Breaking of the Nazi Economy*, Viking Penguin, New York, 2007.

18

Piloții kamikaze au murit degeaba

de Pierre-François SOUYRI

La sfârșitul lunii octombrie a anului 1944, moment în care Japonia era slăbită considerabil din cauza înfrângerilor succesive suferite în Pacific în fața trupelor americane, care dispuneau de o logistică și de un armament cu mult superioare, o nouă bătălie decisivă se dădea pentru controlul arhipelagului filipinez, pe care japonezii îl ocupau încă din primăvara anului 1942: bătălia din golful Leyte.

Bătălia a început cu un avantaj net pentru americani. În timpul Bătăliei Marianelor, în iunie 1944, trupele aeronavale japoneze pierduseră un mare număr de aparate de zbor, peste 300 de avioane, cele mai multe doborâte de către avioanele de vânătoare americane. Este ceea ce a rămas cunoscut în istorie sub denumirea de „masacrul porumbeilor din Groapa Marianelor". Industria japoneză nu a putut sau nu a știut să își îmbunătățească excelentul bombardier japonez numit *Mitsubishi Zero*, un aparat remarcabil încă din anul 1942, dar depășit de *Hellcat*-ul american. De altfel, pierderile suferite de aviația japoneză au fost atât de mari, încât a fost cu neputință ca noii piloți să fie instruiți în condiții optime. Acum, piloții japonezi trimiși la război dispuneau de mai puține aparate decât adversarii americani. Pe scurt, în octombrie 1944, când avea loc bătălia decisivă, Flota 1 aeriană japoneză din Filipine nu număra decât 30 de avioane de vânătoare *Zero* și 20 de bombardiere operaționale. Toate acestea nu reprezentau mare lucru în comparație cu sutele de aparate îmbarcate pe portavioanele americane.

În contextul acestei situații disperate, viceamiralul Onishi Takijiro a reușit, în cursul lunii octombrie a anului 1944, să valideze în cadrul Statului său Major, o idee incredibilă: le-a cerut piloților să se arunce cu aparatele lor – având la bord o bombă de 250 de kilograme – direct asupra navelor americane și să moară din cauza „șocului corporal" *(tai atari)*. Prudent, Statul-Major japonez a aprobat aceste misiuni de tip nou cu condiția ca ele să fie prezentate nu sub forma unui ordin oficial dat aviatorilor, ci sub forma unei decizii voluntare a piloților[1]. Aceste escadrile au fost desemnate ca fiind „unități speciale de atac", *tokkotai*, nume de cod *kamikaze* – „vânt divin", aluzie la taifunul care împrăștiase flota mongolă, venită să atace Japonia în anul 1281. Această inovație tactică a lui Onishi era, fără îndoială, o premieră în istoria militară a omenirii. Nicio altă ierarhie militară nu le ceruse vreodată oamenilor săi să devină bombe umane sau ca arma lor să însemne pentru ei propria moarte. Orice război implică misiuni periculoase, în care speranța de a se întoarce viu este redusă. Dar speranța există, ceea ce face ca misiunea să fie una „acceptabilă". Cei care au decis să trimită piloții în misiune și cei care au plecat știau că ordinul era o implacabilă condamnare la moarte. „Asta nu este o misiune cu o șansă din zece de a reveni. Este o misiune cu zero șanse din zece".

Printr-o incredibilă lovitură a sorții, prima ieșire a piloților kamikaze, din 25 octombrie 1944, a cunoscut un succes răsunător, care, la drept vorbind, nu avea să se mai repete. Un singur *Zero*

---

[1] Problema pretinsului act voluntar al piloților este prea complexă pentru a fi tratată aici. A se consulta Constance Sereni și Pierre-François Souyri, *Kamikazes*, Flammarion, Paris, col. „Au fil de l'histoire", 2015.

japonez a reușit să scufunde un portavion american, lovindu-i depozitul de muniție; un alt portavion a fost grav avariat. Pentru cinci avioane kamikaze, rezultatul nu era tocmai de neglijat, cu atât mai mult cu cât rapoartele japoneze au „înfrumusețat" operațiunea, menționând trei nave atinse, dintre care una scufundată. Acest succes a făcut ca Statul-Major să renunțe la ultimele sale reticențe și, din acel moment, misiunile „unităților speciale de atac" au devenit una dintre formele curente de luptă în rândul forțelor aeriene japoneze. Totuși, bătălia de la Leyte a fost o înfrângere pentru Japonia și, în loc să tragă concluziile care se impuneau, mai exact să accepte că războiul era pierdut și că trebuia să se încerce semnarea unui armistițiu, Statul-Major japonez s-a încăpățânat, hotărând că misiunile kamikaze erau cel mai bun mod de a profita de forțele aeriene restrânse care mai erau concentrate încă în Japonia. De altfel, această tactică absolut deosebită a făcut posibilă o simplificare considerabilă a antrenamentului viitorilor piloți, care s-a rezumat, în cele din urmă, la transformarea lor în bombe umane.

Tactică, strategie și manipulare

În timpul Bătăliei de la Okinawa, din aprilie-iunie 1945, mai multe sute de piloți kamikaze s-au aruncat asupra navelor americanilor, provocându-le acestora pierderi importante. Dar cu ce preț! Pe parcursul ultimelor luni de război, peste 3 800 de tineri piloți au fost trimiși la moarte programată. Sursele americane menționează circa 2 200 de avioane kamikaze. Diferența o reprezintă piloții plecați în misiune care s-au prăbușit în mare, fără ca măcar să-și fi zărit ținta, pentru că aparatele lor erau defecte, pentru că nu aveau destul carburant ca să ajungă la ținte ori pentru că s-au pierdut printre nori în cursul zborului[1]... Cifrele furnizate de experți variază,

---

[1] Începând cu primăvara anului 1945, piloții nu au mai participat la cursuri de pilotaj. Iar între lunile iunie și iulie, nici nu au mai fost învățați cum să aterizeze...

sursele nu concordă întotdeauna, dar se estimează că în intervalul cuprins între 25 octombrie 1944 și primele zile ale lunii august a anului 1945, mai puțin de 15% dintre avioane și-au atins ținta. Mai precis, s-a constatat că rata eșecurilor era tot mai mare pe măsură ce se apropia sfârșitul războiului. De la o rată de succes de 28% în noiembrie 1944, în Bătălia din Filipine, la o rată de reușită de sub 10% în iulie 1945. Dar ce reprezenta pentru Japonia un succes, când se știa că o treime din navele atinse nu suferiseră decât daune minore? Fără îndoială că pierderile provocate au fost reale, dar pentru ca tactica aviatorilor kamikaze să aibă succes, ar fi trebuit ca Japonia să poată înlocui avioanele și piloții, până când pierderile inamicului să fie suficient de importante pentru a-i convinge pe Aliați să negocieze pacea. Or, chiar când mașina de război japoneză se afla la apogeu, ar fi putut ea, oare, să înlocuiască aparatele, câtă vreme rata de distrugere era, prin definiție, de sută la sută? Costul unei bombe sau al unui glonț nu echivalează cu acela al unui avion. Și care este costul unui aviator? Metoda kamikaze nu se justifică din punct de vedere strategic.

Suntem, deci, îndreptățiți să ne întrebăm: de ce autoritățile japoneze s-au încăpățânat să-și trimită la moarte sigură tinerii piloți? Faptul se explică prin aceea că obiectivele lor nu erau doar unele pur militare.

Conducătorii japonezi se gândeau că hotărârea sălbatică a aviatorilor kamikaze, înțeleasă ca hotărârea unui întreg popor, i-ar fi silit pe americani să dea înapoi, i-ar fi speriat și, în cele din urmă, i-ar fi obligat la negocieri. Dar această bătălie trebuia dusă nu numai împotriva inamicului, ci și împotriva unui popor care trebuia convins „să moară frumos". Aviatorii kamikaze au fost obiectul unei strategii de comunicare, mai ales în ultimele luni ale războiului. Ei au devenit unul dintre aparatele ideologice de menținere a coeziunii sociale, într-o societate pe cale să se destrame. În aceste condiții, ei nu au reprezentat doar o armă, ci au funcționat ca o construcție ideologică, de propagandă.

Acțiunile aviatorilor kamikaze nu erau, evident, destinate să rămână confidențiale. Marina imperială a înțeles imediat că imaginea acestor tineri piloți, care se sacrificau pentru patrie și împărat, le conferea o forță extraordinară. De fapt, propaganda japoneză pe plan intern a preluat repede acțiunile aviatorilor, prezentați ca niște tineri a căror moarte strălucea asemenea unei „nestemate sfărâmate"[1]. Autoritățile i-au împins pe viitorii piloți să lase urme pozitive ale experienței lor. Începând cu primăvara anului 1945, toți viitorii kamikaze au trebuit să redacteze scrisori pentru lămurirea poporului. Aceste scrisori trebuiau expuse în diverse locuri oficiale, mai cu seamă în sanctuarul Yasukuni din Tokio. Nu numai că li se cerea tinerilor să moară, ci, în plus, li se recomanda să-și dezvăluie sentimentele, să vorbească despre starea lor de spirit, să își explice gestul. Pentru a-și întări hotărârea de a muri, piloții se angajau să spună de ce mureau. Aceste texte erau cu atât mai importante cu cât respectivii tineri erau, în cea mai mare parte, bine educați și știau să scrie. În acest context politic, instituțional și colectiv, tinerii piloți erau încadrați într-o ideologie oficială naționalistă, la care puteau cu siguranță să adere, dar pe care uneori o criticau cu jumătate de gură, prin formule mai mult sau mai puțin alambicate, de tipul: „Șefii noștri sunt niște cretini, dar eu mor totuși frumos". Prin scrierile lor, ei încercau să se convingă pe ei înșiși de temeiurile ideologiei oficiale, dar, paradoxal, adeseori o sfidau.

Pentru autorități mesajul era clar. Piloții kamikaze erau idealul spre care trebuia să tindă orice japonez. În fața enormității sacrificiului lor, orice acuzație, orice reproș se dovedeau a fi inutile. Cum

---

[1] Expresie a propagandei japoneze, începând din anul 1943, care reia un proverb chinezesc din secolul al VI-lea: „Mai bine să dispari ca o nestemată care se sfarmă, decât să trăiești ca o ulcea oarecare, chiar dacă e întreagă". Să mori ca un erou e mai bine decât să trăiești ca un laș. Eufemismul „nestematei care se sfarmă" desemnează, în vocabularul epocii, sinuciderile în masă, în situații disperate.

puteau japonezii să se plângă de foamete, de munca asiduă cerută de efortul de război, de restricțiile de toate felurile, când cei mai merituoși, elita națiunii, mai exact piloții marinei imperiale își dădeau viața fără ezitare?!

Despre piloții kamikaze, neînțelegere și spaimă

De partea americanilor, se pare că pierderile umane și materiale nu erau chiar fără importanță, nici vorbă. Cifrele, chiar și în cazul lor, nu sunt foarte clare, căci, în plin război, nu e ușor să știi dacă o navă a fost scufundată pentru că un avion s-a zdrobit de ea, pentru că a fost atinsă de o torpilă sau de o lovitură a flotei inamice. Robin L. Reilly, care a preluat rapoartele flotei navale americane, a numărat 60 de nave scufundate și 407 avariate[1]. Se cunoaște, de asemenea, faptul că atacurile piloților kamikaze au provocat moartea a 6 830 de soldați și rănirea altor 9 931, deși cifrele trebuie privite cu prudență. O altă statistică pare a fi elocventă. În timpul războiului din Pacific, între sfârșitul lunii octombrie a anului 1944 și capitularea de la 15 august 1945, 48% din navele americane avariate și 28% din cele scufundate au avut această soartă ca urmare a atacurilor sinucigașe. De fapt, aviatorii kamikaze par, de departe, să fi fost arma cea mai eficientă inventată de către japonezi împotriva navelor de suprafață americane.

Dar se pare că, pentru americani, nu acesta este elementul esențial. Înainte de toate, este imposibil să contracarezi total un atac venit din partea unor piloți kamikaze. Un aviator gata să se sfărâme cu avionul său de o navă are nevoie de mult sânge-rece, dar de foarte puține competențe pentru a-și atinge ținta, asta dacă reușește să treacă de avioanele de vânătoare inamice și de focul tunurilor antiaeriene. Chiar dacă pierderile japoneze se ridicau la sută la sută din

---

[1] Robin L. Rielly, *Kamikaze Attacks of World War II: A Complete History of Japanese Suicide Strikes on American Ships, by Aircraft and Other Means*, McFarland & Co, Jefferson, 2010.

avioanele și piloții implicați, rezultatele puteau ajunge să producă pagube dincolo de nivelul suportabil. Chiar dacă tactica al cărei obiect îl constituiau piloții kamikaze a cunoscut o rată a eșecului ridicată, pentru Aliați ea reprezenta o amenințare veritabilă, până într-atât încât reușea să le provoace soldaților o spaimă teribilă, ori de câte ori se apropia un avion japonez. Atunci când USS *Bunker Hill* a fost lovită de doi kamikaze, în ziua de 11 mai 1945, incendiul avea să provoace 396 de morți și 264 de răniți. Efectul asupra moralului combatanților era unul enorm, aflându-se la originea unei adevărate *psihoze kamikaze*, care, uneori, îi făcea pe militari incapabili să continue lupta. Atacurile asupra navelor aliate erau de neînțeles pentru marinari și, prin urmare, neliniștitoare. Acestea provocau un șoc. Unii martori evocă o fascinație aproape hipnotică: echipajele priveau cu oroare și neputință fiecare avion care plonja, știind că oricând puteau fi ținta acestuia. Pentru soldații americani, acest lucru era sinonim cu intrarea într-un război asimetric, în care luptătorul inamic era văzut ca un fanatic lipsit de rațiune și sinucigaș. Acest lucru le provoca autorităților americane o neliniște care avea să justifice, mai târziu, utilizarea tuturor mijloacelor.

Dincolo de rezultate, în termeni de pierderi umane și materiale, atât de partea japonezilor, cât și de cea a americanilor, utilizarea tacticii kamikaze nu a rămas fără consecințe asupra viitorului imediat al Japoniei. Propaganda japoneză din jurul acestor tineri piloți morți în misiune i-a permis, cu siguranță, unei populații al cărei moral era zdruncinat, să mai găsească forțe pentru a se convinge să ducă bătălia până la capăt. Autoritățile trebuiau să îi decidă pe japonezi să prefere moartea în locul înfrângerii, iar tinerii piloți le arătau calea. Hotărârea de neînfrânt a națiunii japoneze trebuia, încă o dată, să constrângă inamicul să treacă la negocieri. Declarația de la Postdam, de la sfârșitul lunii iulie 1945, care soma Japonia să accepte o capitulare fără condiții, a constituit o lovitură de grație pentru acest comportament sinucigaș al statului imperial. În ceea ce-i privește pe americani, tacticile kamikaze, prezentate ca iraționale și fanatice, au permis Washingtonului să justifice în fața națiunii americane utilizarea bombelor atomice asupra orașelor Hiroshima și Nagasaki: nebunia sinucigașă a japonezilor nu putea fi oprită decât prin folosirea acestor arme teribile. La Washington, se considera că hotărârea inamicului ar fi implicat o continuare a luptelor timp de alte câteva luni, care ar fi obligat Statul-Major al Aliaților să imagineze o debarcare militară pe solul metropolei japoneze, acțiune, fără îndoială, foarte costisitoare în materie de vieți umane.

În mod bizar, kamikaze i-au permis indirect generalului Douglas McArthur să justifice clemența față de împărat, pe care a refuzat să îl urmărească în justiție și să îl oblige să abdice.

Potrivit lui McArthur, o politică de ocupație foarte dură, care ar fi implicat urmărirea în justiție a împăratului, ar fi putut declanșa reacții violente în rândul populației japoneze. Aliații riscau să se confrunte cu „100 de milioane de kamikaze", spunea el, care ar fi necesitat trimiterea unui milion de soldați americani în plus, pentru a „menține sub control" Japonia.

Dacă acțiunile soldate cu moartea militarilor sau a piloților prin „șoc corporal", imaginate de Statul-Major japonez, au avut o eficiență militară limitată pe câmpul de luptă, ele au jucat, fără îndoială, un rol istoric semnificativ, legitimând prin urmare utilizarea nemaiîntâlnită a armamentului nuclear împotriva populației civile, considerată ca fiind fanatică, apoi a permis justificarea, în ochii autorităților politice americane, a menținerii unei monarhii compromise prin continuarea, extremă și irațională, a unui război de multă vreme pierdut. Dacă obiectivul Statului-Major japonez era, dincolo de victoria imposibilă, acela de a menține sistemul imperial, atunci, într-o oarecare măsură, McArthur i-a permis să și-l atingă.

BIBLIOGRAFIE SELECTIVĂ

Kuwahara, Yasuo, *J'étais un kamikaze*, Editions Jourdan, Bruxelles-Paris, 2012.

Lucken, Michael, *Les Japonais et la guerre, 1937-1952*, Fayard, Paris, 2013.
Ohnuki-Tierney, Emiko, *Kamikaze, Cherry Blossoms and Nationalisms, The Militarization of Aesthetics in Japanese History*, University of Chicago Press, Chicago, 2002.
Rielly, Robin L., *Kamikaze Attacks of World War II: A Complete History of Japanese Suicide Strikes on American Ships, by Aircraft and Other Means*, McFarland & Co, Jefferson, 2010.
Sereni, Constance; Souyri, Pierre-François, *Kamikazes*, Flammarion, col. „Au fil de l'histoire", Paris, 2015.
Takahashi, Tetsuya, *Morts pour l'empereur. La question du Yasukuni*, prefață de Stéphane Audoin-Rouzeau, text tradus de Arnaud Nanta, Les Belles-Lettres, Paris, 2012.

19

Franța a contribuit la victoria Aliaților

de Jean-François MURACCIOLE

„Cincisprezece divizii"

În memoriile sale, intitulate *Cruciadă în Europa*, publicate în 1949, generalul Eisenhower aducea un frumos omagiu Rezistenței franceze. Apreciind că ea jucase un rol decisiv în eliberarea Franței, el evalua acțiunea acesteia comparând-o cu aceea a unui număr de cincisprezece divizii. Fără să vrem să îl ofensăm pe cel care avea să devină comandantul suprem al NATO, putem aprecia că în clipa aceea vorbea mai mult diplomatul din el decât strategul. Cincisprezece divizii? Este, mai mult sau mai puțin, mărimea unei armate din cel de-al Doilea Război Mondial: aceea a Armatei a VIII-a a lui Montgomery la El Alamein, în noiembrie 1942, sau a Armatei a VI-a a lui Paulus la Stalingrad. Pentru a înfrânge această armată (dar și Armata a IV-a Blindate și Armata a III-a română), sovieticii au fost nevoiți să mobilizeze trei „fronturi", adică un milion de oameni, 13 500 de tunuri, 900 de blindate și peste 1 100 de avioane. Cincisprezece divizii înseamnă de două ori mărimea Armatei I franceze a lui de Lattre (250 000 oameni, 5 divizii de infanterie, 2 divizii blindate). Pentru comparație, să ne amintim că, în război, cea mai importantă concentrare de FFI (Forțe Franceze din Interior – n.red.) reunește aproximativ 6 000 de luptători, la Mont-Mouchet, în iunie 1944, și că, în timpul eliberării Parisului, Rol-Tanguy dispune de 30 000 de membri ai FFI – dintre care doar 5 000 sunt (abia dacă se poate spune mediocru) înarmați.

În memoriile lor, alți participanți la evenimente au furnizat perspective mult mai puțin binevoitoare. Generalul Bradley se arată dur atât în privința rolului militar al Rezistenței franceze, cât și în privința rolului jucat de Divizia a 2-a Blindate a lui Leclerc. Montgomery (care, este adevărat, are ceva de împărțit cu aproape toată lumea, în primul rând cu Eisenhower) nu acordă decât o atenție trecătoare FFL care luptau sub ordinele lui în Africa de Nord[1]. Cât despre generalii germani care își publică memoriile în anii '50, ei îi ignoră cu grație pe *Free French* și Rezistența franceză (în afară de Rommel, care laudă tenacitatea lui Koenig). Într-o sinteză recentă, istoricul britanic John Keegan consideră că, în general, rolul tuturor mișcărilor de rezistență în Europa (și mai ales în Europa de Vest) a fost unul foarte restrâns și că savanții de la Bletchley Park (centrul britanic de descifrare a codurilor germane) au jucat un rol cu mult mai important în victoria finală[2]. Harry Hinsley, istoric al serviciilor secrete britanice, pluseaza, spunând că descifrarea codurilor *Enigma* a scurtat războiul cu cel puțin doi ani[3].

Ce să putem crede? Mișcările franceze de rezistență nu au fost, oare, decât un formidabil fenomen politic, fără o veritabilă implicare militară? Evaluarea elementului mitic în contribuția franceză la victoria Aliaților presupune distingerea a trei etape de acțiuni militare: cea a Forțelor Franceze Libere până în anul 1943; cea a armatei

---

[1] Harry Hinsley, *Codebreakers. The Inside Story of Bletchley Park*, Oxford University Press, Oxford, 1992.

[2] John Keegan, *La Deuxieme Guerre mondiale*, Perrin, 1990.

[3] Bernard L. Montgomery, *Mémoires du maréchal Montgomery*, Plon, 1958.

de eliberare între anii 1943-1945; în sfârșit, cea a Rezistenței franceze de-a lungul întregii perioade.

Două mituri fondatoare: Koufra și Bir Hakeim

Forțele Franceze Libere își desfășoară acțiunea de pe 18 iunie 1940 până pe 31 iulie 1943, dată la care fuzionează cu fosta Armată a Africii a generalului Giraud. La vremea aceea, în FFL se înrolaseră aproximativ 70 000 de voluntari (32 000 de francezi, 30 000 de cetățeni din colonii și 3 000 de străini) ceea ce, la scara conflictului, subliniază limpede modestia rolului lor. În cazul unor populații cu mult mai mici, Polonia în exil a oferit cauzei Aliaților peste 150 000 de soldați, Grecia 40 000 și Olanda 30 000. Trebuie să mai amintim că, până la sfârșitul anului 1942, armata Guvernului de la Vichy a înregistrat mai mulți voluntari decât FFL? Și totuși, dintre toate forțele aliate, FFL au fost singurele prezente pe toate fronturile, inclusiv în URSS, prin grupul Normandie-Niemen. Marina și aviația, complet dependente de britanici, apoi de americani, rămân la o dimensiune foarte modestă: aproximativ 40 de nave ușoare (40 000 de tone) și 7 000 de oameni pentru FNFL (Forțele Navale Franceze Libere – n.red.); șapte grupuri (3 700 de oameni) pentru FAFL (Forțele Aeriene Franceze Libere – n.red.). Aceste forțe au participat la lupta comună, marina asumându-și, în mare parte, sarcina ingrată și periculoasă a escortării convoaielor în Atlantic.

Rămân forțele de uscat. În 1943, în afară de trupele, foarte slab înarmate, din teritoriile raliate Franței Libere și de forțele de instrucție, FFL număra aproximativ 25 000 de luptători, repartizați în două centre principale: 3 brigăzi (reunite în Divizia 1 franceză liberă, în ianuarie 1943) în Africa de Nord și coloana Leclerc, care, plecată din Ciad, a ajuns până la Mediterana. Aportul acestor unități a fost unul semnificativ, dar tot sub comanda britanicilor și ca întăriri pentru forțele din Marea Britanie. Astfel, cele trei brigăzi franceze libere au jucat un rol activ, în 1942, în oprirea, apoi în anihilarea *Afrika Korps* în Libia.

Kufra și Bir Hakeim rămân cele mai renumite două fapte de arme ale FFL. Cu toate acestea, cele două succese nu sunt nici primele, nici cele mai importante: din februarie și până în aprilie 1941, colonelul Monclar, aflat în fruntea Brigăzii Orientale, contribuie la înfrângerea italienilor în Africa de Est și, în luna iunie a anului 1941, generalul Legentilhomme și divizia lui ușoară ajută la cucerirea zonei Levantului aparținând Guvernului de la Vichy. Dar aceste campanii, care mobilizează mijloace mult mai importante decât la Kufra și Bir Hakeim, nu au fost deloc exploatate de Franța Liberă: Africa de Est nu înseamnă mare lucru pentru francezi; cât despre Levant, acolo francezii se luptă între ei, ceea ce nu dă bine în crearea unui mit național. Nimic nu se compară cu epopeea lui Leclerc, acesta fiind cel care aduce prima victorie franceză din iunie 1940 și care reînvie un imaginar colonial înainte ca „soarele de la Bir Hakeim", luminând prima confruntare între francezi și germani ulterioară anului 1940, să șteargă simbolic pata înfrângerii.

Într-o notă din 21 octombrie 1940, de Gaulle l-a însărcinat pe colonelul Leclerc să dirijeze o serie de operațiuni împotriva italienilor în direcția Kufra și Murzuk. Leclerc dispune de forțe modeste din regimentul de trăgători de elită senegalezi din Ciad (6 100 de oameni), de câteva tunuri și de șase avioane învechite într-un teatru disproporționat de amplu și ostil. Porturile din sud (Douala, Pointe-Noire) se află la mai bine de 3 000 de kilometri de baza de pornire de la Faya-Largeau; 1 200 de kilometri de deșert despart Faya-Largeau de Kufra și 2 300 de Tripoli. Un camion de aprovizionare consuma (în piese, apă și carburant) jumătate din ceea ce transporta. Toate resursele umane (7 000 de culi [muncitori asiatici sau africani necalificați – n.red.], obligați la muncă forțată) și materiale restrânse ale AEF (Africa Ecuatorială Franceză – n.red.) sunt mobilizate în acest „război total" purtat la scara întregii Africi.

În februarie 1941, Leclerc lansează un raid împotriva oazei Kufra cu mijloace extrem de restrânse (250 de luptători, 70 de vehicule, 8 mortiere și un singur tun de 75 de milimetri, care este deplasat de-a lungul „frontului", pentru a da impresia unei puternice forțe de foc). Pe 1 martie, dând dovadă de îndrăzneală, Leclerc obține predarea garnizoanei. A doua zi, depune celebrul jurământ, angajându-se cu oamenii lui să nu înceteze lupta decât atunci când orașul Strasbourg avea să fie eliberat. În noiembrie 1942, cu forțe mai consistente (4 700 de oameni, dintre care 650 de europeni, 800 de vehicule, o artilerie puternică și sprijin aerian), Leclerc formează trei grupuri mecanizate, un grup nomad și două companii de descoperire, inspirate de *Long Range Desert Group*-ul britanic. Atacul este lansat pe 16 decembrie 1942. Pozițiile italiene cad una după alta. Pe 8 ianuarie 1943, drapelul francez flutură deasupra regiunii Fezzan. Leclerc lansează apoi o ofensivă finală spre mare; pe 26 ianuarie, ajunge la Tripoli.

Aceste succese sunt numaidecât exploatate de propaganda gaullistă („Glorioasele trupe din Ciad și comandantul lor sunt pe drumul spre victorie", declară de Gaulle la BBC) și au un ecou până și în presa clandestină (*Combat* publică textul jurământului de la Kufra la începutul anului 1942). Cu toate acestea, efectul pe plan militar al acestor operațiuni rămâne unul limitat. Dacă Leclerc creează un nou front, el nu reține acolo decât forțe italiene derizorii și nu tulbură cu nimic liniile logistice ale Axei. Mai presus de toate, aproape că nu a influențat războiul din deșert, decisiv, purtat în Libia și care își impune logica. Dacă între cucerirea Kufrei și cucerirea Fezzanului se scurge un an și jumătate de relativă lipsă de activitate, acest lucru este provocat atât de constrângerile teribile de pe teatrul de război saharian, cât și de eșecurile britanicilor în nord. Victoria lor de la El Alamein deblochează situația și îi dă undă verde lui Leclerc. În plus, factor de multe ori trecut cu vederea, Leclerc trebuie să ia în considerare și amenințarea Regimului de la Vichy, cu care Franța Liberă are o frontieră terestră între Ciad și Niger. Neutralizarea AOF (Africii Occidentale Franceze – n.red.) prin debarcarea aliată din Africa Franceză de Nord, din noiembrie 1942, îi permite omului de la Kufra să fie, în sfârșit, păzit din flancul stâng. În cele din urmă, să ne amintim că pierderile au fost nesemnificative: între anii 1940 și 1942, Leclerc a pierdut în luptă 53 de oameni, de trei ori mai puțin decât în accidentele rutiere de pe traseele care aprovizionează cohortele sale umile.

Contextul în care se desfășoară bătălia de la Bir Hakeim este unul foarte diferit. La începutul anului 1942, forțele Axei se bucură de o situație foarte favorabilă în Africa de Nord. De la începutul anului 1942, *Royal Navy* a suferit pierderi grele în Marea Mediterană și nu mai poate asigura eficient apărarea Maltei. Convoaiele britanice pornite în direcția Orientului Mijlociu trebuie să o ia pe drumul nesfârșit al Capului Bunei Speranțe, în vreme ce, spre deosebire de ele, convoaiele Axei străbat din nou o Mare Mediterană relativ sigură. În plus, profitând de acalmia de iarnă de pe frontul rusesc, *Luftwaffe* a generalului Kesselring operează o revenire pe teatrul mediteraneean. În schimb, în fața amplorii înfrângerilor britanice din Asia, trupele australiene trebuie să fie repatriate de urgență la sfârșitul iernii anului 1942. Pentru a apăra Egiptul, Ritchie și Auchinlek organizează atunci o linie defensivă nord-sud, de la Gazala la Bir Hakeim, în cel mai sudic punct al unui câmp de mine imens. Apărarea poziției este mai întâi lăsată în seama unei brigăzi indiene, apoi Brigăzii 1 franceze libere a generalului Koenig și celor 3 700 de oameni ai săi. Între 27 mai și 10 iunie, francezii liberi au rezistat eroic, mai întâi în fața asaltului italienilor, apoi a atacului germanilor, Rommel sfârșind prin a concentra 35 000 de oameni pentru a-i zdrobi. În această situație disperată, Koenig a decis, de comun acord cu britanicii, să inițieze o ieșire în forță în noaptea de 10 spre 11 iunie 1942 reușind să scape cu bine împreună cu două treimi din efectivele sale.

Este uimitor cât de repede se construieşte mitul. În timpul bătăliei, presa britanică laudă, aproape oră de oră, rezistenţa lui Koenig. Pe 10 iunie, în *Daily Mail*, „Bir Hakeim dovedeşte că spiritul de la Verdun este încă în viaţă". Pe 11 iunie, *Daily Express* propune „un" articol pe şase coloane cu un titlu enorm: „VERDUN". În vreme ce Radio Berlin proclamă un nou triumf al *Wehrmachtului,* BBC inundă Europa cu vestea cea bună. Ba mai mult, în zilele care urmează, RAF răspândeşte în Franţa o foaie volantă în 2,5 milioane de exemplare cu titlul: „Bir Hakeim, victorie franceză". Politicienii nu rămân deoparte. De Gaulle regăseşte tonul buletinelor din Marele Război. Astfel, pe 10 iunie afirmă: „Generale Koenig, să ştiţi şi să le spuneţi oamenilor dumneavoastră că întreaga Franţă vă priveşte şi că sunteţi mândria ei". Pe 12 iunie, în Camera Comunelor, Churchill aduce un omagiu înflăcărat FFL. La Moscova, *Pravda* şi *Izvestia* compară Bir Hakeim cu Verdun, imagine vădit recurentă[1]. Pe 18 iunie 1942, cu ocazia celei de-a doua aniversări a Apelului rostit de generalul de Gaulle la BBC, în cadrul prestigioasei Royal Albert Hall din Londra, plină până la refuz, de Gaulle pronunţă unul dintre cele mai grandioase discursuri din timpul războiului, preamărind lupta dusă din iunie 1940 şi anunţând fuziunea Franţei Libere şi a Rezistenţei din interior. Pe 23 iunie 1942, toată presa clandestină publică un mesaj transmis de către de Gaulle, prin care acesta se raliază principiilor democratice şi republicane. În Franţa ocupată, în lunile care urmează, apar aproximativ cincisprezece ziare clandestine cu titlul *Bir Hakeim*. La fel, apar mai multe mişcări de rezistenţă „Bir Hakeim", precum cea creată de Jean Capel în Languedoc. Însă răsunetul la Vicky şi în presa colaboraţionistă este unul foarte diferit. Radio-Paris (pe 12 iunie) celebrează cucerirea Bir Hakeim de către germani, în vreme ce *Je suis partout* denunţă „gaşca de huligani, de evrei degeneraţi şi de mercenari fără soldă şi galoane" care luptă în FFL.

---

[1] François Broche, *Bir Hakeim, mai-juin 1942*, Perrin, 2008.

Cum poate fi explicată această emfază? Pentru britanici, de obicei mai puțin entuziaști, motivul adevărat constă în teribilul context militar. În afară de eșecul de la Midway, Axa triumfă pe toate fronturile. Ofensiva germană în Rusia repurtează succese decisive: Harkov cade, Sevastopol este asediat, petrolul din Marea Caspică este amenințat; ipoteza unei prăbușiri sovietice apare din nou. În Asia, amenințarea dezastrului se acutizează. În șase luni, Imperiul Soarelui Răsare a cucerit toată Asia de Sud-Est, a nimicit cele mai bune vase ale *Royal Navy* și amenință direct Indiile și Australia. În Africa de Nord, Rommel ajunge la porțile orașului Cairo și privește către Suez. În aceste condiții, creșterea importanței bătăliei de la Bir Hakeim la dimensiunile unei victorii decisive a ajutat la menținerea moralului populațiilor.

După război, mitul continuă să existe, acum prin amintirile celor care au luat parte la evenimente și prin intermediul comemorărilor. Se sedimentează o imagine: Bir Hakeim este o victorie decisivă. Prin rezistența și sacrificiul lor, oamenii lui Koenig au oferit paisprezece zile-cheie Armatei a VIII-a, care a putut să își organizeze retragerea, să evite fuga dezordonată și, astfel, să pregătească victoriile decisive din cele două bătălii de la El Alamein. O întreagă literatură provenită din tabăra franceză liberă, dar și din cea britanică, dezvoltă acest punct de vedere: Pierre Messmer sau generalii Koenig, Simon și Saint-Hillier, dar și Churchill („Fără rezistența de la Bir Hakeim, războiul ar fi durat încă doi ani") și, cu voce mai scăzută și cu o urmă de perfidie împotriva lui Rommel, Kesselring. Această teorie îl lasă sceptic pe istoric: cauzele profunde ale înfrângerii finale a lui Rommel decurg, oare, din Bir Hakeim? Rommel nu pierde decât șase zile ca să înfrângă rezistența franceză și Tobruk cade pe 21 iunie, în termenul prevăzut de germani (oferind 35 000 de prizonieri și stocuri imense de materiale și de benzină). Adevăratele cauze ale înfrângerii lui Rommel țin, mai întâi, de logica nemiloasă a războiului din deșert: împotmolindu-se în Egipt, Rommel își extinde liniile logistice și le slăbește. În iulie 1942, nu mai aliniază în fața Alexandriei decât 26 de tancuri, cu rezerve reduse de benzină. Printr-o mișcare inversă, Armata a VIII-a, chiar dacă fusese învinsă la Tobruk, este întărită și atinge din nou pământul Egiptului. De asemenea, cauzele țin de mecanismele profunde ale celui de-al Doilea Război Mondial: importanța informațiilor (fără *Ultra*, „Rommel ar fi ajuns cu siguranță la Cairo", a declarat Auchinleck) și de interdependența teatrelor de operațiuni. În vara anului 1942, flota aeriană a lui Kesselring a zburat pe Frontul de Est, obiectivul real al lui Hitler. Dintr-odată, Malta respiră și convoaiele britanice pot să străbată din nou Marea Mediterană. Bătălia de la Midway (iunie 1942) îndepărtează amenințarea japoneză asupra Australiei și permite, în toamnă, întoarcerea celor trei divizii australiene importante. În cele din urmă, lucru foarte important, Rommel nu are forțe suficiente. Cutezanța și instinctul lui au făcut minuni timp de un an și jumătate. Dar la El Alamein, el suferă o înfrângere logică, drept urmare a diminuării efectivelor.

După război, Bătălia de la Bir Hakeim ocupă un loc aparte în memoria gaullistă a Rezistenței. În *Memoriile de război* (vol. 1 din 1954), de Gaulle îi dedică o pagină plină de laude. La începuturile celei de-a V-a Republici, comemorarea bătăliei este sărbătorită de o Franță care, unită în spatele lui de Gaulle, nu a acceptat niciodată înfrângerea și nu a depus niciodată armele. Nenumărate orașe (Lille, Strasbourg, Metz, Nantes, Montpellier, Nisa, Nancy, Clermont, Dijon) își redenumesc străzi importante cu numele Bir Hakeim. În iulie 1962, în vreme ce Pierre Messmer, veteran al bătăliei, este ministrul apărării, noua promoție de la Saint-Cyr este botezată „Bir Hakeim". În 1984, generalul Koenig este ridicat postum la gradul de mareșal al Franței. Parisul, oraș-simbol al Eliberării, trebuia să meargă și mai departe: în 1962, la a 20-a aniversare, podul și stația de metrou Grenelle capătă de acum numele de Bir Hakeim. Simbolistica podului este una foarte puternică: este penultimul pod în vestul Parisului (ultimul, ca urmare a unui întreg program, este podul

Garigliano) și corespunde podului Austerlitz la est. Botezul acestor locuri oferă, de asemenea, o ilustrare izbitoare a efectului pe care îl au amintirile din cel de-al Doilea Război Mondial. Într-adevăr, stația de metrou „Bir Hakeim" este situată vizavi de fostul Velodrom de Iarnă, care, în iulie 1942, la o lună după Bătălia de la Bir Hakeim, a fost sinistrul loc de concentrare a evreilor din regiunea pariziană. Atunci când stația de metrou „Grenelle" a fost redenumită, Velodromul de Iarnă a fost demolat (1959) și, pe ruinele sale, s-a înălțat, ca din pământ, o clădire de cincisprezece etaje, principala anexă pariziană a... Ministerului de Interne. Acest formidabil lapsus al memoriei nu reflectă expresia cinică a unui stat antisemit; ci reflectă, pur și simplu, dovada îngropării, de la acea vreme, a memoriei evreilor și a decalajului în timp cu care s-au exprimat diferitele amintiri după 1945.

În cazul în care contribuția militară a FFL a fost modestă (cum putea fi altfel?), nu ar trebui neglijate pierderile lor (3 200 de morți, 10 600 de răniți), nici rolul strategic al Imperiului colonial francez raliat Franței Libere. Astfel, „disidența" AEF exclude prezența unor comisii de armistițiu germano-italiene în inima Africii și acoperă Nigeria britanică. De asemenea, aerodromurile din Ciad devin escale esențiale în marele traseu aerian transafrican, care aprovizionează Orientul Mijlociu și, mai mult de atât, URSS, în vreme ce Noua Caledonie oferă un releu strategic forțelor americane în Pacificul de Sud. Cât despre AEF, ea vine cu aurul ei, prețiosul cauciuc, în clipa în care Indochina, Indiile Olandeze și Malaiezia se află în mâinile japonezilor.

Rezistența din interior și eșecul marilor formațiuni de partizani

Până la sfârșitul anului 1942, Rezistența a constituit un fenomen cu totul minoritar în societatea franceză. Cifrele brute indică, la sfârșitul anului 1942, nu mai mult de 30 000 de militanți activi, probabil 100 000 de membri în acele *maquis* prost înarmate în ajunul debarcării și 400 000 FFI în vara anului 1944, adică aproximativ 1% din populația franceză și 2% din adulți[1]. Însă această abordare contabilă nu subliniază decât un aspect al unei realități complexe. Rezistența nu ar fi putut niciodată să se dezvolte fără sprijinul sau simpla simpatie activă a mii de anonimi, detaliu care face trimitere la distincția dintre „rezistența organizată" – micul nucleu al militanților care au trecut în clandestinitate și care se implică în acțiuni de rezistență – și „rezistența ca mișcare" sau „rezistența civilă", adică masa (imposibil de cuantificat) de francezi care, fără să-și fi întrerupt activitățile normale, oferă un ajutor direct sau indirect armatei din umbră. Oricât de modeste ar fi, aceste activități nu sunt mai puțin periculoase și știm că lista de deportați francezi nu conține doar reprezentanți ai Rezistenței care să fi luptat cu arma în mână, ba dimpotrivă. Exemplul luptătorilor din *maquis* ilustrează perfect această solidaritate și nevoia de a depăși falsele impresii statistice. Luptătorii din *maquis* s-au stabilit, din iarna dintre anii 1942-1943, în zonele rurale. Cu toate acestea, studiile despre sociologia lor arată că majoritatea acestora erau orășeni. Ar trebui, oare, să tragem concluzia că luptătorii din *maquis* nu au fost decât o excrescență rurală a unei Rezistențe al cărei centru de greutate rămânea urban? Ar însemna să trecem cu vederea faptul că, pentru a supraviețui, era imperios necesar ca acești luptători să lege relații strânse cu populația rurală. Deși comparațiile internaționale arată că fenomenul rezistenței a fost mai intens în alte țări europene, în special în Iugoslavia (fără îndoială 6% dintre adulți) și în Polonia (4-5%), adevărata întrebare este mai curând aceasta: deși puțin numeroasă, Rezistența a fost, oare, eficientă pe plan militar?

---

[1] După război au fost eliberate 137 000 de carnete de „luptător voluntar în Rezistență". Numărul total al acestora a ajuns, la sfârșitul anilor '90, la 260 000.

Studiul marilor rețele de partizani, chipul armat cel mai spectaculos al Rezistenței, dezvăluie un eșec militar. Acțiunea *Wehrmachtului* în Franța nu a fost deloc perturbată de aceste rețele și armata germană a utilizat efective relativ reduse pentru a le distruge. În toate cazurile, rezultatul a fost tragic, nu doar pentru luptătorii din *maquis*, ci și pentru populația civilă din jurul lor. Afacerea Vercors ilustrează acest eșec. Primele tabere unde erau strânși cei care se opuneau STO (Serviciul de muncă obligatorie – n.red.) apar pe platoul de la Vercors la începutul anului 1943. În curând, vor fi conduse de ofițeri ai batalioanelor de vânători de munte desființate. În februarie 1943, generalul Delestraint furnizează instrucțiuni care prevăd mobilizarea membrilor mișcării *maquis* din Vercors, idee pe deplin acceptată de liderii Rezistenței locale și, la Alger, de către CFLN (Comitetul francez de eliberare națională – n.red.). În teren, preia comanda Huet, alături de Zeller și Descour. Dispunând, de la mijlocul lunii iulie, de 4 000 de oameni, el reface batalioanele tradiționale ale armatei din Alpi, dar acestea sunt departe de a atinge efectivele complete și sunt slab înarmate, în ciuda parașutării din avioane a unor arme (ușoare). Pe 6 iunie, mesajul codificat al BBC și o telegramă ambiguă a lui Soustelle îi încurajează pe comandanții militari de la Vercors să decreteze mobilizarea. Siguri că aveau să primească întăriri, ignoră contra-ordinul lui Koenig de pe 10 iunie. Pe 14 iulie, Yves Farge, comisar al Republicii pentru regiunea R1, proclamă solemn restaurarea Republicii în mica enclavă deținută de FFI. Liderii Rezistenței nu pot totuși să ignore pregătirile generalului Pflaum, care, la 15 iunie, cucerește Saint Nizier, deschizând o breșă mortală în nordul „fortăreței". Pe 20 și 21 iulie, germanii atacă, trimițând planoare peste Vassieux (pe pista amenajată pentru parașutiștii aliați!). Astfel, se dezlănțuie drama. Pe 22 seara, Huet ordonă trupelor sale să se împrăștie. Unii FFI reușesc să scape, dar 640 de luptători sunt uciși de germani, care ucid, de asemenea, prizonierii și răniții. Populația civilă, în special la Vassieux, dar și din vale, din La Mure, plătește un tribut greu.

După război, drama de la Vercors a alimentat controverse înflăcărate. Cu trecerea timpului, ne putem întreba dacă nu cumva cheia dramei ține de disproporția dintre ambițiile politice și mijloacele militare. Cât despre Aliați, ei nu au avut niciodată intenția de a salva niște luptători dintr-o rezistență secundară într-o regiune pe care nu aveau de gând să o elibereze decât la cel puțin 90 de zile după debarcarea din Provence, adică nu înainte de luna noiembrie a anului 1944. În momentul tragediei, cartierul general al comandantului de pe teatrul de luptă mediteraneean, generalul Patch, se află încă la Napoli[1].

În concluzie, luptătorii din m*aquis* nu i-au deranjat deloc pe germani, care, la fel ca în Iugoslavia, le lasă la dispoziție teritorii ample, care nu prezintă o miză strategică însemnată. În primăvara anului 1944, important pentru *Wehrmacht* era să-și întărească apărarea în fața țărmurilor și să păstreze legăturile între trupele de aici și Grupul Blindate Vest, care staționa pe Loara. În afară de raidurile ocazionale și de menținerea unui climat de relativă nesiguranță, prejudiciul militar real (indirect) produs de luptătorii din *maquis* constă în pierderea lucrătorilor pentru STO. Până și resursele alocate de Pflaum pentru Vercors, de altfel mai consistente (10 000 de oameni, când 3 500 au fost suficienți pentru a lichida Mont-Mouchet), nu constituie decât o parte minimă din puternica Armată a XIX-a germană, care dispunea, la vremea aceea, de opt divizii (adică de 90 000 de oameni). Cât despre Divizia *Das Reich*, ritmul lent în care a cucerit Normandia rezultă mai puțin din hărțuirea la care a fost supusă de către FFI, cât din ordinele care îi recomandă insistent comandantului său, Lammerding, să lichideze „bandele" din drumul său. Vom

---

[1] Gilles Vergnon, *Le Vercors, histoire et mémoire d'un maquis*, Ed. de l'Atelier, 2002.

regăsi Divizia *Das Reich* în cea mai bună formă în Normandia, apoi în Ardeni.

Rezistența în cadrul debarcării

În toamna anului 1943, serviciile secrete din Alger au aprobat o serie de planuri destinate să paralizeze acțiunea forțelor germane în clipa debarcării. *Planul violet* trebuie să neutralizeze comunicațiile telefonice și să izoleze centrele de comandă ale unităților combatante. *Planul verde* viza paralizarea rețelei de cale ferată în zona debarcării pentru cel puțin cincisprezece zile. *Planul albastru* trebuia să perturbe distribuția energiei electrice și *Planul Bibendum* prevedea atacarea punctelor sensibile din rețeaua de drumuri. Culegerea de informații de către Rezistență în privința Zidului Atlanticului este importantă, dar partea esențială în acest domeniu este operată chiar de către Aliați: numai pentru luna august a anului 1944, Armata a III-a din *US Army* primește peste trei milioane de fotografii aeriene.

Pe 6 iunie 1944, Eisenhower ordonă o revoltă pe întregul teritoriu, cu scopul de a-i lăsa pe germani să creadă că debarcarea din Normandia nu era decât o diversiune. Prețul acestui ordin este scump plătit de Rezistență, a cărei revoltă în regiunile îndepărtate de Normandia și, deci, lipsite de susținerea Aliaților, nu putea să se încheie decât cu un eșec sângeros. În acest context, conflictul dintre Koenig, numit de către de Gaulle șef al FFI, și Consiliul Național al Rezistenței (și brațul său armat, COMAC – Comitetul de acțiune militară – n.red.) atinge punctul culminant. Conștient că FFI riscau să fie anihilate, Koenig ordonă, pe 10 iunie, încetarea insurecției. Dar, odată lansată, aceasta este aproape cu neputință de oprit; pe 21 iunie, Ordinul de zi nr. 2 al COMAC cheamă, dimpotrivă, la generalizarea luptei de gherilă.

Implicarea directă a Rezistenței în operațiunile de debarcare rămâne una moderată. Membrii FFI din Normandia servesc drept ghizi pentru trupele americane prin tufărișuri sau pentru a-i ajuta pe parașutiști să se regrupeze. Sabotajele constituie un sprijin valoros. *Planul verde* este perfect aplicat și, pe o rază de 200 de kilometri în jurul Normandiei, calea ferată este paralizată timp de mai multe zile după 6 iunie (dar și raidurile aeriene joacă un rol important), ceea ce îi forțează pe germani să aprovizioneze frontul pe timp de noapte și pe căile rutiere (sau pe șlepuri, pe Sena). De asemenea, *Planul violet* se bucură de o reușită remarcabilă. Pe 6 iunie, germanii nu pot dispune de liniile PTT Amiens-Rouen, Rouen-Caen și Trappes-Le Mans. Pentru întreaga Franță, numărul diferitelor acțiuni de sabotaj realizate de Rezistență în iunie 1944 poate fi estimat la peste 2 000. Totuși, paralizia era departe de a fi completă. În afara Normandiei, dacă axele secundare sunt adesea tăiate, pe principalele căi ferate (precum și pe radialele cu plecare din Paris, linia Perpignan-Nisa, transversala Bordeaux-Lyon) traficul este aproape normal până spre 10 august. Astfel, pe 13 august, cei 9 000 de oameni și cele 120 de tancuri grele ale Diviziei a 11-a Panzere, „divizia fantomă", se deplasează fără nicio problemă cu trenul și, în douăzeci și patru de ore, ajung din Lauragais la Ron, ca să acopere retragerea Armatei a XIX-a.

Revolta timpurie a Rezistenței cunoaște un eșec aproape complet, urmat de represalii teribile din partea germanilor sau a Miliției. În Picardia și în nord, tentativa de revoltă a FTP locale se soldează cu un eșec total. De asemenea, grupurile din *maquis* de pe valea Senei, din Morvan, din Lorena sau din munții Vosgi sunt spulberate cu cruzime. În sud-vest, retragerea trupelor germane dă semnalul insurecției. În Corrèze, șeful FTP, Jacques Chapou, cucerește Tulle pe 8 iunie. Dar, pe 9 iunie, germanii recuceresc orașul și se lansează în represalii sângeroase pentru a-și răzbuna cei 69 de camarazi morți în lupte: 99 dintre locuitorii orașului sunt spânzurați și alți 150 sunt deportați. Nu departe de acolo, în Haute-Vienne, o soartă și mai groaznică așteaptă satul Oradour-sur-Glane. În Périgord, FFI sunt mai fericite. Mauriac cade, la 19 iunie, în mâinile Rezistenței, care va menține acolo, până în august, o exemplară „Republică Mauriac". Dar câte eșecuri se înregistrează comparativ cu aceste succese punctuale? În sud-est (la fel ca în Ardèche) sau în est (a se vedea Franche-Comté), modelul este asemănător: mai întâi o insurecție reușită, urmată însă de o contraofensivă germană însoțită de acte de violență împotriva populației.

După străpungerea frontului în direcția Avranches, membrii FFI din Normandia și Bretania sunt folosiți drept călăuze pentru americanii care pătrund în Bretania. Izolate, forțele germane formate din aproximativ 70 000 de oameni se repliază atunci în „buzunarele" Atlanticului (La Rochelle, Saint-Nazaire, Lorient, Dunkerque). Deși asediate de cei 75 000 de FFI ai unei „Armate a Vestului", care ducea lipsă de arme grele, nu se vor preda decât la capitularea din mai 1945. Constatând forța Rezistenței bretone, Patton (Armata a III-a a SUA) decide să încredințeze FFI acoperirea ariergărzii în partea dinspre vest, ceea ce îi permite să facă economie de forțe. Astfel, doar Corpul 8 rămâne în Bretania în fața „buzunarelor" germane, în vreme ce Corpul 15, care ar fi trebuit să rămână acolo, poate să intervină, pe 12 august, pentru a zdrobi la Mortain ultima contraofensivă germană în Normandia.

Începând cu data de 13 august, forțele germane din nord-vest inițiază o repliere generală, imitate, pe data de 19, de forțele germane din sud-est. Prin urmare, porțiuni imense de teritoriu care acoperă tot sudul, Masivul Central, coasta Atlanticului, vestul Bazinului parizian, sunt eliberate de ocupanții germani. Rezistența iese din umbră și hărțuiește necontenit *Wehrmachtul* în timpul retragerii sale. Astfel, coloana Elster, formată din 20 000 de oameni, constant hărțuită de FFI din Limousin și de la Nièvre, sfârșește prin a se preda americanilor pe 12 septembrie, aproape de Issoudun. Este totuși exagerat să afirmăm că Rezistența a fost cea care a „eliberat" aceste teritorii. Profitând de retragerea germană, care se desfășoară în ordine, ea ocupă mai degrabă golul creat în acest fel.

Armata de eliberare: o armată înșelătoare

În 1945, armata franceză prezintă un bilanț foarte contrastant. Putem considera că CFLN/GPRF (Comitetul francez pentru eliberare națională/Guvernul provizoriu al Republicii Franceze – n.red.) a făcut o minune când a refăcut, pe baza ruinelor dezastrului din 1940, o armată de mai bine de un milion de oameni. Dar această armată depinde complet de străinătate în ceea ce privește echipamentele sale; ea este integrată în planurile aliate și cântărește puțin în comparație cu enormele forțe implicate. În noiembrie 1918, armatele franceze reprezentau 37% din totalul forțelor aliate; în mai 1945, se ajunge la mai puțin de 3%. La sfârșitul anului 1944, armata franceză este încă, la scară largă, aceea din planul de la Anfa[1]. Ea aliniază opt divizii cu adevărat combatante: șapte dintre ele formează Armata I franceză, comandată de generalul de Lattre, împărțită ea însăși în două corpuri de armată (Béthouart și Monsabert) și integrată Grupului 6 de Armate al generalului american Devers; a opta divizie de la Anfa este Divizia a 2-a Blindate, debarcată în Normandia la începutul lunii august, care face parte din armata lui Patton[2].

Pentru planul din 30 noiembrie 1944, GPRF a prevăzut dublarea efectivelor prin integrarea FFI. Acest plan este deja rezultatul unei revizuiri în scădere a speranțelor franceze. Într-adevăr, cu un an mai devreme, în octombrie 1943, CFLN prevăzuse pentru Eliberare un număr destul de nerealist de 36 de divizii. Presupunând că Aliații ar

---

[1] Planul de reînarmare al Armatei Africii, adoptat de americani la Conferința de la Anfa (Casablanca), în ianuarie 1943.

[2] Chiar dacă va fi punctual atașată Armatei I din cadrul US Army și Armatei I franceze.

fi acceptat aceste pretenții, s-ar fi lovit de probleme insurmontabile pentru a reuși, în vederea debarcării, echiparea și transportarea unui asemenea număr de oameni. Planul din 30 noiembrie, mai rezonabil, prevedea, de asemenea, echiparea, pentru vara anului 1945 și grație sprijinului american, a opt noi divizii (dintre care una de blindate și alta de vânători de munte) pentru formarea unei Armate a II-a franceze. În ciuda reticențelor Washingtonului, planul începe să fie pus în aplicare prin „amalgamarea" FFI în armata regulată. Sunt astfel create șapte divizii de infanterie și angajate în fața „buzunarelor" de la Atlantic și pe Alpi. În plus, se constituie și o divizie de blindate teoretică, dar fără a fi realmente echipată, și două divizii sunt oprite pentru a fi trimise în Extremul Orient. Inițial prevăzute să participe la lupta împotriva Japoniei, aceste divizii, încă de la sosirea lor în toamna anului 1945, sunt implicate în recucerirea peninsulei. Planul din 30 noiembrie mai prevedea și formarea a 40 de regimente separate, destinate să asigure securitatea ariergărzii forțelor aliate. Abia o treime din aceste regimente, extrem de prost echipate, se vor forma în cele din urmă. Acestor forțe europene li se adaugă forțele din Imperiu. La sfârșitul anului 1944, ele numără aproximativ 350 000 de oameni, repartizați după cum urmează: 227 000 în Africa de Nord (dintre care 40 000 repatriați din Italia și sudul Franței); 11 600 în Corsica și Italia; 31 000 în Levant; 77 000 în AOF, AEF și Madagascar; fără să îi luăm în calcul pe cei 74 000 de soldați din Indochina (inclusiv 20 000 de europeni), internați în lagăre de către japonezi începând din luna martie a anului 1945[1].

Astfel, pe 8 mai 1945, armata franceză aliniază 18 mari unități, care includ 1,3 milioane de oameni. Totuși, în cadrul acestei mase, numai 8 divizii din Planul de la Anfa au o valoare militară reală. Celelalte unități, din lipsă de echipament, rămân cu mult inferioare. Astfel, în 1945 coexistă două armate: una, în mare parte de origine

---

[1] Jacques Vernet, *Le Réarmement et la réorganisation de l'armée de terre française, 1943-1946*, SHAT, Vincennes, 1980.

colonială, fuziune între FFl și fostele forțe ale Guvernului de la Vichy, experimentată și bine echipată, cealaltă, imaginea metropolitană în oglindă a celei dintâi, provenită din FFI, mai puțin experimentată și cu mult mai prost echipată.

O recentă lucrare de succes[1] s-a aventurat să imagineze o istorie alternativă, închipuindu-și ce ar fi fost războiul cu o armată franceză care să fi continuat lupta după luna iunie a anului 1940. A reieșit un război mult mai axat pe Marea Mediterană, cu o Franță care ar fi jucat un rol central. Trebuie totuși să constatăm, în „istoria reală", că, în ciuda devotamentului, curajului și pierderilor lor importante, mișcările din Rezistența franceză nu au putut să șteargă dezastrul enorm pe care l-a reprezentat înfrângerea din 1940. Contribuția militară a Rezistenței din interior a constat, în principal, în formarea unor filiere de evadare, în strângerea de informații și, ocazional, în acte de sabotaj. Forțele armate regulate (FFL, apoi armata de eliberare) au participat la lupta comună, contribuind la frânarea forțelor Axei (Bir Hakeim, Kasserine), obținând victorii (Tunisia, Cassino, Provence), dar fără să ofere mai mult decât o contribuție redusă la victoria finală. Teribila reacție a lui Keitel la Berlin, pe data de 8 mai 1945 („Ce, și francezii!?"), pe lângă faptul că a fost excesivă, a fost și nedreaptă. Dar imaginea unei Franțe care a rezistat și care și-a realizat propria eliberare ține în mare măsură de mit.

BIBLIOGRAFIE SELECTIVĂ

Memorii

Churchill, Winston, *Mémoires sur la Deuxieme Guerre Mondiale*, 12 vol., Plon, Paris, 1948-1954.

---

[1] Jacques Sapir *et al.*, *1940. Et si la France avait continué la guerre*, vol. 1, Tallandier, 2010, vol. 2, *1941-1942. Et si la France avait continué la guerre*, Tallandier, 2012.

Eisenhower, Dwight, *Croisade en Europe*, Robert Laffont, Paris, 1949.
Gaulle, Charles de, *Mémoires de guerre*, 3 vol., Plon, Paris, 1954-1959.

Istoriografie

Broche, François; Caïtucoli, Georges; Muracciole, Jean-François, *La France au combat. De l'Appel du 18 juin a la victoire*, Perrin, Paris, 2007.

Keegan, John, *La Deuxieme Guerre Mondiale*, Perrin, Paris, 1989.

Marcot, François (dir.), *La Résistance et les Français. Lutte armée et maquis*, Annales littéraires de l'université de Franche-Comté, Besançon, 1996.

Noguères, Henri, *Histoire de la Résistance*, 5 vol., Robert Laffont, Paris, 1967-1982.

Wieviorka, Olivier, *Histoire de la Résistance, 1940-1945*, Perrin, Paris, 2013; *Histoire du débarquement en Normandie*, Le Seuil, Paris, 2007.

20

Armele miraculoase germane ar fi putut schimba totul

de Pierre GRUMBERG

Cum am putea porni mai ușor mașina fanteziilor decât pictând-o în culorile celui de-al Treilea Reich? Este exact ceea ce face revista *Le Point*[1] într-un articol publicat pe 8 mai 2014, cu ocazia sărbătoririi victoriei Aliaților în Europa. Ilustrat printr-o farfurie zburătoare cu un diametru de 50 de metri, purtând crucea neagră a *Luftwaffe*, articolul vorbește, în principal, despre Operațiunea *Paperclip* („trombon"), amplu program organizat de Office of Strategic Studies (OSS, organism precursor al CIA) pentru a-i aduce de peste Atlantic pe inginerii și pe oamenii de știință care colaboraseră la efortul de război nazist.

Un efort demn de tot interesul, subliniază autorul articolului: „În interiorul acestui departament extraordinar [un misterios «birou de dezvoltare IV SS» sau *SS-Entwicklungstelle-IV*, despre care în organigrame nu există nicio urmă – n.ed.] au loc nenumărate

---

[1] Laurent Legrand, „Les armes secrètes des nazis", *Le Point*, 8 mai 2014 (http://www.lepoint.fr/histoire/les-armes-secretes-des-nazis-08-05-2014-1820594_1615.php).

experimente, adesea uluitoare, cum ar fi *Landkreuzer P. 1000 Ratten*, un adevărat crucişător terestru de 1 000 de tone [...]. Imaginaţia creatoare a cercetătorilor nazişti nu se rezumă doar la dispozitive destinate armatei terestre. De fapt, aceştia din urmă investesc la fel de mult şi în domeniul aeronauticii. Ne gândim mai ales la aeronava cu reacţie *Ar E-555*, având forma unor aripi, a firmei Arado, şi a cărei rază de acţiune trebuia să îi permită acestui aparat să atingă coasta de est a Statelor Unite şi să arunce asupra acestei zone 4 000 de tone [*sic*] de bombe, dacă nu chiar şi o ipotetică bombă atomică". Ziaristul precizează că Ministerul Aviaţiei Reichului a ordonat oprirea proiectului pe 28 decembrie 1944, dar cercetările nu s-au pierdut cu totul, căci americanii i-au recrutat pe „dezvoltatorii acestui prototip de bombardier strategic care [...] deschide calea, peste ani, creării bombardierului invizibil *B-2 Spirit*, al cărui prim zbor va avea loc pe 17 iulie 1989". După aceea, autorul evocă diferite „prototipuri" de farfurii zburătoare, folosind date prezentate pe nenumărate site-uri de referinţă pentru pasionaţii de OZN-uri, amatorii de ocultism, neonazişti şi conspiraţionişti.

Faptul că o revistă ca *Le Point* publică un asemenea articol la rubrica „Istorie" este semnificativ: de îndată ce este abordat subiectul „armelor miraculoase" germane sau *Wunderwaffen*, totul devine credibil, chiar şi farfuriile zburătoare capabile să zboare cu „cel puţin" 7 000 de km/h sau bazele secrete din Antarctica, aşa cum sunt descrise pe site-ul[1] care trebuie să fi servit drept sursă pentru articolul din *Le Point*. Dacă materialul este plin de lucruri puţin probabile, el prezintă avantajul de a aduna la un loc toate miturile şi credinţele referitoare la armele naziste: superioritatea tehnologică a Reichului, capacitatea sa de a fi superior în toate domeniile, rolul SS în cele mai avansate cercetări, identificarea vedetelor – „temutul" tanc *Tiger*, „nu mai puţin performantul" avion cu

---

[1] Michel Dogna, „Les soucoupes volantes du IIIe Reich" (http://www.micheldogna.fr/les-soucoupes-volantes-du-iii-reich-article-1-3-5.html).

reacție de vânătoare și bombardament *Messerschmitt Me-262* –, proiectele cele mai delirante precum tancul super-greu *Ratte* sau *Amerikabomber*-ul de la Arado. Fericitul paradox în această poveste este că Hitler și superinginerii lui arieni, ajutați de extratereștri, au pierdut totuși războiul.

O invenție a propagandei naziste

Dar ce anume sunt mai exact aceste *Wunderwaffen* atât de temute? Germanii nu oferă o definiție oficială. În discursul lui din 5 iunie 1943, rostit la *Sportpalast* în Berlin, ministrul armamentului, Albert Speer, face de unsprezece ori aluzie la „arme noi", explicând că tehnologia și calitatea puteau neutraliza masele, dacă nu chiar să le învingă. Prima menționare a unei „arme miraculoase" figurează, după cât se pare, într-un articol semnat de Harald Jansen, unul dintre acoliții lui Goebbels în cadrul Ministerului Propagandei, în săptămânalul *Das Reich* din 2 iulie 1944. Autorul, care face un prim bilanț – evident pozitiv – al bombardării Londrei de către rachetele V-1, inițiat în ziua de 13 iunie, se face ecoul avertismentelor lansate la adresa Londrei de către șeful său, pe data de 16 aprilie, anunțând o viitoare revanșă. În același ziar, Goebbels folosește, pe 23 iulie, termenul de „armă de represalii" *(Vergeltungswaffe)* și amenință Londra: „Campania noastră de răzbunare nu s-a încheiat, ea abia acum începe. Experții militari de pretutindeni sunt de părere că armele noastre de represalii reprezintă o revoluție în tehnologia militară. Ce vor mai spune când noile noastre arme, cu mult mai impresionante, vor începe să fie folosite!"

Arme secrete, arme noi, arme miraculoase sau de represalii... Terminologia nu este suficientă pentru a defini conturul precis al arsenalului. Wikipedia, un bun indicator al cunoștințelor împărtășite în plan general, transformă *Wunderwaffen* într-un fel de amplu bazar. Găsim acolo de toate: de la sisteme de arme monumentale (supercrucișătoarele din clasa H, niciodată construite) până la vizorul cu infraroșii pentru tancul *Panther* (vreo cincizeci la număr, folosite, probabil, în luptele din 1945) și pușca menită să tragă după colț (*Krummlauf*, țeavă răsucită adaptabilă la pușca de asalt *StG 44* în cazul luptelor desfășurate în stradă). Tancul super-greu *Ratte*, evocat de *Le Point* (un model absurd de greu și de vulnerabil, a rămas, în mod evident, la stadiul de proiect), iar în privința lui *Maus* un tanc de 180 de tone, înarmat cu două tunuri de 128 mm; nu au fost construite decât două prototipuri, dintre care doar unul singur terminat...).

În marele talmeș-balmeș decorat cu o zvastică, ne mulțumim să constatăm că unele dintre armele menționate mai sus apar pe listă mai ales grație dimensiunii, exotismului și apariției lor tardive. Este cazul portavionului *Graf Zeppelin* (proiect lansat în 1938, niciodată terminat), al avionului de vânătoare *Focke-Wulfe Ta-152* (ultimă versiune dezvoltată a avionului *FW-190*; aproximativ 40 de bucăți, livrate la începutul anului 1945), al avionului *Heinkel He-111Z Zwilling* (tractor de planoare constituit din două *He-111* lipite între ele; douăsprezece bucăți construite) și al avionului *Messerschmitt Me-323 Gigant* (aeronavă de transport hexamotor greoaie și lentă; 198 de bucăți construite). În lipsa unor lucrări care să prezinte o sinteză convingătoare, noianul de informații vehiculate pe Wikipedia ne permite să extragem câteva cifre.

Odată excluse „armele fictive" și *Berta cea Grasă* (o piesă foarte mare de artilerie de asediu – un tun de calibrul 16, cu diametrul țevii de 420 mm – folosită de armata germană în timpul Primului Război Mondial. – n.red.), site-ul listează 118 mențiuni. În total, 41,5% din aceste arme nu au depășit stadiul de proiect pe planșa de desen, 28,8% au atins stadiul de prototip, 7,6% pe acela al producției de serie și 22% pe acela în care să poată participa la lupte. Totuși, această ultimă cifră trebuie privită cu prudență: în majoritatea covârșitoare a cazurilor, este vorba de câteva misiuni sau de câteva trageri reale. De fapt, doar vreo șase arme cu adevărat inovatoare – asupra cărora vom reveni – au fost folosite la scară mare: pușca automată *Sturmgewehr 44* (sau *StG 44)*, avionul de vânătoare cu reacție *Messerschmitt Me-262*, rachetele *Fieseler Fi-103* (alias V-1) și *Aggregat A4* (alias V-2), bombele antinavă teleghidate *Fritz X* și *Henschel Hs-293*. De altfel, această listă o validează pe cea a sectoarelor-cheie ale excelenței germane: armele ușoare, avioanele cu reacție (36 de proiecte, adică 30,5%), armele ghidate (31 de proiecte, adică 26,2%). Acestora le vom adăuga submarinele (9 proiecte, adică 7,6%).

Mașina industrială germană dă rateuri

Cunoscând rezultatul final – capitularea necondiționată pe 8 mai 1945 –, jocul de a afla dacă acest arsenal mai mult sau mai puțin virtual ar fi putut să răstoarne desfășurarea operațiunilor se bazează, înainte de toate, pe ideea unei posibile prelungiri a conflictului. Reichul ar fi putut, oare, să supraviețuiască verii anului 1945, chiar să reziste până în 1946, timp care să permită ducerea la bun sfârșit a proiectelor redutabile și spectaculoase ale lui Goebbels? E greu să răspundem altfel decât negativ. De fapt, lucrul cel mai uimitor este că Germania nu a depus armele mai devreme. Dată fiind situația din august 1944, o capitulare de Crăciun nu ar fi fost imposibilă. Iar dacă Reichul a supraviețuit până în primăvara anului 1945, în acel moment este epuizat, fără oameni, lipsit de resurse materiale și de benzină. Doar teroarea inspirată de Armata Roșie îl împiedică să se dezintegreze.

Dacă orice prelungire a conflictului este exclusă, ne putem imagina că inginerii Reichului ar fi putut să ajungă *mai deveme* la rezultate semnificative dacă, ipoteză vehiculată adesea, naziștii și, în special, Hitler nu i-ar fi deranjat cu intervențiile lor intempestive? Problema acestui argument este că regimul – și Hitler personal – a fost cel care a ordonat în primul rând proliferarea *Wunderwaffen*. Apoi, ar trebui să ne imaginăm o economie condusă de naziști competenți, doi termeni care se contrazic reciproc – și când Speer apare, în februarie 1942, în locul defunctului Fritz Todt, este deja mult prea târziu. De fapt, realitatea este că sistemul de producție al Reichului nici n-ar fi putut să scoată mai repede și în număr mai mare faimoasele arme miraculoase.

Departe de imaginea performanței, răspândită astăzi despre uzinele de dincolo de Rin, industria germană din timpul războiului înregistra un bilanț dezastruos. Motivele acestui fiasco sunt multiple și mereu discutate: urmările crizei economice, timpul de pregătire insuficient, planificarea defectuoasă, birocrația excesivă, rivalitățile între baronii naziști (Himmler, Goering, Todt, Sauckel...), mobilizarea masivă a mâinii de lucru pentru *Wehrmacht*, rivalitatea între birourile de cercetări și constructori, risipa de resurse și, de asemenea, este adevărat, dar cu un efect mult mai puțin important decât se afirmă în general, deciziile pripite ale Führerului... Ceea ce marele istoric britanic Richard Overy (a se vedea Bibliografia selectivă) a mai adăugat – mai ales – pe listă, este influența nefastă a armatei.

Spre deosebire de Statele Unite, unde producția era standardizată și centralizată în mâinile unor experți civili, militarii intervin în Germania la toate nivelurile, solicitând neîncetat modificări care puneau în dificultate liniile de asamblare. Aceste perturbări sunt agravate de obsesia pe care militarii germani o au pentru tehnologie încă din Primul Război Mondial – *Pariserkanone*, piese cu bătaie foarte lungă (120 de metri – n.red.), cunoscute greșit sub numele de *Bertha cea Grasă*, sunt cel mai bun exemplu. (Este vorba, de fapt, de un model cu totul diferit: *Ferngeschütz* sau *Kaiser-Wilhelm-Geschütz* – n.red.) Rezumată în discursul lui Albert Speer, evocat la începutul acestui text, credința conform căreia calitatea era suficientă pentru a înlocui cantitatea justifică infernala înmulțire a proiectelor, prototipurilor și seriilor foarte mici. Fericirea proiectanților și a revistelor de specialitate este garantată, dar nu și producția pe scară largă.

Echipamente dezvoltate de armată în detrimentul propriu

Aviația este cel mai bun exemplu pentru această gestionare defectuoasă. Producția germană este anemică și nu își ia avânt înainte de 1943, când războiul era deja pierdut. Reichul, care, în 1940, produce 11 000 de aparate de zbor, în 1942 nu mai produce decât 15 400, în vreme ce Marea Britanie trecea de la 15 000 la 23 700, Statele Unite de la 6 100 la 85 900, URSS de la 10 600 la 34 900[1]. În 1943, în vreme ce Speer încearcă să facă ordine, Ministerul Aerului *(Reischsluftfahrtministerium)* gestionează 425 de tipuri și variante de avioane... Dacă Speer, expert neconvențional, reușește să depășească, în 1944, producția britanică – în cifre absolute, căci industria de dincolo de Canalul Mânecii se concentra deja pe producția de cvadrimotoare – pasiunea pentru *Wunderwaffen*, relansată de delirul lui Hitler și de panica acoliților săi, revine în forță în detrimentul nevoilor militare reale.

Departe de a reprezenta un avantaj pentru Reich, armele miraculoase îi sufocă, de fapt, efortul. Conform *Strategic Bombing Survey* (studiu asupra bombardamentului strategic), redactat în septembrie 1945 de către americani, naziștii ar fi înglobat în rachetele V-1 și V-2 resursele necesare pentru construirea a 24 000 de avioane de vânătoare. Nevoia de a proteja de bombardamente locurile unde erau fabricate rachetele impune săparea unor galerii imense. Acesta a fost unul dintre motivele pentru care anumite programe vizând *Wunderwaffen* sunt încredințate trupelor SS. Cu excepția anumitor

---

[1] Deci, în această perioadă, Germania își sporește producția de 1,4 ori, în vreme ce Marea Britanie, Statele Unite și URSS produc de 1,6, 14,4 și respectiv de 3,3 ori mai mult.

ingineri-cheie, cărora li se acordă cu întârziere grade militare, competența lor este limitată. Dar sunt totuși „siguri" din punct de vedere ideologic – Hitler nu are încredere în armată, mai ales după atentatul din 20 iulie 1944 – și, mai ales, dețin controlul asupra mâinii de lucru aservite, fără de care nimic nu este posibil. Astfel, șaizeci de mii de deportați vor lucra la complexul subteran din Mittelbau-Dora, din apropiere de Nordhausen, centru de producție al rachetelor V. O treime dintre ei mor acolo. La apărarea pasivă a uzinelor se adaugă apărarea activă, asigurată de o valoroasă unitate de apărare antiaeriană, și o cantitate nemăsurat de mare de exploziv, material de care *Wehrmachtul* duce o lipsă disperată. Redactorii notează, în cele din urmă, că inginerii care lucrează, în vara anului 1943, la proiectul rachetei antiaeriene *Wasserfall* sunt redirecționați către proiectul V-2. Nu doar că *Wunderwaffen* privează Reichul de resurse valoroase, dar se și „mănâncă între ele"!

Să presupunem că Albert Speer ar fi ajuns la comandă mai devreme: *Wunderwaffen* s-ar fi arătat, oare, la înălțime? Răspunsul la întrebare ne impune mai întâi să revizuim mitul bine înrădăcinat al superiorității tehnologice germane. Mare țară a științei, mai ales a fizicii – până când naziștii îi gonesc pe cei mai buni cercetători la viitorii lor inamici –, Germania ajunge la egalitate, ba chiar îi depășește pe Aliați în multe domenii. Însă nu neapărat grație tehnologiei: superioritatea anumitor armamente germane se datorează mai curând unei înțelegeri profunde a luptei la nivel tactic.

Cel mai bun exemplu poate fi găsit la tancuri: este vorba despre o turelă cu trei servanți – față de un om care făcea totul la tancurile franceze – și de echipamentele radio. Acestea asigură superioritatea tancurilor *Panzer III* în 1940, nu armele sau blindajul, care nu depășesc nivelul mediu. Superioritatea atât de lăudată a tancului *Panzer V Panther* se datorează mai puțin superiorității tehnologice decât alegerilor calitative – suprablindaj, tun, aparatură optică performantă – implicând cheltuieli mari în detrimentul cantității, lucru deja evocat mai sus. Reichul produce aproximativ 6 000 de bucăți, în vreme ce americanii scot 49 000 de tancuri *M4 Sherman* și sovieticii 64 500 de tancuri model *T-34*. Vom putea invoca întotdeauna faptul că *Wehrmachtul* avea motive întemeiate pentru această alegere: un tanc mai greu, dotat cu o distanță de tragere bună este, într-adevăr, redutabil în apărare. Dar lupta între blindate nu se rezumă doar la o serie de dueluri, iar tancul *Panther* a fost înfrânt pe teren.

Cât despre aviația germană, ea nu este cu nimic mai bună decât aviația Aliaților. *Messerschmitt Bf 109*, care rivalizează cu *Spitfire* în 1940, este depășit în 1945. Bombardierele medii sunt... foarte medii – cu excepția *Junkers Ju 88* –, și Heinkel ratează, dintr-un exces de ambiție tehnologică, unicul bombardier greu dezvoltat. Pe tot parcursul războiului, *Luftwaffe* dispune, în număr mai mare, doar de un singur tip de monomotor de înaltă performanță, capabil să urmărească evoluția avioanelor de vânătoare anglo-americane: *Focke-Wulfe 190*. În multe domenii, precum cel al electronicii, Aliații sunt cu mult mai avansați. Între anii 1944-1945, antenele radar aflate pe botul avioanelor de vânătoare de noapte cu cruci negre nu sunt o dovadă de tehnicitate, ci mai curând indiciul unei întârzieri: antenele avioanelor britanice, mai performante, sunt apărate de radomuri încă din 1942, spre marele beneficiu al aerodinamicii.

În 1945, Wehrmachtul *este cea mai prost echipată dintre toate armatele*

În realitate, între anii 1944-1945, *Wehrmachtul* nu are nimic comun cu o forță ultramodernă. Marea majoritate a trupelor luptă cu echipamente din 1940. Astfel, tancul fabricat cu prioritate rămâne *Panzer IV* (7 715 de tancuri produse, față de 4 284 de tancuri *Panther* în cei doi ani), bazat pe un model din 1936. Logistica diviziilor de infanterie – și chiar a *Panzerdivisionen* în 1945 – rămâne hipomobilă, ceea ce le permite aviatorilor aliați să identifice coloanele germane: la Aliați, caii au fost ascunși sub capotă. Pușca infanteristului rămâne *Karabiner 98k* cu reîncărcare manuală, derivată dintr-o armă din 1898, și toată artileria datează de la începutul anilor '30. Iată adevăratele arme cu care se bate germanul, atunci când nu face rost de vreun pistolaș capturat de la inamic.

Aceasta înseamnă, oare, că reputația armelor germane este una cu totul falsă? Nu, desigur. Trebuie să le recunoaștem inginerilor din Germania iscusința în sectoarele de excelență care îi asigură *Wehrmachtului* un avantaj tactic pe durata întregului război. Artileria antitanc, excelentă și deservită de instrumente de ochire incomparabile, nu va fi niciodată egalată de Aliați. Atelierele Reichului proiectează, de asemenea, cele mai bune arme automate. Mitraliera *MG-42* este una dintre cheile superiorității de foc în domeniul infanteriei, prin cadența sa de tragere devastatoare: 1 200 de focuri/minut, de două ori mai mult decât *M1919* americană. Pușca *StG 44* a lui Hugo Schmeisser, una din puținele *Wunderwaffen* reușite și distribuite în număr mare (426 000 de exemplare) se află la originea tuturor puștilor de atac actuale. Principiul ei combină atuurile unui pistol-mitralieră – muniție ușoară, deci dotare superioară, gabarit redus, foc automat – cu acelea ale unei puști – precizie și posibilitatea reglării tirului în raza de acțiune reală a luptei, adică 200 de metri. Cu toate acestea, se observă că tehnologia, la fel ca în cazul tancului *Panzer III* amintit mai sus, intervine mai puțin decât inteligența conceptuală și simțul tactic.

Celelalte sectoare de excelență ale ingineriei germane creează, în mod logic, cele mai izbutite *Wunderwaffen*. Este cazul avioanelor cu reacție, un sector în care Germania este pionieră. În 1939, *Heinkel He-178*, dezvoltat din fonduri proprii, este primul avion care își ia zborul propulsat de turboreactorul inginerului Hans Pabst von Ohain. În paralel, Ministerul Aerului dezvoltă proiecte care se vor solda cu faimosul turboreactor *Messerschmitt Me-262*. Acest aparat mitic este adesea prezentat ca fiind „avionul care ar fi putut să schimbe cursul războiului". Totul exprimat la condițional optativ.

Pe hârtie, *Me-262* pare redutabil, cu viteza sa în trepte de peste 150 km/h, în comparație cu cel mai bun avion al Aliaților – 870 km/h la altitudine, acolo unde operează bombardierele care sunt prada lui – și cu dotarea lui impresionantă – patru tunuri de 30 de mm, două sau trei obuze ale acestora fiind de ajuns pentru a distruge un cvadrimotor. La o privire atentă se constată totuși carențe semnificative. Prima este lipsa de maturitate a reactorului *Junkers Jumo 004-B1*. Dacă presiunea este corectă (8,8 kN), el răspunde lent la reducerile de gaz, se oprește pe neașteptate sau ia foc, ceea ce face din *Me-262* un avion foarte periculos atât la decolare, cât și la aterizare. În plus, *Jumo 004*, chiar dacă este relativ ușor de construit, suferă de pe urma penuriei de metale cu care se confruntă Germania, lucru care se răsfrânge negativ asupra calității: durata sa de viață nu depășește zece ore. Problemele pe care le prezintă acest motor, mai mult decât dorința lui Hitler de a face din acest avion un bombardier, sunt cele care întârzie programul.

Avioane cu reacție și arme V: multe proiecte rămase în aer

Departe de a fi gata, *Me-262* este aruncat în luptă în toamna anului 1944, în condiții inacceptabile pentru Aliați – avionul britanic *Meteor*, aflat în uz din luna iulie, se limitează la interceptarea bombelor V-1. Cifrele furnizate pe 3 octombrie 1944 de *Kommando Nowotny*, prima unitate cu adevărat operațională, vorbesc de la sine. La data de 1 noiembrie, aceasta revendică douăzeci și două de victorii, dar a pierdut cinci avioane din treizeci, nouă în accidente și șase în luptă, mai ales la decolare, moment în care avioanele de vânătoare aliate care au identificat adăpostul pot să profite de viteza redusă a lui *Me-262*. Walter Nowotny, deținător al unui număr de 258 de victorii, este doborât pe 8 noiembrie, după o defecțiune a reactorului. În această situație, *Kommando* nu mai rămâne decât cu trei aeronave în stare să zboare. La începutul anului 1945, *Luftwaffe* dispune de aproximativ 200 de avioane *Me-262* operaționale, dintre care 40 mai pot fi folosite și în luna martie. Rezultatele sunt interesante, dar nu înseamnă decât o picătură în fața oceanului de bombe care cad asupra Reichului.

În cele din urmă, cele 1 430 de *Me-262* construite nu au avut niciun efect asupra operațiunilor: succesele lor sunt atât de anecdotice, încât nici măcar nu sunt menționate în statistici. În 1945, cerul Germaniei nu a fost niciodată mai sigur pentru cvadrimotoarele USAAF (*United States Army Air Forces* – n.red.): rata lunară a pierderilor – luând în seamă toate cauzele – este mai mică de 1% în februarie 1945, față de 2,75% cu un an înainte. Producerea mai multor *Me-262* nu ar fi modificat prea mult lucrurile: în toamna anului 1944, Germania duce lipsă de combustibil și de piloți. Pentru a schimba cursul operațiunilor aeriene, ar fi trebuit ca *Me-262* să intre în funcțiune pe scară largă *înainte* ca aviația americană să lanseze, în primăvara lui 1944, marea ofensivă care o transformă în stăpâna cerului și să atace uzinele de producere a combustibilului sintetic, fără de care niciun avion nu poate zbura. Remarca este valabilă pentru orice altă aeronavă cu reacție, indiferent dacă este produsă – în serii mai mici, cum ar fi bombardierul *Arado Ar-234* și avionul de vânătoare *Heinkel He-162* – sau dacă rămâne la stadiul de schiță pe planșele de desen.

Faimosul *Amerikabomber* menționat de *Le Point* este doar unul dintre aceste proiecte. A spune că, dacă ar fi zburat, ar fi putut să servească drept vector pentru o „ipotetică" bombă A înseamnă a parafraza gluma din vremea lipsurilor, „Ți-aș face o omletă cu șuncă, dacă aș avea ouă, dar nu am șuncă". A face din el precursorul bombardierului *B-2* înseamnă a ignora faptul că, în Statele Unite, compania Northrop face să decoleze avioane fără fuzelaj și ampenaj și lansează un proiect de bombardier strategic *(XB-35)* încă din 1941, chiar înainte ca războiul să fie declanșat și ca descoperirile cercetătorilor germani să prindă contur.

Pe lângă aviație, marele sector de dezvoltare al *Wunderwaffe* este acela al armelor ghidate, începând cu faimoasele V-1 și V-2. Am văzut eforturile depuse de Reich pentru crearea acestora. Dar care este rezultatul? Tehnic vorbind, *Fieseler Fi-103 V-1* este o armă inteligentă: un avion fără pilot, propulsat de un reactor foarte simplu, numit pulsoreactor – în care comprimarea amestecului aer-combustibil este asigurată de înaintare, ceea ce presupune catapultarea aparatului pentru a-i conferi suficientă viteză. Problema este că aparatul este foarte puțin fiabil, nu are decât o rază de acțiune limitată (250 de kilometri), că rampele sale de lansare sunt vulnerabile, că precizia sa este nulă, că zboară jos și (relativ) lent, ceea ce face posibilă interceptarea lui – în august 1944, adică la o lună și jumătate după începutul campaniei de bombardare, 80% dintre rachetele V-1 lansate sunt doborâte. În cele din urmă, încărcătura sa distructivă este limitată la 850 de kilograme. Dacă V-1 au provocat, oricum, 10 000 de morți, majoritatea londonezi și locuitori din Anvers, nu au avut niciodată influență asupra hotărârii de care dădeau dovadă Aliații. Cum ar fi putut fi altfel? *Totalitatea* celor 30 000 de V-1 construite reprezintă 25 500 de tone de explozibil, adică 2,8% din cantitatea lansată de anglo-americani asupra Germaniei în 1944.

Același lucru este valabil pentru *Aggregat A4* (sau V-2). Descoperire tehnologică istorică, ea stă la baza tuturor proiectilelor balistice și rachetelor civile – Walter Dornberger și Wernher von Braun, organizatorul și inventatorul, vor sfârși prin a ajunge, amândoi, în Statele Unite. V-2 zboară pentru prima oară pe data de 3 octombrie 1942, ceea ce reprezintă un fapt remarcabil. Cu traiectoria sa care atinge 80 de kilometri altitudine, este imposibil de interceptat, iar raza sa de acțiune de 320 de kilometri este ceva mai bună decât raza V-1. Cu toate acestea, din punct de vedere militar, V-2 nu este decât o bombă de 1 000 de kilograme, foarte imprecisă și puțin fiabilă. Niciuna dintre cele unsprezece rachete trase, pe 17 martie 1945, la ordinul lui Hitler, asupra podului Remagen, cucerit pe Rin de către americani, nu cade la mai puțin de 200 de metri de obiectiv. Din cele 5 200 de V-2 construite, 3 172 sunt lansate mai ales, din nou, asupra Londrei și Anversului (76 în Franța, dintre care 22 asupra Parisului), provocând 5 000 de morți. În total, ansamblul aparatelor prezintă un potențial exploziv de 5 200 de tone, adică 0,56% din tonajul lansat de Aliați în 1944, 6% din tonajul total aruncat asupra Berlinului sau ceva mai mult de jumătate din tonajul lansat în timpul marii ofensive împotriva orașului Hamburg, între 24 iulie și 3 august 1943.

Arme teleghidate și submarine: adevărate reușite, dar obținute mult prea târziu

Reichul avea, oare, mijloace să dezvolte rachete mai puternice, capabile să traverseze Atlanticul? S-a scris mult despre racheta *A9/ A10*, botezată *Amerikarakete* (racheta America). Acest aparat nu ar fi trebuit totuși să zboare decât în 1946 și nimic nu arată că ar fi putut să răspundă acestor așteptări. Chiar dacă ar fi reușit perfect, încărcătura sa explozivă nu ar fi dat rezultate mai bune decât V-1 și V-2. După ce Londra, Berlinul și Tokio ar fi fost devastate de tone de explozivi și de bombe incendiare cu mult superioare, fără să schimbe hotărârea puterilor politice, nu înțelegem cum bombardarea New Yorkului cu câteva bombe mari ar fi putut schimba cursul războiului. Pentru aceasta, rachetele ar fi trebuit dotate cu focoase nucleare, direcție în care germanii eșuaseră complet.

Celelalte arme teleghidate nu au avut nici ele mai mult succes, dimpotrivă. Racheta *Wasserfall* este o rachetă antiaeriană, întâi cu ghidare manuală, apoi cu ghidare radar, foarte promițătoare. Dar șeful proiectului este ucis într-un bombardament în 1943, echipa este dispersată pentru a putea susține proiectul V-2 și arma, testată totuși în 1944, nu este gata la sfârșitul războiului. Nu doar că industria germană nu ar fi fost în stare să producă un număr suficient de astfel de rachete, dar Aliații ar fi dezvoltat, cu siguranță, contramăsuri electronice. Este ceea ce au făcut pentru a contracara bomba teleghidată *Ruhrstahl SD 1400X*, alias „Fritz X" și racheta *Henschel Hs-293*. Aceste două arme destul de ieftine, care aveau drept țintă navele, reușesc, încă din 1943, să deterioreze sau să distrugă aproximativ treizeci de vase, printre care și cuirasatul italian *Roma*, scufundat de o rachetă „Fritz". Problema este că, în 1943, *Luftwaffe* aproape că nu mai are bombardiere și că Aliații reușesc repede să bruieze ghidajul. Aceste arme devin astfel incapabile să acționeze împotriva debarcării din Normandia. Din nou, avem de-a face cu un impas.

Pentru a încheia cu arsenalul Germaniei naziste, trebuie să evocăm încă una dintre bijuteriile sale: *U-Boot* de tipul XXI, model din care s-au inspirat toate submarinele clasice de după război. Ca în cazul tancului *Panzer III* sau al *StG 44*, iscusința nu rezidă aici într-o descoperire tehnologică, ci mai curând în integrarea optimă a soluțiilor identificate în cadrul unei aparaturi revoluționare. Propulsie diesel-electrică, snorkel, torpile autoghidate, sonar și chiar radar, totul există deja înainte de submarinul de tip XXI. Ideea genială este aceea de a stoca o enormă rezervă de electricitate într-o carenă mărită, optimizată pentru a obține viteză sub apă – submarinele din vremea aceea merită, mai degrabă, denumirea de submersibile, optimizate pentru a naviga la suprafață, cu imersiuni ocazionale. Tipul XXI, de două ori mai mare decât tipul VII clasic al *Kriegsmarine* (1 819 tone de deplasare față de 871 de tone), are și de trei ori mai multe baterii, ceea ce îi permite să atingă 17 noduri în imersiune, față de 10 în cazul tipului VII și, mai ales, să egaleze, dacă nu chiar să depășească viteza corvetelor aliate însărcinate să asigure securitatea convoaielor. În afară de capacitatea de a ataca sau de a se sustrage, scăpând de urmăritori, un surplus de baterii aduce beneficii autonomiei de imersiune: 630 de kilometri față de 150 pentru tipul VII. Astfel, nava poate rămâne la adăpost. Nu devine vulnerabilă decât atunci când tubul snorkel apare la suprafață, timp de cinci ore, pentru reîncărcarea acumulatorilor.

Rapid, silențios, înarmat cu șase țevi și 23 de torpile autoghidate, tipul XXI ar fi putut, oare, să răstoarne cursul războiului, tăind cordonul ombilical cu Statele Unite? Răspunsul este simplu: nu. Și asta din mai multe motive. Primul motiv, comun aproape tuturor *Wunderwaffen*, este că lucrările au demarat prea târziu. Comandat pe 6 noiembrie 1943, primul din serie, *U-2501*, nu este lansat pe șantierele Blohm&Voss din Hamburg decât pe 12 mai 1944, pentru o – teoretică! – intrare în folosință pe 27 iunie. Aliații au debarcat atunci în Normandia... Speer încearcă din răsputeri să urgenteze producția, încredințând-o, în același timp, mai multor ateliere. Dar piesele, prefabricate cu diferențe prea mari între ele, se asamblează prost. Iar întârzierile, în loc să fie scurtate, se prelungesc în consecință. În final, dintre cele 118 nave terminate din cele 1 170 comandate, patru sunt operaționale pe 8 mai 1945, dar niciuna nu are ocazia să tragă – șase exemplare dintr-o versiune de coastă a aceluiași concept, mai micul tip XXII, reușesc totuși să scufunde patru nave.

Chiar dacă Speer ar fi câștigat pariul de producție, acest fapt nu ar fi schimbat cu nimic situația. Submarinele, pentru a opera cu eficiență împotriva convoaielor aliate, ar fi avut nevoie de baze în Atlantic, pe care *Kriegsmarine* nu le mai avea din vara anului 1944. În plus, formidabila *U-Bootwaffe* din 1942 nu mai este decât o umbră. Peste opt submarine din zece au dispărut și echipajele sunt insuficiente pentru dotarea unei flote mari. În plus, ca de obicei, capacitatea de ripostă a Aliaților este subestimată. Mult mai avansați în materie de sonare și de radare, și ei dispun de torpile autoghidate și au pe deplin capacitatea de a descoperi forțele inamice.

Oricât i-ar nemulțumi acest detaliu pe nostalgicii celui de-al Treilea Reich sau pe pasionații de tehnologie letală, nicio armă n-ar fi putut schimba cursul războiului. Dacă Reichul era mai avansat în anumite domenii, nu avea nici capacitățile industriale, nici resursele petroliere sau umane necesare pentru a câștiga un conflict împotriva Statelor Unite, URSS și Imperiului Britanic. *Wunderwaffen* nu ar fi schimbat nimic, după cum nicio armă nu a putut vreodată să câștige de una singură un conflict. Până și cazul excepțional al bombei atomice este încă discutabil. La urma urmei, armele miraculoase ale naziștilor au fost mai puțin destinate să se îndrepte împotriva Aliaților, ci, mai degrabă, să-i bombardeze pe civilii germani cu vești bune plăsmuite. Poate că orășenii care au supraviețuit în ruinele din Dresda, Hamburg sau Berlin au găsit consolare în acest lucru, poate că aveau nevoie să creadă în ele. Dar de ce să ne încăpățânăm să dăm ascultare balivernelor lui Goebbels cu șaptezeci de ani mai târziu?

BIBLIOGRAFIE SELECTIVĂ

Cornwell, John, *Hitler's Scientists, Science, War and the Devil's Pact*, Penguin, New York, 2004.

Ford, Roger, *Germany's Secret Weapons of WWII*, Amber, Londra, 2013.

„La supériorité militaire allemande? Le mythe du siècle!", dosar în *Guerres & Histoires*, nr. 7, iulie-august 2012.

Overy, Richard, *Why the Allies Won*, Pimlico, Londra, 2006 (reed.).

– *War and Economy in the Third Reich*, Oxford University Press, Oxford, 1995.

Zaloga, Steven, *V-1 Flying Bomb, 1942-1952: Hitler's Infamous Doodlebug*, Osprey, Londra, 2005.

– *V-2 Ballistic Missile 1944-1952*, Osprey, Londra, 2003.

21

Germania a pierdut războiul din cauza lui Hitler

de Benoist BIHAN

Fără îndoială, este vorba de unul din cele mai stăruitoare mituri din istoria celui de-al Doilea Război Mondial: Adolf Hitler ar fi singurul răspunzător pentru înfrângerea Germaniei, care, fără el sau dacă el ar fi acceptat să nu se implice direct în desfășurarea războiului, ar fi putut să înfrângă puterile aliate. Să o spunem pe șleau, această teză nu se confirmă. Nu pentru că Hitler nu ar purta o răspundere covârșitoare nu doar, desigur, în izbucnirea celui de-al Doilea Război Mondial în Europa, despre care putem susține că nu ar fi avut loc fără el[1], dar și în înfrângerea finală și în căderea celui de-al Treilea Reich. Cu toate acestea, a arunca doar asupra lui Hitler povara înfrângerii Germaniei naziste rămâne un nonsens istoric.

A afirma că Hitler este singurul vinovat de înfrângerea Germaniei presupune, de fapt, să acceptăm drept adevărate patru afirmații: unu, am putea imagina pentru Germania o altă conduită de război

---

[1] Ceea ce nu înseamnă că în Europa, fără Hitler și naziști, ar fi continuat să fie pace.

decât cea aleasă de Hitler; doi, nu există niciun factor intern în înfrângerea Germaniei care să nu-i poată fi imputat lui Hitler și acțiunii sale; trei, înfrângerea Germaniei a fost cauzată întru totul de acțiunile taberei germane și nicidecum de cele ale taberei Aliaților; patru, Germania ar fi putut câștiga al Doilea Război Mondial. Or, niciuna dintre aceste afirmații nu rezistă în fața analizei.

Germania în război nu poate fi imaginată fără Hitler

Susținerea primei afirmații presupune, de fapt, că modul în care s-a comportat Germania în al Doilea Război Mondial ar putea fi separat de scopurile Führerului. În acest caz, acțiunea lui ar fi perturbat „buna" dirijare strategică a războiului. Or, nu este cazul. La sfârșitul anului 1938, după ce câștigase o serie de pariuri politice și strategice atât în interiorul Germaniei, cât și în exterior[1], Hitler se erijează în unicul stăpân al celui de-al Treilea Reich. De fapt, puterea în cadrul regimului se organizează ca o încâlceală de relații de autoritate care, toate, duc numai și numai la Hitler. Cancelarul și șeful partidului nazist este, în același timp, judecător suprem și *Führer und Oberster Befehlshaber der Wehrmacht* – „conducător și comandant al forțelor armate". Toate instanțele implicate în coordonarea și ducerea la îndeplinire a efortului de război – militare, economice, ideologice – îi sunt direct subordonate[2]. Din această poziție dominantă, Hitler va căuta să își îndrume țara în „lupta pentru supraviețuire", pe care

---

[1] A se vedea Giles MacDonogh, *1938: Hitler's Gamble*, Basic Books, New York, 2009, pentru o relatare referitoare la anul 1938.

[2] A se vedea Jürgen E. Förster, „The Dynamics of *Volksgemeinschaft*: The Effectiveness of the German Military Establishment during the Second World War", în Alan R. Millett și Williamson Murray, *Military Effectiveness*, vol. 3: *The Second World War*, Cambridge University Press, New York, 1988-2010.

înțelege să o poarte pentru a face din Germania nazistă puterea dominantă pe plan mondial, singurele alternative posibile fiind victoria sau distrugerea. În acest scop, el are în vedere în special ca, prin cuceriri teritoriale și prin genocidul populațiilor care ocupă zonele cucerite, să-i ofere „rasei stăpânilor" germani un „spațiu vital", un *hinterland*, din care Reichul ar putea nu doar să prospere, dar și să devină superputerea dominantă în Eurasia și, pornind de aici, în întreaga lume.

Acesta este proiectul ideologic care devine scopul de război al celui de-al Treilea Reich și care modelează întreaga strategie germană, un proiect favorizat de concentrarea puterilor operată de Hitler în 1938. Până în 1945, nu mai există niciun alt proiect politic sau vreo alternativă strategică. Ba mai mult decât atât, oamenii care servesc regimul nazist, militari sau civili, acceptă implicit să pună în aplicare acest proiect. Este în special cazul ofițerilor, începând din 1934, când – la inițiativa generalilor Werner von Blomberg, ministrul apărării, și Walther von Reichenau, șeful biroului ministerial al Ministerului Apărării (Șef al *Ministeramtes im Reichswehrministerium*) – aceștia trebuie să jure credință persoanei lui Hitler. Deci, afirmația că Hitler ar fi venit să tulbure un efort de război rațional, al cărui obiectiv nu ar fi fost decât înfrângerea militară a diferiților adversari ai Germaniei, nu are niciun sens.

Prin urmare, în ce măsură Hitler și-a obstrucționat propriile sale proiecte „strategice"? Răspunsul este: în foarte mică măsură. Dimpotrivă, prin trasarea în linii mari a războiului, Führerul și-a urmărit constant obiectivele până la înfrângerea de la Stalingrad, din 1943. Până în iunie 1941, el se străduiește cu un oarecare succes să își îndrepte victoriile spre Vest, pentru a crea condițiile necesare marelui său proiect: invadarea URSS. În acest context, este greu să nu judecăm favorabil decizia sa de a sprijini proiectul planului de atac împotriva Franței și a Beneluxului, elaborat de viitorul mareșal Erich von Manstein, contrar părerii unei mari părți a *establishment*-ului militar german[1]. De asemenea, putem afirma că eforturile sale diplomatice de a obține o pace separată cu Marea Britanie, apoi încercarea sa de a exercita asupra Londrei o constrângere militară – combinând scoaterea din luptă a forțelor sale aeriene cu amenințarea unei debarcări – pentru a obține același rezultat, chiar dacă nu au fost încununate de succes, sunt justificate strategic. La fel, eșecul acestei strategii explică decizia de a dezvolta o strategie „indirectă" în Mediterana alături de italieni, cu care alianța încetează să mai fie una defensivă – Roma securiza flancul sudic al Germaniei – pentru a deveni ofensivă, mereu cu scopul de a îndupleca sau, dacă nu, de a face inofensivă Marea Britanie. Decizia invadării, împotriva tuturor argumentelor, a URSS se justifică și ea, luând încă o dată în calcul, drept bază de elaborare a strategiei germane, proiectul ideologic nazist.

De asemenea, conducerea de către Hitler a războiului contra URSS este relativ coerentă până la Stalingrad. Astfel, decizia lui, luată pe 18 decembrie 1941, de a interzice „mișcări mai ample de retragere" și de „a constrânge armata la o rezistență fanatică pe pozițiile ei, fără să țină cont de străpungerile realizate de inamici din spate sau de pe flancuri" în fața contraofensivei sovietice inițiate la Moscova, a fost eficientă. Structurile defensive fixe formate de unitățile germane au jucat, într-adevăr, rolul unor „zăgazuri" împotriva vârfurilor ofensive ale Armatei Roșii, păstrând coerența în sectorul central al frontului german. Este greu de înțeles cum o apărare mobilă putea fi întreprinsă de o *Ostheer* (Armată de Est – n.red.) epuizată, aproape lipsită de blindate – nefuncționale sau deteriorate – și supusă efectelor iernii. Acest *Haltbefehl* (literal, „ordin de oprire") nu poate, în niciun caz, să fie pus pe seama lui Hitler, cum nu i se poate atribui nici oprirea vârfurilor germane la Dunkerque, cu un an și jumătate înainte: acest prim *Haltbefehl*, după cum știm în prezent, nu a venit

---

[1] Karl-Heinz Frieser, *Le Mythe de la guerre-éclair. La campagne de l'Ouest de 1940*, Belin, Paris, 2003.

de la Führer, ci de la șeful Grupului de Armate A, von Rundstedt, – care, după război, va da vina pe Hitler – și de la comandantul Armatei a IV-a, von Kluge, și redevine oricum coerent dacă este integrat în dorința lui Hitler de a-i menaja pe britanici. Greșeala lui principală până la Stalingrad, oscilația lui între Leningrad, Moscova și Ucraina, în vara anului 1941, dacă nu este lipsită de consecințe, nu înseamnă pierderea războiului pentru Germania. De fapt, ea rezultă din recunoașterea de către Hitler a faptului că războiul din Est nu va fi câștigat printr-o singură campanie.

Desigur, abordarea strategică și operațională începând cu toamna anului 1942 ne poate face să afirmăm că, într-adevăr, Führerul pierde războiul între lunile septembrie și noiembrie ale anului 1942. Dar, de fapt, este mai corect să spunem că *Wehrmachtul* nu poate câștiga și că Armata Roșie nu îi permite să o facă – un punct asupra căruia vom reveni. Și, în contextul înfrângerii, Hitler nu ia numai decizii proaste: refuzul de a-i permite lui Paulus să iasă din Stalingradul încercuit, după eșecul încercării de a degaja orașul, este logic din punct de vedere operațional, căci blochează în fața orașului opt armate sovietice într-un moment în care frontul german este străpuns din toate părțile și trebuie să fie reconstituit, o sarcină suficient de complexă fără a mai lua în calcul și forțele sovietice suplimentare[1].

Începând cu primele luni ale anului 1943, când războiul este pierdut, este clar că abordarea hitleristă a acestuia își păstrează coerența sa internă: strategia germană rămâne determinată de proiectul ideologic hitlerist, altfel spus de „lupta pentru supraviețuire" până la distrugere sau la victorie. Între timp, este necesar să se câștige timp pentru a finaliza exterminarea iudeilor și lichidarea slavilor din teritoriile ocupate în Est. Lipsa unei alternative este încă o dată explicată prin faptul că acest lucru ar pune sub semnul întrebării însăși existența regimului: este imposibilă imaginarea altei abordări a celui

---

[1] Suntem de acord cu perspectiva lui Jean Lopez; a se vedea *Stalingrad. La bataille au bord du gouffre*, Economica, Paris, 2008.

de-al Doilea Război Mondial din partea Germaniei decât perspectiva lui Hitler, *cu excepția imaginării unei istorii alternative, în care Germania nu este nazistă*. O discuție asupra strategiei germane din timpul celui de-al Doilea Război Mondial nu ne face să afirmăm că Hitler a împiedicat succesul unei strategii germane „bune", ci ne face să ne punem întrebări cu privire la resorturile care i-au permis Führerului să atragă Germania într-un proiect a cărui evoluție nu putea fi alta decât cea care a fost.

Mobilizarea economică și industrială, inimaginabilul german

Următoarele două propoziții ne invită să abordăm nivelul mobilizării economice și al desfășurării operațiunilor militare: este vorba de a ști dacă Hitler este sau nu *singurul* răspunzător pentru lacunele din aceste domenii ale Germaniei și dacă acestea sunt sau nu unicele cauze ale eșecurilor militare ale *Wehrmachtului*. În ambele cazuri, răspunsul este: nu.

Gradul de răspundere al Führerului este mai mare când este vorba de mobilizarea economică și industrială. Este incontestabil faptul că nazismul s-a constituit cu adevărat într-un factor care a agravat ineficiența efortului de război german, din cauza structurii înseși a edificiului politic construit de Hitler. Într-adevăr, puterea lui se sprijinea pe echilibre complexe între diferiții indivizi din cadrul mișcării naziste și pe alianțe politice fragile, nu doar cu șefii militari, ci și cu mediile de afaceri. Dacă, între 1933 și 1938, întregul aparat de stat este reorganizat în jurul persoanei lui, Hitler nu are același grad de control, cel puțin înainte de 1943, asupra societății. Hitler, pentru a se menține la putere, lasă să se dezvolte, și chiar încurajează, veritabile „feude", mai ales în domeniul economic. De aici rezultă nenumărate dificultăți în mobilizarea și pilotarea centralizată a industriei germane pentru a o pune în slujba efortului de război, care evidențiază, în treacăt, limitele unui „capitalism de stat", în care statul nu controlează direct întreprinderile strategice. Hitler înrăutățește și mai mult situația printr-un clientelism de care beneficiază, de exemplu, doctorul Porsche, inventator al Volkswagenului Beetle, dar și susținător al tancurilor foarte grele, care reprezintă o risipă costisitoare a unor resurse limitate.

Pentru a contrabalansa puterea mediilor de afaceri, Hitler îi lasă pe „marii lui feudali", Himmler și Goering în primul rând, să își creeze veritabile imperii industriale, dar agravează, de fapt, neregulile și ineficiențele care existau deja în economia germană. Acest factor de haos este cu atât mai greu de stăpânit, cu cât natura totalitară a regimului exclude orice contra-putere veritabilă, nazismul împiedicând, în mod clar, eforturile acelor oameni care încearcă, în cadrul lui, să raționalizeze efortul de război german, cum ar fi ministrul economiei, Albert Speer, în primul rând, complicând și mai mult sarcina sisifică de a aduce la nivelul economiilor anglo-americane o Germanie lipsită de o politică industrială reală.

Dar aici Hitler mai curând înrăutățește o situație deja existentă decât să o creeze, iar întrebarea este dacă ar fi putut, înainte de 1943, adică înainte de a putea folosi înfrângerea ca mijloc de presiune, să o reformeze. Nu noi suntem cei meniți să decidă, dar ne este permis să ne îndoim.

În domeniul tehnologic, dacă s-a insistat pe bună dreptate asupra ideilor fanteziste ale lui Hitler în acest sens, problema este legată mai ales de caracterul dezordonat al cercetării germane. În loc să fie conduse în mod structurat, eforturile de cercetare și dezvoltare se realizează fără a avea o prioritate, și mai ales în mod dispersat. Vina îi revine incapacității Germaniei de a pune, în mod adecvat, problema proiectării echipamentelor. Pentru ca un efort de cercetare și dezvoltare să fie cu adevărat eficient, în orice caz în privința cercetării aplicate, este necesară fixarea la locul potrivit a indicatorului performanței dorite.

De fapt, problema apare încă din vremea Marelui Război, cu mult înainte de venirea lui Hitler și a naziștilor la putere, chiar dacă ea se amplifică în mod considerabil, pentru a deveni un veritabil cult al performanței tehnologice, agravat de pasiunea pentru tehnologie a Führerului, gata să cedeze în fața mirajului „armelor miraculoase" și care vede în supremația armelor încununarea tehnică a presupusei superiorități a „rasei ariene" asupra restului omenirii. Dar ar fi prea simplu să-i atribuim exclusiv lui Hitler răspunderea pentru caietele de sarcini exagerat de ambițioase ale tancurilor *Panther*, *Königstiger* și *Maus* sau ale avioanelor cu reacție *Me-262* sau *Ar-234*, ale *U-Boote* tip XXI. Dacă este fascinat de unul sau altul dintre echipamente, faptul se bazează pe performanțele descrise de proiectanți și de dezvoltatori – aceștia din urmă fiind, cel mai adesea, militari –, și nu invers.

Germania nu caută pentru armele sale performanța corectă, ci performanța în sine. În acest caz, factorul determinant îl reprezintă doctrina militară germană. Pe uscat, în aer sau sub apele mării, Germania dezvoltă arme destinate să ducă și să câștige o singură bătălie, vădit decisivă: superioritatea armelor trebuie să se combine cu aceea a tacticienilor pentru a obține rezultatul final într-un proces de optimizare a mijloacelor de distrugere amplu, dar limitat în timp.

Efortul de război german se epuizează dezvoltând anumite echipamente complexe, pe care nu le poate produce decât în cantități mici atât ca urmare a lipsei de forță calificată de muncă – chemată pe front –, cât și din cauza întârzierilor prea mari de producție, dar mai ales din cauza lipsei de materii prime. Echipamentele cum ar fi tancurile sau avioanele, în special cele de înaltă performanță, au nevoie pentru fabricarea lor de aliaje complexe, care presupun materiale strategice rare, pe care Germania izolată, supusă unei blocade, are dificultăți în a le obține. Este vorba de tungsten, necesar pentru obuzele antitanc, sau de nichel, utilizat la blindaje, lipsa lor având consecințe imediate asupra calității echipamentelor produse. La sfârșitul celui de-al Doilea Război Mondial, blindajele germane folosesc aliaje alternative care le fac fragile. Din aceste alegeri greșite rezultă și alte consecințe: astfel, trebuie, de exemplu, să fie pusă pe prim-plan producția de motoare noi în detrimentul celei a pieselor de schimb, întotdeauna insuficiente, lipsa lor având consecințe pe care ni le putem ușor imagina.

Armata germană știe doar să câștige bătăliile

Dacă Hitler nu a făcut nimic pentru a corecta aceste greșeli, este pentru că ele depășesc cu mult singurul lui scop. Această constatare este, de asemenea, valabilă în ceea ce privește dirijarea operațiunilor. Da, nenumăratele *Führerbefehle* – „ordine ale Führerului" – retransmise ascultător de către OKW (*Oberkommando der Wehrmacht*, comandamentul suprem al forțelor armate, care acționează ca Stat-Major personal al lui Hitler) chiar au avut, asupra operațiunilor și bătăliilor *Wehrmachtului,* consecințe adesea nefaste. Dar acestora nu li se poate atribui totalitatea înfrângerilor germane: ele ar fi avut loc, în esență, cu sau fără intervenția lui Hitler. Așa se întâmplă cu precădere la sfârșitul războiului: competența tactico-operațională, mijloacele de care dispun forțele aliate explică înfrângerile germane în mai mare măsură decât intervențiile intempestive ale Fürherului. A pretinde contrariul înseamnă a-i conferi lui Hitler o capacitate unică de a influența lupta de la distanță, mai ales că o parte dintre liderii militari germani au decis să ignore cât mai mult posibil acele *Führerbefehle*.

Căci iată: arta militară germană este foarte departe de a fi infailibilă, cu sau fără Hitler, iar dacă acesta poate să își influențeze propriile forțe, nu are însă niciun control asupra performanței forțelor inamicilor săi. Or, aceștia din urmă se impun treptat în fața unei armate germane concepute în întregime într-un spirit care rămâne acela al *Gesamtschlacht*-ului („luptei totale"), atât de drag bătrânului

Schlieffen înainte de 1914: reproducerea la scară disproporționată a mecanismului anticei bătălii de la Cannae. Conform acestei gândiri, războiul se rezumă la o singură secvență strategică, urmărind o *Vernichtungsstrategie*: o „strategie de anihilare" articulată în trei faze: mobilizare, desfășurare, *Gesamtschlacht*, trebuind să ducă la învăluirea armatei adverse, urmată de predarea sau distrugerea ei, procedura fiind repetată pentru fiecare dintre adversarii Germaniei. Dusă la excelență, această secvență strategică constituia alfa și omega artei militare germane. Dar, între desfășurarea trupelor și încheierea ostilităților, metodele de dirijare a operațiunilor rămân, în esență, neschimbate din 1870 și, odată bătălia începută, ea e concepută ca un întreg *(Gesamt)*, adică nu există nicio soluție de continuitate între diferitele acțiuni militare întreprinse de o aripă sau alta a armatei: forța, fluxul mișcării sunt cele care trebuie să se impună în luarea deciziei.

Cu siguranță, această gândire, născută în secolul al XIX-lea, nu este una statică: între 1916 și 1936, *Gesamtschlacht* trece de la doi timpi la trei – de la învăluire-distrugere la străpungere-învăluire-distrugere – și logica sa evoluează spre un proces de optimizare a efectelor distrugerii armamentelor în cadrul unui oportunism tactic[1] – manevra strategică depinzând de acum de rezultatele tactice –, dar principiul său rămâne același. Atunci când aceasta eșuează, Germania este condamnată la defensivă strategică, fără să știe sau să poată face altfel. Iar slăbiciunile structurale ale forțelor armate instruite, organizate și echipate conform unei singure forme de operare ies la iveală, subliniind limitele intelectuale ale artei militare germane.

Fără logistică de teatru demnă de acest nume, germanii trebuie să improvizeze în permanență redistribuirea rezervelor, care sunt mai degrabă tactice decât operative: o divizie de infanterie aici, o

---

[1] Michael Geyer, „German Strategy in the Age of Machine Warfare 1914-1945", în Peter Paret (dir.), *Makers of Modern Strategy: From Machiavelli to the Nuclear Age*, Princeton University Press, Princeton, 1986, pp. 527-597.

Panzerdivision acolo, un grup de bombardiere sau de avioane de vânătoare în altă parte și totuși această redistribuire nu este posibilă decât dacă adversarul îi acordă *Wehrmachtului* libertate de acțiune pentru mișcările sale din spatele frontului. Este suficient ca aviația de bombardament să lovească nodurile logistice, ca toate convoaiele de aprovizionare să fie amenințate, ca o străpungere bruscă să dezorganizeze liniile din ariergardă și defensiva germană se prăbușește în curând, ca în 1918 în Franța sau pe toate fronturile în vara anului 1944. În ciuda eficienței lor tactice de necontestat, soldații germani nu mai pot decât să susțină ritmul care le este impus de către armatele inamice, până la sfârșit, chiar dacă acest lucru le provoacă pierderi teribile, atât de mare este eficiența tehnică a acestor armate. Și am greși dacă i-am atribui lui Hitler răspunderea unui eșec intelectual, care îi aparține, de fapt, întregului corp al ofițerilor germani.

Oricum, niciun război nu se face singur: acuzându-l pe Hitler, uităm că principalii răspunzători pentru înfrângerea Germaniei sunt Aliații înșiși! Fără refuzul lui Churchill de a ceda în vara anului 1940, zădărnicind planurile lui Hitler de a avea mână liberă contra URSS; fără refuzul Armatei Roșii, în vara anului 1942, de a acționa în conformitate cu ceea ce așteptau de la ea Hitler și șeful OKH (*Oberkommando des Heeres,* comandamentul suprem al armatei de uscat a *Wehrmachtului* – n.red.), Franz Halder, viitor procuror al lui „Hitler, stăpân al războiului[1]" după 1945, care dejoacă, în ultimă

---

[1] Franz Halder, *Hitler seigneur de la guerre*, Payot, Paris,1950. Este vorba despre o traducere părtinitoare a titlului în germană, *Hitler als Feldherr*, care ar trebui tradus, pur și simplu, „Hitler ca șef militar". Titlul în engleză este identic celui în franceză *(Hitler as War Lord).* Franz Halder (1884-1972) este șeful *Oberkommando des Heeres* (OKH), Statul-Major al armatei terestre, din septembrie 1938 până în septembrie 1942. După război, el joacă un rol esențial în aruncarea vinei pentru înfrângerea Germaniei asupra lui Hitler, disculpându-se pe sine și pe camarazii săi de complicitatea cu regimul nazist. *Hitler seigneur de la guerre* se bazează pe notițele luate de Halder în vremea războiului în jurnalul lui personal. A se vedea Franz

instanță, Planul *Blau* de ofensivă spre Stalingrad și Caucaz. Fără succesul coordonării militare interaliate[1], al artei operative sovietice[2], al „inginerilor victoriei"[3] aliați, fără sprijinul forței aeronavale anglo-americane, ar fi contat prea puțin că proiectele lui Hitler fuseseră unele criminale și delirante, că mobilizarea economică și tehnico-științifică germană fusese dezordonată și arta militară a *Wehrmachtului* viciată. Să îl considerăm pe Hitler răspunzător de înfrângerea germană înseamnă să le-o refuzăm pentru ultima dată Aliaților, în special inamicului principal, Armata Roșie, atât de detestat de memorialiștii *Wehrmachtului*, al cărei succes este cu atât mai bagatelizat de Halder, Guderian[4], Manstein[5], cu cât aceștia au disprețuit-o încontinuu – ca de altfel și Hitler, incapabil să gândească în funcție de alte criterii decât cele rasiale și rasiste, care stăteau la baza proiectului său ideologic.

Halder, *The Private War Journal of Generaloberst Franz Halder, Chief of the General Staff of the Supreme Command of the German Army. 14 August 1939 to 24 September 1942*, 8 volume, Adjutant General of the European Command, US Army, 1947.

[1] David Rigby, *Allied Master Strategists: The Combined Chiefs of Staff in World War II*, Naval Institute Press, Annapolis, 2012.

[2] David Glantz, *Soviet Military Operational Art: In Pursuit of Deep Battle*, Londres, Frank Cass, 1991; Jacques Sapir, *La Mandchourie oubliée. Grandeur et démesure de l'art de la guerre soviétique*, Editions du Rocher, Paris, 1996. Pentru o introducere în franceză, a se vedea Jean Lopez, *Berlin. Les offensives géantes de l'Armée Rouge: Vistule – Oder – Elbe (12 janvier-9 mai 1945)*, Economica, Paris, 2010, cap. 2, în special pp. 75-88.

[3] Conform titlului original al lucrării lui Paul Kennedy, *Engineers of Victory*. Pentru ediția franceză, Paul Kennedy, *Le Grand Tournant. Pourquoi les Alliés ont gagné la guerre, 1943-1945*, Perrin, Paris, 2012.

[4] Heinz Guderian, *Souvenirs d'un soldat*, Plon, Paris, 1954, pentru prima ediție în franceză. Titlul original este *Erinnerungen eines Soldaten*, conform titlului francez. Pentru titlul versiunii în engleză, editorul american a preferat unul care să se vândă mai bine, *Panzer Leader*.

[5] Erich von Manstein, *Victoires perdues (Verlorene Siege)*, Plon, Paris, 1958.

Un exemplu: în decembrie 1944, toți șefii germani, în unanimitate, consideră drept sinucigaș proiectul lansării unei contraofensive strategice în Vest, în Ardeni. Presiunea în linie dreaptă, de aproximativ 200 de kilometri, pe care o prevede planul hitlerist în Ardeni nu este totuși nimic în comparație cu propunerile emise de șefii germani în Ungaria, la începutul anului 1945. Pentru a elibera Budapesta, nu aveau în vedere nici mai mult, nici mai puțin decât eliminarea sau respingerea tuturor forțelor sovietice – două fronturi întregi – în vestul Dunării, restabilind de-a lungul malurilor vestice ale acesteia un front continuu, păstrând Austria și Viena, făcând în acest scop patru propuneri de planuri diferite. Toate au două trăsături comune: pe de o parte, ele se bazează pe crearea în vestul Dunării a unuia sau mai multor *Kessel* („bazine") obținute printr-o dublă învăluire a principalelor grupuri sovietice identificate; pe de altă parte, sunt pe cât de grandioase, pe atât de nerealiste, germanii, chiar și în această etapă a războiului, insistând să își subestimeze adversarii sovietici. Or, niciun strigăt de indignare nu vine să întâmpine directiva care dă ordinul de restabilire a liniei germane de front pe malul Dunării, spre deosebire de ceea ce s-a întâmplat la anunțarea contraofensivei din Ardeni. Guderian, devenit șef al OKH, susține planul numit „C2" al *Heeresgruppe Süd* (Grupul de Armate Sud – n.red.), care este totuși una dintre cele mai riscante ipoteze! În aceste ultime săptămâni de război, lipsa de rațiune a stăpânului Reichului pare să fie în perfect acord cu disprețul inalterabil – în ciuda celor patru ani de război în Est, din care jumătate dominați de înfrângeri – al *Wehrmachtului* pentru Armata Roșie. Nu e de mirare că, după război, veteranii săi au preferat să dea vina pe Hitler.

A face altfel ar fi însemnat să admită că au avut o anumită parte de vină într-o acțiune pe cât de criminală, pe atât de nerealistă, să admită că, probabil, Germania nu a avut, de fapt, nicio șansă să câștige al Doilea Război Mondial. A spune că Germania a pierdut din cauza lui Hitler, fără a pune la îndoială șansele sale de a câștiga acest război, apare, prin urmare, nu doar ca un mit, ci, de asemenea, ca o argumentare prin care se dorește justificarea unui lucru nejustificabil. Faptul că, după 1945, Aliații occidentali victorioși nu doar că le-au permis germanilor să procedeze după cum au crezut de cuviință, dar refacerea unei armate germane împotriva Uniunii Sovietice, combinată cu fascinația nesănătoasă pentru fostul învins, încurajând dezvoltarea acestei argumentări, rezultă, în mod evident, ca fiind o greșeală politică.

Germania nu a pierdut din cauza lui Hitler: ea s-a pierdut împreună cu el.

BIBLIOGRAFIE SELECTIVĂ

Beaumont, Roger, *The Nazis' March to Chaos: The Hitler Era through the Lenses of Chaos-Complexity Theory*, Praeger, Westport, 2000.

Craig, Gordon A., *The Politics of the German Army, 1640-1945*, Oxford University Press, Oxford, 1964.

Geyer, Michael, „German Strategy in the Age of Machine Warfare 1914-1945", în Peter Paret (dir.), *Makers of Modern Strategy: From Machiavelli to the Nuclear Age*, Princeton University Press, Princeton, 1986, pp. 527-597.

Kershaw, Ian, *Hitler*, Flammarion, Paris, 2014.

Macksey, Kenneth, *Why the Germans Lose at War*, Greenhill Books, Londra, 1996.

Overy, Richard, *War and Economy in the Third Reich*, Oxford University Press, Oxford, 2002.

22

Japonia a capitulat din cauza Hiroshimei

de Bruno BIROLLI

Pe 15 august 1945, renunțând la tăcerea lui ca să vorbească la radio, împăratul Hirohito ordonă poporului japonez să „suporte insuportabilul". „Insuportabilul" în cauză era capitularea necondiționată a Japoniei.

Ce anume îl determină pe Hirohito să opteze pentru pace, el care a rămas tăcut sau, mai rău, complice al militarismului japonez în cursul celor paisprezece ani de agresiuni comise de Japonia? Răspunsul care vine spontan în minte este efectul devastator al bombardamentelor atomice de la Hiroshima, pe 6 august 1945, și Nagasaki, pe 9 august 1945. Distrugerea celor două orașe, făcute praf și pulbere de aceste arme cumplite, este cea care a forțat Tokio să renunțe.

Această analiză este univocă și neglijează un factor decisiv: intrarea în război împotriva Japoniei a Uniunii Sovietice la 9 august 1945, la trei zile după Hiroshima și cu câteva ore înainte de Nagasaki, și cucerirea fulgerătoare a Manciuriei, realizată de Armata Roșie în cea mai amplă ofensivă din cadrul celui de-al Doilea Război Mondial.

Stalin avea în vedere un război împotriva Japoniei încă din 1943, dar voia să evite ca URSS să lupte pe două fronturi. Își condiționează intrarea în război de eliminarea prealabilă a Germaniei naziste. La Ialta, în februarie 1945, Stalin își reafirmă intenția, precizând că avea să se întoarcă împotriva Japoniei la trei luni după încheierea operațiunilor în Europa, astfel încât să-i dea Armatei Roșii timp ca să se desfășoare în Manciuria. În aprilie, când regimul nazist este în agonie, Stalin denunță pactul de neagresiune pe care URSS îl semnase cu Japonia în 1941. Începând din luna mai, Stalin transferă în Extremul Orient corpurile de armată care învinseseră Germania. În iulie 1945, întrunite la Potsdam – fosta reședință a regelui prusac Frederic cel Mare –, SUA, Marea Britanie și Republica Chineză își reînnoiesc ultimatumul dat Japoniei, amenințând-o cu „distrugerea totală" dacă nu depunea armele. La deschiderea conferinței, președintele american Harry Truman l-a avertizat pe Stalin că Statele Unite testaseră cu succes, cu câteva ore înainte, o bombă atomică și că SUA erau hotărâte să folosească acea armă pentru a sili Japonia să capituleze. Cu toate acestea, departe de a fi convins că atomul avea să pună capăt războiului, Truman a insistat ca URSS să intre în luptă cât mai curând posibil. Stalin acceptă. Nu voia să fie exclus de la reîmpărțirea Extremului Orient, care avea să urmeze dezmembrării Imperiului Japonez.

La începutul lunii august a anului 1945, Armata Roșie este pregătită. În trei luni, peste 1,5 milioane de militari, 30 000 de piese de artilerie și lansatoare de rachete, aproximativ 5 500 de tancuri și tunuri de asalt, 86 000 de vehicule de diverse tipuri și 3 800 de avioane sunt dirijate prin Siberia și concentrate la granița statului Manciukuo, un pseudo-stat independent, creat în 1932 de către militarii japonezi. Niciodată Armata Roșie nu a realizat o asemenea concentrare de mijloace, dar este adevărat că urma să se lanseze în cucerirea unui teritoriu la fel de vast precum Europa de Vest.

Planul de apărare japonez

Confruntată cu o Armată Roșie puternică, pe deplin susținută de o industrie de armament care funcționa la maximumul capacității sale și care beneficia de o rețea de comunicații intactă, puterea japoneză era doar o umbră a ceea ce fusese cândva. Arhipelagul era izolat. Centrele sale industriale erau distruse sistematic de către *US Air Force* și legăturile sale maritime cu teritoriile aflate încă în posesia sa erau tăiate de submarinele și de flota de suprafață a americanilor, care s-au aventurat până la țărmurile arhipelagului ca să scufunde ultimele nave japoneze. Japonia păstrează totuși un ultim atu: Manciuria. Această regiune se afla la limita sau în afara razei de acțiune a bombardierelor americane și fusese scutită de bombardamente. Unele raiduri au fost îndreptate împotriva Shenyang – cunoscut atunci sub numele de Mukden – și a altor centre industriale, dar fără a provoca pagube majore. Bijuterie a armatei imperiale înainte de 1941, Armata Kwantung, cantonată în Manciuria, rămâne, alături de corpul de armată care ocupa China, ultima forță organizată a Japoniei.

Această armată puternică, însumând, pe hârtie, 700 000 de oameni este, de fapt, epuizată de reducerile de efective trimise pentru consolidarea altor sectoare, cum ar fi Birmania. Dacă, în conformitate cu criteriile japoneze, Armata Kwantung era bine echipată, în comparație cu mijloacele Aliaților în cele mai multe domenii echipamentul ei este mult depășit. Îi lipsesc armele antitanc: armele ei antitanc model 97 și tunurile ei model 98 (20 mm) și 41 (47 mm) sunt de un calibru prea mic pentru blindatele grele sovietice. La fel ca în cazul celorlalte unități ale armatei imperiale, tancurile de care dispune sunt în majoritate șenilate – modele *94* și *97 Te-Ke* – și tancuri ușoare – model *95 Ha-Gô* – concepute pentru sprijinirea infanteriei, și nu pentru lupta cu alte blindate. Tunurile tancurilor mijlocii – model *A 89 Chi-Ro, 94* și, ultimul creat, *97 Chi-Ha* – nu au suficientă putere pentru a străpunge oțelul tancurilor sovietice, ele însele fiind vulnerabile în fața muniției grele a adversarilor lor. Armata Kwantung plătește pentru opțiunea conducerii superioare militare de a sacrifica arma blindată în temeiul unei doctrine care punea accentul pe infanterie, pentru a face economie[1]. Aviația, formată din aproximativ 2 000 de aparate, a fost deposedată de cele mai bune avioane ale sale, care au fost transferate escadrilelor kamikaze din Pacific.

Numărul soldaților din infanterie, care reprezenta cheia de boltă a Armatei Kwantung, a fost sporit artificial prin includerea soldaților din zonă și a coreenilor înrolați cu forța, care nu aveau nici loialitatea, nici agresivitatea efectivelor compuse numai din japonezi. S-au format unități de cavalerie alcătuite din ruși albi, încadrați de Partidul Fascist al Tuturor Rușilor, al generalului țarist V.A. Kislitsin, care aveau, la rândul lor, o valoare militară neglijabilă[2]. În plus, comandamentul nu este, nici el, dintre cele mai strălucite. Cei mai competenți ofițeri au fost trimiși pe front în alte zone.

În fața amenințării sovietice, Armata Kwantung a optat pentru o strategie inspirată din bătăliile din Pacific. Nu mai este vorba de a lovi adversarul cu toate forțele, în încercarea de a provoca o luptă de anihilare, de a învinge la noroc printr-un șoc frontal, după cum o cer principiile strategice predate în Japonia încă din secolul al XIX-lea. De la sfârșitul anului 1942, japonezii sunt constrânși să se situeze în defensivă. Se îngroapă în puncte de sprijin dispuse ingenios, pentru a-l face pe adversar să plătească scump pentru înaintarea sa. De la agresivitate ofensivă, strategia armatei imperiale a trecut la un război de uzură lipsit de milă, în care își sacrifică până și ultimul om.

Având în vedere că stepa centrală din Manciuria le este favorabilă tancurilor sovietice, planul japonez vizează întârzierea la graniță a pătrunderii Armatei Roșii pentru a-i da Armatei Kwantung timpul necesar să se retragă în zonele muntoase situate la frontiera coreeană. Sub influența convingerii sale că infanteristul japonez este cel mai

---

[1] US War Department, *Handbook on Japanese Military Force*, 1944, reeditat de Louisiana State University Press, Baton Rouge, 1991.

[2] Sabine Breuillard, *Harbin and Manchuria: Space, and Idendity*, Duke University Press, Durham (Carolina de Nord), 2000.

bun din lume, comandamentul japonez încearcă prin această manevră să recâştige avantajul, forţându-i pe sovietici să lupte pe jos în aceste zone abrupte şi împădurite, nefavorabile blindatelor. Experienţa dobândită împotriva americanilor se reflectă şi aici: armata imperială părăseşte spaţiile deschise – plajele în cazul insulelor din Pacific – şi preferă să facă uz de posibilitatea de a-şi construi poziţii fortificate pe care i-o oferă un relief accidentat şi acoperit de vegetaţie.

Planul japonez se bazează, de asemenea, pe o gândire strategică străveche. Obiectivul nu este păstrarea Manciuriei, de a cărei vulnerabilitate japonezii sunt conştienţi de multă vreme, ci utilizarea acestei regiuni ca zonă-tampon, transformarea ei într-un bastion care să protejeze Coreea. Anexată la Imperiu din 1910, peninsula este separată de Japonia doar prin strâmtoarea îngustă Tsushima, lată de numai 100 de kilometri, şi care este cu atât mai uşor de trecut, cu cât în mijlocul său se află insula care a dat numele său acestui canal dintre Marea Japoniei şi Marea Galbenă. Peninsula este, de fapt, o excelentă rampă de lansare pentru o debarcare în arhipelag. Japonia a intrat în război împotriva Rusiei, în 1904, tocmai pentru a bloca această breşă deschisă în apărarea insulelor şi acesta este şi motivul pentru care Armata Kwantung îşi pregăteşte replierea în sanctuarul muntos de la graniţa coreeană. Japonezii se află în punctul terminus al unei gândiri strategice promovate la începutul războiului ruso-japonez. Dar, dacă la vremea aceea acest mod de gândire era pertinent, cu patruzeci de ani mai târziu, în vara anului 1945, el nu mai are nimic de a face cu o înţelegere raţională a raporturilor de forţă. El se hrăneşte din credinţa de nezdruncinat că simţul de sacrificiu al soldatului japonez poate să răstoarne cursul istoriei.

Pe scurt, obiectivul nu era acela de a-i înfrânge pe sovietici, ci de a-i epuiza, aşa cum japonezii încearcă să îi stoarcă de puteri pe americani în Pacific. Nu mai este vorba de a învinge, ci de a aduce la disperare adversarul, ridicând pierderile umane ale acestuia la un nivel insuportabil.

Planul japonez prezintă însă o eroare structurală: este aceeași pe care o repetă, în mod rigid, înaltul comandament japonez încă din anii '30. Așteptările sale sunt doar proiecții ale modului în care japonezii ar conduce campania dacă inițiativa le-ar aparține. Raționamentul lor corespunde perfect mijloacelor militare de care dispun, dar ignoră schimbările profunde pe care războiul din Europa le-a atras după sine între anii 1939 și 1945. În 1931, Armata Kwantung, lipsită de blindate – dacă facem abstracție de cele câteva tancuri *Renault T4*, care nu au putut fi cu adevărat utilizate din cauza înghețului – a cucerit Manciuria urmând liniile de cale ferată. Japonezii deduc astfel că sovieticii vor intra pe aceleași căi de acces. Și de aceea, pentru că granița cu Mongolia este inaccesibilă cu trenul, ei nu o mai fortifică. Dar tancurile sovietice vor pătrunde tocmai prin acest punct sensibil și vor duce unul dintre cele mai spectaculoase războaie-fulger din cadrul celui de-al Doilea Război Mondial.

Ofensiva sovietică

Pe data de 9 august 1945, la ora 4 dimineața, Armata Roșie începe ofensiva. Serviciile de informații sovietice au priceput intențiile japoneze și operațiunile au fost adaptate în consecință. Ofensiva este generală și urmărește trei axe. Un atac pe direcția est-vest pleacă din provincia maritimă dintre Habarovsk și Vladivostok. În același timp, forțele sovietice trec râul Amur și se avântă spre sud. Dar aceste două fronturi nu sunt concepute pentru a da lovitura fatală. Ele reprezintă manevre menite să fragmenteze, să blocheze pe loc și să inducă în eroare Armata Kwantung. Inima ofensivei sovietice pornește din Mongolia Exterioară. Optând pentru o mișcare de învăluire prin stepă, sovieticii profită în cel mai înalt grad de măiestria cu care manevrează blindatele, dobândită în lupta împotriva germanilor.

Înarmarea acestor trei fronturi răspunde rolului care le este atribuit. Fronturile din est și din nord mobilizează importante forțe de artilerie grea și de infanterie de asalt, pentru a arunca în aer buncărele de la frontieră, în timp ce corpurile de armată din vest, a căror misiune este să dea lovitura decisivă, sunt formate, în principal, din regimente de blindate, incluzând și celebra Divizie de elită a Gărzii.

Bine informați de către emigranții ruși stabiliți în Manciuria și de dezertorii coreeni sau de origine chineză din Armata Kwantung cu privire la problemele pe care le prezintă mijloacele antitanc ale Armatei Kwantung, sovieticii renunță deliberat la tancurile lor *T-34*, mai bine înarmate, dar prea grele, și preferă tancurile ușoare, mult mai rapide. Succesul planului sovietic se bazează pe viteză.

Insula Sahalin, a cărei jumătate sudică este japoneză de la războiul ruso-japonez, nu este nici ea uitată. La 11 iunie, alte regimente străpung linia de buncăre care marchează paralela 50, ce delimitează cele două țări. În aceeași zi, au loc debarcări în nordul coastei estice a Coreei.

Armata Roșie a recurs la ansamblul de tactici care i-au asigurat zdrobirea *Wehrmachtului*: baraje fenomenale de artilerie, bombardamente aeriene neîncetate asupra ariergărzii, mișcări turnante orchestrate prin concentrări de tancuri. Chiar și așa, în est sovieticii introduc elemente noi, utilizând flotile de monitoare și de barje, care înlocuiesc tancurile și artileria puse în dificultate de mlaștinile umflate de ploile de vară și de lipsa unor drumuri pe care să poată circula. Aceste barje puternic înarmate urcă pe râul Sungari, un afluent al fluviului Amur care traversează Manciuria de sus în jos, și acoperă cu tunurile lor de 150 mm debarcările care surprind pe la spate punctele de sprijin japoneze. Aceste operațiuni, dublate de o aviație omniprezentă, rămân în istorie ca un exemplu destul de rar de război fluvial dus, concomitent, de pe apă, de pe uscat și din aer.

Tentativa comandamentului japonez de a bloca înaintarea Armatei Roșii, sau cel puțin de a o întârzia, eșuează. Copleșită din toate părțile, Armata Kwantung nu este în măsură să se regrupeze. Infanteria japoneză dă dovadă de un fanatism care îi șochează pe veteranii din luptele grele duse în Europa. Germanii nu arătaseră niciodată o asemenea hotărâre. În lipsa unor arme antitanc, soldați japonezi se aruncă în număr mare sub șenilele blindatelor, strângând la piept o mină sau o încărcătură de dinamită. Contraatacurile sunt dirijate ca în Pacific, sub forma șarjelor *banzaï* cu baioneta, pe care tirul armatei sovietice le măcelărește[1]. Aceste sacrificii sunt zadarnice. În ciuda rezistenței sale sinucigașe, Armata Kwantung se prăbușește.

Japonezii plătesc scump pentru o concepție de război depășită. Nu au înțeles rolul pe care l-au jucat blindatele în timpul bătăliei de la Nomonhan – Khalkhin-Gol pentru ruși – împotriva sovieticilor, cu șase ani înainte. În schimb, această serie de ciocniri limitate, care au loc din mai până în iulie 1939, a servit drept teren de manevră pentru viitorul mareșal Gheorghi Jukov. În colțul acesta de lume, invadat de țânțari, între Mongolia Exterioară și Manciukuo, sovieticii își testează și își rafinează principiile de interacțiune între artilerie, blindate și infanteria de asalt pe care le vor opune cu succes germanilor și pe care le perfecționează împotriva japonezilor în august 1945.

Antagonismul ruso-japonez

Pierderea Manciuriei este un dezastru pentru Japonia, căci Armata Roșie este de acum în măsură să participe activ la invadarea arhipelagului, planificată de americani pentru primăvara anului 1946. Pe plan politic, reprezintă și un revers de amploare. Dispare speranța unei păci onorabile datorate unei intervenții a lui Stalin. Era o idee iluzorie, dar Japonia se agăța de ea cu disperare.

Japonezii își dăduseră cu siguranță seama că, odată cu prăbușirea lui Hitler, cu cât războiul în Asia avea să dureze mai mult timp, cu

---

[1] Jacques Sapir, *La Mandchourie oubliée. Grandeur et démesure de l'art de la guerre soviétique*, Editions du Rocher, Paris, 1996.

atât Stalin urma să fie mai tentat să participe la operațiuni, dar nu întrevedeau o confruntare cu URSS înainte de primăvara anului 1946. Credeau că ar fi putut profita de acest răgaz pentru a-l convinge pe Stalin să acționeze ca mediator între Japonia și anglo-saxoni.

Desigur, Stalin era văzut ca moștenitorul Imperiului Țarist și, prin urmare, ca un rival periculos în cursa pentru hegemonie în nord-estul Asiei. Această competiție, care a stat la baza războiului ruso-japonez din 1904, continuă în prima jumătate a secolului XX. Japonia încearcă să profite de orice slăbiciune a vecinului său ca să îl alunge din Extremul Orient. În 1920, trimite un corp expediționar format din 30 000 de soldați ca să ocupe valea fluviului Amur și încearcă să pună mâna pe Siberia mobilizând rămășițele armatelor țariste.

În 1932, încurajată de invadarea victorioasă a Manciuriei, Armata Kwantung consideră că a venit timpul să se înfrunte cu Armata Roșie, care încă își revine cu greu de pe urma tulburărilor provocate de Revoluția din Octombrie. Să se lupte cu URSS înainte ca forțele militare ale acesteia să fie modernizate devine obsesia *Kodoha*, sau Calea Imperială, una dintre facțiunile militariste din cadrul armatei imperiale, care aruncă Japonia în fascism. Ministrul de război de la acea vreme, Araki Sadao, militează înflăcărat pentru lovirea URSS înainte de anul 1936, dată la care Armata Roșie urma să fie la egalitate cu armata imperială; apoi, conform serviciilor secrete japoneze, urmând să o depășească.

„Criza din 1936", după cum numește armata japoneză această dată scadentă, trece, căci Stalin, preocupat de situația din Europa, face concesii, ocupând o poziție pur defensivă de-a lungul fluviului Amur. Teama de o revenire ofensivă sovietică, dar și sprijinul militar pe care Stalin îl acordă Chinei, care rezistă din 1937 în fața invaziei japoneze, împing Armata Kwantung să orchestreze, fără ca Tokio să știe, confruntarea de la Nomonhan, presupunând că, odată începute luptele, cartierul general imperial avea să fie obligat să trimită întăriri și că aceasta urma să fie escaladarea care să ducă la un război pentru controlul asupra Siberiei.

Acest mod de a forța mâna comandanților de la Tokio este simptomatic pentru spirala de conflicte care atrage Japonia în confruntări din ce în ce mai ample cu adversari din ce în ce mai puternici. Este mai degrabă o derivă decât o strategie gândită; o politică a supralicitării și a faptului împlinit, impusă de corpul ofițerilor[1]. Dar, descurajat de forța reacției sovietice la Nomonham, îngrijorat că armatele sale se împotmolesc în China, comandamentul suprem îi taie avântul Armatei Kwantung. Eșecul de la Nomonham reorientează strategia japoneză. Expansiunea japoneză nu se mai îndreaptă spre nord, ci spre Asia de Sud-Est și, deci, asupra forțelor anglo-saxone, care iau locul URSS ca dușman prioritar al Japoniei[2].

În mod paradoxal, deși sunt anticomuniști înverșunați și subestimează valoarea soldatului rus pe care l-au înfrânt în 1905, militarii japonezi simt o oarecare admirație pentru Stalin. Chiar dacă este profund respins în Imperiul japonez, comunismul este văzut ca un aliat firesc împotriva capitalismului și liberalismului anglo-saxon. Această idee este veche. În 1921, ideologul Yoshi Kuno a prezis în *What Japan Wants* că, dacă anglo-saxonii aveau să îi refuze Japoniei părțile din teritoriul chinez pe care le reclama, Japonia urma să se alieze cu Uniunea Sovietică și cu Germania și că această alianță, „una dintre cele mai formidabile pe care avea să le cunoască Istoria"[3], va fi preludiul unui al Doilea Război Mondial.

În anii '30, totalitarismul sovietic era o sursă de inspirație pentru militariștii japonezi. Ei au copiat primul plan cincinal inițiat de

---

[1] Bruno Birolli, *Ishiwara, l'homme qui déclencha la guerre*, ARTE éditions/Armand Colin, Paris, 2012.

[2] Eri Hotta, *Japan 1941. Countdown to Infamy*, Alfred A. Knopf, New York, 2013.

[3] Yoshi S. Kuno, *What Japan Wants*, Thomas Y. Crowell Company, New York, 1921.

Stalin pentru a transforma Manciuria într-un complex militaro-industrial, după care au militarizat industria Japoniei[1].

De-a lungul verii anului 1945, după modelul lui Joseph Goebbels, care visa, după debarcarea din Normandia din 1944, la o ipotetică dezintegrare a taberei Aliaților[2], japonezii visau că antagonismele dintre URSS și Statele Unite aveau să iasă la suprafață și să salveze Japonia. Unii își imaginau răsturnări de alianțe, astfel încât Japonia să devină aliata Statelor Unite împotriva Uniunii Sovietice, alții o vedeau de partea Uniunii Sovietice împotriva Statelor Unite[3].

Americanii răsuflă ușurați

La începutul lunii august a anului 1945, nu exista nicio îndoială cu privire la faptul că războiul urma să ia sfârșit, dar finalul conflictului părea departe. Rezistența japoneză rămâne înverșunată. Bătălia de la Okinawa a dovedit acest lucru o dată în plus. Pentru cucerirea acestei insule din sudul arhipelagului a fost nevoie de 82 de zile de lupte crâncene, din aprilie și până în iunie 1945, împotriva unei flote anglo-americane încă mai impunătoare decât cea de la debarcarea din Normandia. Bilanțul acestei cuceriri este unul sângeros: 14 000 de morți și 50 000 de răniți din tabăra Aliaților. Aceste pierderi grele îi incită pe americani să treacă la o etapă și mai brutală în războiul aerian pe care îl duc împotriva japonezilor, recurgând la bomba atomică. Dar nu sunt convinși că această armă îi va scuti de implicarea trupelor terestre și se tem de o campanie sângeroasă, marcată de pierderea vieții multor americani.

---

[1] *The Japanese Wartime Empire, 1931-1945*, volum colectiv, Princeton University Press, Princeton (New Jersey), 1996.

[2] *Journal de Joseph Goebbels, 1942-1945*, traducere în limba franceză, Tallandier, 3 volume, Paris, 2005-2007.

[3] Yukiko Koshiro, *Imperial Eclipse: Japan's Strategic Thinking about Continental Asia before August 1945*, Ithaca, Cornell University Press, 2013.

Căci Tokio refuză capitularea. De mai multe luni, emisarii săi sondează țările neutre, Portugalia, Vaticanul și URSS, pentru a le convinge să servească drept intermediari în cazul unor eventuale negocieri. Din luna iulie, Tokio se declară gata să își trimită emisarii în Europa pentru a negocia cu Aliații care ocupă Germania. Prințul Konoe Fumimaro este înclinat să preia conducerea acestei delegații și plănuiește ca, în călătoria sa, să se oprească la Moscova pentru a căpăta sprijinul lui Stalin. Însăși această alegere a lui Konoe arată lipsa de realism a intențiilor japoneze. Desigur, Konoe a demisionat din funcția sa de prim-ministru în 1941, cu câteva săptămâni înainte de Pearl Harbor, pentru a-și arăta opoziția față de decizia de a ataca SUA, dar tot el fusese cel care l-a convins, în 1937, pe Hirohito să invadeze China și care a declanșat, apoi, procesul de militarizare a Japoniei.

În realitate, încăpățânarea afișată de Tokio ține mai curând de paralizie, decât de consens. Elita japoneză este profund divizată. Curtea imperială a acceptat ideea că războiul este pierdut și anturajul împăratului este gata să sacrifice Imperiul cucerit încă de la sfârșitul secolului al XIX-lea în schimbul asigurării că suveranul își va salva coroana. Teama obsesivă care bântuie prin palat este aceea că suveranul ar putea avea aceeași soartă precum Kaizerul Wilhelm după înfrângerea Germaniei în 1918. La Curte, prioritatea era să păstreze *Kokutai* – această organizare mistico-naționalistă pe care o întruchipează împăratul și care servește drept justificare pentru sistemul politic, asociind identitatea și supraviețuirea Japoniei ca națiune cu legăturile care unesc poporul cu instituția imperială. Or, începând din primăvară, înfometată de un sistem de rații din ce în ce mai sever, înnebunită de raidurile aproape zilnice ale aviației americane, care bombardează și mitraliază fără milă orașele și satele, demoralizată de eșecurile succesive din Pacific, populația își exprimă din ce în ce mai făţiș nemulțumirea față de împărat și îl acuză că este vinovat de dezastrele prin care trece țara. Prin urmare, pentru a-l salva pe Hirohito trebuie neapărat să se pună rapid capăt războiului.

În schimb, comandamentul suprem se blochează în sindromul Macabeilor – acei israeliți asediați de romani, care au preferat să se sinucidă decât să se predea (sec. al II-lea î.Hr.). Armata consideră că Japonia este încă neînvinsă pentru că mai deține o parte din China și toată Manciuria. Ca răspuns la Ultimatumul de la Potsdam, nu întrevede încetarea focului decât dacă sunt îndeplinite patru condiții: să fie menținută monarhia, demobilizarea să fie organizată de Cartierul General Imperial fără intervenția Aliaților, să nu existe ocupație și, deci, soldații străini să nu pună piciorul pe pământul sfânt al Japoniei, ofițerii acuzați de crime de război să fie judecați de tribunalele militare japoneze.

Optimiști la început, americanii sunt rapid deziluzionați, de unde și intransigența lor la Potsdam și insistența ca Stalin să invadeze Manciuria. Deci, atunci când vestea invadării Manciuriei ajunge la Washington, americanii răsuflă ușurați. Viceamiralul John H. Cassady, comandant secund al operațiunilor navale, oferă la cald expresia sentimentelor americane. Blocada împotriva Japoniei este imperfectă din cauza Mării Japoniei, „nu dispunem de nicio bază în această regiune și chiar dacă marina imperială este distrusă, ar fi riscant să pătrundem cu navele noastre în această mare izolată. Este evident că vestea [intrării în război a URSS – n.a.] rezolvă această problemă. Acum, Japonia are pe flancul nord-vestic nu doar una dintre cele mai mari armate din lume, dar aceste teritorii permit organizarea unor puternice atacuri aeriene împotriva instalațiilor sale industriale și militare... Acum putem să ne pregătim cu mai multă încredere pentru invadarea Japoniei. Acest lucru nu înseamnă că războiul este câștigat. Dar misiunea noastră a fost ușurată și avem toate motivele să credem că durata acesteia a fost scurtată considerabil"[1].

---

[1] *The New York Times*, 9 august 1945.

New York Times crede că Japonia se află de acum înainte într-o situație cu mult mai dezastruoasă decât cea în care se afla Germania după ultima ei încercare de contraatac în Ardeni. A doua zi, același ziar declara în analiza sa: „Speranța pe care o avea Japonia de a-i diviza pe Aliați, de a respinge asaltul final împotriva sa făcându-i pe Aliați să plătească scump ca urmare a unor atacuri sinucigașe este acum spulberată. Imperiul său furat este rupt în două de forțele anglo-americane pe mare și de cele chineze pe uscat; cu insulele ei, care fac obiectul unei blocade și al unor raiduri aeriene devastatoare, Japonia trebuie să facă față unui atac direct asupra ultimei sale poziții care este, din multe motive, și cea mai solidă – Manciuria. Acolo și-a regrupat Japonia industriile de război și acolo sunt bazele celor mai puternice forțe care îi mai rămân – Armata Kwantung. La fel ca Germania, Japonia trebuie să ducă acum un război pe două fronturi, pe care însă este cu mult mai puțin în stare să îl poarte decât vechiul ei aliat".

Și generalul Douglas MacArthur vede limpede avantajul militar al intervenției sovietice. În ziua intrării în război a URSS, el transmite următorul comunicat: „Sunt încântat de intrarea în război a URSS împotriva Japoniei. Ea face posibilă o mare mișcare de învăluire, care nu va putea să nu distrugă dușmanul. În Europa, Rusia era Frontul de Est, Aliații se găseau la Vest. Acum, noi suntem Estul și Rusia este Vestul, dar rezultatul va fi același"[1].

Sovieticii îi eliberează pe americani de spaima lor de a vedea Armata Kwantung transferată din Manciuria și regrupată în Japonia. Deci, pe moment, mai curând decât efectul celor două bombardamente atomice, cel al intrării în război a sovieticilor marchează strategiile americane.

---

[1] William Manchester, *American Caesar, Douglas MacArthur, 1880-1964*, Little, Brown and Co, Boston, Toronto, 1977, pp. 438 și 439.

Hirohito reîncarnat în pacifist

Reacțiile în interiorul palatului imperial la distrugerea Hiroshimei, apoi la atacul sovietic și la bombardamentul de la Nagasaki rămân puțin cunoscute. Participanții la deliberări au păstrat secretul sau au oferit doar informații fragmentare și favorabile împăratului. Aceste trei evenimente, care se înlănțuiesc într-un timp foarte scurt, îi oferă anturajului lui Hirohito argumente solide pentru a-i obliga pe militari să depună armele. Pentru a-și salva tronul, ocupantul acestuia trebuie reinventat. Dintr-un conducător de război belicos și indiferent la soarta supușilor săi, Hirohito este transformat, în aceste câteva zile decisive, într-un pacifist binevoitor, prizonier al unei găști de extremiști[1]. După ce a ezitat o zi în a face acest pas, Hirohito îi poruncește lui Kido Koichi, păstrătorul sigiliului imperial și cel mai apropiat consilier al său, să redacteze documentul care pune capăt războiului.

Pentru a evita orice aluzie care să îl incrimineze, într-un fel sau altul, pe împărat și să îl facă vinovat de război și de înfrângere, cei doi erudiți însărcinați să redacteze textul se chinuie trei zile înainte de a propune o ciornă într-un stil arhaic, plină de întorsături alambicate, greu inteligibile. Textul final îi este prezentat lui Hirohito în noaptea de 14 august 1945, iar acesta îl citește la radio a doua zi la prânz.

Înfrângerea Germaniei și intrarea în război a Uniunii Sovietice sunt evocate prin această frază criptică: „Tendința generală în lume s-a întors împotriva intereselor [noastre]". Aluzia la bomba atomică este, în schimb, mai explicită: colosala putere devastatoare a atomului lovește spiritele și Japonia capitulează pentru „a salva civilizația umană... de la o dispariție totală" – însă nici cuvântul capitulare, nici cuvântul predare nu sunt pronunțate.

---

[1] Herbert P. Bix, *Hirohito and The Making of Modern Japan*, Perennial, New York, 2001.

Chiar înainte de sfârșitul ostilităților, istoria celui de-al Doilea Război Mondial este, deci, pe cale de a fi rescrisă. În săptămânile care urmează capitulării, este recunoscut rolul jucat de URSS în înfrângerea Japoniei. Prințul Higashikuni Naruhiko, numit prim-ministru la 16 august 1945, recunoaște în primul său discurs în fața Parlamentului, ținut pe 5 septembrie 1945, că declarația de război a Uniunii Sovietice a pus Japonia în „cea mai proastă situație cu putință". Dar, în același timp, șeful guvernului de tranziție reia mitul care prezenta bomba atomică drept singura cauză a înfrângerii japoneze. Pentru a salva Japonia și poporul ei de aceste bombe teribile a cerut Hirohito depunerea armelor, „în interesul păcii și al omenirii"[1].

De-a lungul anilor, această narațiune se va dezvolta. Invazia din Manciuria din 1931, apoi invadarea Chinei în 1937 și campaniile din Manciuria din 1945 – etape hotărâtoare în al Doilea Război Mondial din Asia – sunt date uitării. Japonia nu a pierdut războiul din cauza greșelilor strategice, ci din cauza faptului că americanii au folosit arme inumane.

Reflexul natural al istoricilor de a se concentra pe partea de istorie care vizează propria lor țară este cel care sedimentează această poveste în Statele Unite. Dar uitarea rolului Uniunii Sovietice este determinată de rațiuni în mare măsură politice. Pe când Războiul Rece încă nu începuse, în primele zile ale lunii septembrie 1945, americanii îi deposedează pe sovietici de misiunea ocupării Japoniei, care devine o chestiune exclusiv americană – dacă facem abstracție de prezența unui mic contingent australian aflat la Hiroshima, care nu a jucat însă niciun rol politic. Recunoașterea meritelor Armatei Roșii ar fi fost în măsură să atragă după sine obținerea de către URSS a unui loc în reorganizarea societății japoneze.

Războiul Rece se instalează în Asia și, mai curând decât în Europa, degenerează într-o confruntare militară, mai întâi în China, cu războiul civil câștigat de Mao Zedong (1949), apoi în Coreea (1950).

---

[1] *The New York Times*, 6 septembrie 1945.

Punerea accentului pe bombardamentele de la Hiroshima și Nagasaki și disculparea lui Hirohito sunt strict necesare pentru transformarea Japoniei în pilonul asiatic al sistemului de apărare american.

BIBLIOGRAFIE SELECTIVĂ

Glantz, David, *The Soviet Strategic Offensive in Manchuria, 1945*, Routledge, New York, 2003.

Kasumasa, Sato, *Saigo no Kantogun, Kachidoki no Hata*, Mitsuhitosha, Tokio, 2008.

Kazutoshi, Hando, *Soren ga Manchu ni Shiko Natsu*, Bungeishunjū, Tokyo, 2002.

Sapir, Jacques, *La Mandchourie oubliée. Grandeur et démesure de l'art de la guerre soviétique*, Editions du Rocher, Paris,1996.

Toshihiko, Shimada, *Zai Manchu Rikugun no Dokusu*, Kodansha, Tokyo, 2005.

23

Ialta sau împărțirea lumii între cele Trei Mari Puteri

de Georges-Henri SOUTOU,
membru al Institutului

Conferința de la Ialta din februarie 1945, care îi aduce împreună pe Roosevelt, Stalin și Churchill, a fost în acel moment simbolul marii alianțe a învingătorilor Germaniei naziste și al înțelegerii lor cu privire la etapa de după război. Însă ulterior, în vremea Războiului Rece, Ialta a fost stigmatizată ca fiind cauza și simbolul divizării Europei. Aceste interpretări opuse ale Ialtei sunt ambele false și realitatea este mult mai complexă. De fapt, pe hârtie, Ialta nu a anunțat în niciun fel divizarea Europei, ci, dimpotrivă, reconstruirea unei noi ordini europene, bazate pe democrație și pe o gestionare comună, de către învingătorii din 1945, a marilor probleme ale continentului. Desigur, reticențele antagoniste ale unora și ale celorlalți au făcut ca deciziile concrete din 1945, dincolo de marile principii, să rămână ambigue și, foarte repede, Conferința de la Ialta a fost deturnată de la semnificația ei juridică. Prin urmare, proiectul ordinii europene pe care ea îl presupunea a eșuat încă de prin anii 1946-1947, ajungându-se la Războiul Rece și la divizarea Europei[1].

Contextul

Conferința de la Ialta, zisă și Conferința din Crimeea, a suscitat și încă mai suscită dezbateri aprinse. Vom menționa patru puncte de vedere. Cel mai des întâlnit în prezent este acela al „împărțirii lumii", al acordului cinic între Statele Unite și URSS cu privire la împărțirea Europei. Acest mit, popularizat în Franța încă din 1947 de către generalul de Gaulle, care nu fusese invitat la Ialta, face trimitere la viziunea „dublei hegemonii" americano-sovietice, despre care se crede că a dominat relațiile internaționale după 1945.

La acea vreme, interpretările erau foarte diferite. Pentru sovietici, Ialta constituia un acord convenabil, trădat, din păcate, după moartea lui Roosevelt, în aprilie 1945, de către succesorul acestuia, Truman. Pentru englezi și mai ales pentru americani, Ialta era și un acord valabil, dar care nu fusese pus în practică de sovietici. Vom reține că președintele Reagan a reluat această versiune în 1985 și a cerut o „revenire la Ialta".

O a patra versiune circula la sfârșitul anilor '40 și pe parcursul anilor '50 în cercurile conservatoare americane, care au avut tendința de a-i atribui lui Roosevelt o importantă contribuție la succesul înregistrat de Stalin în 1945 și la declanșarea Războiului Rece în condiții delicate pentru Occident: de la bun început, Conferința de la Ialta era dăunătoare în sine pentru că liderul de la Casa Albă,

---

[1] Două lucrări rămase esențiale: Herbert Feis, *Churchill, Roosevelt, Stalin. The War They Waged and The Peace They Sought*, Princeton University Press, Princeton, 1957; Jean Laloy, *Yalta hier, aujourd'hui, demain*, Robert Laffont, Paris, 1988. Pentru reamplasarea Ialtei în contextul Războiului Rece, cf. Georges-Henri Soutou, *La Guerre froide, 1943-1990*, Fayard, col. «Pluriel», Paris, 2011.

de altfel înconjurat de consilieri filosovietici sau de „tovarăși de drum" ai comuniștilor, s-ar fi lăsat păcălit de către cârmuitorul de la Kremlin.

Mai întâi să ne reamintim care era situația generală, strategică și politică, în februarie 1945: ea a determinat în mare măsură deciziile luate la Ialta. Armata Roșie ajunsese deja la 80 de kilometri de Berlin, în vreme ce Aliații occidentali, întârziați de ofensiva germană din Ardeni, nu aveau să atingă Rinul decât la jumătatea lunii martie. În afara acestui evident avantaj în teren, URSS începuse deja să pregătească situația de după război în Europa de Est, încheind o serie de armistiții cu foștii aliați ai Germaniei: între luna septembrie a anului 1944 (cu Finlanda) și luna ianuarie a anului 1945 (cu Ungaria). Or, aceste armistiții erau, de fapt, adevărate preliminarii ale păcii, care se conformau cerințelor sovietice, inclusiv în materie de politică internă. Ele stipulau interzicerea partidelor politice nedemocratice, ceea ce, desigur, deschidea calea către o impunere progresivă a partidelor comuniste. De altfel, la fața locului puterea reală îi aparținea Armatei Roșii, care controla direct guvernele locale folosindu-se de comuniștii autohtoni.

Stalin opera, la rândul său, o reorganizare geopolitică profundă a Europei de Est. Din noiembrie 1944, a început să pregătească anexarea la URSS a Ucrainei subcarpatice, care îi aparținea Cehoslovaciei, creându-și astfel o graniță comună cu Ungaria. În plus, anexarea Galiției poloneze, acceptată de englezi și de americani încă de la Conferința de la Teheran, din 1943, i-ar fi asigurat URSS o graniță comună cu Cehoslovacia. În 1939, URSS nu avea decât doi vecini în Vest (în afara țărilor baltice, dar pe care trebuia să le reanexeze la sfârșitul războiului): Polonia și România. De acum înainte, datorită acestor modificări teritoriale, urma să aibă o graniță comună cu fiecare dintre cele patru țări ale Europei Centrale și de Est, un element esențial pentru a-și exercita influența și controlul militar.

Un alt punct esențial, ca să înțelegem cele convenite la Ialta, este faptul că URSS încă nu intrase în război împotriva Japoniei. Foarte dornic să o vadă angajată în conflict împotriva acesteia de îndată ce războiul în Europa avea să se încheie, pentru a ușura astfel misiunea armatei SUA, președintele american i-a făcut lui Stalin multiple concesii în schimbul unei promisiuni în acest sens.

Obiectivele

Care erau obiectivele unora și care erau cele ale celorlalți? Stalin dorea să-și asigure un control cât mai strict cu putință asupra Europei de Est și o participare totală la ocuparea și guvernarea Germaniei, pe lângă un program ambițios în Extremul Orient. Nu avea să accepte nimic din ceea ce ar fi putut risca să submineze aceste obiective. În același timp, negociind foarte dur și fără să cedeze niciunul dintre punctele esențiale pentru el, era gata să accepte să își formuleze exigențele în termeni care să le permită anglo-americanilor să salveze aparențele. De fapt, nu își dorea o ruptură brutală, ci o situație care să îi permită să își atingă scopurile pe loc, fără să provoace o reacție dură din partea occidentalilor[1].

Churchill era din ce în ce mai neîncrezător cu privire la obiectivele lui Stalin. Înțelesese deja că sovieticii nu aveau să se mulțumească să construiască în Europa de Est un spațiu de siguranță, ci voiau să o silească să treacă la comunism. Începea să opună rezistență: în Grecia mai întâi, unde trupele britanice susțineau guvernul regalist ajuns la putere în octombrie 1944, după plecarea germanilor, împotriva mișcării comuniste ELAS. La Ialta în special, Churchill a trebuit să încerce să contracareze planurile sovietice în trei moduri: încercând să se opună controlului total pe care dorea să-l exercite

---

[1] William Taubman, *Stalin's American Policy*, Norton, New York, 1982, pp. 111 și 112; Vladislav Zubok și Constantine Pleshakov, *Inside the Kremlin's Cold War*, Harvard University Press, Cambridge, 1996.

asupra Poloniei guvernul prosovietic instalat la Varșovia din data de 1 ianuarie; împotrivindu-se proiectelor de dezmembrare a Germaniei; luptându-se pentru ca partenerii săi să accepte, ceea ce au și făcut, ca Franța să obțină o zonă de ocupație în Germania și să facă parte din cele patru puteri însărcinate să ocupe și să guverneze fostul Reich după capitularea acestuia, la egalitate cu cele Trei Mari Puteri. Bineînțeles, trebuia să evite crearea unui gol în inima Europei, de care ar fi beneficiat în exclusivitate URSS, și să facă astfel încât Marea Britanie să nu se trezească singură în fața URSS în Germania când americanii aveau să își retragă trupele, lucru care, după cum se credea, avea să se întâmple în scurt timp. În timpul călătoriei sale la Paris, pe 11 noiembrie 1944, Churchill îi dăduse clar de înțeles lui de Gaulle că, după război, dorea, cu ajutorul Franței, să creeze o contrapondere în raport cu URSS. Liderii britanici fuseseră ofensați să vadă că, pe 10 decembrie 1944, de Gaulle încheiase un pact cu Stalin, înainte să încheie unul cu ei[1].

Cazul lui Roosevelt este cel mai complex, căci trebuie să ținem seama, pe lângă propriile sale poziții, nu întotdeauna ușor de clarificat, și de divergențele profunde dintre diferitele sectoare ale Administrației sale. Departamentul de Stat, destul de apropiat de pozițiile britanicilor, se temea și el de expansionismul sovieto-comunist. În același timp, arăta o anumită lipsă de încredere în englezi, considerați ca fiind prea dispuși să susțină guvernele aflate în exil la Londra – în primul rând pe cel polonez –, percepute ca reacționare. Britanicii erau bănuiți ca fiind, înainte de orice, dornici să își restabilească rețelele de influență de dinaintea războiului. Roosevelt considera că trebuiau acceptate frontierele pe care le voia Stalin – țările baltice, Polonia, Prusia Orientală, Basarabia – adică să i se acorde URSS garanții pentru securitatea sa, dar că, în schimb, trebuia să fie refuzată impunerea comunismului în Europa de Est.

---

[1] David Carlton, *Churchill and the Soviet Union*, Manchester University Press, Manchester, 2000.

În acest scop, Departamentul de Stat preconiza crearea unei „Comisii Superioare de Urgență pentru Europa eliberată", care urma să fie un organism însărcinat să controleze efectiv alegerile din toate țările Europei eliberate și să dispună de puteri reale.

Pe lângă acest curent relativ neîncrezător, exista un altul, foarte favorabil dezvoltării cooperării cu URSS după război. Acesta dorea dezvoltarea relațiilor economice cu Moscova, acordarea de credite Uniunii Sovietice, includerea ei în sistemul monetar și comercial mondial pe care Administrația Roosevelt, după cum ne amintim, voia să îl pună pe picioare, și intrarea Rusiei în FMI – amintim că ea participase la Conferința de la Bretton Woods. Gândul ascuns era că politica sovietică va fi astfel mai ușor de influențat într-un sens conform cu interesele americane și că, mai ales, s-ar putea obține cooperarea cu Moscova în cadrul noii ordini mondiale dorite de Washington. Speranța finală era că o asemenea integrare în mecanismele economice mondiale ar fi urmat să ducă la o liberalizare progresivă a societății sovietice, speranță care, de altfel, va continua să se manifeste la Washington pe aproape toată durata Războiului Rece[1]. Erorile aflate la baza acestor curente de idei, care nu realizau cât de profundă era amprenta rigidității ideologice asupra sistemului și economiei sovietice, constau, desigur, în a-și imagina că URSS ar fi putut să se integreze în mecanisme de inspirație esențialmente liberală...

Cât despre Roosevelt însuși, poziția lui era una destul de ambiguă. Pe de o parte, se resemnase în fața faptului că Stalin, care ocupase cu Armata Roșie anumite teritorii, putea să acționeze după cum dorea în întreaga Europă de Est. Pe de altă parte, nu împărtășea iluziile unora de la Washington și se arăta mai prudent decât mulți dintre consilierii săi. Cu privire la Europa de Est, zonă de importanță majoră, poziția lui Roosevelt era deosebit de complexă. În principiu

---

[1] Conform colecției de documente diplomatice americane, *Foreign Relations of the United States, Yalta Documents*, pp. 313 și 314.

și în mod oficial, susținea ideea conform căreia țările din Europa de Est trebuiau să aibă relații bune cu URSS și că guvernele lor trebuiau să se arate „prietenoase" cu Moscova pentru a satisface nevoile de securitate ale sovieticilor, dar păstrându-și dreptul la autodeterminare pe planul politicii interne. Credea, oare, cu adevărat în acest lucru, era sincer? Mai întâi, trebuie să subliniem ponderea politicii interne americane și promisiunile pe care SUA au fost nevoite să le facă grupurilor etnice provenite din Europa de Est în vederea alegerilor prezidențiale din noiembrie 1944. Oare nu cumva luările de poziție ale lui Roosevelt cu privire la Europa de Est erau, în primul rând, destinate să fie difuzate pe plan intern?

Foarte îngrijorătoare în acest sens a fost reacția sa față de proiectul Departamentului de Stat pentru o „Comisie Superioară de Urgență pentru Europa eliberată": a respins ferm această idee, chiar înainte de Ialta, după care americanii nu au mai vorbit despre ea. Or, doar această comisie ar fi fost capabilă să se opună cu adevărat planurilor puse la cale de ruși pentru Europa de Est. Fără îndoială, Roosevelt nu își făcea iluzii, înțelegând că Stalin nu avea să accepte niciodată un asemenea organism, așa că nu își dorea să-l incite, chiar dacă astfel risca să provoace eșecul Conferinței din Crimeea. În plus, era convins că trupele americane trebuiau să părăsească rapid Europa, căci opinia publică ar fi refuzat o rămânere pe durată nedeterminată a Statelor Unite pe continent.

Conferința de la Ialta (4-11 februarie 1945)

La începutul lunii februarie a anului 1945, Roosevelt, Churchill și colaboratorii lor au ajuns într-o Crimee abia eliberată de germani și devastată, care i-a impresionat profund. Atmosfera de la Ialta a fost, de asemenea, marcată de compasiunea pur umană simțită de responsabilii occidentali în fața suferințelor poporului rus. De fapt, în ciuda momentelor dificile, se poate spune că această conferință s-a desfășurat în circumstanțe convenabile, iar participanții s-au despărțit în termeni cordiali. Unitatea Aliaților a fost reafirmată în mod spectaculos, în vreme ce propaganda germană specula pe tema dezacordului dintre ei. Numărul problemelor a început să crească abia în săptămânile următoare.

Pe tot parcursul conferinței, Roosevelt a fost preocupat să nu-i dea lui Stalin impresia că se punea în permanență de acord cu Churchill împotriva gazdei sale. Dar, cu siguranță, a mers prea departe și adesea Churchill a fost cel care s-a trezit izolat în lupta lui împotriva anumitor pretenții ale lui Stalin.

Dinamica acestei conferințe a fost determinată de faptul că s-a putut ajunge la un acord referitor la două chestiuni care îl interesau pe președintele american: Organizația Națiunilor Unite și intrarea în război a URSS împotriva Japoniei. Cu privire la viitoarea ONU, trebuie totuși să constatăm că acordul a fost posibil pentru că americanii au renunțat la poziția lor inițială, conform căreia un membru permanent al Consiliului de Securitate nu putea să facă uz de dreptul său de veto dacă era parte implicată într-un conflict. Învingătoare a ieșit teza lui Stalin: membrii permanenți dispuneau în toate situațiile de dreptul lor de veto, chiar dacă erau direct implicați. ONU urma să fie fondată la San Francisco, pe 25 aprilie, dar URSS avea să dispună de trei voturi: al său, al Ucrainei și al Bielorusiei, ultimă concesie smulsă de dictatorul sovietic. Această soluție avea să contribuie la blocarea ONU în timpul Războiului Rece, ceea ce a reprezentat un eșec major pentru concepția americană.

Al doilea punct esențial pentru Roosevelt era intrarea în război a URSS împotriva Japoniei: Stalin a promis să declare război Japoniei la trei luni după încheierea ostilităților în Europa. În treacăt fie spus, a câștigat mult pentru o intrare în război asupra căreia era, fără îndoială, deja hotărât: URSS avea să obțină insulele Kurile și sudul insulei Sahalin, în China, și de asemenea, Port-Arthur, Dairen și căile ferate din Manciuria, ceea ce restabilea situația existentă în Extremul Orient înainte de războiul ruso-japonez dintre anii 1904-1905.

Satisfăcut cu privire la cele două puncte esențiale din programul său, Roosevelt s-a arătat relativ conciliant în privința celorlalte solicitări. Pentru Polonia – chestiunea cea mai disputată la Ialta – a renunțat cu destulă ușurință la guvernul polonez de la Londra, atrăgându-l în cele din urmă de partea sa și pe Churchill, la început mai dur. Cei doi occidentali au propus să le fie încredințată unor personalități poloneze independente, în număr de trei, formarea unui nou guvern, care urma să fie diferit atât de cel de la Londra, cât și de cel de la Varșovia – fostul Comitet de la Lublin, complet dominat de către sovietici, devenit, pe 1 ianuarie 1945, guvernul polonez și instalat la Varșovia. Stalin a refuzat. Era, în cel mai bun caz, dispus să „extindă" guvernul de la Varșovia, lucru insuficient pentru Roosevelt și Churchill. În cele din urmă, americanii au propus ca o comisie formată din Molotov, ministrul de externe sovietic, și ambasadorii Statelor Unite și Marii Britanii la Moscova să fie însărcinată cu „reorganizarea" guvernului de la Varșovia și s-a căzut de acord asupra acestei formule. Ea era foarte ambiguă: ce însemna exact „reorganizarea"? În fond, Stalin câștigase: guvernul polonez de la Londra dispărea pur și simplu, iar cel de la Varșovia avea să constituie, oricum, baza viitorului guvern, mai mult sau mai puțin „reorganizat".

Guvernul polonez „reorganizat", alt punct-cheie, trebuia să asigure alegeri libere. Dar când? „Cât mai curând posibil", declara comunicatul final al conferinței, dar nu s-a stabilit niciun termen. Verbal, Stalin făcuse o promisiune: alegerile urmau să fie organizate o lună mai târziu. Acestea nu vor avea loc decât în 1947 și nu vor fi nicidecum libere. Aliații, care negociaseră totuși din greu, au crezut, oare, în promisiunea lui Stalin? Greu de spus. Cât despre Stalin, acesta nu a avut, oare, chiar nicio bănuială că Aliații ar fi putut să-și schimbe părerea?

Cât despre Germania, Churchill a obținut o zonă de ocupație pentru Franța, precum și participarea acesteia la Comisia aliată de control. Stalin a cerut pur și simplu ca zona franceză să fie luată din zonele avute în vedere pentru Statele Unite și Marea Britanie. În schimb, granițele germane au fost subiectul unor dezbateri aprinse. Desigur, Polonia avea să fie readusă la Linia Curzon – definită în 1919 de ministrul de interne britanic Curzon și care se găsea cu aproximativ 200 de kilometri mai la vest față de granița stabilită, în 1921, între Polonia și Rusia bolșevică. Și se subînțelegea că avea să primească compensații în vest și în nord, în detrimentul Germaniei. Dar până unde? Până în zona de est a râului Neisse? Sau mai departe, spre vest, până în zona de vest a râului Neisse, ceea ce ar fi alipit la Silezia o parte considerabilă? Churchill și Roosevelt pledau pentru o soluție mai moderată, pe linia părții orientale a râului Neisse, cu atât mai mult cu cât erau de acord să mute populațiile germane, decizie care urma să aibă consecințe grele pe viitor. Dar Stalin voia ca „Polonia să fie puternică" și insista în favoarea zonei de vest a râului Neisse. În lipsa unui acord, problema a fost amânată pentru viitoarea conferință de pace.

Nu s-au pus de acord nici cu privire la problema despăgubirilor germane. Sovieticii au propus inițial demontarea a 80% din toate industriile grele germane și, pe de altă parte, o despăgubire totală de 20 de miliarde de dolari, din care jumătate urma să le revină lor. Această cerere uriașă era, cu siguranță, lesne de înțeles, având în vedere prejudiciul pe care-l suferise URSS, dar britanicii și americanii erau foarte ostili. Ei considerau că despăgubirile excesive impuse Germaniei după 1919 fuseseră una dintre cauzele celui de-al Doilea Război Mondial. În lipsa unui acord, chestiunea a fost, prin urmare, lăsată în seama unei comisii care avea să se întrunească la Moscova. Dar SUA, împotriva opiniei Marii Britanii, au acceptat ca această comisie să ia cifra de 20 miliarde de dolari ca „bază de pornire". La fel ca în cazul „reorganizării" guvernului polonez, lucrurile nu erau clare, iar chestiunea avea să atragă după sine consecințe importante.

În privința problemei unității germane, s-a asistat la o evoluție tipică. Cele Trei Mari Puteri au afirmat principiul divizării Germaniei, dar, spre deosebire de Conferința de la Teheran, din decembrie 1943, niciuna dintre ele nu a propus un plan exact de dezmembrare. Au lăsat această chestiune în grija celor trei miniștri de externe, cu sarcina specială de a găsi o formulă care să fie înscrisă în clauzele capitulării germane. Molotov (pentru Uniunea Sovietică), Stettinius (pentru Statele Unite) și Eden (pentru Marea Britanie) au căzut de acord foarte repede asupra unui text foarte flexibil, care să fie integrat în actul de capitulare pe care Comisia consultativă europeană de la Londra era pe cale de a-l pune la punct. Acest text amintea posibilitatea dezmembrării Germaniei, dar nu o transforma într-o obligație. Dacă la Teheran fusese păstrat principiul divizării, de atunci încoace modul în care diferiții parteneri își percepeau propriul interes se schimbase: sovieticii, aflați mult mai aproape de Berlin decât occidentalii, se temeau deja ca divizarea să nu aducă beneficii anglo-americanilor. Lucrurile stăteau la fel și de partea cealaltă. Molotov a propus continuarea acestei discuții la Londra, între Eden și ambasadorul american și cel sovietic aflați în oraș, adică fără francezi, cei mai favorabili dezmembrării. Pe 11 aprilie, această comisie a confirmat că, în temeiul acordurilor de la Ialta, divizarea Germaniei era o posibilitate deschisă Aliaților, dar nu o obligație. În cele din urmă, în textul capitulării germane din 8 mai nu s-a făcut nicio aluzie la dezmembrare, nici măcar ca simplă posibilitate. Și, în discursul lui de a doua zi, Stalin a declarat că „URSS nu voia nici dezmembrarea, nici distrugerea Germaniei", ceea ce era un mod evident de a poza, spre deosebire de ceilalți Aliați, în protectorul poporului german, făcând cu mare grijă diferența între acesta și regimul nazist.

Subestimăm de multe ori importanța acestei orientări conturate la Ialta și confirmate în săptămânile următoare: în definitiv, Germania nu avea să fie dezmembrată, în vreme ce mulți se așteptau la acest lucru. Având în vedere rațiunile ascunse ale unora și ale altora și discursul lui Stalin din 9 mai 1945, în care declara că URSS făcuse război împotriva lui Hitler, dar nu împotriva poporului german, putem spune că Germania devenise o miză în rivalitatea dintre învingători chiar înainte de a-și fi semnat capitularea. Procesul divizării Germaniei, element esențial al divizării continentului, a început abia în anul 1946. Nu asta se dorise la Ialta.

Punctul esențial al Conferinței de la Ialta a fost discuția privind „Declarația privind Europa eliberată". Ne amintim că Departamentul de Stat al SUA – sprijinit, de asemenea, de englezi – a sugerat, înainte de conferință, crearea unei Comisii Superioare de Urgență pentru Europa eliberată, care să răspundă, în special, de asigurarea unor alegeri libere, controlând ca acestea să fie cu adevărat astfel. Dar Roosevelt respinsese complet această propunere, transformând-o într-o simplă „Declarație privind Europa eliberată". Adoptată la Conferință, aceasta afirma principiul guvernelor rezultate din alegeri libere, controlate de cele Trei Mari Puteri.

La fel ca în cazul Poloniei, ne aflăm aici în centrul unor probleme de interpretare pe care le pune Ialta. Pentru unii, dacă această declarație ar fi fost respectată de către sovietici, Europa de Est nu ar fi fost silită să treacă la comunism și Europa nu ar fi fost divizată. Pentru alții, această declarație, de principiu și lipsită de eficiență, nu era decât un paravan, în spatele căruia anglo-americanii știau foarte bine că, în Europa de Est, Stalin avea să acționeze după bunul său plac. Fără îndoială, lucrurile sunt mai complexe: această declarație a fost negociată dur și obținută cu greu de către occidentali împotriva lui Stalin care, la început, nici nu voise să audă de ea. În plus, era vorba despre un text important, deoarece acesta prezenta pentru prima dată democrația bazată pe alegeri libere ca normă de drept public european și ca fundament al unei noi ordini europene. Nu era vorba de un simplu paravan, ci de unul dintre punctele fundamentale ale conferinței. În același timp, interpretarea conform căreia respectarea acestei declarații ar fi fost suficientă pentru a evita divizarea Europei și Războiul Rece este prea pripită și este discutabil dacă anglo-americanii își făceau cine știe ce iluzii cu privire la eficiența sa.

Dar a intervenit probabil un factor cultural: după cum o spune unul dintre membrii delegației americane, doar englezii și americanii știau ce anume însemnau alegerile libere. În plus, este adevărat că majoritatea țărilor din Europa Centrală și de Est nu erau, în 1939, niște modele de democrație. Să adăugăm și faptul că Stalin a fost abil: în aparență cel puțin, instituirea dominației absolute a comunismului în Europa de Est nu a avut loc imediat, ci a fost un proces care s-a derulat între anii 1945 și 1948.

Ipocriții

Revenind de la Ialta, Churchill a avut multe mustrări de conștiință față de Polonia și a fost, de asemenea, nevoit să înfrunte revolta unora dintre deputații conservatori. Dar se poate constata la el o anumită ipocrizie. Într-adevăr, tendința generală la Londra a fost să fie sacrificată mai mult sau mai puțin clar partea de nord a Europei de Est, în special Polonia, încercându-se, în același timp, să se obțină de la Stalin garantarea intereselor britanice în Balcani și în Mediterana de Est. Acesta este sensul celebrului „acord al procentajelor" încheiat între Churchill și Stalin, în timpul vizitei prim-ministrului britanic la Moscova, în octombrie 1944. Acest acord plasa Bulgaria și România în sfera de influență exclusivă a Rusiei, Grecia în cea a Marii Britanii, în vreme ce Ungaria și Iugoslavia aveau să se regăsească, în părți egale, sub influența ambelor puteri. De fapt, acest acord marca foarte clar prioritățile britanice, orientate spre Marea Mediterană: era vorba, în esență, de salvarea Greciei – și a Italiei.

Cât despre de Gaulle, el se consola că nu fusese invitat la Ialta. S-a acordat prea puțină atenție faptului că i-a scris, pe 27 ianuarie 1945, lui Georges Bidault, ministrul de externe al guvernului provizoriu, următoarele: „[...] noi vom fi mult mai liberi să tratăm ulterior complicațiile din Europa dacă nu vom participa la bâlbâielile viitoare, care se pot încheia prin rivalități între cei «prezenți»"[1]. Era un element care corespundea cu viziunea lui generală asupra situației de după război: Franța trebuia să facă manevre între anglo-americani și sovietici.

De Gaulle și, ulterior, cea de-a V-a Republică, au contribuit, de asemenea, la dezvoltarea mitului Ialta. Desigur, pentru Franța lucrurile nu s-au desfășurat convenabil, din perspectiva rangului și a prestigiului său. Dar interesele sale majore – participarea la ocuparea Germaniei, rolul în organizația mondială în curs de alcătuire – s-au păstrat. De asemenea, constatăm că, într-un fel, Franța se consola că nu fusese prezentă, în măsura în care, mai târziu, putea să se poziționeze ca lider al puterilor europene în vederea regrupării lor împotriva marilor puteri. Cât despre cele mai grave concesii implicate la Ialta, recunoașterea Poloniei comuniste și granița Oder-Neisse, de Gaulle cedase în fața sovieticilor cu privire la lucrurile esențiale chiar înainte de Ialta, în timpul vizitei sale la Moscova, în decembrie 1944. El a fost primul politician care a fost de acord să facă schimb de reprezentanți cu ceea ce era, la vremea aceea, Comitetul Lublin și care a acceptat frontiera Oder-Neisse, Stalin făcând din acestea două condiții sine qua non pentru semnarea pactului franco-sovietic din 10 decembrie 1944[2].

---

[1] Charles de Gaulle, *Mémoires de guerre*, t. III, *Le Salut, 1944-1946*, Plon, Paris, 1959, anexe.
[2] Georges-Henri Soutou, „Le général de Gaulle et l'URSS, 1943-1945: idéologie ou équilibre européen", *Revue d'histoire diplomatique*, 1994/4.

Prin urmare, este greșită afirmația conform căreia Ialta a inițiat divizarea Europei. Mai întâi, Stalin nu și-a luat niciun angajament și nu a recunoscut nicicând vreo sferă de influență anglo-americană în Europa de Vest. Apoi, englezii și americanii s-au luptat, fără îndoială, pentru Polonia și pentru Europa de Est. Teoria clasică a „dublei hegemonii" nu se verifică. În plus, chiar din luna aprilie, Roosevelt și Churchill au protestat împotriva felului în care Stalin interpreta acordurile de la Ialta.

Dar și celelalte teorii sunt la fel de discutabile. Într-adevăr, nici nu putem vorbi despre un acord fructuos, care, odată pus în aplicare, ar fi evitat divizarea Europei și Războiul Rece: Stalin nu a semnat declarația de la Ialta deoarece el a fost convins, după cum a afirmat Molotov, că avea să o aplice în felul său, în funcție de „corelarea forțelor"; cât despre occidentali, aceștia au făcut din Polonia chestiunea esențială și au fost conștienți de faptul că Declarația privind Europa Eliberată, care înlocuia comisia executivă prevăzută inițial, nu avea decât o valoare teoretică.

De fapt, Occidentul s-a resemnat să îi ofere lui Stalin o sferă de influență în Europa de Est. S-a sperat că, în ciuda tuturor evidențelor, se putea ajunge cu el la relații stabile, din moment ce acesta acceptase principalele cerințe ale lui Roosevelt, referitoare la ONU și la Japonia. În ceea ce privește Europa de Est, americanii, mai optimiști decât britanicii și mai marcați de antifascismul de tip *New Deal*, sperau că ar putea fi posibile și guverne de coaliție, nu numai comuniste, precum în Cehoslovacia, între anii 1945 și 1948. Fără îndoială, Londra și Washingtonul se resemnaseră cu ideea că Stalin avea să manipuleze în mare parte alegerile și viața politică din zonă, lipsită oricum de o tradiție democratică solidă, dar fără să își imagineze până la ce punct.

Cu siguranță, occidentalii nu și-au dorit la Ialta o împărțire fundamentală, politică, ideologică, a Europei. Anticipând confruntarea dintre două sisteme sociale diferite, nu și-au dorit ceea ce avea să devină o marcă esențială a Războiului Rece. Dar, în opinia mea, ei s-au resemnat să-i acorde URSS o sferă de influență în Europa de Est. Doar că, fără să fi fost în măsură să înțeleagă pe deplin componenta ideologică a sistemului sovietic, o vedeau ca pe o sferă de influență clasică, similară multor altora care mai existaseră în istoria Europei, cu o oarecare nuanță politică „de stânga", dar care să rămână într-un cadru democratic. Sigur că nu își imaginau cât de profundă avea să devină transformarea comunistă a Europei de Est și prăpastia care avea să rupă Europa în două.

Ialta a fost, și rămâne în Istorie, o conferință foarte ambiguă, susceptibilă de interpretări diferite, în primul rând din cauza unei contradicții fundamentale între, pe de o parte, principiile democratice pe care ea le instituie ca bază a noii ordini europene și, pe de altă parte, concesiile concrete făcute de occidentali lui Stalin, care a primit mână liberă în Polonia și în Europa de Est. Apoi, din cauza ambiguității poziției lui Roosevelt însuși: credea el, oare, în soluția țărilor prietene cu URSS, dar păstrând un minimum de libertate pe plan intern, chiar în cadrul coalițiilor guvernamentale care includeau comuniști, cum a fost, practic, cazul Cehoslovaciei înainte de 1948? Sau poate că se îndoia de faptul că influența sovietică avea să meargă atât de departe? Și până unde credea el că avea să meargă? Chiar și astăzi, nu putem răspunde cu certitudine. Churchill este (relativ) mai puțin ambiguu, dar neputincios. Dintre cei trei, Stalin pare să fi fost acela care, cu această ocazie, și-a urmărit limpede scopurile politice...

BIBLIOGRAFIE SELECTIVĂ

Carlton, David, *Churchill and the Soviet Union*, Manchester University Press, Manchester, 2000.

Feis, Herbert, *Churchill, Roosevelt, Stalin. The War They Waged and The Peace They Sought*, Princeton University Press, Princeton, 1957.

Laloy, Jean, *Yalta hier, aujourd'hui, demain*, Robert Laffont, Paris,1988.

Soutou, Georges-Henri, *La Guerre froide, 1943-1990*, Fayard, col. «Pluriel», 2011.

Taubman, William, *Stalin's American Policy*, Norton, New York, 1982.

Zubok, Vladislav, și Pleshakov, Constantine, *Inside the Kremlin's Cold War*, Harvard University Press, Cambridge, 1996.

NOTE BIOGRAFICE ALE AUTORILOR

Sébastien ALBERTELLI, profesor asociat și doctor în istorie, este autorul cărților *Services secrets du général de Gaulle* (Serviciile secrete ale generalului de Gaulle – n.red.) și *Services secrets de la France libre* (Serviciile secrete ale Franței Libere – n.red.), precum și al unui *Atlas de la France libre* (Atlas al Franței Libere – n.red.). Pregătește o lucrare consacrată istoriei sabotajului în Franța (1870-1945), care va fi publicată la editura Perrin.

Locotenent-colonelul Vincent ARBARÉTIER, absolvent al Școlii Militare Speciale de la Saint-Cyr și doctor în istorie, este autorul mai multor cărți despre al Doilea Război Mondial, printre care *Rommel et la stratégie de l'Axe en Méditerranée de février 1941 à mai 1943* (Rommel și strategia Axei în Mediterana din februarie 1941 și până în martie 1943 – n.red.), publicată la editura Economica.

Profesor asociat de istorie, fin cunoscător al caracteristicilor armatei americane, Nicolas AUBIN editează articole în numeroase reviste de istorie militară. A publicat *Les Routes de la liberté: la logistique américaine en France et en Allemagne, 1944*-1945 (Drumurile libertății: logistica americană în Franța și în Germania – n.red.).

Benoist BIHAN este istoric și strateg. Redactor-șef adjunct al revistei *Défense & Sécurité internationale* (Apărare și securitate internațională – n.red.) și coordonator editorial al revistei *Histoire & Stratégie*, este, de asemenea, consilier la redacția revistei *Science & Vie: Guerres & Histoire*.

Absolvent al INALCO (Institutului Național de Limbi și Civilizații Orientale), fost reporter pentru Asia la *Nouvel Observateur*, Bruno BIROLLI este autorul cărții *Ishiwara, l'homme qui déclencha la guerre* (Ishiwara, omul care a declanșat războiul – n.red.).

Fost ofițer de marină, Francois-Emmanuel BRÉZET, este doctor în istorie al Universității Paris IV Sorbonne. El și-a consacrat cea mai mare parte a cercetărilor sale istoriei marinei germane, publicând numeroase lucrări.

Patrick FACON, doctor în istorie, este directorul secției de cercetare a departamentului pentru istoria aviației din cadrul Serviciului istoric al apărării (Vincennes). Specialist în războiul aerian, Facon este autorul a numeroase lucrări, printre care *Le Bombardement stratégique* (Bombardamentul strategic – n.red.), *Histoire de la guerre aérienne, 1933-1945* (Istoria războiului aerian, 1933-1945 – n.red.) și *Histoire de l'armée de l'air* (Istoria aviației militare – n.red.).

Daniel FELDMANN și Cédric MAS lucrează împreună de mai mulți ani. Cédric MAS, specialist în operațiunile din Marea Mediterană, este autorul cărții *La bataille d'El Alemein* (Bătălia de la El Alamein – n.red.). Daniel FELDMANN este interesat în special de campania din nord-vestul Europei și de aspectele strategice ale conflictului. Au publicat în colaborare biografia lui Rommel și pe cea a lui Montgomery, iar la ora actuală cercetările lor au drept temă operațiunile de la sfârșitul războiului din Germania.

După studii de istorie, Pierre GRUMBERG a devenit jurnalist în domeniul științific. Mult timp membru al redacției revistei *Science & Vie*, Grumberg este, din 2011, redactor-șef adjunct al revistei

Guerre & Histoire. Este specialist în tehnologia militară și în problemele războiului din Pacific.

Hubert HEYRIES este profesor asociat de istorie și profesor de istorie contemporană la universitatea Montpellier III. Cercetările sale sunt axate pe chestiuni legate de armata italiană și de partizanii lui Garibaldi, în secolele al XIX-lea și XX.

Profesorul François KERSAUDY a predat la universitățile Oxford și Paris I. Este autorul cărților *De Gaulle et Churchill; De Gaulle et Roosevelt* și *Churchill contre Hitler*, dar și al biografiilor lui Churchill, Mountbatten și Goering. Ultima sa lucrare este *MacArthur*, editată în colecția „Maîtres de guerre".

Fostă elevă a Școlii Normale Superioare din Cachan și profesoară asociată de istorie, Julie LE GAC este cercetătoare post-doctorală în cadrul Laboratorului de Excelență EHNE [Enciclopedia pentru o Nouă Istorie a Europei] (Paris-Sorbonne). A publicat lucrarea *Vaincre sans gloire. Le corps expéditionnaire français en Italie (novembre 1942-juillet 1944)* (Să învingi fără glorie. Corpul Expediționar Francez în Italia (noiembrie 1942-iulie 1944 – n.red.)).

Jean-Luc LELEU este inginer cercetător la Centrul Național de Cercetări Științifice în cadrul Centrului de cercetări de istorie cantitativă (Universitatea din Caen). Și-a publicat teza de doctorat despre *Waffen-SS,* și a colaborat la întocmirea unui *Atlas historique de la France dans la Seconde Guerre Mondiale* (Atlas istoric al Franței în cel de-al Doilea Război Mondial – n.red.).

Jean LOPEZ, fondator al revistei *Guerres & Histoire* și director al redacției acesteia, s-a făcut remarcat printr-o serie de lucrări cu privire la frontul germano-sovietic, printre care *Koursk. Les quarante jours qui ont ruiné la Wehrmacht* (Kursk. Cele patruzeci de zile care au demolat *Wermachtul* – n.red.); *Stalingrad, la bataille au bord du gouffre* (Stalingrad, bătălia pe marginea prăpastiei – n.red.) și, alături de Lasha OTKHMEZURI, prin biografia lui Joukov, care s-a bucurat de o unanimă apreciere. Ultima sa carte (în 2015 – n.red.) este *Les cent derniers jours d'Hitler* (Ultimele o sută de zile ale lui Hitler – n.red.). Lasha OTKHMEZURI, fost diplomat, este consilier la redacția revistei *Guerre & Histoire*.

Absolventă a Școlii Normale Superioare și profesoară de istorie, Claire MIOT este doctorandă la Școala Normală Superioară din Cachan. Sub coordonarea lui Olivier Wieviorka, Claire Miot scrie o teză având ca titlu „La Première armée française, du débarquement de Provence à la capitulation allemande (août 1944-mai 1945)" (Prima armată franceză, de la debarcarea din Provence până la capitularea Germaniei (august 1944-mai 1945) – n.red.).

Jean-Francois MURACCIOLE este profesor de istorie contemporană la Universitatea Paul Valery din Montpellier. Și-a consacrat lucrările temei Franței Libere și a publicat *Les Français libres. L'autre Résistance* (Francezii liberi. Cealaltă Rezistență – n.red.), (Tallandier, 2009), dar a contribuit și la coordonarea volumului *Dictionnaire de la France libre* (Robert Laffont, «Bouquins», 2010).

Georges-Henri SOUTOU este membru al Academiei de științe morale și politice și profesor emerit la Universitatea Paris IV Sorbona. Tema predilectă a cercetărilor sale o reprezintă relațiile internaționale din secolul XX.

Fost profesor la INALCO și fost director la al Casei franco-japoneze din Tokio, Pierre-François SOUYRI este profesor la Universitatea din Geneva, unde ține cursuri despre istoria japoneză. A publicat *Nouvelle histoire du Japon* și, alături de Constance Sereni, *Kamikazes*.

Profesor emerit în domeniul istoriei relațiilor internaționale la Institutul de studii politice din Paris, Maurice VAÏSSE a publicat, printre altele, *Relations internationales depuis 1945* (Relații internaționale după 1945 – n.red.) ((a 14-a ediție în 2015), *La Puissance ou l'influence: la France dans le monde depuis 1958* (Puterea sau influența: Franța în lume după 1958 – n.red.) (2009) și *La Paix au XXe siècle* (Pacea în secolul XX – n.red.) (2002).

Fabrice VIRGILI, istoric, este director de cercetări la Centrul Național de Cercetări Științifice. Este autorul cărților *La France „virile": des femmes tondues à la Libération* (Franța „virilă": de la femeile tunse la Eliberare – n.red.) și *Naître ennemi: les enfants de couples franco-allemands nés pendant la Seconde Guerre Mondiale* (Să te naști dușman: copiii cuplurilor franco-germane născuți în timpul celui de-al Doilea Război Mondial – n.red.).

Membru al Institutului Universitar din Franța și profesor universitar doctor la Școala Normală Superioară din Cachan, Olivier WIEVIORKA este un specialist recunoscut în domeniul mișcării de Rezistență și al celui de-al Doilea Război Mondial, cărora le-a consacrat numeroase cărți de referință, printre care *Histoire du Débarquement* (Istoria debarcării – n.red.) și *Histoire de la Résistance* (Istoria Rezistenței – n.red.).

Editura RAO
vă recomandă

INDESTRUCTIBIL
John R. Bruning

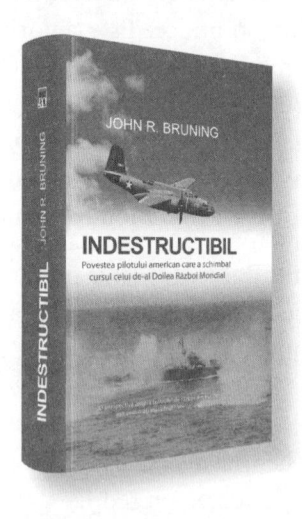

O poveste remarcabilă din cel de-al Doilea Război Mondial. Paul Irving „Pappy" Gunn, pilot în forțele aeriene americane, este trimis într-o misiune secretă în Australia, când află că familia i-a fost luată prizonieră de japonezi. El pleacă în Filipine ca s-o salveze, chiar dacă întâmpină probleme din partea conducerii superioare a armatei.

„Este o poveste frumoasă despre membrii unei familii despărțiți de război și despre un tată extraordinar care încearcă să-i reunească. O carte superbă despre dragoste, onoare, curaj și devotament."

Alex Kershaw, autorul cărții *Avenues of Spies*

biblioteca rao

NONFICȚIUNE ADULȚI

COLECȚIA ISTORIE
Ștefan Aust .... *Complexul Baader-Meinhof*
Antony Beevor .... *Berlin: Căderea 1945*
Christopher Clark .... *Somnambulii. Cum a intrat Europa în război în 1914*
Richard J. Evans .... *Al Treilea Reich vol. II și vol. III*
Niall Ferguson.................. *Războiul Lumii – Epoca urii*
Roger Howard.................. *Operațiunea Damocles*
Agnes Humbert .... *Resistence. Războiul nostru*
David I. Kertzer .... *Papa și Mussolini*
Özlem Kumrular .... *Sultana Kösem*
Anna Maria Sigmund .... *Dictator, demon, demagog*

ESEISTICA
Vincent Delecroix............... *Pantoful pe acoperiș*
Joshua Knelman
  & Rosalind Porter............. *Scrisori de dragoste*
Philippe Sollers................. *Călătorii timpului*
Somer Soufi.................... *Ce i-ar putea spune Freud Lui Spielberg*

ISTORIE, SOCIOLOGIE, FINANCIAR, POLITICĂ, ENIGME, MISTERE
Vartan Arachelian .... *Scânteia vine de la Moscova*
George Beahm .... *Liniște: vorbește Trump*
Dieter Breuers.................. *O istorie puțin altfel a vrăjitoarelor și a prigonirii lor*
Jean-Louis Bruguire............ *Ceea ce n-am putut spune. 30 de ani de luptă împotriva terorismului*
Iulian Chifu.................... *Analiza de conflict*
Șerban Filip Cioculescu......... *Viitorul nu ia prizonieri. Cum ne putem gestiona geografia și anxietățile colective • Fața întunecată a globalizării*
Mugur Ciuvică .... *Zece ani răi*
Eliza Ene-Corbeanu............ *Viața la curte*
Gerard Davet & Fabrice Lhomme... *Operațiunea Swissleaks*
Vasile Sebastian Dâncu .... *Mitologii, fantasme, idolatrie*
Mohamed Elbaradei............ *Epoca dezamăgirii. Diplomație nucleară în vremuri de cumpănă*
Mark Felton.................... *Castelul vulturilor*
Bogdan Ficeac.................. *De ce se ucid oamenii*
Laura Ganea .... *Prețul demnității*

Anne Garrels	*Țara lui Putin: O călătorie în Rusia reală*
Marc Goodman	*X-Cyber: viitorul începe azi*
David Grann	*Crimele din Osage County. Luna foare și începuturile FBI*
Stephen Harding	*Ultima bătălie*
Joel F. Harrington	*Călăul credincios*
Anjum Hoda	*Bluff: cacealmaua băncilor centrale și criza economică*
Joelle Kuntz	*Scurtă istorie a Elveției*
Garance Le Caisne	*Operațiunea Cezar*
Michael Levine	*Marea minciună albă*
Jean Lopez și Olivier Wieviorka	*Miturile celui de-al Doilea Război Mondial*
Ben Macintyre	*Spionii zilei Z: spionaj și contraspionaj • Un spion printre prieteni*
Klaus-Rüdiger Mai	*Societăți secrete. Mit, putere și adevăr*
Irene Mainguy	*Simbolurile gradelor de perfecție și ale ordinelor de înțelepciune • Simbolurile gradelor capitulare în francmasonerie*
George Cristian Maior	*Despre intelligence • Incertitudine. Gândire strategică și relații internaționale în secolul XXI • Noul aliat. Regândirea politicii de apărare a României în secolul XXI*
Liviu Maior	*Alexandru Vaida Voievod – Putere și defăimare • De la Marele Război la România întregită*
Mihaela Matei	*Islamul politic și democrația: Între reformă, interpretare și jihad*
Stefan Mâșu	*Puterea economică în istoria lumii • Iată, vine Iisus Hristos*
Miodrag Milin și Florin Lobonț (editori)	*Victor Neumann, istoricul și opera*
Peter Molloy	*Lumea dispărută a comunismului*
Thierry de Montbrial	*Jurnal Românesc*
Marian Nazat	*Lumea de azi • Pe tălpile României • Suflet în exil • Basmul fotbalului*
Victor Neumann	*Conceptualizarea istoriei și limitele paradigmei naționale • Ideologie și fantasmagorie • Tentația lui* Homo Europaeus
Reinhhold Niebuhr	*Ironia istoriei americane*
Ionel Nițu	*Analiza de Intelligence. O abordare din perspectiva teorilor schimbării*

Ioan Mircea Pascu . . . . *Bătălia pentru NATO • Jurnal de...
„front"*
Mihai Retegan. . . . . *Povestea unei trădări. Spionajul britanic
în România • 1968 din primăvară
până în toamnă • Ambasadorii
maiestății sale în România 1964-1970*
Joshua Rubenstein . . . . *Lev Troțki – O viață de revoluționar*
Dan Radu Rușanu. . . . . *Mai sunt judecători la Berlin*
Alexander Stille. . . . . *Jaful Romei*
Alex Mihai Stoenescu . . . . *„Securitatea nu poate fi reabilitată"*
Marius Stoian . . . . *Proiectul România*
Remus Ștefureac. . . . . *România versus Rusia*
Stelian Tănase . . . . *Dinastia*
Cicero Marcus Tullius . . . . *Cum se conduce o țară*
Dan Voiculescu. . . . . *Uniunea Social Liberală – Ideea care
l-a îngenuncheat pe Băsescu Traian*
Robert K. Wittman
și David Kinney. . . . . *Jurnalul diavolului*

MEMORII, JURNALE, BIOGRAFII
Ayaan Hirsi Ali . . . . *Necredincioasa*
Plinio Apuleyo . . . . *Mendoza Gabo: Scrisori și amintiri*
George Beahm . . . . *I, Steve – Steve Jobs despre Steve Jobs*
Aher Arop Bol. . . . . *Băiatul pierdut*
Jean Dominique Brierre . . . . *Edith Piaf*
Jared Cade . . . . *Agatha Christie: Misterul celor 11 zile*
John Le Carre . . . . *Tunelul cu porumbei*
Edmonde Charles-Roux . . . . *Coco Chanel*
Agatha Christie. . . . . *Autobiografia*
Costel Constantin /
Ioana Bogdan. . . . . *Costel Constantin, un actor printre
rolurile sale*
Eleanor Coppola. . . . . *Însemnări de viață*
John Curran . . . . *Agatha Christie. Jurnalul secret •
Agatha Christie. Crime în devenire*
Mohamed Fahmy &
Carol Shaben . . . . *Celula Mariot: Eliberarea din
Închisoarea Scorpionului*
David Foenkinos . . . . *Lennon*
Alan Friedman . . . . *Berlusconi i se destăinuie lui Friedman*
Bill Gates . . . . *Un optimist nerăbdător*
Cheryl Jarvis . . . . *Colierul. Treisprezece femei
și experimentul care le-a
schimbat viața*

Ioana Lee	*Ai Suru – A iubi* vol. *I* și vol. *II* • *Coșmarul american*
Pierre Leprohon	*Vincent van Gogh*
Celine Malraux / Madeleine Malraux	*Cu o discretă intimitate*
Javier Marquez	*Rat Pack – Frank Sinatra și prietenii lui în anii de glorie ai lui Kenedy și ai Mafiei*
Iana Matei	*De vânzare: Mariana, 15 ani*
Marian Nazat	*Cartea ieruncilor*
Chas Newkey-Burden	*Adele. Biografia*
Oana C. Popescu	*De și despre Horațiu Mălăele* • *Ciobit – Interviuri cu Maia Morgenstern*
Hanness Rastam	*Cazul Thomas Quick. Crearea unui ucigaș în serie*
Regina Maria	*Povestea vieții mele*
Jose A. Rodriguez	*Măsuri extreme*
Dasso Saldivar	*Garcia Marquez. Călătoria spre obârșie*
David Suchet	*Poirot și cu mine*
Valérie Trierweiler	*Mulțumesc pentru acest moment*
Michael Wildt / Katrin Himmler	*Heinrich Himmler. Corespondența cu soția sa (1927-1945)*
Thilo Wydra	*Grace: biografia*

SPIRITUALITATE

Lorna Byrne	*De unde vine iubirea* • *Îngeri în părul meu* • *Îngerii ne dau speranță*
Elsa Punset	*Un rucsac pentru întreg universul*

www.raobooks.com | www.facebook.com/rao.editura
office@rao.ro | libraria.rao@rao.ro